リトアニアの歴史

THE HISTORY OF LITHUANIA

世界歴史叢書

アルフォンサス・エイディンタス、アルフレダス・ブンブラウスカス
アンタナス・クラカウスカス、ミンダウガス・タモシャイティス＝著
梶 さやか、重松 尚＝訳

明石書店

ご挨拶――日本語訳刊行にあたって

まずはじめに、明石書店が『リトアニアの歴史』日本語版出版をお引き受けくださったことに心から感謝申し上げます。本書は、1000年にわたる長い歴史を有する私の国、リトアニアの歴史について日本語で書かれた初めての書籍です。しかしながら、本書はリトアニアという国についてのみならず、ヨーロッパ諸国の何世紀にもわたる歴史的変遷のなかでのリトアニアの位置づけについて、という意味では広くヨーロッパの歴史についての書とも言えるでしょう。2018年にリトアニアは独立回復100周年、そして2022年には日本との外交関係樹立から100年の節目を迎えます。この『リトアニアの歴史』は、地理的に離れていますが、同じ価値観を共有する友好的な二つの国、日本とリトアニアに関心をお持ちのすべてのみなさんへのすばらしい贈り物となることと信じています。

近年リトアニアは日本でも知られるようになりました。主な理由の一つとして、著名な日本人外交官、杉原千畝の存在があげられます。彼は1940年、当時リトアニアにあった日本領事館の外交官として、何千人ものユダヤ人難民に日本通過ビザを発給し彼らの命を救いました。この人道的な行いが、両国の結びつきをより強いものにしたと言えるでしょう。

本書は歴史の書ですので、距離的に離れた二つの国が親密な関係を築いてきた事例について触れています。これはまた、リトアニアと日本の2カ国間関係構築に貢献した優れた人々の物語でもあります。私は、国と国との関係はなによりもまず、人間関係ありきだと信じています。

まもなくリトアニアと日本は公式に外交関係を樹立してから100年のときを祝おうとしています。最初の交流はずいぶん前ですが、リトアニアを訪れた最初の日本人が誰であるかみなさんご存知でしょうか。それは福沢諭吉です。彼は1862年に、リトアニア第2の都市カウナスを文久遣欧使節の一員として訪れています。リトアニアは当時、1795年から1918年にかけて専制ロシアに占領されていました。福沢諭吉はその回想録の中で、彼が受けた印象深い「リトアニア人精神（スピリット）」について述べています。

当時リトアニアでは日本について、遠い国であるということぐらいにしか知られていませんでしたが、最初に日本についてのニュースがリトアニア語で報じられたのは1891年に刊行された『ジェマイティヤ人とリトアニアの評論』誌上ででした。

20世紀初頭、著名なリトアニア人政治家であり、1918年のリトアニア独立時の署名者であるステポナス・カイリースは、リトアニア国民の日本に対する関心を高めた人物と言えるでしょう。カイリースは日本を訪れたことがなかったにもかかわらず、若かりし頃からの日本に対する関心の高さから、リトアニア語で『日本の過去と今』、『日本人は今どのように暮らしているのか』、『日本の憲法』という日本についての書物を3冊執筆しています。彼は日本人、社会制度、憲法、そして一般国民の生活についてそれらの書物の中で述べています。20世紀初頭リトアニアが独立を果たした当時、カイリースはまた日本こそ立国するにあたり参考にすべき国だと唱えているのです。このように、カイリースはリトアニアにおけるはじめての「日本エキスパート」として認識されています。

もうひとりの著名なリトアニア人は、冒険家であったマタス・シャルチュスで、日本でリトアニアを、そしてリトアニアで日本を知らしめた人物です。彼は１９１５年と１９１８年の2回、日本を訪れ、日本のマスメディアが彼の旅そして祖国リトアニアについて報道し、またリトアニアの新聞各紙は彼の日本についての印象を書き立てました。彼はまた、１９２９年からの電動バイク世界旅行のあいだ、またもや日本を再び訪れています。

１９１８年2月16日、リトアニアは独立しました。日本とリトアニアの公式な外交関係は１９２２年12月20日に開始されました。最初のビザ免除協定は１９２９年2月18日に調印され、貿易協定は１９３０年5月2日に結ばれました。

１９３９年秋に、杉原千畝率いる日本領事館がカウナス市に開設されました。当時、第二次世界大戦の戦火が人々を苦しめる中、１９４０年6月15日にソヴィエト連邦がリトアニアを占領し、カウナスにあった外国の大使館や領事館の閉鎖を命じました。１９４０年7月から9月初旬の短い間に、杉原千畝は後に「命のビザ」と呼ばれる日本通過ビザを数千人に及ぶユダヤ人難民に発給しました。６０００を超えるユダヤ人がそのビザにより日本を通過し、安住の地へ逃れることができたのです。このビザによって命を救われた人々は「スギハラ・サバイバー」として知られています。

古いユダヤのことわざに、「一人の命を救うものは、世界を救う」という言い伝えがあります。杉原千畝は世界を救っただけではなく、彼の行いは人道的行為が民族をつなぐことを実証したのです。

そのことにより、リトアニアで杉原千畝は大変尊敬されており、さまざまな形で彼の偉業の記憶がリトアニア国内に残されています。ビザ発給当時日本領事館であった建物は「杉原記念館」として保存・一般公開され、毎年数千人が日本や世界各国から訪れています。また、首都ヴィルニュスと第2の都市カウナスには、「スギハラ通り」と名のついた通りがあり、ヴィルニュスの「スギハラ通り」の近くには桜公園も現存しています。

また、リトアニアが50年近くにわたりソヴィエト連邦に支配されていたあいだ、日本はおろか世界と隔絶されていましたが、1989年に初めて、岩手県久慈市の人々がクライペダ市を訪れ、二つの都市は友好関係を結びました。1991年にソ連軍がヴィルニュスに軍事介入したとき、当時の久慈市長、久慈義昭氏がゴルバチョフ書記長にリトアニアへの軍事介入を止めるよう抗議文を送りました。この人道的支援は、リトアニアにとって大きな支えとなりました。

そしてついに、リトアニアは1990年3月11日に、ソヴィエト連邦からの独立を果たしました。その後まもなく、日本とリトアニアは1991年10月10日に外交関係を再び樹立しました。パートナーとして、友人として、再出発を果たしたわけです。その翌年、当時最高会議議長であったヴィータウタス・ランズベルギスが訪日、天皇陛下に謁見、日本の要人と意見交換の機会を持ちました。訪日を記念し、リトアニアを代表する画家ミカロユス・コンスタンティナス・チュルリョニスの展覧会も東京で開催されました。2001年には当時の大統領、ヴァルダス・アダムクスも訪日、2007年には天皇皇后両陛下がリトアニアを訪問されています。

外交樹立から20年以上のときを経て、現在も友好な関係を維持している両国ですが、貿易、経済、文化、観光、青年交流、その他さまざまな分野での交流が年々広がり、そして深まっています。現在、輸出、観光、サイエンスの分野では、日本はリトアニアにとってアジア環太平洋地域でナンバーワンの相手国となっています。

2カ国間交流というのは、何をおいても「人と人との交流ありき」です。リトアニアの人々は、日本の文化や言語に関心が高く、首都ヴィルニュスのヴィルニュス大学、第2の都市カウナスにあるヴィータウタス・マグヌス大学には日本語を学べる専攻があり、多くの若者が学んでいます。リトアニアと日本の友好協会も設立され、日本庭園や武道の愛好家も多く存在します。ジャパン・フェスティバルも毎年リトアニア国内で開催され、日本を訪れるリトアニア人観光客も年々増加の一途をたどっています。また、日本にも友好協会が存在し、リトアニア雑貨、食品を販売する店舗、大学でリトアニア語を学ぶ学生、リトアニアへ留学する学生、観光客も増えています。

人と人との交流は、私たちのこれからの両国関係を占う試金石です。先人たちが両国のあいだに架けた橋をさらに未来に繋げ、次の世代の若者たちに引き継いでもらいたいと思います。

最後に、明石書店、そして本書の出版にひとかたならぬご尽力いただいているさなか、急逝された編集部の故小林洋幸氏に、心から謝辞と哀悼の意を表します。日本の読者のみなさんが本書を手にとってリトアニアに関心を持ち、さらに2国間交流に携わっていただければ、これほど嬉しいことはありません。そして、みなさんが美しく友好的な国、リトアニアを訪れてくださいますように。

エギディユス・メイルーナス
前駐日リトアニア共和国特命全権大使
（訳：本多桃子）

まえがき

リトアニアが国家となることができたのは、リトアニアの指導者や国民が奮闘し自由でありたいと願い、自らの生活とアイデンティティを守り、そして運命を自ら切り開こうとしたからである。本書はその様子を描いている。様々な時代に、リトアニアの存続と幸福のために多大な犠牲が払われた。リトアニアが自由と独立を取り戻したという事実がその証しでもある。

本書が読者に伝えるのは、私たち民族が経験した歴史的試練であり、またリトアニア人が耐え忍んできた厳しい時代の雰囲気である。民族に記憶がなければその民族に未来はない。同じことはリトアニア人啓蒙家のミカロユス・アケライティスが1859年にポーランド語作家で歴史家のユゼフ・イグナツィ・クラシェフスキに宛てた手紙のなかでも書かれていた。「民族の歴史は市民一人ひとりが語らなければならない。それにより民族は不滅となる。」シモナス・ダウカンタスやヨナス・マチュリス＝マイロニスのような民族復興の指導者らは、まさにこのような見解に刺激を受け、執筆を通じて自国の過去を記録し、それを後世に伝えたのであった。

その国の歴史に関する知識を一つにまとめた概説書は、国の発展における重大な時期に国民を教育するか重要なできごとを記録するために書かれるものである。ときにそれは、市民精神や民族アイデンティティの奨励を義務とする国家機関のイニシアティヴで書かれることもある。1936年、リトアニア共和国教育省（なかでも特にカジミエラス・マシリューナス副教育相）のイニシアティヴにより、同省支援のもと、リトアニアの歴史家たちが包括的なリトアニア史の本（アドルファス・シャポカ編）を出版した。おそらくこれは、リトアニアで最もよく知られたリトアニア国家および民族に関する歴史書であり、同書は時代を超えその後の世代にも影響を与えた。動乱の時代にあって同書はリトアニアの人々に1000年にわたるリトアニアの歴史に誇りを持たせるために執筆された。過去の英雄の功業、真のバルト文化、インド＝ヨーロッパ語族で最も古い活語であるリトアニア語の価値、世界中のリトアニア系移民の活動を伝えるために出版されたのである。

1939年、スタシース・ロゾライティス外相率いるリトアニア外務省は、ニューヨーク万国博覧会でのリトアニア特別展の準備を進めた。マグダレナ・アヴィエテナイテの指示の下、美術、民芸、経済業績などを紹介する展示が設けられた。リトアニアで著名な芸術家によって巨大な絵画が制作され、リトアニア史上最も重要な出来事がそこに描かれた。このようにリトアニアの知識人、研究者、芸術家は、力を合わせて、リトアニアとその歴史を世界に広めることが求められた。

2013年、政府や外交官によるこのような素晴らしいイニシアティヴという伝統を引き継ぐ機会がやってきた。リトアニアは1990年3月11日に独立を回復し、2004年に民主主義国家の集まりである北大西洋条約機構（NATO）および欧州連合（EU）の正加盟国となった。そして2013年には、EU理事会議長国を担うという歴史的責任を引き受けた。これは、欧州共通の未来づくりに貢献する素晴らしい機会であっただけでなく、国家間の連帯を強め、互いの国の文化と歴史のさらなる理解を促す好機でもあった。言うまでもなく、私たちリトアニア人自身にとっては現在の視点から新たな研究によりリトアニアの歴史をまとめ直し、リトアニアの過去と現在を世界に伝え直す好機でもあった。

リトアニア外務省はアウドロニュス・アジュバリス外相の下、（２０１３年後半に）ＥＵ理事会議長国を務めるにあたって準備を進めるなかで、ヴィルニュス大学国際関係政治科学研究院の研究者らに簡潔で読みやすく客観的なリトアニア史の本を編纂するよう依頼してきた。政治史の分野に長年携わってきたライムンダス・ロパタ教授、アルヴィーダス・ヨクバイティス教授、ヴィータウタス・ラジヴィラス教授、インガ・ヴィノグラドナイテ博士が編集委員会を構成した（委員長はロパタ教授）。その本の目的は、一般の読者、特にＥＵ市民の読者に、１００９年に書かれた年代記にリトアニアの名が初めて登場してから２００４年のＥＵ加盟に至るまでのリトアニアの変動の歴史の概観を示すことであった。

本書の監修および編集はアルフォンサス・エイディンタスが行った。そして執筆はリトアニアの著名な歴史家たちに依頼した。古代リトアニア国家とリトアニア大公国の発展は、ヴィルニュス大学のアルフレダス・ブンブラウスカス教授が分析した（序章、第1章および第2章）。ヴィータウタス・マグヌス大学のアンタナス・クラカウスカス教授は、１７９５年から１９１５年までの帝政ロシア時代におけるリトアニア人の生活について著した（第3章）。近代におけるリトアニア国家の回復と１９１８年から40年の独立期についてはアルフォンサス・エイディンタスが考察した（第4章）。そして、リトアニア教育大学のミンダウガス・タモシャイティス講師は１９４０年の占領から２００４年までの出来事を概括した（第5章および第6章）。監修者の務めは、等しく流暢な語り口調で分量にバランスをもたせ、不要な事実は載せすぎず、できるだけ読者にとって読みやすくするために各章の書き方や分量などを統一して互いに関連付けることであったが、これは気が引ける課題であった。一般の読者を対象とする本書は必然的に紙幅の制約を受けることとなった。約300ページ〔原著〕で1000年の歴史をカバーするため、経済、社会、文化の発展に関しては多くを割愛せざるをえなかった。それゆえ、関心を持っている特定の話題が十分に扱われていないと思う読者もいるかもしれないが、ご理解をいただければと願う。本書は、リトアニア史全体を国内外の読者に紹介する、1990年の独立回復以降初めての試みである。

本書の出版計画を進めてこられた方々、草稿を読んでいただいた編集委員の方々に、著者を代表して心から感謝申し上げたい。また、ヤウニュス・ペトライティス氏、ヴィータウタス・ジャリース博士およびロマナス・ユディナス氏に特に謝意を表する次第である。本書を批評してくださったゼノナス・ブトクス博士やサウリュス・カウブリース博士、そのほか本書の編纂や図版の作成、必要な地図の選定に携わってくださった方々にも大変感謝している。

2013年、ヴィルニュス

監修者　アルフォンサス・エイディンタス

目次

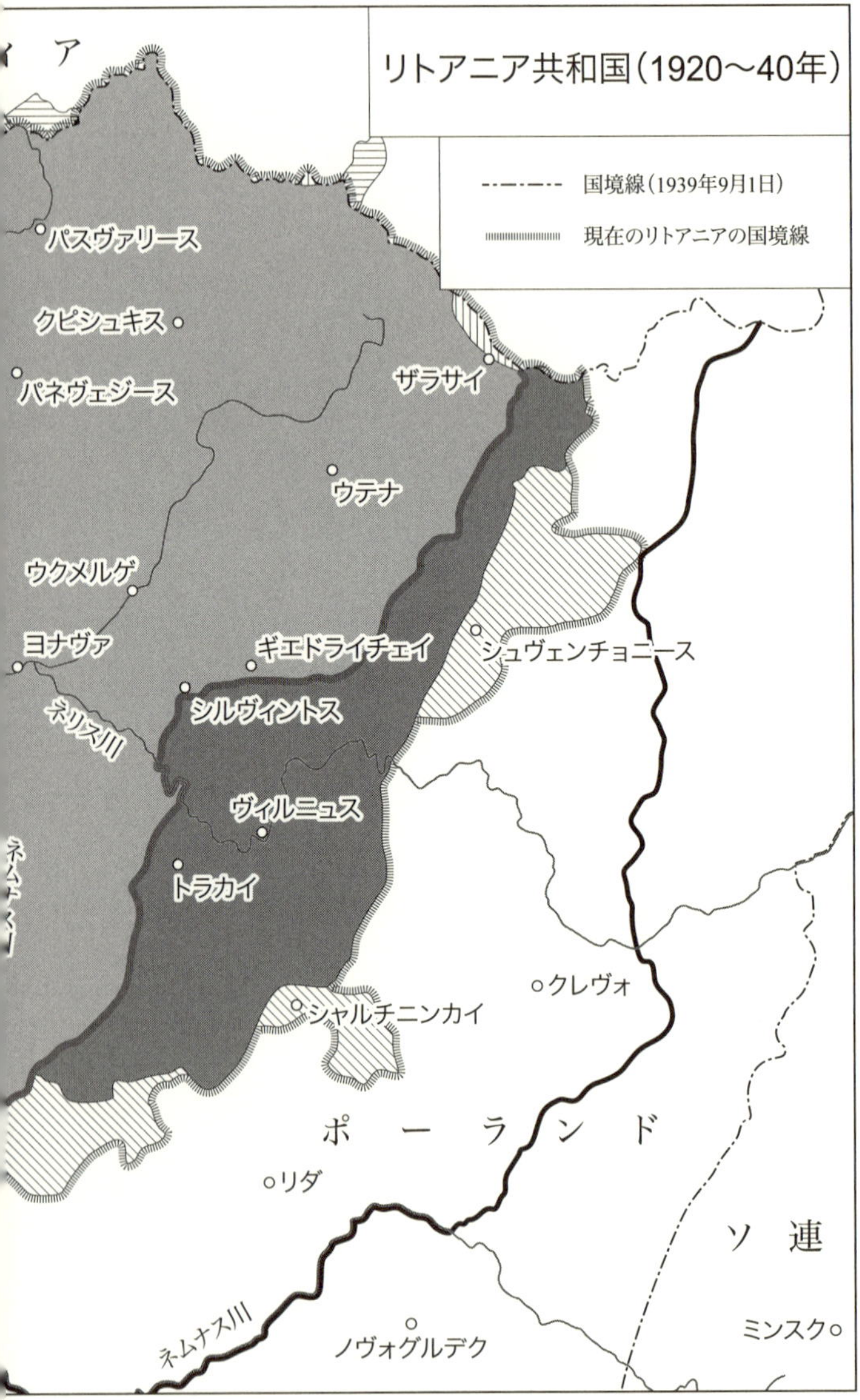

リトアニア共和国（1920〜40年）

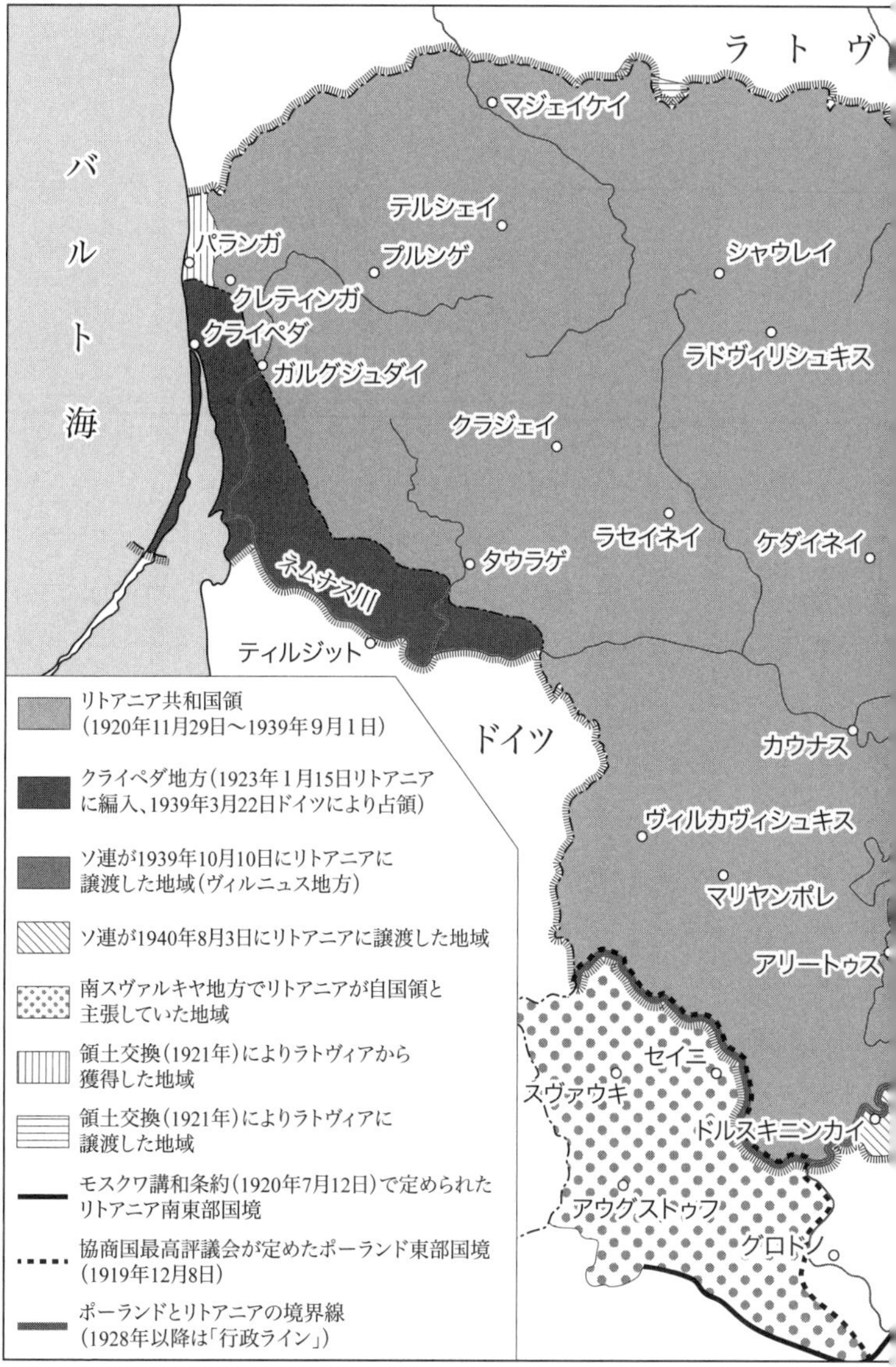
ラトヴ
バルト海
マジェイケイ
テルシェイ
パランガ
プルンゲ
シャウレイ
クレティンガ
クライペダ
ラドヴィリシュキス
ガルグジュダイ
クラジェイ
ラセイネイ
ケダイネイ
タウラゲ
ネムナス川
ティルジット
ドイツ
カウナス
ヴィルカヴィシュキス
マリヤンポレ
アリートゥス
セイニ
スヴァウキ
ドルスキニンカイ
アウグストゥフ
グロドノ
リトアニア共和国領（1920年11月29日〜1939年9月1日）
クライペダ地方（1923年1月15日リトアニアに編入、1939年3月22日ドイツにより占領）
ソ連が1939年10月10日にリトアニアに譲渡した地域（ヴィルニュス地方）
ソ連が1940年8月3日にリトアニアに譲渡した地域
南スヴァルキヤ地方でリトアニアが自国領と主張していた地域
領土交換（1921年）によりラトヴィアから獲得した地域
領土交換（1921年）によりラトヴィアに譲渡した地域
モスクワ講和条約（1920年7月12日）で定められたリトアニア南東部国境
協商国最高評議会が定めたポーランド東部国境（1919年12月8日）
ポーランドとリトアニアの境界線（1928年以降は「行政ライン」）

凡例

1．日本語訳にあたっては、以下に掲げる英語版（改訂第2版）を底本とした。Alfonsas Eidintas, Alfredas Bumblauskas, Antanas Kulakauskas, Mindaugas Tamošaitis, *The History of Lithuania*, Rev. 2nd ed. (Vilnius: Eugrimas, 2016). ただし、リトアニア語版（第2版）やポーランド語版なども適宜参照し、英語版と相違が見られる箇所についてはこれらに従って訳した場合もある。Alfonsas Eidintas, Alfredas Bumblauskas, Antanas Kulakauskas, Mindaugas Tamošaitis, *Lietuvos istorija*, 2-asis leid. (Vilnius: Vilniaus universiteto leidykla, 2013); Alfonsas Eidintas, Alfredas Bumblauskas, Antanas Kulakauskas, Mindaugas Tamošaitis, *Historia Litwy* (Wilno: Eugrimas, 2013).

2．原著者が引用箇所に挿入した注記および英語版（改訂第2版）で加筆された箇所には角括弧［　］を用いた。日本語版訳者による簡単な注記は亀甲括弧〔　〕を用いて本文中に挿入し、同じく訳注は各章末にまとめて記載した。

3．地名の表記は、現在のリトアニア領内に位置する地名はリトアニア語での名称に従った。ただし、ロシア帝国の行政区分はロシア語での名称に従った。それ以外の地名の場合は各時代に当該地域で主に通用していた文章言語での名称とした。そのため、「プロシア／プロイセン」「ヴォルイニ／ヴォウィン」など、時代によって表記を変えた地名もある。また「リトアニア」のほか、「モスクワ」や「ワルシャワ」などのように、日本語での慣例に従ったものもある。河川名の表記は、主たる流域がある国における現在の名称に従った。なお、必要に応じて丸括弧（　）内に別の言語での名称も記した。

4．人名の表記は、19世紀前半までの場合はその人物が主に使用した言語による表記に従った。そのためリトアニア大公の名もポーランド語で表記している場合がある。19世紀後半以降の場合はその人物が使用した言語だけでなく民族や国家に対する帰属意識なども考慮して表記した。なお、人名についても必要に応じて丸括弧（ ）内に別の言語での名称も記した。

5．英語の"nation"やリトアニア語の„tauta"ならびにその派生語は、文脈に合わせて「民族」あるいは「国民」と訳し分け、必要に応じて「ネイション」「ナショナル」等のルビを振った。なお、あえて訳さずに「ネイション」とカタカナで表記した箇所もある。

序章　中央ヨーロッパの一部であるリトアニア

ヨーロッパの地理的中心

ヨーロッパの地図の上で、ジブラルタルとウラル山脈の北部、スコットランドとカフカス山脈、ギリシア南部の島とノルウェーの北を線で結んでみると、それらの線はほぼリトアニアで交差する。ヨーロッパの地理的中心はリトアニアに位置しているのである。１９８９年、フランスの国立地理学研究所が行った計算によれば、ヨーロッパの地理的中心は北緯54度55分東経25度19分、リトアニアの首都ヴィルニュスの北約26キロのあたりに位置するという。この計算には、ヨーロッパを幾何学図形としてその重心を図るという手法が用いられた。リトアニアは、西のスウェーデン南部やデンマーク、スコットランドと同じ緯度に位置し、北のフィンランドや南のルーマニア、ブルガリア、ギリシアと同じ経度に位置している。

リトアニアは西ヨーロッパと東ヨーロッパの交差点にあり、ドイツとロシアのあいだに位置している。ここはかつて、ドイツ人が東に向かうとき、そしてロシア人が西に向かうときに経路とした地であった。リトアニアは、ヨーロッパの地理的中心であるにもかかわらず（そしてカウナスがハンザ都市であった〔ハンザ同盟の在外支所が置かれていた〕にもかかわらず）、中央ヨーロッパではなく東ヨーロッパの一部として見なされることが多い。リトアニアが置かれている（地理的ではなく）地政学的状況がその理由であり、リトアニアが19世紀から20世紀にかけて二度も東の隣国に占領され編入されたためである。

しかし文明という観点から言えば、リトアニアは西方文明の周辺部である中央ヨーロッパに属している。リトアニアには、ポーランドやチェコ、ハンガリーなど他の中央ヨーロッパ諸国と同様に、東ヨーロッパと大きく異なる点があった。それは、中世より集団営農ではなく個人営農が形成され、東方の集権制や専制政治ではなく貴族の市民社会が形成され、西方文化が優勢で正教ではなくカトリックが支配的であったという点である。新たにギリシア・カトリック教会（合同教会《ユニエイト》）を作ることでカトリックと正教をまとめようとする試みもあったため、リトアニアはローマ的中央ヨーロッパとビザンツ的東ヨーロッパをつなぐ存在だったとも言える。

リトアニアの名称の起源

リトアニアという名称が書物で初めて言及されるのは１００９年のことであるが、〔その起源は〕それよりもはるかに古い。リトアニアの部族はそれより数世紀前に東バルト族から分化していた。言語学者は、リトアニア語は7世紀にラトヴィア語と分化したと見ている。しかし、必ずしもリトアニア語話者が自らをリトアニア人と呼んでいたり、自分たちの土地をリトアニアと呼んでいたりしていたわけではなかった。

現在のところ、リトアニアの名称はケルナヴェ近くを流れるわずか11キロと短いリエタウカ川の名称に由来するという仮説が、最も広く受け入れられている。歴史時代の初期においてリトアニア国家の中核、リトアニアの土地は、ネムナス川とネリス川のあいだにあったと伝統的に考えられてきた。ネリス川の右岸（すなわちネムナス川がある方とは反対側）を流れる支流のリエタウカ川はリトアニアの土地に向かって流れてはいたが、必ずしもリトアニアの土地を流れていたわけではない。したがって、リエタウカ川の名称がリトアニアの名称に由来するのであってその逆ではない、というほうが可能性として高く、この伝統的な説明には疑義が生じている。

今日《こんにち》、リトアニアの名称はリトアニア民族の名称に由来するとの仮説を提示する研究者もいる。彼らは、リトアニアの外にある「レイト」や「リエト」で始まる地名はリトアニア人（リエトゥヴィス）の名称に由来するかもしれないとして、これらに注目している。この仮説では、ゲディミナスやヴィータウタス、そしておそらくはミンダウガスの治世において、リトアニアの支配者に忠誠的であった人々がリトアニア人ではなくルーシ人（のちのルテニア人）やジェマイティヤ（サモギシア、ジュムチ）人の土地に住んでいたとされる。地元の人々はこのような入植者をレイティス（複数形はレイチェイ）と呼んでいた。あるいはリエティス（複数形はリエチェイ）とも呼んでいたのであろう。したがってリトアニアの名称は、征服地で軍務に就いていた者を連想させるリエティスやレイティスという民族名に起源

「ヴィーティス」〔追走の意〕の紋章。ラウレンティウス（ヴァヴジニェツ）による『第一次リトアニア法典』の写本（**1531** 年）の表紙より。

を有するのかもしれない。

　１００９年におけるリトアニアの境界線は、現在のリトアニアの南東部の国境よりもはるかに東や南にあった。国が作られたときにリトアニア人が住んでいた領域は現在のリトアニアの国境と概ね一致しており、民族的《エスニックな》リトアニアと呼ばれる。ただし、民族的リトアニアの一部は現在のリトアニア国境の外にあり、他方で、西方の古代ジェマイティヤ人の領域とヨトヴィンギア人、セロニア人、セミガリア人およびプロシア人の領域の一部は最終的にリトアニアに組み込まれた。それは自然の成り行きでもあった。初期リトアニア国家の中核はネムナス川とネリス川に挟まれた地域であったが、ミンダウガスはすぐにリトアニア人が住む他の領域を編入し、同族であるバルト族の領域にも影響力を伸ばした。もし西からのドイツ人の攻撃がなくスラヴ人の拡大もなければ、リトアニア国家はさらに領土を広げ、すべてのバルト族の土地をその領域としていたのではないかとも考えられている。

　リトアニア語を話し、のちにリトアニア人としての民族意識を抱くようになる人々が住む領域は最終的に東部や南部で縮小したが、他方でリトアニアの名称は、リトアニア大公国の領土が東スラヴ人の広範な土地に拡大するにつれてさらに東方へと広がった。このかつて存在した大公国（現在のリトアニアだけでなくベラルーシやウクライナの大半も含む）の全領域がリトアニアと呼ばれるようになった。今日《こんにち》のリトアニア人歴史家はこれを歴史的リトアニアと呼んでいる。

16世紀から18世紀にかけてリトアニア大公国の貴族は、民族出自にかかわらず自らをリトアニア人としていた。大公国で『リトアニア法典』などの文書で公《おおやけ》に用いられていた書き言葉は今日《こんにち》のウクライナ語やベラルーシ語の祖語にあたるスラヴ語であったが、モスクワの年代記編者はこれを「リトアニア語」と呼んでいた。なぜなら、これがモスクワのロシア語とは異なる言語であり、さらにリトアニア語の用語を取り入れていたからである。19世紀の高名なポーランド語の詩人アダム・ミツキェヴィチは歴史的リトアニアの詩人となったし、ノーベル文学賞を受賞したチェスワフ・ミウォシュは自らをリトアニア大公国の「最後の市民」であるとしていた。リトアニア大公国にアイデンティティを持つ者を「旧リトアニア人《セナリエトゥヴェイ》」と称したが、彼らは19世紀から20世紀に入る頃、母語と民族アイデンティティが最も重要であると考える「新リトアニア人《ヤウナリエトゥヴェイ》」からの抵抗に直面するようになった。「新リトアニア人」はその後すぐにリトアニア共和国を建国したのであった。

リトアニアの名称はユダヤ人のアイデンティティにもなった。歴史的リトアニア（リトアニア大公国）の時代を通じて、大公国に住むユダヤ人はリトアニア大公国をリタと呼び、自らをリトヴァクと称した。このように、リトアニアの名称はリトアニア大公国という古いリトアニア国家によって広められたのである。ポーランド＝リトアニア国家が１７９５年に分割されると、リトアニア大公国の土地はロシア帝国の一部となった。リトアニアの名称は、１８３１年のツァーリ体制に対する蜂起まで行政単位として残されていた。蜂起の後、その名称は禁止された。

リトアニアの名称は別の方向にも広がっていった。チュートン騎士団の軍事行動で荒野と化した、ヨトヴィンギア人やスカルヴィア人、ナドルヴィア人といったバルト部族がかつて所有していた土地に、15世紀、彼らの子孫やさらに多くの場合リトアニア人が再び定住するようになった。彼らは国境のリトアニア側だけでなく反対側の荒野にも定住した（1422年にリトアニアとチュートン騎士団のあいだの国境線が定まったとき、ヨトヴィンギア人の古い土地の一部分のみがリトアニアに戻された）。チュートン騎士団が築き、後にプロイセン公国やプロイセン王国という名称になる国家に住んでいたリトアニア人は、次第に「リエトゥヴィニンカイ」（リトアニア人を意味する別の単語）と呼ばれるようになり、彼らの土地はプロイセン・リトアニアや小リトアニアと呼ばれた。そして固有のリトアニア《リトゥアニア・プロプリア》は、おそらく19世紀に大リトアニアと呼ばれるようになった。

逆説的だが、小リトアニアは外国にありながらリトアニア語の書き言葉が最初に発展した場所であった。リトアニア語による最初の優れた文学作品であるクリスティヨナス・ドネライティスの『四季』（1765〜75年頃）がここで作られたのである。18世紀のプロイセンではリトアニアの名称が公式に用いられていた（グンビンネン（現ロシア領グセフ）を中心とするリトアニア県が設置されていた）が、ドイツ化およびリトアニア人の自発的同化によりリトアニア語はプロイセンで徐々に使用されなくなっていった。第二次世界大戦後、プロイセンの住民はロシア人に殺害あるいは追放され、リトアニア語話者はほんの一握りしか（プロイセンに）残らなかった。リトアニアの名称もまたこの地域から消滅した。

大リトアニアの歴史は大きく異なった。かつてのリトアニア国家がロシアによって破壊され

1831年の蜂起が鎮圧されると、リトアニアの名称は公式に用いられなくなり、北西部地域という用語に置き換えられた。そしてリトアニアの名称には新たな意味が加わった。リトアニアの歴史的概念（かつてのリトアニア大公国）とは別に、リトアニアの名称をリトアニア語の使用と結びつける近代の言語的概念がだんだん優勢になってきたのである。小リトアニアをリトアニアに組み入れようとした新国家リトアニア共和国の建国者たちは、後者の概念を原理として用いた。彼らは、歴史的リトアニアのうちリトアニア語が一度も話されたことのない地域に対する主張は放棄したのであった。

　言語に基づく近代リトアニアの概念は大きな問題に直面した。20世紀初め、民族的リトアニアの南東部に位置するヴィルニュス地方ではポーランド語やベラルーシ語（あるいは地元住民がトゥテイシと呼んでいた現地語）が好まれ、リトアニア語は見捨てられていた。確かに、民族アイデンティティが失われたリトアニアのこの地域においても貴族のなかには自らを未だに「リトフィン」や「旧リトアニア人《セナリエトゥヴェイ》」と称する者もいた。しかし大半は徐々にポーランドにアイデンティティを持つようになり、リトアニアをポーランドの一部と考えるようになった。

　ヴィルニュス地方を占領するポーランド当局によって「中央リトアニア」が建国された1920年、ヴィルニュスをめぐるポーランドとリトアニアの対立において論争点となったのが、まさに言語に基づくリトアニア国家というこの概念であった。ポーランド的リトアニア概念に基づけば、リトアニア共和国は「カウナス・リトアニア」と呼ばれ、ジェマイティヤ方言がリトアニア語とされた。東方にあるかつてのリトアニア大公国のルテニア人の土地を「ミンスク・リトアニア」または「ルテニア・リトアニア」と呼ぶことを念頭に置いて初めて、「中央リトアニア」の意味は理解できる。リトアニア大公国の伝統を取り戻すという建前で用いられた、リトアニアを三分割するこの概念は、歴史的現実とは乖離したただの宣言でしかなかった。しかし実際のところ、これがポーランド的リトアニア概念だったのである。

ルツィアン・ジェリゴフスキ将軍によって占領されたリトアニア領、いわゆる「中央リトアニア」においてポーランドの法令により行われた1922年のヴィルニュス議会《セイム》選挙では、ポーランドへの編入に対する賛成票が圧倒的多数を占め、ヴィルニュス地方はポーランドの一部となることとなった。しかしこの選挙を監視した連合国軍事監督委員会は、リトアニア人、ユダヤ人、そしてベラルーシ人の大半が選挙への参加を公式に棄権し、選挙が軍事占領下で行われ、ポーランド当局が抑圧のためのあらゆる行政手段を有していたという事実により、選挙結果に「重大な疑い」があると報告した。同委員会は、選挙結果がこの地域の住民全体の「真に誠実な意見表明」であるとは考えられないと結論づけた。

民族的《エスニック》な論拠に基づくリトアニア国家を建設しようとしていたリトアニア人は、もはや「ミンスク・リトアニア」に対する権利を主張しなかった。しかし、歴史的首都ヴィルニュスなきリトアニア国家は想像できなかった。さらに、近代リトアニア国家の建国者たちは小リトアニアの土地も主張していた。1919年のヴェルサイユ講和条約により小リトアニアのうちクライペダ地方のみがドイツから切り離されたが、リトアニアには譲渡されず、その代わりにフランスが管理する協商国の保護地域となった。なおクライペダのリトアニア人（リエトゥヴィニンカイ）は、全員がリトアニアへの編入を望んでいたわけではなかった。ダンツィヒ（現在のグダンスク）のような「自由都市」の地位を求めた者もいたのである。

リトアニアの歴史の概要

考古学によれば、紀元前3000～2000年頃、森林が広がる東ヨーロッパの先史文化の中からバルト文化が出現した。それは、紀元後1世紀以降にはローマなどの文明にも知られるようになった。リトアニア人の言語や民間伝承、異教文化といった文化の特性は、この先史時代に発展したと一般的に考えられているが、宗教のあり方が明確になるのは国家が作られる時代のことであった。

その国家、リトアニア大公国が成立したのは13世紀のことである。その最初の統治者であったミンダウガスは、ローマ・カトリックの洗礼を受けただけでなく、1253年には王として戴冠した。彼の時代は短かったものの、彼が治めた異教国家は徐々にこの地域の大国となり、かつてのキエフ・ルーシにあたる正教地域の広範な土地を征服する帝国となった。そして、1387年にリトアニアがローマ・カトリックを受容し、ヨーロッパ最後の異教地域であったリトアニアの民族的地域であるジェマイティヤが1413年にキリスト教化したことで、キリスト教的ヨーロッパの成立が完了

リトアニア大公国の紋章「ヴィーティス」。ヤン・ドゥウゴシュによる『ポーランドの系譜学』*Stemmata Polonica*（**16**世紀中葉、フランス・パリの国立アルスナル図書館所蔵）より。

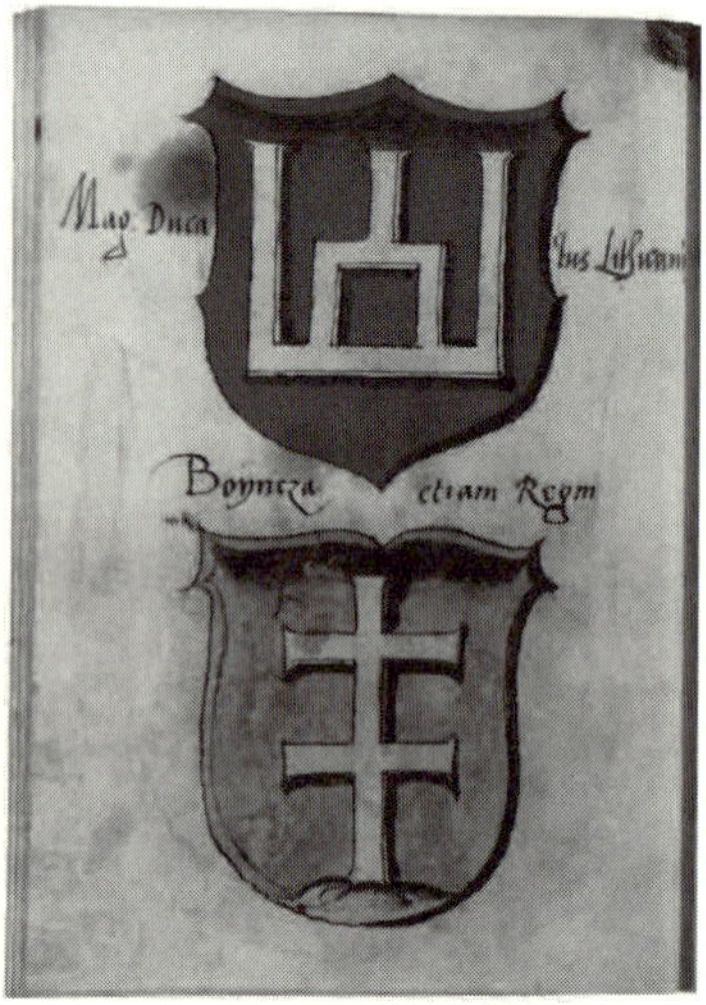

リトアニア大公国の紋章、ゲディミナス家の柱とヨガイラの十字。ヤン・ドゥウゴシュによる『ポーランドの系譜学』*Stemmata Polonica*（**16** 世紀中葉、フランス・パリの国立アルスナル図書館所蔵）より。

したのである。

西方からチュートン騎士団の攻撃を受けていたリトアニア大公国は、徐々にポーランドとの関係を強めていき、15~16世紀に西方のキリスト教文化の影響をますます受けるようになった。16世紀半ばにポーランド王国との合同が成立し、ポーランド=リトアニア共和国が誕生した。この共和国は、17~18世紀にヨーロッパ文明、そして世界文明に大きく貢献した。その貢献は次の言葉に要約することができる。すなわち、パン、寛容、民主主義、憲法、そしてバロックである。

・共和国は、（グダンスクやアムステルダムを通じて）西方に穀物を供給した。
・共和国では、当時はほとんど見られなかった宗教的寛容や貴族民主主義の伝統が作られた。
・16世紀から18世紀にかけて二つの世界の境界に位置するヨーロッパ唯一の首都ヴィルニュスには、10の宗派が共存していた。ユダヤ世界ではヴィルナのガオンの街、そして「北のエルサレム」として知られていた。
・共和国では中央ヨーロッパで最古の大学の一つとして名高いヴィルニュス大学が発展した。そこでは、宣教師や殉教者、聖人、詩人、修辞家、論理学者により独特の伝統が育まれた。
・共和国では、ヨーロッパ規模でも重要であったバロック建築のヴィルニュス学派が発展した。
・共和国では法の伝統が作られた。16世紀にはヨーロッパで最も体系的な法典であった『リトアニア法典』が、１７９１年にはヨーロッパで最初の成文憲法が生まれた。

共和国は、18世紀最後の四半世紀にロシア、オーストリア、プロイセンによって三分割され、固有のリトアニア《リトゥアニア・プロプリア》はロシアに編入された。しかし、その後の困難な状況の下でも、アダム・ミツキェヴィチやユリウシュ・スウォヴァツキに代表されるロマン主義文学の伝統が現れ、発展した。ヴィルニュス大学も名声を保っていた。ポーランド＝リトアニア共和国の文化の伝統がロシア帝国の文化の一部となることは決してなかった。それどころか、分割時に共和国で支配的だった言語はポーランド語であり、ミツキェヴィチやスウォヴァツキがポーランド語で詩を執筆したため、ポーランド人

バロック建築ヴィルニュス学派の最東端（ヴィルニュスの東**500**キロ）の実例——グラウビッツが設計したムシチスワフ（ムスチスラウ）の跣足カルメル会教会。アルフレダス・ブンブラウスカス撮影。

リトアニア人芸術家ミカロユス・コンスタンティナス・チュルリョニスの最も有名な絵画の一つ「王たちのおとぎ話」(**1909**年)。

とリトアニア人の愛国的反ロシア感情は刺激されたのである。そして、彼らの作品はポーランド文化の重要な一部となった。19世紀においてヴィルニュスは、民族的ポーランドの境界線の外におけるポーランド文化の中心都市と考えられていた。

1795年の共和国分割以降、1918年に独立を宣言して民主主義と民族の原理に基づくリトアニア共和国という国家を建国するまで、リトアニアはロシアの支配下にあった。独立に至るまでの民族復興には、リトアニア人画家で作曲家でもある芸術家ミカロユス・コンスタンティナス・チュルリョニスや、民族復興の詩人マイロニス、民族の父と呼ばれるようになるヨナス・バサナヴィチュスらが関わっていた。さらに多くの近代美術家や作家、建築家らが、リトアニアの風貌や風景を20年間で変えていった。

現在の若手の歴史家は、最初のリトアニア共和国の偉業として、バター、ANBO飛行機、バスケットボールの三つを挙げている。すなわち、独立期のリトアニアが達成した農業の進歩、カウナスでの飛行機の設計と製造に象徴される技術の進歩、そしてバスケットボール男子リトアニア代表が

1937年と39年の欧州選手権で優勝したこと、の三つである。自尊心の源となったこれらの偉業は、1940年にリトアニアを占領し、1944年に再占領したソ連によって消されてしまった。リトアニアでのホロコーストやソ連によるシベリアへの大量追放、1944年の〔リトアニア人の〕西側諸国への移住によりリトアニアは大きな損失を被ったが、リトアニアはそれでもソヴィエト支配に対するゲリラ戦（1945〜53年の「戦後の戦争」）を起こしたのである。これはときに、リトアニアが20世紀ヨーロッパの歴史に果たした最大の貢献であったとされる。しかし今日《こんにち》、貢献者と見なされうる人々は他にもいる。リトアニア改革運動「サーユーディス」（1988〜90年）や「バルトの道」（1989年）を組織した者、1990年3月11日の独立宣言に署名した者、そして一月事件（1991年）で犠牲になった英雄である。彼らは皆、半世紀におよぶソヴィエトによる占領の後にリトアニアが独立を回復するのを助け、ソ連の解体に貢献したのであった。

また、2004年にリトアニアが欧州連合（EU）および北大西洋条約機構（NATO）の加盟国となったことも覚えておかなければならない。

リトアニア史上の重要な出来事

紀元前97年　ローマの歴史家タキトゥスが『ゲルマニア』のなかでアエスティ（バルト族）に言及。

1009年　聖ブルーノが宣教のためにリトアニアを訪問、リトアニアの「ネティメル王」が洗礼を受ける。ブルーノの宣教について書かれた『クヴェードリンブルク年代記』に

1236年　リトアニア（「リトゥア」）という地名が歴史上初めて登場。
1253年　サウレの戦い。異教を信仰するジェマイティヤ人がリヴォニア帯剣騎士団を破る。
1260年　ミンダウガスが統一国家となったリトアニアの王に戴冠される。
1316〜41年　ドゥルベの戦い。異教を信仰するジェマイティヤ人がチュートン騎士団とリヴォニア騎士団の連合軍を破る。
1323年　ゲディミナスの治世。ゲディミナス朝の名称は彼の名に由来する。
1385年　ゲディミナスがリトアニアの首都をトラカイからヴィルニュスに移す。
1387年　クレヴォ（クレヴァ）条約。〔翌年〕リトアニア大公ヨガイラ（ヤギェヴォ）がポーランド王となる。ここからリトアニアとポーランドの共通の歴史が始まる。
1392〜1430年　リトアニアがキリスト教に改宗。
1410年　ヴィータウタスの治世。彼は最もよく知られるリトアニアの統治者となった。
1514年　グルンヴァルト（ジャルギリス）の戦い。ポーランドとリトアニアの連合軍が、両国にとって脅威であったチュートン騎士団を破る。
1569年　第四次モスクワ＝リトアニア戦争（1512〜22年）におけるオルシャの戦いで、リトアニア軍とポーランド軍がモスクワ軍を破る。
1795年　ルブリン合同。ポーランド＝リトアニア共和国が成立。
ロシア、オーストリア、プロイセンによる第三次ポーランド＝リトアニア分割。リトアニアの大半はロシア帝国領となる。

1830年　ロシアに対する蜂起（十一月蜂起）。
1863年　ロシアに対する蜂起（一月蜂起）。
1918年　2月16日、ドイツ占領下においてヨナス・バサナヴィチュスが議長を務めるリトアニア評議会《タリーバ》が独立国家リトアニアの回復を宣言。
1920年　ソヴィエト＝リトアニア講和条約が結ばれる。ポーランド人将校ルツィアン・ジェリゴフスキがヴィルニュス地方を奪取。
1940年　6月15日、ソ連がモロトフ＝リッベントロップ協定によりリトアニアを占領。6月17日、傀儡政権が作られる。8月3日、ソ連がリトアニアを編入。ソヴィエトによるテロルと追放が始まる。
1941～44年　ナチ・ドイツによる占領とホロコースト。
1944～53年　ソヴィエトによる抑圧、追放、集団化の時代。リトアニア人武装抵抗が展開される。
1976年　ヘルシンキ・グループが設立される。
1988年　6月3日、リトアニア改革運動「サーユーディス」が設立される。
1990年　3月11日、リトアニア・ソヴィエト社会主義共和国最高会議がリトアニアの独立回復を宣言、リトアニア共和国最高会議に名称変更。
1993年　リトアニアの通貨リタスが導入される。ロシア軍のリトアニアからの撤退が完了。
2004年　リトアニアがEUおよびNATOの加盟国となる。

訳注

1　古代ルーシ諸公国のうち、中世から近世にかけてリトアニア大公国やポーランド＝リトアニア共和国のもとでラテン文化の影響を受けた地域を、ラテン語でルーシを意味する「ルテニア」の語で呼ぶ。

第1章　リトアニア大公国

古代バルト人とリトアニア国家の出現

バルト人は、通常、バルト海東岸に住んでいるか住んでいて、インド＝ヨーロッパ語族の独立した語派を成すバルト諸語を話しているか話していた民族言語集団として叙述される。今日《こんにち》、この語派は現存するリトアニア語とラトヴィア語によってのみ受け継がれている。バルト人とその子孫であるリトアニア人とラトヴィア人は、少なくとも4000年間バルト海沿岸で定住生活を送っていた。結果として、彼らはときに最も定住的で古いヨーロッパの民族の一つだと見なされる。

インド＝ヨーロッパ系の新参者が土地の民族を支配し同化した紀元前第3千年紀の終わりにバルト諸部族が形成され始めた。紀元第1千年紀までにバルト諸部族が住む領域はヴィスワ川からドニエプル川・オカ川の流域まで広がった。そののち、第1千年紀の後半、スラヴ人の拡大によって東部のバルト諸部族は同化された。プロシア、ヨトヴィンギア、リトアニア、そしてラトヴィアの部族は第2千年紀の初めに形成され始めたが、これらの部族からリトアニア人とラトヴィア人だけが民族として出現した。プロシア人とヨトヴィンギア人はのちにプロイセン国家を築くチュートン騎士団によって征服、同化された。

バルト諸部族が定住型の生活を送っていたことから、おそらく、バルトの神話——その要素はいまだフォークロアに見出せる——に古代インド＝ヨーロッパの神話の特徴の多くが保たれているのだろう。バルトの神話への関心は大きくなり続けている。現存するすべてのインド＝ヨーロッパ語族の言語の中で、リトアニア語はヒッタイト語や古代ギリシア語、サンスクリット語などの滅びた言語の古い音韻体系や多くの語形的特徴を有している。有名なフランスの言語学者アントワーヌ・メイエ（1866〜1936年）はかつて以下のように言った。「もし我々の先祖がどのように話していたか知りたいのなら、リトアニアの田舎の人々が話すのを聞きに来なければならない。」リトアニアは比較的遅くにキリスト教を受容したので、民衆の文化と伝統は異教時代に関わりのある古風な要素に富んでいる。それらはクリスマスやイースターなどのキリスト教の宗教的祭日の習慣にも存在する。異教の祝祭がキリスト教の層によって「覆われた」だけだとも言えるだろう。これら古代の遺物すべてがリトアニアのフォークロアや民芸の特殊性の一因である。

異教と1009年におけるリトアニアへの言及

リトアニアの異教という主題は、たいていが異教時代はリトアニアの黄金時代であるという19世紀前半のロマン主義的神話の創造者の先入観によって、問題の多い主張や推測を多数生んできた。ロマン主義者たちは歴史資料における情報不足に直面して、人間に似た神の像や偶像、古代の文書、賢人、聖堂を探し、したがってキリスト教化以前のローマ、あるいはギリシアやローマの宗教体系に典型的な特徴を発見しようと努めた。

彼らの論争相手は、リトアニア人は宗教体系を持っておらず、単に自然を神としてあがめていたと主張した。古代のリトアニア人はいたるところに神聖なるものの顕現を見た。太陽や月、星の輝く天空に、土地や火、そして水に。しかしながら自然現象、特に土地のこうした神格化は農業の発展を遅らせた。したがって神聖な儀式は徐々に特定の聖域に集約され、特定の神聖なものに関連づけられた。それは具体的な木や岩のこともあったが、特別な重要性がオークの森や緑のヘビ、祭壇となる塚に帰されたようである。

彼らの批判に対抗するため、ロマン主義者は、プロシア人の神々について年代記作者が語る、16～17世紀にさかのぼるプロシアの史料を引用した。シモン・グルナウの年代記によるとプロシアの神々の崇拝の中心地はリッコヨト（リトアニア語でロムヴァ）で、そこには永遠に緑のオークが生え、その下には三柱の主要なプロシアの神をかたどった3体の偶像で飾られた聖堂があった。このうち最も重要な神は黄泉の国の神パクラスで、次は稲妻と雷の神ペルクーナス、3番目は穀物の神パトリンパスであった。こうした神々への崇拝や、崇拝の指導者や男女の神官の序列も記されていた。プロシアの主要三神の物語は時とともに新しい詳細が補足され、挿絵が付けられた。

『ハリチ＝ヴォルイニ（イパーチー）年代記』の1252年の項目には四柱の神が言及されている。

リトアニアの森。アルトゥル・グロットゲルによる連作『リトアニア』*Lituania*（**1864**～**66**年）より。

リトアニアの神話研究は、リトアニアの異教の至高のパンテオンの中核は四柱の神であり〔ディエヴァス、ペルクーナス、ヴェルニャス〕、4番目は女神〔ラウメまたはライメ〕であったという考えを裏付けている。例えば「神の机（ディエヴォ・スタラス）」と呼ばれる石や「神の玉座（ディエヴォ・クレスラス）」と呼ばれる丘などのように、名前に「神（リトアニア語でディエヴァス）」という語の付く物がある。ペルクーナスの名前が付いた場所や丘、森、木、岩も多くある。ラウメあるいはライメの名前も頻繁に現れる。こうした初期の聖域は、高位の神官あるいは予言者（ジニャイ。おそらくはリトアニア語の「知る（ジノティ）」という語に由来する）や、男性の神官（ヴァイディロス）、女性の神官（ヴァイディルテス）によって守られ、監理されていた。

ある人々は、リトアニアの異教は、聖典や教育制度、聖職者階層とともに、共同体によって維持される聖堂や他の聖域のような主要な中心地を確立する時間を持たなかったと主張する。しかしながら、彼らはリトアニア人が最終的に13世紀半ばに国家を建設したことを考慮に入れていない。通常、聖職者や宗教的な問題を扱う組織の出現のための条件は国家の中で自然と整う。それを維持する仕組みが機能しているためである。第二に国家は統一のためのイデオロギーを必要とする。他の国家の支配

メルキネの丘上の砦。**13 ～ 14** 世紀、リトアニアの防衛のために重要だった木造の砦はこうした丘の上に建てられた。マンギルダス・ブンブリャウスカス撮影。

者はキリスト教をその目的のために用いた。異教のリトアニアの支配者が取った姿勢は、彼らにとって異教がキリスト教に等しいことを示している。したがって、おそらくその国家は異教から体制的宗教への変容過程を上から加速していただろう。史料で言及されている聖堂、すなわちナドルヴィアにあるロムヴァの聖域やそのクリヴィス（異教の首席司祭）はこの過程の初期の表れと見なすことができる。それはおそらく寄付を通じて維持された独立した組織であった。政治的バランスを保つため、高位の神官（クリヴィス）が最も弱い部族（ナドルヴィア）の領域に居を定めた。これは古代ギリシアの隣保同盟、すなわち、とりわけ部族間にまたがる地域にある特定の聖堂や神聖な場所を共有し、防衛した近隣都市国家間の同盟を思い出させる。ロムヴァでの主要な崇拝対象は火で、その崇拝は祭壇となる塚や丘の上の聖域、そしてリトアニアでは非常に一般的な祭壇となる石でも行われた。

異教のバルト諸部族のあいだでの（埋葬ではなく）火葬の習慣についての最古の記録は紀元後9世紀のものである。リトアニア人のあいだでのこのような火葬の習慣の起源についての神話（ソヴィイの伝説）は13世紀に現れる。キリスト教化（1387年）にいたるまで、リトアニアの支配者の遺体は手の込んだ火葬儀礼において薪の上で燃やされた。大公のアルギルダス（1377年没）とケーストゥティス（1382年没）の火葬についての記述は歴史資料に残っている。

多くの民族は神々や半神、英雄についての口承による叙事詩を作った。これらの話はのちに文字で書きとめられた。リトアニアの叙事詩は発生段階であったと推測できるだろう。英雄賛歌が初めに現れたが、今ではきわめてわずかしか知られていない。15〜16世紀のリトアニアの年代記に書かれているいくつかの話は叙事詩的物語だと見なしうる。それにはヴィルニュス建設についてのゲディミナスの夢や、シュヴェンタラギスの伝説、モスクワに対するアルギルダス大公の軍事遠征、そして異教の女性神官ビルテとケーストゥティス大公の恋の話が含まれる（ビルテの話は別の観点からも興味深い。彼女は決してキリスト教の名前を持たなかったし、キリスト教に帰依しなかったが、彼女の伝説はキリスト教化されたのちも生き続け、パランガにあるビルテの丘は彼女が聖人であったかのように敬われた。1989年には考古学者たちがその丘の上に異教の聖域と天体観測所を発見した）。こうした物語は同時代の記述によって裏付けられた歴史的基盤を持つが、リトアニア人のローマ起源（パレモナス伝説）のような15〜16世紀につくりだされた他の伝説はそれを持たない。

バルト人は紀元前第1千年紀に諸部族に分かれた。プトレマイオスは紀元後2世紀にガリンディア人とヨトヴィンギア人（あるいはスドヴィア人）というプロシアの諸部族について知っていた。西方の年代記作者は中世初期にプロシア人やクロニア人、セミガリア人について言及し始めた。リトアニア人はこれらの諸部族よりも東方に住んでおり、こうした初期の年代記では言及されなかったし、いずれにしろ東部のバルト人の分化過程はより後になって起こった。

リトアニア部族は第1千年紀の終わりに最も急速に発達したバルトの部族であったようである。おそらくそのために、西方からの布教者で、後に（クヴェアフルトの聖ブルーノとして）列聖されるブルーノ・ボニファティウスが１００９年にプロシアからリトアニアにやって来たのだろう。ここで彼はリトアニアの指導者ネティメルに洗礼を施した。しかし、新たに改宗したネティメルの兄弟ゼベデンによって布教者は首を落とされ、その一行の18人は殺された。

『クヴェードリンブルク年代記』１００９年の項ではブルーノの布教が数行で叙述され、リトアニアの名前（「リトゥア」）が初めて歴史資料の中で触れられるが、そこではネティメルが「王 rex」として言及され、ある人たちはこの事実をリトアニアの領域に「首長制社会」が存在していたかもしれないという意味に取っている。文化人類学者によって定義される首長制社会は、部族よりは複雑で、国家よりは複雑でない社会組織の一形態である。他の首長制社会が当時同じくキリスト教の布教者が送られていた東の領域にも存在していたかもしれない。

聖ブルーノのリトアニア［リトゥア］への布教に関する歴史的言及は、知られているなかで初めての歴史資料におけるリトアニアに関する言及なので、リトアニア史では重要な出来事の一つであるが、ヨーロッパ史のレヴェルにおいては重要ではない。リトアニアにとって1009年はその領域での犯罪が記録されている年という以上にずっと重要である。リトアニアにおけるこの最初の改宗は、新約聖書の「ヨハネの黙示録」の至福千年説的解釈と関係している。多くの初期キリスト教徒たちは新千年紀の始まりに黙示録の預言が展開するのを期待し、布教者が最後の審判が来るのを待ちながら非キリスト教地域で改宗を勧める動機となった。

キリスト教時代の第1千年紀が終わりに近づくと、キリスト教の布教とキリスト教化は中欧や東欧、北欧の新しい国や地域に広がった。一連の出来事は注目に値する。ポーランドの君主ミェシコの洗礼あるいはキリスト教化（966年）、キエフ・ルーシの君主ウラジーミル聖公の洗礼（988年）、殉教に終わった聖アーダルベルトのプロシアへの布教（997年）、ノルウェー王オラフによるノルウェーのキリスト教化の開始（997年）、アイスランドのアルシングによるキリスト教化の決定（1000年）、ハンガリー王位に就いた初めての真のキリスト教徒聖イシュトヴァーンの戴冠（1000年）、スウェーデン公オラフの洗礼（1008年）、そして最後にリトアニアの「王」ネティメルの洗礼（1009年）である。

したがって、タキトゥスがアエスティ（バルト人）に言及してから歴史資料でリトアニアが初めて言及されるまでに1000年近くが過ぎた。その間、リトアニア人は独自の民族的《エスニックな》アイデンティティを発展させ、ネティメルのもとで部族的な体制から布教に訪れるのに値する国家に進化した。しかしリトアニアはその言語、神秘的な多声歌謡（スタルティネス）、伝説、物語、異教の神々を維持した。この国はネティメルの統治から1387年に支配者と民衆とがキリスト教に改宗するまでの400年ものあいだ、異教の顔を維持したのだった。リヴォニア騎士団による十字軍との和平の前提条件としてミンダウガス大公（のち王）が１２５１年に洗礼を受けたとはいえ、十字軍の攻撃はやまなかった。ミンダウガスが暗殺された１２６３年から１３８７年のあいだ、リトアニアの支配者は異教徒であり、その国家は伝統的な宗教慣習を保っていた。

ミンダウガスによるリトアニア国家の創設

クロニア人は11〜12世紀のあいだバルト諸部族の中で最も活動的で好戦的だったようである。リトアニアの軍事遠征は12世紀末に始まった。リトアニア人は１１８３年にルーシの地への最初の独自の軍事遠征を行ったことが知られている。その際、彼らはプスコフと、おそらくはその途上でポロツクを荒らした。彼らの軍事遠征はのちに年に１、２回と頻繁になり、またルーシの地だけでなくポーランドやリヴォニアでも行われた。

略奪目的の遠征はリトアニアの増大する力を示した。彼らの遠征の数は、豊かなプロシア人や好戦的なクロニア人のそれを上回った。それはおそらく、軍事遠征では特に重要な要素である召集可能な男性の数が多かったことによる。リトアニア部族の数と力の増大は支配形態が変化するための基礎を築き、国家の創設へとつながった。

後のリトアニア国家の創設者であるミンダウガスは、１２１９年にヴォルイニとリトアニアのあいだで和約を結んだリトアニアの５人の年長の公の第４番目に名前が載せられている。この和約からは１２１９年にリトアニアはまだ国家ではなく、単一の支配者を持たない諸地域の連合であったことが明らかである。地域が当時の政治組織の単位であった。各地域はそれぞれ首長あるいは公（クニガイクシュティス）を有した。自身の力を増大させ、軍事活動をよく協調させるため、彼らが連合（あるいは緩やかな軍事同盟）を形成した。年長の公はそこから出現した。ミンダウガスは自身の力を強固にし、国家を建設するため、何人かの公を強制的に封臣にし、他の者を自身の政治的影響圏に引きずり込んだ。

ヴォルイニの和約が証明しているように、リトアニアは1219年にはまだ1人の首長あるいは大公を有していなかった。しかしドイツの『リヴォニア韻文年代記』（1180～1290年について記録している）では、1245～46年にミンダウガスが「最高位の王」として言及されている。したがってリトアニアはそのときまでに統一されたに違いないが、それはいつ起こったのか。ルーシの年代記は1235年の項目で「ミンダウガスのリトアニア」について言及している。これはそのときまでにミンダウガスが自身の権力を既に固めていたことを示しているのかもしれない。正確な記録がないため確かなことはわからないので、リトアニア国家の創設を記すのに1240年というおおよその（そしていくぶん恣意的な）年代が選ばれている。

リトアニアを統一する際、ミンダウガスは間違いなく多くの要素を考慮に入れた。リヴォニアの帯剣騎士団は今日のラトヴィアにあたるダウガヴァ川河口に1202年に拠点を築き、徐々にリヴォニア人［リーヴ人］、ラトヴィア人、エストニア人、クロニア人を征服していた。リトアニア人と関係のあるプロシアの異教の諸部族に対する自らの戦いを支援させるために、マゾフシェ公コンラト1世は十字軍に参加しているチュートン騎士団（エルサレムの聖母マリアドイツ人騎士修道会）を招き、1230年にヴィスワ川沿いのヘウムノ地方に移住させた。ポーランド人とリトアニア人はこの致命的なミスのために大きな被害をこうむることとなる。騎士団はプロシア人を征服し、教皇は１２３６年にリトアニア人に対する十字軍を宣言した。ジェマイティヤ人は１２３６年のサウレの戦いでリヴォニアの帯剣騎士団を破ったが、特に１２３７年にリヴォニアの帯剣騎士団がチュートン騎士団の配下になって以降、挟撃がリトアニアを締め付け始めた。

リトアニア国家の出現は、ゲルマン系の騎士団の侵攻とバルト海沿岸の彼らの植民国家の建設によって加速した。リトアニア国家は、最初は防御的な措置として現れた。その基盤は戦士層――ミンダウガスによって集められた軍事力――であった。単一の支配者による権力の強化が、出現した国家の最も特徴的な外見上の特色である。今日《こんにち》の視点からは民族は国家を作ることによってのみ自身を守ることができると言える。

子供を拉致するチュートン騎士団の騎士。ユリウシュ・コッサク画、**19** 世紀。

しかしながらミンダウガスはまだ自身の権力を固めなければならなかった。彼の立場は１２４８年にとても不安定になった。彼の統治は、リヴォニア騎士団とヴォルイニという外部に同盟者を求めた甥たちによって挑戦を受けた。ミンダウガスは軍事行動だけでなく外交によってもこの抵抗を乗り越えることができた。騎士団長アンドレアス・フォン・スティルラントと和平を結ぶのにリヴォニア騎

ミンダウガスの戴冠。アドマス・ヴァルナス画、1952～53年。

士団の内紛を利用することができた。この和平の条件には、ジェマイティヤの大部分のリヴォニア騎士団への譲渡とともにミンダウガスと彼の近親者の洗礼とが含まれていた。1251年の春あるいは初夏にミンダウガスと彼の妻モルタ（マルタ）、2人の息子、家臣、そして多くのリトアニア人が洗礼を受け、ミンダウガスの王冠が確実なものとなった。

ミンダウガスは教皇イノケンティウス4世の同意を得て1253年夏にリトアニア王として戴冠し、キリスト教徒の君主となった。ミンダウガスの戴冠の日は（現在）7月6日に国家の日として祝われており、リトアニアでは重要な国民の祝日である。なぜならミンダウガスは最初で唯一の戴冠したリトアニア王であり、リトアニア国家の創設者であり、リトアニアに公式にキリスト教を導入した最初の支配者であるからである。リトアニアの国家としての地位が同時代のヨーロッパに認められたので、彼の戴冠は国家創設を効果的に締めくくった。国家の創設によって民族は生き延び、そしてのちに西方の文明を吸収することができた。

リトアニアはヨーロッパによる聖地への十字軍が終わりを迎えつつあるときに歴史の舞台に上がった。第７回十字軍（１２４８～54年）はミンダウガスの統治時代に行われ、最後の２回の十字軍（１２７０～72年）は彼の死のすぐ後であった。数世紀前の中央ヨーロッパの前例とは異なって、ミンダウガスはより多くのことをより素早く成し遂げねばならなかった。ボヘミアは12世紀に王国となったが、ようやく14世紀に独立した大司教区を確立した。ポーランドは10～11世紀転換期に王国となり、独立した大司教区を確立した。両国は教皇ではなくむしろ神聖ローマ皇帝の臣下となった。ミンダウガスは、教皇の臣下であるリヴォニア騎士団の保護のもとで戴冠したので、彼も教皇の臣下となり、教皇直属の独立司教区の権利を直ちに与えられた。数年後ミンダウガスは王冠を自らの息子に継がせる許可を教皇から得た。これらすべての展開はミンダウガスの外交と政治の成果であった。

ミンダウガスは抜け目なくクリスティアヌス（リトアニア語クリスティヨナス）というリヴォニア騎士団の修道士を顧問役に選んだ。クリスティアヌスはカトリック教会の組織や、教皇とヨーロッパの有力者、特に神聖ローマ皇帝との関係についての情報を彼に提供した。リヴォニア騎士団長のアンドレアス・フォン・スティルラントを気前のいい多くの贈り物で買収したのち、ミンダウガスは教皇に使節を送ってキリスト教受容の条件を述べた。これはリヴォニアよりもリトアニアにとってより条件が良かった。リヴォニアの使節にとって大きな驚きだったのは、教皇がミンダウガスの要求に同意したことであった。これはリトアニア外交初の大きな国際的勝利であった。ミンダウガスはリトアニアを神聖ローマ帝国との政治的結びつきから守ったのである。こうした重要な外交的成功は、ミンダウガスが一連の出来事を彼に有利になるように巧みに操っていたことを示している。

一般的に中世ヨーロッパという用語は西ヨーロッパでの一連の出来事を指すが、これは正しいイメージではない。西ヨーロッパでの展開は今では「古い」中世ヨーロッパ（5～9世紀）として言及されることがある。それはカロリング帝国、あるいはローマ帝国の廃墟の上に創られたヨーロッパで、エルベ川まで広がっていた。「新しい」中世ヨーロッパ――ボヘミア、ハンガリー、クロアチア、スカンディナヴィア――は10～12世紀に創られた。この一連の展開を13、14世紀に伸ばせば、フィン人やエストニア人、ラトヴィア人、プロシア人、そしてリトアニア人が住んでいるヨーロッパの地域を「最も新しい」中世ヨーロッパと見なすことができるだろう。

中世初期において「古い」中世ヨーロッパでは、諸国家はキリスト教を自分で受け入れ、教皇か皇帝の臣下になることができた。中世盛期において「新しい」中世ヨーロッパでは、諸国家はキリスト教を選ぶことができ、皇帝の臣下になることができた。しかし、中世後期においてリトアニアを含む「最も新しい」中世ヨーロッパでは、諸国家はもはや選択の権利を与えられなかった。バルト十字軍が始まった。フィン人やエストニア人、ラトヴィア人は征服され、プロシア人は絶滅させられた。こうしたことすべてにもかかわらず、ミンダウガスは国家を打ち立てただけでなく、ヨーロッパの国家体系に一時的に入ることもできた。彼は中世ヨーロッパの「最も新しい」地域において、歴史的実体として自身の民族と国家を打ち立てることができた唯一の支配者であった。

１２６３年、ミンダウガスと彼の息子２人が、ミンダウガスの最大のライヴァルであった甥のトレニオタと共謀したプスコフのダウマンタスによって暗殺された。妻のモルタの死後、ミンダウガスはダウマンタスの妻（モルタの姉妹）を自分の妻として力づくで奪ったのでダウマンタスの動機は個人的なものだったかもしれないが、一般的に歴史家は暗殺がミンダウガスの洗礼とチュートン騎士団との和平の試みに対する異教徒側の反発であったと考えている。

ミンダウガスの洗礼の合意の一部として自分たちの土地の大部分がリヴォニア騎士団に譲渡されることを決して認めなかったジェマイティヤ人は、リヴォニア十字軍の際に１２６０年7月13日のドゥルベの戦いにおいてチュートン騎士団とリヴォニア騎士団の連合軍を破った。この勝利の結果としてジェマイティヤ人はトレニオタの調停を通じてミンダウガスに洗礼の誓いを放棄し、リヴォニアとの戦争を行うよう求めた。ミンダウガスは戦争を始め、いくつかの歴史資料はミンダウガスが死ぬ以前に異教に戻っていたと主張するが、これは明らかではない。なぜなら教皇クレメンス４世が１２６８年（ミンダウガス暗殺の5年後）の大勅書で「幸福なる記憶のミンダウガス clare memorie Mindota」と言及しているからである。いずれにしろ、ミンダウガスの洗礼は両騎士団による脅威を取り除くことはなく、さらには民族的リトアニアの一部（ジェマイティヤ）が失われ、バルト人を統合することを非常に困難にした。ミンダウガスはリヴォニアとの戦争を選んで、異教のジェマイティヤのためにキリスト教のリヴォニアと戦わねばならなかったし、同時に西方の支配者と教皇に対してはキリスト教徒の支配者としての地位を維持せねばならなかった。

ミンダウガスの暗殺によって混乱が生じた。彼の後継者のうち3人が7年のあいだに暗殺され、１人が追放された。１２６４年にミンダウガスの支持者がトレニオタを殺したとき、唯一生き残ったミンダウガスの息子、ヴァイシェルガ（ヴァイシュヴィルカス）がリトアニアの支配者になった。彼は東方正教に改宗したことが知られる最初の公である。彼の改宗はリトアニアの公たちのルーシの地への侵入の開始を表した。彼らはまず正教信仰を受容し、そして彼らの土地をリトアニア大公国に併合した。ヴァイシェルガの場合、父親によって彼に与えられたのはノヴグルデク（ノヴォグルドク、ナヴァフルダク）周辺の土地であった。しかし彼は修道院に入るためその世襲領を放棄した。それにもかかわらず唯一生き残ったミンダウガスの息子として彼は正統な王位継承者であった。したがってトレニオタが殺害された後、ヴァイシェルガは修道生活を離れ、3年のあいだリトアニア大公の位にあった（1264〜67年）。

ゲディミナス朝の登場

13世紀末以降、後継のリトアニア大公も歴史資料で言及されている。ブティゲイディス、彼のあとに兄弟のブトヴィーダス、そのあとにブトヴィーダスの息子ヴィーテニス。家族による継承——兄弟、息子など、同じ家族の構成員が王位を継承している——はリトアニア史において新しい現象であった。中世における国家の安定性の最も重要な指標の一つである王位継承の原則が確立された。王位に就くことを望む者はその権利——支配王朝内での血縁や帰属を示さねばならなかった。最も有名なリトアニアの支配者の王朝であるゲディミナス朝は、荘園（キエマス）の形成やその他の封建制の初期的形態を含む、すべての特徴的な特色を有した軍事君主政としてリトアニアが出現し始めた13世紀末にその支配を始めた。

ゲディミナス朝は、ヴィーテニスの兄弟で、王朝の最も有名な代表的人物であるゲディミナス（在位1316～41年）にちなんで名づけられた。ゲディミナスはこの王朝の最初の代表的人物ではないが、彼の歴史的役割は先祖のそれに優っていた。ヴィルニュス（ヴィルノ）はゲディミナスの統治期にリトアニアの首都として初めて知られるようになった。最初の信頼できるヴィルニュスへの言及は、1323年にドイツ諸都市や修道会に宛てたゲディミナスの書簡に見られる。彼の支配において石造建築が広く、特に要塞に用いられ始めた。攻撃から守るため、国家の中心であるヴィルニュスを囲む大きな環状になるよう、メディニンカイ（ミェドニキ）、クレヴォ（クレヴァ）、リダ、トラカイ（トロキ）、グロドノ（フロドナ）、そしてカウナス（コヴノ）に石造の城が建てられた。

リトアニアは、ミンダウガスのもとで併合された黒ルーシとポロックの諸地域とともに、リトアニアの政治的影響圏に置かれたヴォルイニ、ハリチ、キエフ、そしてプスコフの諸地域によって囲まれた、政治システムの中心になった。リトアニアはその地域の主要な政治勢力、強国になった。その政治はより広い地域に影響を与えるだけでなく、ヨーロッパ中で侮りがたいものとなった。

ヴィルニュスの城を建てるゲディミナス。ミハウ・エルヴィロ・アンドリオッリ画、**1882**年。

ゲディミナスの書簡（1323～25年）は彼の政治目標と戦略を示している。そ

〔上段左から〕ミンダウガス、ゲディミナス、〔中段左から〕アルギルダス、ヴィータウタス。**16** 世紀、アレッサンドロ・グアニーニ画。〔下段左から〕ケーストゥティスとビルテ。A．ペンコフスキ画、**1838** 年。

れらはヴィルニュスへの文献上の最初の言及として引用されることが最も多いが、ゲディミナスがリトアニアをヨーロッパ的にするための一貫した戦略を有していたことをも示している。それはまた、彼が当時のリトアニアの国際的な孤立を念頭に置き、大変広い見解を持っていたことをも表している。

ゲディミナスは、１３１５〜17年のあいだのいずれかの時にリトアニアにおける正教の府主教座をノヴォグルデクに創設した。それはたった2代の府主教（主教）で１３７１年に断絶した。その創設は、モスクワ大公国とのあいだでルーシ諸公国の宗教的支配を争うリトアニア大公国の試みだった。ゲディミナスはまた、洗礼を受けてカトリックの大司教区を作る決心もしていた。彼の宗教政策は、既にカトリックと正教会の教会合同の考えを提起していた教皇ヨハネス22世の関心を引いた。ゲディミナスは、リトアニアの支配者たちはカトリック信仰の受容を望んでいるが、キリスト教化よりも征服により大きな関心があるチュートン騎士団から身を守ることを強いられていると記しつつ、洗礼を受けたいという彼の願いを表した書簡を教皇に送った。ゲディミナスはドイツ諸都市と修道院にも書簡を送り、洗礼の条件を交渉するため教皇の使節を待っていると伝えた。彼はまた、ドイツの騎士や商人、職人、そしてさらには農民とその家族にヨーロッパと同じ労働条件を約束し、リトアニアに来て定住するよう招いた。しかしながら、忠実な異教徒のジェマイティヤ人と正教徒の家臣に押されて、ゲディミナスは洗礼の考えを取り下げたことを１３２４年にヴィルニュスで教皇特使に伝えた。

洗礼の取り下げによってゲディミナスがリトアニアを西ヨーロッパに近づけるための手段としてドイツ人入植者を招くという別の目標を捨てたわけではなかった。主としてザクセンから来たフランチェスコ会とドミニコ会の托鉢修道士は、ゲディミナスが支配を開始したときには既にリトアニアにいた。フランチェスコ会士がゲディミナスの書簡の草稿を書き、ドミニコ会士がカトリック問題に関する大公の助言者として活動した。キリスト教徒と非キリスト教徒は自身の信仰と慣習にしたがって自由に神を礼拝することができたが、お互いに干渉することはできなかった。ゲディミナス統治期の1339～40年ごろ、ボヘミアからきた2人のフランチェスコ会の托鉢修道士が彼らの権限を越えて公の場でリトアニアの宗教に異を唱える説教をし、処刑された。彼らの殉教はヴィルニュスの最も不朽の伝説のうちの一つのもとになっている。16世紀初めに彼らの埋葬地の上に礼拝堂が建設された。のちに神の聖ヨハネ病院修道会の修道院が近くに建てられた。

リトアニアの異教の社会――その経済的、社会的、政治的、そして精神的構造――はゲディミナスのもとで最も成熟した。ゲディミナス朝は13世紀末にリトアニア史の舞台に登場した。彼らは最も卓越したリトアニアの王朝であり、1572年のジグムント2世アウグスト（ジーギマンタス・アウグスタス）の死までリトアニアを支配した。彼の死後リトアニアはリトアニア出身でない支配者によって支配された。最も有名で重要なリトアニア大公はゲディミナス朝に属していた。そこには、アルギルダスとケーストゥティスというゲディミナスの息子たち、アルギルダスの息子のヨガイラ、そしてこの王朝の最も有名な代表的人物である、ケーストゥティスの息子のヴィータウタス大公（1392～1430年統治）が含まれる。ヨガイラ（ポーランド語名ヤギェウォ）がポーランド王になると（1386年）、彼はゲディミナス朝の分家であるヤギェウォ朝を開いた。この分家はそのメンバーが同時にリトアニアとポーランド、ボヘミア（1471～1526年）、ハンガリー（1490～1506年）の王位に就いた15世紀後半から16世紀初めに権力と影響力の頂点に達した。

民族の歴史意識においてゲディミナス朝の統治はリトアニアの最も栄光ある時期だと見なされている。特別栄誉ある地位はその最も有名な代表的人物に与えられている。すなわち、ゲディミナス、アルギルダス、ケーストゥティス、そしてヴィータウタスである。「ゲディミナスの柱（あるいはゲディミナス朝の柱）」〔という紋章〕はリトアニアの民族と国家の最も重要なシンボルの一つである。

異教国家とキリスト教

ミンダウガス以降のリトアニアの支配者は全員受洗と戴冠のための交渉に従事した。ドイツの好戦的な修道会とのあいだで継続している戦争がそれを後押しした。チュートン騎士団は13世紀末にプロシア人を征服するとリトアニアを攻撃し始めた。リトアニアの支配者は騎士団による洗礼はあまりにも代償が大きくなると気づいたので、ボヘミアやハンガリー、ポーランドを通じたカトリック教会への他の回路を探した。正教での洗礼はドイツの両騎士団との問題を解決しなかっただろう。

しかしながらリトアニアの支配者は既に自らを王と言及していたことに注目すべきである。例えばゲディミナスは西方への書簡の中で彼自身を「王 rex」と言及し、アルギルダスはビザンツ帝国への書簡の中で彼自身を「皇帝 bazileus」と呼んだ。ドイツの歴史資料でも彼らは同様に言及された。これは国家を持たない部族の指導者やさらにはルーシ諸公に言及するときとは異なる。したがって、少なくとも１３８６年にヨガイラがポーランド王になるまでキリスト教世界である西方から正式な承認を得ていなかったにもかかわらず、リトアニアは実質的に王国であった、すなわちキリスト教的体系の外にあるユニークな王国であったと敢えて言うことができよう。ある点ではリトアニアは、ラテン的西方ヨーロッパにもビザンツ的東方ヨーロッパにも割り振ることができないため、独立した文明だと考えることすらできる。確かに、正教的東方では発達せず、西方文明の特徴である個人所有がリトアニアでは標準になっていった。正式の承認が必要でない場合や民族独自の力が十分である場合には、異教のリトアニアは地域の有力勢力、強国、帝国まであと一歩として認識されていた。

自身の書簡の中でゲディミナスは自分自身を「リトアニア王 Rex Lethowye」と称し、ローマ・カトリック教会や他の政治体と洗礼の条件を活発に交渉し、西方の商人や職人をリトアニアに招いた。長らくリトアニアの政治的孤立を減じるためのこうした努力は何も結果を生まず、ドイツの両騎士団の軍事的侵攻によってリトアニアは全力を戦争に傾けるよう強いられていた。リトアニアの14世紀の行政構造がときに軍事君主政と述べられる理由である。

したがってリトアニアが、「リトアニア式」（「プロシア式」）盾という特徴的な種類を導入してその地域とヨーロッパに最初の技術的貢献を成したのは戦争の領域であった。それは長方形で、盾の全長を通じて中央に突き出た縦長の部分があった。この部分の内側のくぼみは、戦士の腕とそれを固定する革紐と柄のためであった。この盾は13世紀初めにマゾフシェで、14世紀半ばまでにノヴォグルデクで、15世紀初めまでにその他のポーランドの諸地域とボヘミアで導入された。プロシア人を経由してそれは十字軍兵士にも採用された。

リトアニアに対する十字軍は、モンゴルによって荒らされていたキエフ・ルーシの土地へのリトアニアの拡大を部分的に説明するだろう。これは西方で戦うための資源を集積する方法であった。ア

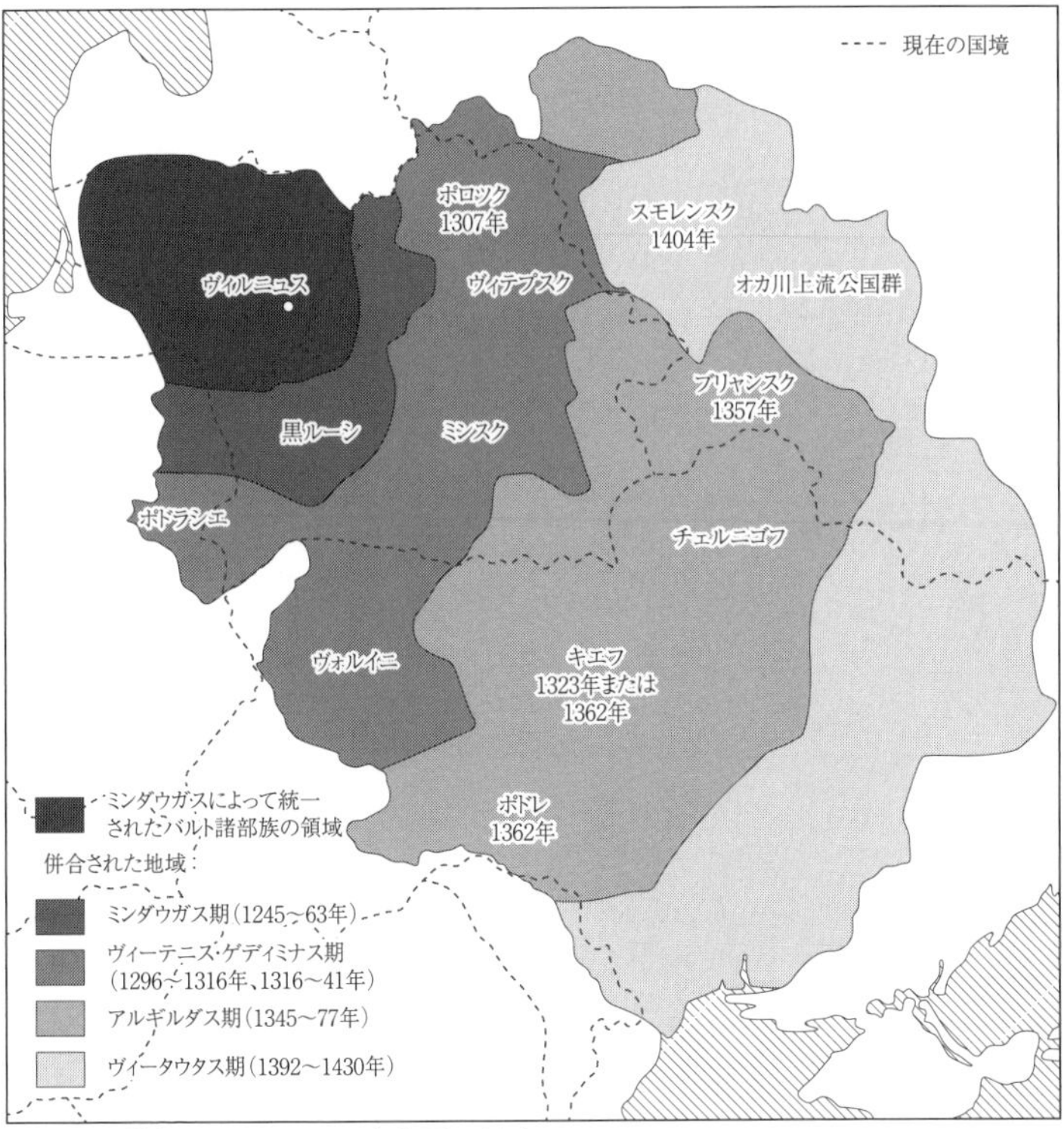

13 ～ 15 世紀のリトアニア大公国の拡大

ルギルダス大公の治世（1345～77年）においてリトアニアは強国になっただけでなく、その版図を相当拡大した。こうしてリトアニアは、西方のバルト海沿岸にある、民族《エスニック》的で、異教のリトアニア諸地域と、東方のルーシ人の住む、人口も多く、正教的で、非常に広大な諸地域とから成る二文化的国家になった。リトアニア大公国のこうした東方の諸地域では、モスクワ国家のロシア人とは別個にスラヴのルテニア民族の形成が始まり、のちにそこから近代のベラルーシ人とウクライナ人が発展した。リトアニア人はこうした地域に自分たちが持っていないものを見出した。組織化された教会と文字言語である。これら双方の条件はリトアニアの初期の歴史において正教文化が重要な役割を果たしたことを意味している。リトアニアの公は古代ルーシの諸地域で代官になると正教信仰を受容した。キリル文字で書かれたルテニア語がリトアニア大公国の官房言語（官房スラヴ語）になった。これは、ガリア（現在のフランス）で国家と行政構造を確立したゲルマン諸部族の連合体であるフランク族が地域の人々の言語や文化を受容したときに起こったこととといくぶん類似している。

アルギルダスのもとのリトアニア

13世紀のあいだ、チンギス・ハンのもとでモンゴル帝国が日本海から中央ヨーロッパまで勢力を広げた。この帝国はキエフ・ルーシを征服し、リトアニアはその機を利用していくつかのルーシの地を服従させた。黒ルーシはミンダウガスのもとで、白ルーシとヴォルイニはヴィーテニスとゲディミナスのもとで（1307年にポロツク、1320年にヴィテプスク、そして1340年にヴォルイニ）、リトアニアに併合された。すなわち現在のベラルーシ全体と西ウクライナの一部が大公国の一部になった。1320年代初頭、ゲディミナスに率いられたリトアニア軍はキエフのスタニスラフに率いられたスラヴの軍を破ってキエフを攻略したが、アルギルダスが青水の戦い（1362年）で金帳汗国（分裂したモンゴル帝国の一部〈キプチャク汗国、ジョチ・ウルス〉）を破るまで、タタール（モンゴルとテュルク系の民族）から都市の完全な支配権を得ることはなかった。

ゲディミナスとアルギルダスの統治下でリトアニア大公国の版図が拡大しただけでなく、中・東欧においてリトアニアはまた重要な勢力になった。もしモンゴルの侵入がなかったら、リトアニア大公国はキエフ・ルーシの領域を成功裏に併合できなかったかもしれない。14世紀のリトアニアは影の帝国に最も似ている。こうした帝国は、崩壊しつつある帝国の以前の家臣や被庇護者もしくは同盟者が帝国本土の領域を含むその版図を征服するとき、崩壊しつつある帝国の周辺に生じる。通常は崩壊した帝国の行政構造や文化的遺産もまた受容される。

ルーシ諸公国は金帳汗国の封臣であり、そのハンに定期的に貢納していた。リトアニアが多くのルーシの地域を併合したとはいえ、ゲディミナスとアルギルダスの両者はそうした土地を支配する権利と引き換えに金帳汗国に貢納しなければならなかった（ヴィータウタス大公のもとでようやくリトアニアはモンゴルへの貢納をやめた）。すなわち、実際には、リトアニア大公国のルーシ地域はリトアニアと金帳汗国の共同支配地域であった。他のルーシ諸公国は、リトアニア大公国の領土以外の、モンゴルの侵入によって荒廃した領域を求めて争った。そのうち最も強力であったのはウラジーミル＝スズダリ公国であった。

14世紀初めにトヴェリとモスクワがヤルリク、すなわち他のルーシ諸公から金帳汗国への税を集める、ハンによって与えられる特権を求めて争う主要なライヴァルになった。モスクワが勝利し、ウラジーミルにもその支配を課した。トヴェリがモスクワに対する失地を回復するのを支援するため、アルギルダスはモスクワに対する３度の戦役（１３６８年、１３７０年、１３７２年）を組織したが、クレムリンを奪うことはできなかった。「全ルーシはリトアニア人に属すべきである」、そしてヴィルニュスが「第二のキエフ」になるべきであるというアルギルダスの野望は実現しなかった。それにもかかわらず、アルギルダスは1371年、モスクワとの戦争の真っ最中にコンスタンティノープル総主教へ宛てた書簡の中で「リトアニア人の皇帝 vasilea Letvon」を自称した。このようにして彼は自身をモスクワやトヴェリ、その他のルーシ諸公国の公より上位に引き上げ、ビザンツ皇帝に比肩した。リトアニアの支配者たちは西方の政治システムだけでなく、東方のそれをも熟知していた。

リトアニア大公国のルーシの地への拡大は、直接的な征服から影響力や権力を行使する他の形態に至るまで多様な形態をとった。いかに慈悲深くとも外部の勢力に占領されることを自発的に選ぶ地域がないのは明らかである。ビザンツの資料はリトアニア人を平和的とは言及せず、むしろ「勇敢で好戦的な民族」としている。王朝間の結婚でさえ直接的な軍事的圧力のもとで結ばれた。

リトアニア人はおそらく他の征服者と同様に帝国主義的であったが、外国の土地を占領した際に直ちにその社会の行政あるいは社会秩序の変更に取り掛かることはなかった。リトアニアの公たちの以下の言葉は彼らの方策を最も正確に表している。「我々は過去を破壊することも、新しいやり方を導入することもない。」彼らは〔ルーシの〕諸公国の古い構造を維持し、そうした公国はのちに相当程度の自治を維持した地域へと変わった。ウクライナ人のあいだには、リトアニア人が彼らの歴史上最も良い侵略者だったというジョークがある。こうした関係が生じた理由はリトアニア人の寛容さや平和を好む性格からではほとんどない。リトアニアはその言語や文化、宗教、その他を課すことができなかった。なぜなら異教は独自の制度と文章言語を持つ正教会に対抗できなかったからである。したがってリトアニア大公国はときにビロードの帝国と呼ばれる。リトアニア大公国の周辺部の帰属の仕方は様々な程度の宗主権と覇権のあいだで揺れていた。ヴィルニュスにある中心から最も遠い、ウクライナ全域を含む地域を支配していたゲディミナス朝の者は、大公であったヴィルニュスの兄弟や従兄弟、叔父から最も独立していた。

正教ルーシにおけるリトアニア

リトアニア大公国がキエフ・ルーシの地域を征服したとき、その地域で代官や支配者となったリトアニアの公たちはしばしば正教を受容した。のちになって帝国周辺のこうした地域的支配者からサングシュコ家やチャルトリスキ家、ヴィシニョヴェツキ家、スウツキ家のような卓越したリトアニア大公国の一門が起こる。正教信仰はホルシャニ（リトアニア語アルシェナイ、現ベラルーシ領ハリシャニ）の公のような、支配王朝のゲディミナス朝の一員でなく、リトアニア大公国の中心に世襲領を持つ公によってさえも受容された。またリトアニアがルーシの土地を占領した際に、リューリク朝の公の全員が政治生活から締め出されたわけでないことにも注目すべきである。のちの世紀にこうした公家からいくつかの卓越したリトアニアの一門が出現することとなる。

ルーシの地でリトアニア人は石造の正教の教会や修道院を見つけた。そこには絵画や教会芸術、書物のコレクション、そして最も重要なことには書く能力のある修道士がいた。リトアニアはそのとき自前の文章言語を持っていなかった。ラテン語はのちになってリトアニアに伝わったが、一方でリトアニア大公国のスラヴの臣民は11世紀に書かれたオストロミールやトゥーロフの福音書を既に持っていた。洗礼（スラヴ語でクレシュチェニェ、リトアニア語でクリクシュタス）や教会（スラヴ語でボジュニツァ、リトアニア語でバジュニーチャ）などのキリスト教の概念は、ラテン的西方からではなくルーシからリトアニア語に入った。

異教と正教の社会の接触は首都であるヴィルニュスで最も目立った。これは、14世紀に「ルテニア街区 civitas Ruthenica」が既に存在していたという、古いヴィルニュスの歴史に反映されている。リトアニア大公国に住むルーシ人は新しいルテニア人の民族になっていき、それはモスクワ公国のロシア人とはかなり異なっていた。ゲディミナスの時代からルテニア街区には正教会があった。リトアニア大公の妻の何人かは正教徒で、正教の信徒が支配者の宮廷にいた。アルギルダスは支配者としての自身の利害と衝突しない限り、正教信仰を許容した。

正教会の修道院で読み書きを学んだ正教徒の廷臣は支配者の尚書局を作る助けとなった。それらの修道院で使われていた文章言語は第一次ブルガール帝国（9～10世紀）で発展した古教会スラヴ語の一形態であった。リトアニア大公国尚書局ではいくぶん異なる言語が発達した。ルテニア語（古ベラルーシ語）であり、ときには官房スラヴ語とも呼ばれる。これはリトアニア大公国尚書局の14～18世紀の法文書の集成である『リトアニア・メトリカ』や、リトアニア大公国の法典である『リトアニア法典』、そしてその他の重要なリトアニア年代記を書くのに用いられた言語であった。リトアニアの政治エリートは正教文化の消費者になったとも言える。

リトアニア大公国西部のヴィルニュスとルック（ウック、ルツィク）のあいだは、大公国を代表する地域だから、あるいはクラクフに近いからという理由で、貴族が邸宅を構えるような地域であった。しかしそれだけではなく、ブク川とナレフ川の流域の肥沃な土地はここをリトアニア大公国の主要な穀物生産地かつヨーロッパの穀倉地帯と成した。穀物はリトアニア大公国のこの地域からグダンスクへ輸出された。そこはヨーロッパの他地域へ穀物を積み出す主要な港であった。ルテニア社会へのリトアニアの影響は地域経済の発展において最も明白である。リトアニアの貴族と農民は私有財産（完全私有）の権利を有して個人営農に従事する社会から来た。それは、土地の共同所有が標準的であった（モスクワ公国とのちのロシアにおける）東スラヴ人の権利とは異なっていた。ポーランドとリトアニアに属していたルテニア地域では西方タイプの営農と土地所有が受け入れられた。完全私有地《アロディウム》とは、農民の所有者あるいは世襲領主が完全所有権と処分権を有する土地あるいは土地の一区画であった。

　このタイプの営農と土地所有がルテニアにとって新しいものであったため、ルテニア語はリトアニア語の用語を組み込み始めた。したがって『リトアニア・メトリカ』の15～16世紀の文書には以下のような語がある。ある種の大鎌を意味する「リトフカ」や、大工を意味する「ドイリダ」（リトアニア語ダイリデ）、収穫物を貯蔵する納屋を意味する「イエヴェ」（リトアニア語ヤウヤ）、穀物倉庫を意味する「スヴィレン」（リトアニア語スヴィルナス）、脱穀用の倉庫を意味する「クルニャ」（リトアニア語クルオナス）、穀物用の大箱を意味する「オルド」（リトアニア語アルオダス）、玄関を意味する「プリメン」（リトアニア語プリエメネ）など。リトアニア料理の美味さえもルテニア語に入り込んだ。ハムを意味する「コンパ」（リトアニア語クンピス）、リトアニアの特徴的なソーセージを指す「スキロンド」（リトアニア語スキランディス）。こうした用語はウクライナでも用いられていた。

　古代のリトアニア人は文章言語を持たず、非文字社会の民族意識がどのようであったか知るのは難しい。しかし、バルト諸部族が住んでいた領域を要求したリトアニア大公はその類似性に気づいていたし、ヴィータウタスは共通の言語に基づいてジェマイティヤを要求した。一方で言語に関わらず、すべての臣民は大公に従属した。クリムのカライム（カライト、カライ派）やタタールはヴィータウタス大公によってリトアニアに移住させられ、同胞のリトアニア人よりも信頼のおける彼の個人的な護衛となった。またリトアニアの支配者は地元の技術が適切であると信じることなく、外国から商人や職人を招いた。ドイツ人やユダヤ人、アルメニア人がリトアニア大公国に定住した。（ドイツ人を例外として）ほとんどすべてのこうした共同体が自身の信仰と言語を保ちながら大公の集団的な封臣となった。

リトアニアのキリスト教化——キリスト教ヨーロッパの完成

14世紀後半、チュートン騎士団によるリトアニアへの攻撃は年に3、4回の十字軍遠征という空前の激しさに達した。リトアニアは力を消尽し、同盟を探さざるを得なくなった。1385年にポーランドと結ばれたクレヴォの条約が解決の糸口を与えた。条約の合意に基づいて、リトアニア大公ヨガイラはポーランドを統治している（女性）君主のヤドヴィガと結婚した後、ポーランド王として戴冠されることとなった。この条約はまたリトアニアのキリスト教化を約束しており、1387年にヨガイラがポーランドから戻ったのちにそれを実行した。キリスト教化の政治的側面は素晴らしく、非常に短期間でそれが明らかとなった。教皇はチュートン騎士団にリトアニアへの攻撃を禁止した。そのとき以降、騎士団の軍事遠征は西方からの大変効果的な支援を期待できなくなった。他国の多くの騎士が参加を拒んだ。クレヴォ条約によって生まれたポーランドとの同盟は、1410年のグルンヴァルト（リトアニア語でジャルギリス、ドイツ語でタンネンベルク）の戦いにおけるリトアニア・ポーランド連合軍のチュートン騎士団に対する決定的な勝利を可能にした。キリスト教を受容し、チュートン騎士団を破ることで、リトアニアは自身の生存に対する２００年来の脅威を取り除き、歴史の新しい段階、すなわち「ヨーロッパ化」の時代あるいは「ヨーロッパへの道」に入った。

１３８５年８月14日、ポーランドの使節はクレヴォ城（現ベラルーシ、アシュミャニ市近郊クレヴァ）に到着した。ポーランド人はヨガイラが承認して署名するばかりになった条約文書を持ってきたようだ。ヨガイラは文書に概略が述べられた条件を受け入れ、それが承認された。歴史においてクレヴォ条約（リトアニアではクレヴァ条約。ポーランドではクレヴォ合同とも）として知られる条約である。王家の婚姻とリトアニアへのカトリック信仰の導入に加えて、リトアニアがポーランドの失地回復を支援し、ポーランドの捕虜を解放し、リトアニアをポーランドに「付け加える applicare」ことが条約の条件によって約束された。

「付け加える」という語は括弧を付けて書かねばならない。なぜならラテン語の applicare の適切な翻訳と含意は未だに歴史研究者によって議論されているからである。その意味の中には「併合する」あるいは「付け加える」（リトアニア語 prijungti）と「結びつける」あるいは「つなぐ」（リトアニア語 sujungti）がある。中世においてこの用語の厳密な法的定義はなかった。それは「併合」、すなわち土地の併合や付着を表すのに用いられた。その場合、その土地は併合する国家の土地の構成部分となる。applicare はまた封土としての、すなわち貢物としての外国の土地の獲得を表すのにも用いられた。その場合、併合される国家はその国家性を失わないが従属国となり、主権を失う。

ヨガイラは初期の君主のほとんどと同様に独裁的な権力を持っていた。国家は彼の家産であり、彼は望むように国家を扱うことができた。クレヴォ条約の条件に同意するのに彼は家族の承認のみが必要であった。リトアニアには他の国家機構がなかった。条約は、ヨガイラの兄弟であるスキルガイラとカリブタス、レングヴェニス、そして従兄弟のヴィータウタスの印章によって保証された。ポーランドでは、君主は国王顧問会議と既に存在していた貴族の議会（セイム）のような他の国家機構の承認を得ねばならなかった。この条約によってヨガイラは家督としてのリトアニアに対する自身の権利を放棄せず、リトアニアはその国家性を失わなかった。むしろリトアニアはポーランドの従属国となった（applicareの第2の用法あるいは意味である）。より正確には、リトアニア大公であるヨガイラがポーランド王であるヨガイラの封臣となったのである。この臣従関係の性格は条約によっても他のいかなる法的文書によっても定義されていなかった。それは実践のなかで両国家によってどうにか作り上げられることとなり、そこにリトアニアの国家性に対する将来の最大の脅威が潜んでいた。一見すると両国家のあいだは同格のように思われた。諸公国はポーランドのゲディミナス家の者に分配され、支配者の認可を得たポーランドの役人はリトアニアに送られた。リトアニア軍はポーランド人を支援し、ポーランド軍はリトアニア人を支援した。しかしながら、第一に、ポーランドのリトアニア人はポーランドの国家機構に従属したが、リトアニアのポーランド人は共通の支配者にのみ従属し、支配者は王国の首都であるクラクフに住まい、それらの同じポーランドの国家機構に責任を負った。リトアニアの役人がポーランドの国家機構に統合されたときは権力と影響力の多くを失った。ヨガイラとヤドヴィガのこの人的結合から生じる両国家の関係の性質はリトアニアの国家性をむしばんだ。

ドイツの両騎士修道会の攻撃の残忍さによってリトアニアはこのような好ましくない条約を結ばざ

十字架に向かうヨーロッパの諸民族の行列の最後を歩くリトアニア。ストラスブールのサン・ピエール・ル・ジュヌ教会のフレスコ画（**15**世紀初期）。

るを得なくなった。条約署名の直前、リトアニアの力は減退しており、ポーランドはリトアニアとの連合に有利な点を多く見出していた。条約締結後、リトアニアの独立性は先細った。ポーランドとの同盟ではない、ヨーロッパへの別の道があっただろうか。過去２００年の歴史が示しているようにドイツの両騎士修道会は征服を決意しており、選択肢ではなかった。リトアニアの最も近い隣国はポーランドであり、クレヴォ条約はポーランドにとってもそうなったように民族の歴史に新たな1ページを開いた。

１３８７年、ヨガイラはリトアニア人に洗礼を施すため、ヴィルニュスに戻った。貴族出自のリトアニア人とその家族はヴィルニュスに招かれ、一人一人個別に聖水を振りかけられ、清められた。庶民は、洗礼を受けに来るよう誘うために彼らの代父となった支配者から肌着と羊毛の衣服を与えられた。そのため一度ならずやって来た者もいた。ケルトとゲルマンの諸部族は同様の方法で洗礼を受けた。洗礼を受けたがる人の数が大変多かったので、彼らは川の中に立って集団で洗礼を受けた。異教の信仰は禁止され、その象徴は破壊された。聖なる森は伐採され、聖なる火は消された。

大聖堂がヴィルニュスの元の異教の聖堂の跡地に建てられ、（「両民族が同等の権利を有しつつ、1人の聖人と仲裁者を持つように」）クラクフ司教聖スタニスワフに敬意を表して厳粛に聖別された。主祭壇は異教の永遠の炎、すなわち聖火が燃えていたところに設置された。1387年2月17日、ヨガイラはヴィルニュス司教にヴィルニュス司教区を設立する特権を与えた。この特権はリトアニアへのキリスト教の導入における最も重要な文書であった。2月22日にヨガイラはたとえ強制が必要であってもすべてのリトアニア人をカトリックに改宗させると約束する命令を出した。1389年4月19日、教皇ウルバヌス6世はローマ・カトリック国家としてのリトアニアの地位を認めた。

このようにヨガイラはヨーロッパで最後の異教の民族をキリスト教徒の民族に変えてその政治的孤立の主要な理由を取り除いた。政治的な利益はすぐに明らかとなった。1403年、教皇はチュートン騎士団にリトアニアへの攻撃を禁止した。したがって、キリスト教化は重大な軍事対決の前夜にヨガイラとヴィータウタスのチュートン騎士団との外交交渉における主要な思想的土台となった。

キリスト教化の後に起きた主要な変化は外的なものであった。キリスト教化とともに、異教社会にとって未知の機関である教会の建設が到来した。それらは単に新しい記念碑的建造物であったり、教会文献とともに絵画や教会芸術の保管場所であったりしただけでなく、教育機関でもあった。これらの機関を通じて新しい観念がリトアニアに広まった。死の概念が変わり、埋葬儀礼も変わった。異教に典型的な火葬の数が14世紀後半に劇的に減少した。唯一神や原罪、キリストによる贖罪に関する教会の教えは疑いなく人々の意識に影響した。異教のもとで育った人にとって、憐れみや慈善の概念だけでなく、罪の概念、特に行いだけでなく心によっても罪を犯しうるという考えもまた新しかったに違いない。汝の隣人を自身のように愛せよという説諭は、主従関係において封臣の救済に対する封主の責任に重点を置くという特別な解釈を得た。すなわち、封臣はいかなる宗教を信仰すべきか教えられた。

このように封建関係は、最高封主すなわち支配者の権力の連続性と地位の相続可能性を正当化する思想的基盤を得た。社会身分についての中世的観念は、戦う者、祈る者、働く者という封建社会の三区分（tripartitio christiana）に由来する。リトアニアのキリスト教化の際にヨガイラはヴィルニュス司教だけでなく貴族にも所有権を認め、ヴィルニュスの都市民にも自治権を付与して、特権を与えた。リトアニアのキリスト教化は身分に基づいた社会をもたらした。

ヴィータウタスの帝国

ゲディミナスの孫であるヴィータウタスの治世（１３９２～１４３０年）は画期的な変容の時期であった。１３９２年、リトアニア大公国は学校のない、読み書きのできない国であり、大都市や手工業ギルドがなく、戦場で攻撃部隊として動ける重装騎兵もいなかった。その支配者であるヨガイラはポーランド王になり、国際的に認められたが、結果としてリトアニア大公国は主権国家としてのその地位

ヴィータウタスの大印章。版画家カイェタン・ヴィンツェンティ・キェリシンスキによる復元、**1841** 年。

を失った。チュートン騎士団は未だ脅威であった。それでも１４３０年までにリトアニア大公国は勢力の頂点に達した。ヴィータウタスの帝国的な権力は統治のいたるところで感じられた。

ルック会議（１４２９年）でリトアニアは主権国家であると宣言されたが、不運な状況によってあと少しのところで王国になることを妨げられた。チュートン騎士団による脅威は取り除かれていた。手工業や交易が国家の隅々で急速に発展し、十分に武装することができる豊かな領主層が出現した。尚書局のネットワークが構築され、最初の学校が出現し、年代記が書かれ始めた。この歴史的進展はもちろんヴィータウタス１人ではなく、リトアニアの社会全体、特にその上層によってなされた。しかしヨーロッパ文化を花咲かせるための条件を作る機会を最大限利用することができたのはヴィータウタスであった。

ヴィータウタスの治世における変化

ヴィータウタスの下での変化の重要性は同時代人にも理解されており、彼らのあふれるような賞賛と高い敬意によって彼は「偉大な」と呼ばれるに至った。第一にヴィータウタスはモンゴルへの貢納を停止し、分領公国（公の息子たちに分配された公国）の古いシステムを廃止し、こうした公国には代官を任命して全ての権力を自身の手中に収めた。ルックは１３９３年にヴィータウタスの直接的支配下に入った。彼はキエフ公国を１３９４年に廃止し、キエフを従兄弟のスキルガイラに譲った。１３９５年に彼はポドリアへの代官を任命した。より小さな公国のみが残っていた。

しかしながら、ヴィータウタスの下での最も重要な変化は社会的な性質のもの、すなわち領主騎士層の成長であった。貴族への大規模な農民の割り当ては、占領した地域でゲディミナス家の者が領主になったことを意味した。土地は城塞に居住するリトアニア人の新参者にも与えられた。最も重要なことに、地元の人々から成る忠実な層が作られ、忠実な地元の公の存在が認められていた。

１３８７年にリトアニアの政治エリートが異教からキリスト教へ改宗したのち、国家のカトリック的中心と正教的周縁とのあいだの文化的差異は異教時代よりも平衡に保たれた。正教の信者は高位の国家官職に就くことを禁止され、国家の中心部での正教の教会の建設は禁止された。リトアニアの政治的エリートが文化的エリートにもなったため、異教国家における正教の文化的優位はカトリック国家において消滅した。しかしながらこれは新たな問題、信仰の二元性（異教は同等の役割を担っていなかった）を導いた。国家の民族的《エスニック》で「カトリック」の中核は領域のわずか10パーセント、人口の20パーセントのみを占めるだけであった。たしかに中核部は人口がずっと稠密であり、リトアニア大公国の騎士のほぼ半分（ある者によれば半分以上）はこうした民族的な地域の出身であった。しかしヨーロッパの他のどの国家も、別の宗派を信仰するこれほど大きな臣下の集団を抱えてはいなかった。

ヴィータウタスはこの信仰の二元性に対処せねばならなかった。彼はカトリック組織のネットワークを集中的に作る一方で、リトアニア大公国の正教会が直面する問題にも注意を払わねばならなかった。１４１５年、ノヴォグルデクの教会会議でヴィータウタスはリトアニア府主教（１３１５年頃ゲディミナスの下で短期間存在した）の再創設を試み、ブルガリアの著述家で聖職者のグリゴリー・ツァンブラクをリトアニア府主教に任命した。しかし、コンスタンティノープル総主教がツァンブラクの地位を認めようとしなかったので、彼の努力は部分的にしか成功しなかった。それにもかかわらず地元の主教はツァンブラクをキエフ府主教として神聖視し、彼は１４１４年から１４２０年までその職を務めた。「キエフと全ルーシ」の府主教のために大聖堂と居館がヴィルニュスに建てられた。府主教の司法権がヴィルニュスのルテニア街区に設立され、それは18世紀後半まで存続した。ツァンブラクはドイツ、コンスタンツでのカトリックの公会議（１４１４～18年）へのリトアニア大公国の正教信徒の使節を率い、そこで東西両教会の全教会的合同を提案した。

ヴィータウタス大公の支配のもとでリトアニア大公国は真の帝国に似始めた。彼の改革は急進的であった。リトアニアの東方への拡大はルーシの地を二つに――キエフとモスクワに裂いた。数世紀のあいだこの中心地の歴史的道筋は分かれた。ヴィータウタスの中央集権策は東ヨーロッパ地域への大幅な拡大という資源をもたらした。ヴィータウタスが自分の世襲領の一部と考え始めていたヴォルイニ（ヴォウィン）地方は、リトアニア大公国の生活に最も統合された。ここでゲディミナス朝の二次的支脈が確立された。例えばサングシュコ家（コヴェルと後にスワヴタ）、チャルトリスキ家（クレヴァン）、ヴィシニョヴェツキ家（ヴィシニョヴェツ）、そしてこうした支脈から出たほかの家門がヴォルイニで世襲領を確立した。貴族のラジヴィウ（ラドヴィラ）家とホトキェヴィチ家もそれぞれオウィカとムウィヌフに土地を獲得し、世襲領を確立した。最後に、ヴォルイニのオストルク（オストロフ）の出でリューリク朝の末裔の（それゆえ「ウクライナ系」の）公家オストロクスキ（オストロシスキー）家がリトアニア大公国の歴史において非常に重要な役割を果たした。

後に崩壊した古い帝国の多くは諸民族の牢獄として記憶される。崩壊しなかったものは諸民族の坩《る》堝《つぼ》となった。こうした溶解の過程はリトアニア大公国でも生じた。ポーランド語の幅広い需要が鍵となる要素であった。しかしながらこれはリトアニア大公国の全体的なポーランド化には終わらず、いくつかの近代的民族――リトアニア、ベラルーシそしてウクライナを生んだ。したがってリトアニア大公国は歴史において諸民族の牢獄でも坩堝でもなく、諸民族のゆりかごとして記憶されている。これが帝国としてのリトアニア大公国の最も重要で顕著な特徴である。

グルンヴァルトの戦い

教皇がチュートン騎士団に対してキリスト教徒のリトアニアと戦うことを禁じたにもかかわらず、ジェマイティヤ（西部リトアニア）は未だ騎士団に属しており、騎士団は未だリトアニア国家の生存に脅威をもたらす勢力であった。騎士団はポーランド唯一の海への出口であるバルト海沿岸地方（ポモジェ（ポメラニア））を支配していたので、ポーランドにも脅威を与えていた。ヴィータウタスは使節を通じてチュートン騎士団との戦争が必要だとポーランドの説得を試みた。ヨガイラはもし敗北すればポーランド王位を失いかねないので、戦争に従事することに熱心ではなかった。結局、ヴィータウタスは自分の主張が正しいと述べることに成功し、ヨガイラとポーランド人は騎士団との戦いに挑むことに同意した。

1410年7月初め、リトアニア大公国の軍隊はポーランド軍とヴィスワ川で合流した。リトアニア大公国の全軍がリトアニアから引き揚げられたので、各地の城は無防備で残され、特にネムナス川沿いは騎士団の急襲に対して脆弱であった。これは大惨事に至ったかもしれなかった。だがヴィータウタスは、それらの城を繰り返し攻撃してリトアニア軍が別の前線に移動したことを隠すようにジェマイティヤ人に命じて騎士団を欺いた。騎士団はポーランドやリトアニアとの戦争において通常は侵略する側であったので、ヴィータウタスの計画は大胆で予期しないものであった。今やチュートン騎士団の領域は侵略され、侵略者〔ポーランド・リトアニア連合軍〕は騎士団の全軍に真っ向から立ち向かうという戦略目標をもって敵の首都へまっすぐ進軍していた。

1410年7月15日、ポーランド・リトアニア連合軍（それぞれ50旗と40旗）はチュートン騎士団軍（51旗）とグルンヴァルト村近郊で対決した。戦闘に従事した兵士の合計数の推計はポーランド・リトアニア軍が1万6000〜3万9000人、チュートン騎士団が1万1000〜2万7000人と非常に幅がある。ルテニア地域からの連隊もポーランド・リトアニア軍とともに戦った。

戦闘の朝、ヴィータウタスとヨガイラの戦術上の立場はとても異なっていた。ヴィータウタスは決定的な軍事勝利を望む一方、ヨガイラは騎士団が交渉するのを待った。彼はミサに出席し、騎士を祝福してできるだけ時間を稼いだ。ヨガイラは、連合軍の規模や軍事力の誇示は騎士団に交渉の開始を強いるのに十分なもので、連合軍がその条件を命ずることができると考えていた。ヴィータウタスは、軍事力を誇示するだけでなく、決定的な軍事勝利を収めて騎士団を破壊する機会を窺っていたので、これを最も恐れていた。これはリトアニアにとって存続にかかわるものであり、ポーランドの援助な

グルンヴァルトの戦い。中央がヴィータウタス大公。ヤン・マテイコ画、1878年。

しにそうすることは不可能であった。ヴィータウタスはヨガイラの戦闘開始の命令を待ったが、命令が来ることはなかった。ヨガイラの引き延ばしはヴィータウタスをいら立たせた。ポーランドの騎士さえ不平を言い始めた。そのためヴィータウタスは危険を冒してリトアニア軍に戦闘の命令を与えた。

チュートン騎士団の指導者たちはリトアニア軍の一時的な孤立を素早く利用した。騎士団軍は三つの楔形の陣形に配置されていた。楔の一つはポーランド人に対して、もう一つはリトアニア人に対して並べられた。それらが前線を構成した。戦闘開始時、リトアニア人は、大管区長クノ・フォン・リヒテンシュタインに率いられた外国騎士と傭兵から成る重装騎兵に攻撃された。リトアニア軍はこの攻撃に1時間耐え、大きな損失を被った。ヴィータウタスの兵は状況が危険になるにつれ退却を始めた。中世の戦闘では通常、力強い反撃というのは一旦退却してから敵の側面に対して攻撃を行うのだった。この時点ではポーランド人がまだ戦闘を開始しておらず、側面を見せることは裏切りと取られかねなかったため、リトアニア人はこのように動くことはできなかった。したがってヴィータウタスはポーランド軍が戦闘に加わり、チュートン騎士団の右翼を食い止めるのを待たざるを得なかった。その時間は人命でもって稼がれた。ヴィータウタスは早く退却しすぎた旗団を止め、向きを変えざるを得なかった。

幸運なことに連合軍の左翼での戦闘についに全前線が参加した。最後の瞬間に、リトアニア人は偽装退却の機動作戦を行うことができた。チュートン騎士団は横列を破って敵を追跡し始めたが、すぐに、向きを変えて再度戦い始めたリトアニア人から逃げざるを得なくなった。しかしながら逃げるチュートン騎士団はポーランド人に迎え撃たれた。チュートン騎士団軍の左翼はこのようにして完全に破壊された。一方で、ポーランド人の重装騎兵は戦闘に参加すると数の優位を利用して騎士団の右翼を押し始めた。騎士団長ウルリッヒ・フォン・ユンギンゲンはその予備兵力を森に退却させざるを得なかった。しかしポーランド人やリトアニア人も予備兵力を持っていた。彼らは騎士団の両翼を攻撃し、戦闘を終わらせた。チュートン騎士団軍は包囲され、破壊された。騎士団長ウルリッヒ・フォン・ユンギンゲン、チュートン騎士団指導部の大半、200人以上の騎士団の騎士がその他の兵士や彼らの従者とともに滅んだ。ある推定によれば約8000人のチュートン騎士団の兵が殺され、1万4000人が捕らえられた。

グルンヴァルトの戦いでの勝利はリトアニアとポーランドの地政学的地位を変えた。ジェマイティヤを取り戻すのにあと2回の戦争が必要であったとはいえ、グルンヴァルトの戦いで騎士団の覇権は崩れた。騎士団はもはやポーランドにもリトアニアにも生存に対する脅威をもたらさなくなった。グルンヴァルトの戦いは中世最大の戦いの一つとして歴史に残っている。ポーランド人とリトアニア人は捕虜、騎士団の管区長のひげ、軍旗、そして騎士団の領土を互いに分けあった。グルンヴァルトの戦いはリトアニアとポーランドの共闘によって勝利に終わった。

いずれの側もこのような勝利を予期していなかった。リトアニアとポーランドの連合軍も大きな損害を被り、リトアニアに戻ったのは2人に1人のみであった。グルンヴァルトでの連合軍の戦場司令官であったヴィータウタスは、１４１０年7月15日の朝には軍事指導者としては比較的無名であったにもかかわらず、画期的な戦いに勝ち、同じ日の午後までに名声を勝ち得た。彼の名はときにはフランスの元帥テュレンヌ、オーストリアの軍事指導者であるサヴォワのオイゲン公、プロイセン王フリードリヒ2世、ロシアの元帥アレクサンドル・スーヴォロフのようなヨーロッパの偉大な軍事指導者の名と並んで言及される。英雄としてのヴィータウタスは彼の同時代人によってアレクサンドロス大王やユリウス・カエサルになぞらえられ、ヴィータウタスのイメージの一部となった。イメージの他の部分は聖なる支配者としてのヴィータウタスであった。

グルンヴァルトとヴィータウタスはリトアニア大公国の伝統と思想的遺産の重要な構成要素となっている。リトアニア大公国は２００年にわたって西方からの攻撃に耐え、その存在がまさに脅かされた時期も、その役割が西方によって東西のあいだの防壁や境界としてのみ捉えられていた時期も、なんとか生き抜くことができた。ヴィータウタスは彼が求めているものをよく知っていた――彼は西方と戦っているのではなく、西方での居場所を求めて闘っていた。こうして彼はリトアニアがヨーロッパの一部となるための基礎を置いた。

聖なる支配者

ヴィータウタスは彼が負けた戦いの一つで聖母マリアによって救われたと信じていた。その戦いの直後ヴィータウタスは聖母マリアに奉献された教会をカウナスに建てた。さらにはヴィータウタスが建立した教会のほとんどは聖母マリアにちなんでいた。国家のキリスト教化における役割はヨガイラに見劣りするとはいえ、ヴィータウタスがリトアニアにおける聖母マリア崇敬の伝統を始めたと言えるかもしれない。彼の主たる目的はヨーロッパのカトリック諸国の中にリトアニアが地位を占めるのを見ることであった。チュートン騎士団がそれを阻んだ。しかしグルンヴァルトの戦いの後、ヴィータウタスは教会や修道院を創設し、ジェマイティヤはキリスト教化され（1413年）、ジェマイティヤ司教区が設立され（1417年）、そしてカトリック国としてのリトアニアを宣伝するためにこうした業績についての幅広い広報活動が西方で行われた。

さらにリトアニアの独立したカトリックの教会管区を創設する試みも、リトアニアで正教の府主教管区あるいは主教管区を作り、それをカトリック教会に接合する試みとともになされた。しかし教皇は新しい大司教管区と教会管区を創設することに大変慎重であった。ヴィータウタスの死後すぐに召集されたフィレンツェの公会議（1439年）は東西教会を合同することはできなかった。しかしながらヴィータウタスの教会政策はリトアニアのさらなるキリスト教化の基礎を据えた。

チュートン騎士団との主要な衝突はジェマイティヤをめぐるものであった。この衝突の核は以下の興味深い話によって最も雄弁に説明されるだろう。それは、1413年1月28日にサリーナス（カウナス近郊）での交渉においてヴィータウタスとチュートン騎士団の使節団代表ミヒャエル・キュヒマイスター・フォン・スターンベルクとのあいだで交わされた会話である。キュヒマイスターがリトアニアはトルンの和約の条件と規定を守っていない、ヴェリュオナ城〔ジェマイティヤ地方、ネムナス川右岸の城〕を取り壊さず、その周辺の土地も騎士団に返していないと言い放ったとき、ヴィータウタスは以下のように反駁した。「あなたは私の父祖伝来の土地を盗み、ヴェリュオナ城を取ろうとしている。あなたがそれを奪うのを私が許す前に、多くの者が死なねばならないだろう。」キュヒマイスターが騎士団は自分たちの要求について「確たる文書と証拠」を持っていると返答すると、ヴィータウタスは怒り狂い、「プロシアも私が譲り受けた遺産の一部であり、オサ川までの領域を要求するつもりだ、なぜならそれは私の父祖伝来の土地だからだ」と言った。そしてヴィータウタスは司令官に皮肉を込めて尋ねた。「では、騎士団の父祖伝来の土地はどこなのか。」

ヴィータウタスは騎士団のジェマイティヤへの要求を論駁するのに歴史的で民族的《エスニック》な根拠を用いた。彼の意見では、リトアニアがキリスト教国になったときジェマイティヤの遺贈に関する古い文書はその法的効力を失うのであった。彼は自身の世襲領土として、ヴィスワ川右岸の支流であり、その南にはマゾフシェの諸公によってドイツ人に与えられていたヘウムノの土地が広がるオサ川までの、ほとんどすべてのプロシアの土地を要求した。この点においてヴィータウタスは初期のリトアニアの支配者の政策、すなわちバルト人が住む全領域に国家を広げるという政策にならった。しかしながら、のちに彼はクライペダを含むネムナス川右岸にあたるジェマイティヤの一部と、ネムナス川左岸のリトアニア人地域であるウジュネムネのみを要求した。

このようにジェマイティヤはグルンヴァルトの戦い以後も騎士団との緊張の主要な源であり続け

た。戦場での勝利はすべての領域的・政治的な目標の達成を意味しなかった。西方では、ヨガイラとヴィータウタスが異教徒とイスラム教徒のタタールを使って偽りの勝利を手にしたという噂が広まった。ヴィータウタスとヨガイラはそのため１４１３年にジェマイティヤ人の洗礼を始めた。ヴィータウタスは、先述のキエフ府主教グリゴリー・ツァンブラク率いる正教徒の使節を東西両教会の合同を模索するため１４１８年にコンスタンツへ派遣した。コンスタンツの大聖堂でツァンブラクによって執り行われた全教会的なミサは同時代の人々に強い印象を残し、当時の複数の年代記に詳細が記述されている。ストラスブールのサン・ピエール・ル・ジュヌ教会にある「十字架に向かっての諸民族の行進」と題された15世紀初期のフレスコ画では、リトアニア（「リタヴィア」）の旗を持った人物が最後に行進している様子が描かれている。１３８７年のリトアニアの改宗という美徳とコンスタンツ公会議でその使節が与えた印象とによって、この荘厳な行進に居場所が与えられたのであった。

ヴィータウタスは教会との関係とリトアニアの改宗の完成、つまりジェマイティヤ人のキリスト教化で終わったわけではない過程に政策を集中させた。彼はキリスト教徒の支配者としてのイメージに非常に気を遣い、おそらく「偉大なる」という称号よりも高い地位である聖人の地位への野望を隠し持ってすらいた。それには前例があった。キエフのウラジーミル大公やハンガリーのイシュトヴァーン王のような、自らの民にキリスト教をもたらした第1千年紀転換期の頃の数人の支配者は、のちにそれぞれの教会で聖ウラジーミルや聖イシュトヴァーンとして列聖された。ヴィータウタスは手ごわい課題と直面した。彼は異教のリトアニアにキリスト教をもたらさねばならなかっただけでなく、正教との友好関係も模索せねばならなかった。彼の戴冠の計画はリトアニアのキリスト教化とヨーロッパ化の文脈で見なければならない。

ヴィータウタスが戴冠の計画を練り始めたのは、チュートン騎士団によるさらなる脅威からジェマイティヤとリトアニアの安全性を確立するという主要な政治目標を達成したのちであった。１４２２年のポーランドとリトアニアによるチュートン騎士団に対する新しい軍事作戦はメウノの条約に至り、それによって以後5世紀間のリトアニアとチュートン騎士団（のちのプロイセン）との境界が定められた。

ヴィータウタスは１４２０年代の終わりごろになってポーランドからの独立を主張し始め、これが両国の関係を悪化させた。１４２７年、彼は一人娘ソフィヤの息子である孫のヴァシーリー２世がモスクワの公位を確保するのを助けるため、モスクワに進軍した。ヴァシーリーは彼の父親が亡くなったときわずか10歳で、母親のソフィヤが摂政を務めていた。後になって内戦が勃発するとはいえ、このときは公位を確保するのにヴィータウタスの力を誇示するだけで十分だった。その遠征はヴィータウタスの東方の領土を固めた。１４２６年にプスコフが、１４２８年にノヴゴロド・ヴェリーキーが併合された。

ヴィータウタスがヨーロッパの政治システムにおいて王国としての地位をリトアニアに確保するという彼の第二の政治目標を達成するのに、王冠だけが欠けているように見えた。リトアニアよりもポーランドの覇権がその地域ではより明らかになりつつあり、メウノの条約がチュートン騎士団との境界問題を解決したのちはポーランドとの関係がリトアニア大公国にとって主要な政治問題になった。地域の最も重要な諸問題がリトアニアの積極的な参加なしには解決できなかったので、ヴィータウタスの戴冠計画は国際レヴェルで重要になった。

ルックでの会議（1429年1月9〜29日）は、ヴィータウタスの戴冠を含む中・東欧における政治問題を議論するため招集された。そこにはリトアニアのヴィータウタスやポーランドのヨガイラだけでなく、ハンガリー王でのちの神聖ローマ皇帝ジギスムント1世や、モスクワ大公とトヴェリ公の使節、リャザンとオドイェフ、ノヴゴロド・ヴェリーキー、そしてプスコフの諸公、そして教皇使節、チュートン騎士団と金帳汗国、モルドヴァ、デンマーク国王、そしてビザンツ皇帝の使節、ならびに他の高官が参加した。ルック会議はリトアニア大公国とヴィータウタスのこの地域における役割の重要性を示し、リトアニア史においてはヴィータウタスの戴冠計画のクライマックスとして記されてきた。リトアニア王国を創設することをジギスムント1世とチュートン騎士団が支持した。彼らの目的はその地域でポーランドへの対抗勢力を作ることであった。ジギスムントから差し出された王冠を受けるというヴィータウタスの決定と「誰の許可も求めることなく」これを行っているという宣言は、彼が独立した君主になる寸前であったことを意味した。

ルック会議は論理的には14世紀末ごろに始められたヴィータウタスの錯綜した政治行路を完成させ、彼を究極的な目標、すなわちヨーロッパの政治システムの中でのリトアニア君主国の確立に導いた。ニュルンベルクの鍛冶がすでにヴィータウタスと彼の妻ユリヨナのための王冠を完成させたにもかかわらず、ポーランドの国王評議会がヨガイラに彼の同意を取り消すよう強いたために戴冠式は挙行されなかった。ヴィータウタスは1430年にヨガイラの同意を再び得て、あとはポーランド貴族の承認を得るのみであったが、1430年10月27日、不運にもその承認を得る前に亡くなった。戴冠計画は完全には実現されなかったとはいえ、ヴィータウタスは彼の主たる政治目的を達した。以前は

ルツク会議。ヨナス・マツケヴィチュス画、1934年。

孤立し、後進的であったリトアニア国家が、生存に対する主要な脅威を取り除き、ヨーロッパの一部となり、またヨーロッパに留まり続けたのだった。

ヴィータウタスのリトアニアは、今日《こんにち》ときとして帝国として言及される国家に最もよく似ている。リトアニアは後世弱体化し、民族的な一体性が必要とされる困難なときに、ヴィータウタスは力を与え、尊厳をもたらし、愛国心を促す神話となった。彼の崇拝の起源は彼の治世にさかのぼる。エネア・シルヴィオ・ピッコローミニ（のちの教皇ピウス２世）は自身の『その生涯によって有名な人物についての書』においてヴィータウタスについて以下のように書いている。「汝はなんと偉大であろうか、そして汝の生まれた土地はなんと偉大であろうか。」ヤギェウォ朝による、ポーランドが支配的になる両国家の合同計画に対して、リトアニア社会が思想的な土台を探し始めた16世紀に、ヴィータウタスの崇拝が特に促進された。

西方への途上にあるリトアニア大公国

ヴィータウタスの下で、「文明の中で飛躍」しながらリトアニア社会が中央ヨーロッパにおいてしっかり定着するための土台が据えられた。リトアニアは西ヨーロッパに由来する中世の社会構造と慣習を迅速に受容せねばならなかった。身分制度を伴う封建制、ギルド、教会制度と学校、文字ならびに通信と文書化に必要な機構である。

他のどんなヨーロッパの国家もこれほど多くの変化をこれほど迅速に行わねばならなかったことはなかった。クラクフ大学、またのちにはドイツやイタリアの大学への若いリトアニア人の入学はこの過程で重要な役割を果たした。ヨーロッパ文化一般の受容とともに彼らの学業が15世紀末と16世紀前半までには具体的な成果を生んだ。ゴシック建築の傑作である聖アンナ（オナ）教会は１５００年頃ヴィルニュスに建てられた。フランツィスク・スカリーナは１５２２年にリトアニアで書籍出版を始めた。リトアニア大公国の法典である『第一次リトアニア法典』（１５２９年）は、その包括性とルネサンス的な「完成度」の点で中世ヨーロッパの法典の多くに優った。法典はリヴォニアやモスクワ、ポーランドなどの近隣地域の法に大きな影響を与えた。リトアニア語で書かれた初めての書籍は１５４７年に出版された。リトアニアが１５１７年にドイツで始まったプロテスタントの宗教改革の挑戦に数十年のうちに反応したという事実は、リトアニア国家がヨーロッパ全体の統合された部分になっていたことを示している。

16世紀のあいだにリトアニアとポーランドは収斂していく過程にあった。わずかの例外はあるもののこの時期リトアニアはポーランドと同じ君主に支配され、同じ王朝を共有したが、国家は分かれたままであった。リトアニア出身のヤギェウォ朝は１５７２年までポーランドとリトアニアの玉座に就いていた。15世紀末と16世紀初頭にはこの王朝はボヘミアとハンガリーも支配した。中央ヨーロッパの東部は「ヤギェウォ家のヨーロッパ」になり、ヤギェウォ朝はハプスブルク朝の主要なライヴァルとなった。ヤギェウォ家のヨーロッパは「キリスト教の前哨 antemurale christiantatis」の役割を果たし始めたが、常に成功を収めたわけではなかった。リトアニアはポーランドの支援を得て正教のモスクワに抵抗しおおせ、１５１４年のオルシャの戦いで勝利をおさめたが、ハンガリーは１５２６年のモハーチの戦いでオスマン帝国に敗北を喫し、ヨーロッパの地図から姿を消した。ボヘミアがヤギェウォ家の支配から「滑り落ちた」とき、ポーランドとリトアニアだけが残った。

16世紀のあいだにリトアニア大公国の社会は西ヨーロッパの文明に完全に統合された。リトアニア大公国は封主と封臣のいる封建社会になり、土地は軍務あるいは賦役と引き換えに保有された。都市ではギルドが形成された。ヨーロッパ的な教育システムが受容された。大聖堂付属学校やコレギウム、大学が設立された。キリスト教的心性が社会のエリートの中で普及した。貴族の国民《ネイション》が彼ら自身の歴史的自己意識と系譜的年代記とともに形成され始めた。

キリスト教化、聖カジミエラス、ゴシック建築

リトアニアの洗礼（１３８７年）とジェマイティヤの洗礼（１４１３～17年）は真のキリスト教社会の形成に向けての小さな一歩を記したに過ぎなかった。なぜなら最も重要な異教の礼拝場所が破壊されただけだったからである。地方の異教の礼拝場所はカトリック教会に代わるものとして残っていた。教会は異教徒の統合を目指したが、カトリックの聖人は異教の神々に本当にゆっくりとしか取って代わっていかなかった。両者が長らく人々の意識の中に併存していた。それにもかかわらず16世紀初頭までにキリスト教は貴族身分全体の宗教となり、農民にはようやく17世紀に十分浸透した。

リトアニア大公兼ポーランド王カジミエラス（ポーランド語名カジミェシュ）４世の息子、聖カジミエラス（１４５８～84年）の崇敬は、リトアニアのキリスト教化のシンボルとなった。16世紀初頭までにカジミエラス王子はヴィルニュス地域で崇敬されていた。彼の崇敬はポーランドの守護聖人である聖スタニスワフの崇敬に取って代わり始めた。カジミエラス王子は奇蹟によって有名になり始め、そののち列聖された。普及した信仰によれば、彼はリトアニア軍が１５１８年にポロックで敵を破るのを助け、また１５１９年のダウガヴァ川の戦いに勝つのを助けて、モスクワとの戦いにおいてリトアニアを救った。聖カジミエラスの崇敬は西ヨーロッパを志向する強い宗教的アイデンティティがリトアニアにおいて形成されていたことを示していた。列聖（１６０４年）ののち、聖カジミエラスはリトアニアとヴィルニュスの最も重要な守護聖人になった。今も毎年３月〔の聖カジミエラスの祭日〕に盛大に行われるカジュカス（リトアニア語でカジミエラスの指小形）の市《いち》の伝統はこうしたリトアニア大公国の時代にさかのぼる。

リトアニアのヨーロッパ化は教会組織なしには想像できない。キリスト教化ののち、リトアニア大公国で既に機能していた正教の主教区と並んで四つのカトリックの司教区（ヴィルニュス、ジェマイティヤ、ルック、キエフ）が設置された。16世紀半ばまでに七つの修道会（最も有名なのはフランチェスコ会とベルナルディン会）がリトアニア大公国に設置された。ヴィルニュスに四つ、カウナスに二つ、グロドノに二つを含む18の修道院が存在した。修道院の飾り立てた教会が建設され、内装は豪華な祭壇、絵画、彫刻、フレスコ、そして15世紀末からはオルガンを伴う華麗なものであった。どの場所にも、たとえ司教区の中心から遠く離れた場所であっても、教区が設置され、教区教会が建てられた。16世紀にはリトアニアのほぼ全域が教区のネットワークで覆われた。

ゴシックの美術と建築は12世紀のフランスに起源を持ち、16世紀まで栄えた。ゴシック教会の垂直の線と空に伸びる塔は神に至ろうとする人間を象徴した。14世紀末にリトアニアにゴシック様式が出現し始めたとき、それは既にヨーロッパで１５０年の長い伝統を有し、人間の創造的営みの全領域に影響を与えながら円熟期に達していた。ヨーロッパの異なる地域でゴシック様式はいくぶん異なった方法で表現された。これは教会建築において最も顕著であった。例えば、西と北のヨーロッパでは建物は石で造られたが、適当な石が手に入らない国ではレンガが主要な建材であった。したがって二つの異なるゴシックの地域と様式が発達した。リトアニアにはゴシックの赤いレンガ様式がやって来た。

リトアニア大公国におけるゴシック建築の拡大は、国家のキリスト教化とヴィータウタスによって始められた石造の教会建設の計画によって促進された。ヴィルニュスでは大聖堂と聖ヨハネ教会、フランチェスコ会の聖母マリア被昇天教会が、カウナスでは聖使徒ペテロ・パウロ教会、聖ゲオルギウス（ユルギス、イエジ）教会、聖ゲルトルーダ教会、聖ニコラウス（ミカロユス、ミコワイ）教会がある。おそらく最もよく保存されているものは、一般にはヴィータウタス教会として知られる、カウナスの聖母マリア被昇天教会である。

リトアニアのゴシック建築はその防御的性質によって特徴づけられる。教会でさえ防御のための塔と矢狭間を有しているが、ヴィータウタス治世期に建設されたゴシックの建物のほとんどは城であった。ヴィータウタスはヴィルニュスやトラカイ、カウナス、グロドノ、ノヴォグルデク、ルツクで石造の城を建築あるいは再建した。ゴシックのリブ・ヴォールトを持つトラカイの湖上に浮かぶ城の大ホールはこの時期の防御的性格を持つゴシック様式の代表例である。

リトアニア大公国において真のゴシック革命が起きたのは、カウナス、そして特にヴィルニュスに最も重要な建築上の記念碑的業績が建てられた15世紀末と16世紀の第1四半期である。ゴシック様式は居館の建造にも広がり、地方（例えばケダイネイやザピーシュキス）にも届き、正教の教会建築においてさえ支配的になった。リトアニアのゴシック建築はこの様式の主要な特徴――高い空間（例えばヴィルニュスのベルナルディン教会の中央の身廊）と優雅さ（ヴィルニュスの聖アンナ教会）――を採用した。これらの教会は外国出身の経験豊かな建築士の親方によって建てられた。ヨーロッパ化の進展の重要部分は、思想や技術、物品の西方からの「輸入」であった。現地の職人も創造的な過程に関わったが、彼らの建造物は聖アンナ教会の高い質をほとんど有していなかった。16世紀半ばのヴィルニュスの丘のふもとの城の改築によって新しいルネサンス建築の流行がもたらされた。それにもかかわらず、現地の手工業者に採用されたゴシックの伝統は17世紀初めまでまだ顕著であった。

既にヴィータウタスの治世においてリトアニアのゴシック様式の中心がヴィルニュス—トラカイ—カウナス地域にあることは明らかであった。しかし、城は民族誌的リトアニアから遠いリトアニア大公国のルテニア地域にも建てられた。黒ルーシ（グロドノとノヴォグルデク）、ポドラシェ（ミェルニクとおそらくブジェシチ（ブレスト））、そしてヴォルイニ（ルック）にさえも。ゴシックのカトリック教会は正教との境界地域にも、そして正教が優勢な地域にも出現した。こうした地域の正教とのちのギリシア・カトリックの教会によってさえもゴシックは建築様式として採用された。

ヨーロッパ最東端のゴシックの傑作、ヴィルニュスの聖アンナ教会。アルーナス・バルテナス撮影。

リトアニア大公国のマグナート、コンスタンティ・オストロクスキはヴィルニュスとノヴォグルデクの正教会をゴシック様式で再建し、この様式を自身の世襲領である、現在のウクライナのヴォルイニにもたらした。リトアニア大公国の正教会のゴシック建築と同様に、ニェシフェシュ（ニャスフィシュ）近郊のミールの城のように居館にもそれに相当する建築があった。こうしたゴシックの建物はヨーロッパの文化史上の現象であり、ヨーロッパの影響の最東端を画している。15〜16世紀のモスクワはビザンツの伝統の影響下にあった。西方からのいかなる影響も些細であり、それが起こったときにはもはやゴシックではなかった。イタリア・ルネサンスの職人は15世紀末にクレムリンに現れた。

書くこと

14～15世紀転換期、リトアニア大公国において身分制社会が形成され、複雑な国家の統治機構が設置されるにつれ、文書を作成し、作成された記録を保管するシステムが早急に必要となった。西ヨーロッパではこの機能は通常修道院によって担われたが、当時リトアニア大公国にはそれがなかった。一方で文書記録の必要性は急速に高まっていた。この必要性を満たすために尚書局が設立された。結果的にそれらが文書の作成者、保管場所、そして書記のための学校となった。それらの活動はリトアニア大公国の貴族や都市民の日常生活における文書の使用の拡大に大きく貢献した。15世紀～16世紀初めのリトアニアの文化はときに尚書局の文化と表現される。

リトアニア大公の尚書局は14世紀末に常設の機関として設立された。そのときまでは文書は他国とやり取りするときにのみ用いられた。外交文書はラテン語を知る修道士によって書かれた。国内では大公の命令は口頭で発せられた。15～16世紀に国家の内的活動がより複雑になるにつれ、その行政機構が拡大し、大公の尚書局とそのスタッフも発達した。書記は大公の旅行に同行したものだった。こうした旅の途中で大公によって発行された文書は帰還後に尚書局の記録に納められる慣例だった。リトアニア大公国の尚書局の記録は『リトアニア・メトリカ』(リトアニア語では『リエトゥヴォス・メトリカ』)として知られる。『リトアニア法典』や年代記などのリトアニア大公国の他の重要な歴史文書もまた尚書局で作成された。ミハロ・リトゥアヌス（ミーコラス・リエトゥヴィス）という筆名の16世紀半ばの著述家のような初期の著述家の幾人かは、尚書局の書記か尚書局の役人であった。

中央権力の機能が拡大すると、尚書局を率いるため15世紀前半にリトアニア大公国大法官の地位が創設された。彼は『リトアニア・メトリカ』の編纂を監督する権限を与えられた。この高官は国璽をまもり、国家の法に反するいかなる文書も尚書局で起草されないことを保証した。リトアニア大法官に監督される独自のリトアニア大公国尚書局は、１５６９年にポーランドとのルブリン合同が署名されたのちも機能し続けた。

『リトアニア・メトリカ』は14世紀末から１７９４年までにリトアニア大公の尚書局に蓄積された記録から成る。それはリトアニア大公の名で発行し、受領したすべての文書を含む。国家の証書や特許状のほか、リトアニア大公国の特定の地域や都市に発給された特許状、貴族位を裏付ける文書、様々な土地取引の記録、財産目録、遺言書、裁判判決、さらには地域的また国際的な書簡が、ルテニア語、ラテン語、ドイツ語（プロシア（のちのプロイセン）とリヴォニア）、アラビア語、チェコ語で『リトアニア・メトリカ』に保管されていた。『リトアニア・メトリカ』の文書はしたがってリトアニア大公国の政治、社会、経済、法、文化の歴史を構成している。それらはリトアニア大公国の歴史の最も重要な史料である。『リトアニア・メトリカ』はポーランド＝リトアニア共和国の分割後にモスクワに持ち去られ、いまだに返還されていない。それはばらばらになったあるいは盗まれた民族の遺産の象徴、かつ昔のリトアニア国家の運命の象徴となっている。

『リトアニア・メトリカ』の主要な言語かつリトアニア大公国尚書局の言語は、リトアニア大公国の正教徒の言語であり、ベラルーシ人とウクライナ人の祖先が話していたルテニア語（ルーシ語）であった。ルテニア語が選ばれたのは、当時リトアニア語の文章言語がない一方で、リトアニア大公国の正教徒の臣民はキエフ・ルーシの時代（9世紀終わりから13世紀半ば）にさかのぼる教会文書の伝統を有していたからである。リトアニア大公国にある正教の修道院はブルガリア起源の教会用のスラヴ語（教会スラヴ語）を用いていた。リトアニア大公国の尚書局で発達した言語は異なっていた。この違いには同時代人も気づいていた。16世紀後半、ルテニア（ベラルーシ）の出版業者ヴァシル・チャピンスキは隣り合った二つの欄のうち、一つは教会スラヴ語で、もう一つは新しく出現していた言語で記した文書を印刷した。後者の言語はときに「西ロシア語」、ときに「古ウクライナ語」、またときに「古ベラルーシ語」と呼ばれる。しかしリトアニアでは、尚書局以外でも、またリトアニア大公国外のポーランドやハンガリーでも使われたという事実があるにもかかわらず、これはリトアニア大公国の官房スラヴ語として知られている。最も重要なことにこれはリトアニア大公国の他のスラヴ人、つまりポーランド人によって話された言語とは異なっていた。それは15世紀初めはウクライナ起源の語を、のちにはベラルーシ起源の語をより多く含んだ。モスクワのロシア人は、17～18世紀までモスクワ国家における唯一の文章言語であった教会スラヴ語からこの言語をはっきり区別し、「リトアニア語」と呼んだ。今日《こんにち》『リトアニア・メトリカ』の言語は「古リトアニア語」と呼ばれることもある。これは純粋に歴史的な視点である。文献学者によれば、リトアニア大公国の尚書局で支配的であった文章言語は「ルテニア語」と、そしてリトアニア大公国とポーランド国家に住んでいた東スラヴ人は「ルテニア人」と、それぞれ呼ぶべきである。結局のところ古代キエフ・ルーシ国家の半分はリトアニアとポーランドになった。14世紀以降ルテニアの貴族や公家のアイデンティティはこれらの国家で生じた経過に影響を受けた。16世紀にはルテニア人は、自分たちがモスクワ国家のロシア人とは異なる完全に別個の民族だと感じていた。リトアニア大公国の東スラヴ人はロシアの人々を「モスクワ人」と呼び、他方そのモスクワ人はリトアニア大公国の東スラヴ人を「リトアニア人」と呼んだ。リトアニア大公国のスラヴ人は自らを「ルーシ人」と呼び、自らを単一の民族集団《エスニック・グループ》と見なし、リトアニアの君主を自分たちのものと見なした。いいかえれば、ルテニア人は自らをロシアのロシア人とは別であると見なしていた。ようやく17世紀になってルテニア人は二つの民族に分かれた。南のウクライナ人と北のベラルーシ人である。

リトアニアの最初の書籍印刷業者フランツィスク・スカリーナ（１４９０〜１５４１年）は民族的《エスニック》にはルテニア人であった。彼はリトアニア大公国のポロック（ベラルーシ語ポラック）の裕福な都市民の家庭に生まれ、イタリアのパドヴァ大学から医学の博士号を授与され、一時期プラハに住み、そこで『ルテニア聖書（ビブリア・ルスカ）』（１５１７〜19年）という共通の題を付けて旧約聖書の詩編と22編の書を出版した。彼は１５２２年にヴィルニュスに印刷所を設立した。

四半世紀のちの１５４７年、リトアニア語での初めての書籍であるマルティーナス・マジュヴィーダスによる有名な『カテキスム』が出版されたが、ヴィルニュスにおいてでも、固有のリトアニア《リトゥアニア・プロプリア》においてでもなかった。それは、マジュヴィーダスが自身のプロテスタント信仰に対する迫害を逃れるためにヴィルニュスから移り住んだ、プロイセンのケーニヒスベルクで出版された。それはリトアニア大公国に捧げられ、マルティン・ルターの教えをリトアニア人に伝えようと意図されていた（それ

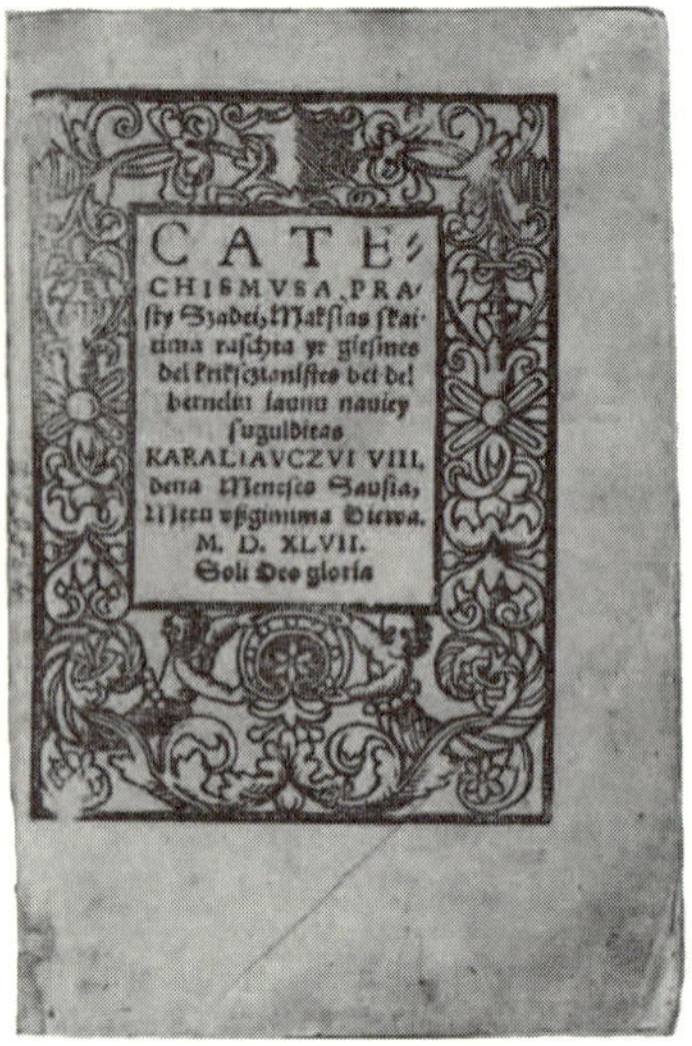

最初のリトアニア語書籍の表紙。マルティーナス・マジュヴィーダス『カテキスム』*Catechism*、ケーニヒスベルク、**1547** 年。

はマルティン・ルターの『小カテキスム』のポーランド語版に基づいていた）。
ミコワイ・ラジヴィウ黒公（１５１５〜65年）は別の印刷所を１５５３年にリトアニア（ブジェシチ）に開いた。これは宗教改革によって促された発展である。この印刷所による目を見張るべき『ブジェシチ聖書』はそこで10年後に出版された。ラジヴィウ黒公はニェシフェシュにも印刷所を設立した（１５６２年）。ホトキェヴィチ家は１５６９年にザブウドゥフ（ポーランド北西部）に印刷所を設立してラジヴィウ家と競い始めた。彼らはそこの長に最初のモスクワ人の印刷業者で、自身の印刷所が焼失したのちモスクワを離れたイヴァン・フョードロフを雇い、したがって印刷所は正教の文書を出版した。対抗宗教改革が始まるとローマ・カトリックが書籍出版業に参入した。ミコワイ・ラジヴィウ黒公の息子、ミコワイ・クシシュトフ・ラジヴィウ「シェロトカ（孤児）」は改宗してカトリックに戻り、１５７５年にブジェシチの印刷所をヴィルニュスに移して、それをヴィルニュスのイエズス会のコレギウムに寄贈した。コレギウムは１５７０年に創設され、１５７９年に大学の地位に引き上げられた。書籍出版はリトアニアで継続的な事業となった。

西方の文化的観念が受け入れられるにつれ、リトアニア社会は西方における年代記叙述の伝統に精通するようになった。これは自分自身の国の歴史を知りたいという、増大しつつある要求を刺激した。ルネサンス期のヨーロッパで広まっていた、支配者の外国起源についての神話も知られるようになった。これはリトアニアの神話形成にとって大変好ましい条件を形成した。リトアニアの古代史は知られておらず、リトアニア語とラテン語は似ていたので、リトアニア貴族のローマ起源伝説（パレモナス（パレモン）伝説）が作られ、いくつかのリトアニアの年代記（例えばビホヴェツ年代記）の叙述にすら含まれた。伝説はローマ貴族たちのリトアニアへの到達について述べ、そこにはラテン語を知らない人々が住んでいたと言及しており、それがその土地の民衆について知りうるすべてである。年代記作者にとっては貴族のみが国民《ネイション》を形成していた。伝説は言語の問題を取り上げていない。なぜなら当時言語は民族《ネイション》を定義する特徴ではなかったからである。そのときには民族的《エスニックな》リトアニア国家はなく、リトアニア大公国の貴族であることがその基本的な定義である政治的な国民《ネイション》が存在した。したがって、リトアニアの年代記で物語られているのは貴族の起源と歴史であった。ローマ起源伝説は、17～18世紀を通じてローマ人の言語（ラテン語）を使用したことと絡み合って、ポーランド化へのある種の対抗力となった。「パレモナスの」という形容詞は儀礼的な文学においてときに「リトアニアの」という語の同義語として用いられた。ヴィルニュス大学は「パレモナスの大学」、都市ヴィルニュスは「リトアニアのパレモナスの諸都市の都」と呼ばれた。

リトアニア貴族の歴史意識を形成する際のもう一つの重要なテーマはヴィータウタスの統治であった。リトアニアの最初の詩は真のルネサンス期の作品であった。『バイソンの姿と野性、狩についての歌』というミコワイ・フッソフチクによって1523年に出版されたその詩は、ヴィータウタスの治世を理想的な時代、同時代の社会の模範として描くことを目的としていた。同様の考えはミハロ・リトゥアヌスの国家の秩序についての熟考（『タタール、リトアニア人、モスクワ人の習慣について』、1550年頃）の中にも見出せる。そこで彼は、ヴィータウタスの時代の習慣の厳格さと禁欲主義を彼の時代の社会のひ弱さや酒浸り、無秩序と対比した。ミハロ・リトゥアヌスはリトアニア大公国がその言語をルテニア語からローマ語（すなわちラテン語）に変えることも提案した。リトアニアの民族意識のさらなる発展における決定的な要因は、しかしながらリトアニア文化に対するポーランド文明の影響であった。教会制度の組織化、クラクフ大学での勉学、ポーランドの行政制度と経済改革の採用など、この影響は様々な方面で看取された。ポーランドは事実上リトアニア大公国にとって師匠かつ模範となった。リトアニアにとっての問題は、その地理的位置と歴史的発展によって西ヨーロッパとの直接の接触の機会がほとんどなかったことと、ヨーロッパ化が通常ポーランド化で終わったことである。この結果は民族の活動における俗語の重要性が高まり始めた宗教改革期に最も顕著になった。

ルネサンスと宗教改革

15〜16世紀転換期のアレクサンドラス（アレクサンドル）大公の宮廷には既に人文主義の教養を広く身につけた人々がいたが、ジグムント（ジーギマンタス）1世老公が1519年にミラノ大公女ボナ・スフォルツァと結婚したことが大きな転換点となった。彼女はイタリアの建築家、芸術家、音楽家をポーランドやリトアニアに連れてきて、ルネサンスの精神を息子のジグムント・アウグスト（ジーギマンタス・アウグスタス）に教え込んだ。彼とともに彼女はヴィルニュスの丘のふもとの城をルネサンス様式の宮殿に改築し、「イタリア風散歩」（舞踏会でのダンス）から、当時はリトアニアだけでなくスカンディナヴィア諸国でも知られていなかったフォークに至るまで、多くの新しいものを導入した。リトアニアの貴族は徐々に「イタリアの流行」を受け入れた。ルネサンス文学はジグムント・アウグストの蔵書だけでなく、貴族や都市民の蔵書にもあった。リトアニア人のローマ起源伝説は、ラテン語がリトアニア人の本来の言語であるという広く普及した誤解につながった。

マルティン・ルターが１５１７年に始めた宗教改革は近世の最も重要な展開の一つと考えられている。それは16世紀に全ヨーロッパに瞬く間に広がり、カトリック教会を分裂させ、キリスト教の新しい形態、すなわちプロテスタンティズムを前面に出した。リトアニアは他のほとんどのヨーロッパ諸国よりも１０００年遅れてカトリックを受容したが、宗教改革は数十年のうちに到達した。マルティン・ルターの信奉者であったアブラオマス・クルヴィエティス（アブラハム・クルヴェチ）がおそらく１５４１年にヴィルニュスで彼の信条を伝道し始めたのである。この相対的に早い文化の伝達は、増大するリトアニアの西ヨーロッパとの相互作用の結果であるだけでなく、クルヴィエティスの個性の結果でもあった。彼はヴィルニュスに貴族の子弟のための、60人が通う学校を設立し、カトリック教会を批判する説教を行い、彼の考えに支持者をどんどん惹きつけた。１５４２年に彼は迫害を避けるためプロイセン（チュートン騎士団はルター派に改宗し、世俗のプロイセン公国となっていた）に逃れ、アルブレヒト公の庇護を得た。クルヴィエティスは、神と交わる際に母語を用いることが重要であるというプロテスタントの考えを広めた。彼はリトアニア語をリトアニアの教育制度で用いる言語とすることを提案した。これはリトアニア語を話す知識人を育てるための基礎を築く、民族の利益となる改革であった。スタニスロヴァス・ラポリョニス（スタニスワフ・ラパイウォヴィチ）とともに設立されたばかりのケーニヒスベルク大学（1544年）の最初の教授となったクルヴィエティスは、国外に住んでいるあいだに自らの考えを実行に移そうとした。マルティーナス・マジュヴィーダスによって1547年に出版された『カテキスム』はこの考えの成果と見なすべきである。クルヴィエティスは問題含みの文化の状況をよく知っていた。リトアニア貴族はリトアニア語の文章言語の発展に心を砕いたことは一度もなく、公的な尚書局の言語としてポーランド語が官房ルテニア語に取って代わると、貴族はポーランド語を文章だけでなく日常生活においてもますます使用した。そのためリトアニア社会は文章言語としてのリトアニア語の重要性を正しく理解することができず、したがってそれに公的な地位を与えるという考えを受け入れなかった。

第二段階で宗教改革の動きに関わった貴族はプロテスタントのもう一つの支脈、カルヴァン派を選んだ。なぜならそれは大部分が教会の権威に依拠していた大公の権力を弱めるという彼らの意図により合致していたからであり、彼らはカトリック教会一般の影響力を減少させることを望んでいたからである。1563年にポーランド語で『ブジェシチ聖書』を出版した、リトアニア大公国大法官兼ヴィルニュス県知事ミコワイ・ラジヴィウ黒公はリトアニアの宗教改革の最も卓越した人物であり、プロテスタントの中で最も影響力のある人物であった。16世紀の50、60年代までに貴族の大多数がプロテスタントに改宗し、自分たちが創建したカトリックの教会をプロテスタントの教会に変えた。これは全教会のほぼ半分であった。のちにカルヴァン派は弱まったが、現在までリトアニアに残っている。今日《こんにち》リトアニア北部のビルジャイ市やその近郊に住む福音主義改革派教会のメンバーは、ミコワイ・

ラジヴィウ黒公の死後、従兄弟のミコワイ・ラジヴィウ赤毛公によって率いられたカルヴァン派改革主義者の直接の子孫である。

　宗教改革はポーランド化への新たな刺激を生んだ。ミコワイ・ラジヴィウ黒公は1563年、「人々に理解可能」にするために聖書は（他のいかなる言語でもなく）ポーランド語に翻訳されるべきであると述べた。当時リトアニア語の文章語や文学が出現し始めていたにもかかわらず、リトアニア大公国の政治エリートはリトアニア語の文化を涵養する必要性を認めず、ポーランド語を促進することを選んだ。リトアニア語は小貴族とそして——最もしっかりと——農民によってのみ維持された。

ミコワイ・ラジヴィウ黒公。ヤコプ・シュレンク『英雄たちの武具』*Armamentarium Heroicum*、インスブルック、**1603**年より。

　リトアニアのアイデンティティの観点からすれば損失を被ったが、16世紀のリトアニア大公国の社会はヨーロッパ的になり、西方の文明に統合された。それは身分制に基づいた封建社会になり、そこでは王あるいは支配者の権力が法によって制限され、都市では手工業とギルドが発展し、大聖堂付属学校と教区学校、コレギウム、大学を伴うヨーロッパ的な教育制度が取り入れられた。

第2章　ポーランド国家とリトアニア国家の合同

17～18世紀にリトアニアはよりヨーロッパ的になり、そして文化的には中央ヨーロッパの一部になった。これらの世紀に西ヨーロッパ北部は急速にその社会を近代化させ、啓蒙思想が広まり、資本主義が発達した。他方で中央ヨーロッパと西ヨーロッパの南部は農業的、封建的、堅固にカトリック的、そしてバロック的なままであった。したがって17～18世紀のリトアニアの歴史は、西ヨーロッパにおけるルネサンスや啓蒙の時代と同様の文化的趣旨で、バロックの時代と特徴づけうる。

1569年にイエズス会がリトアニアに現れたことはバロック時代の象徴的な始まりと考えられるだろう。イエズス会士たちは刷新されたカトリシズムをリトアニアにもたらした。彼らは国家の支援を得てコレギウムのネットワークを打ち立てることで国の中等教育のレヴェルを著しく向上させることができた。その頂点がヴィルニュス大学である（1579年創設）。中央ヨーロッパの統合された一部になるというリトアニアの大望はまた、軍事工学の強力で独自の学派の創設においてもはっきりしていた。そのもっとも重要な業績はカジミェシュ・シェミェノヴィチの『砲術大全〔アルティス・マグナエ・アルティレリアエ〕』（１６５０年）である。数世紀のあいだ、この専門書はヨーロッパの多くの言語に翻訳され、基本的な砲術の手引書かつロケット装置の製法を伝える書物として用いられた。そこには多段式のロケットやロケットの砲台、〔共通の誘導棒の代わりに〕三角翼のスタビライザーが付いたロケットなどの記述が含まれていた。こうした原則の多くはいまや現代宇宙航行学において用いられている。

イエズス会はまた17～18世紀のバロック様式の建築や芸術に大きな影響を与えた。17世紀を通じて「輸入された」〔特にイタリアの〕バロックが支配的であったが、18世紀にはヨハン・クリストフ・グラウビッツを主要な建築家とする、独特のバロック建築のヴィルニュス学派が出現した。彼は疑いなくヨーロッパのバロックの歴史の一角を占めるに値する。

社会の農業的な性質と都市の弱さはポーランドとリトアニアで君主政国家の変種を生んだ。それは名目上君主政だが、実際には貴族〔シュラフタ〕の共和国となり、無秩序に向かいつつあった。貴族が享受した自由拒否権《リベルム・ヴェト》は、セイムすなわち全国議会で審議される法案はすべて全会一致で可決されねばならないことを意味していた。この原則は当時西ヨーロッパで優勢であった絶対君主政的システムと明確な対照をなし、国家の強化や中央集権化を阻んだ。一方で、近代的な視点からは無秩序に見える制度は、カルヴァン派、ルター派、正教徒、合同教会派〔ギリシア・（東方典礼）カトリック〕、そしてのちにロシアから逃れた古儀式派に加えて、ヴィータウタスの時代から存在していたカライム、タタール、ユダヤ教徒という様々な民族・宗教共同体がカトリックと共存できる社会を許容した。

バロック・ヨーロッパの周縁でその文明が発達していたとき、リトアニアは隣人から深刻な打撃を被った。スウェーデン出身のヴァーサ家の治世の間（１５８７～１６６８年）、リトアニアとポーランドは「大洪水」、すなわち１６５４～67年のロシアとスウェーデンの侵攻に見舞われ、ザクセン朝の統治（１６９７～１７６３年）のもとでリトアニアは大北方戦争（１７００～21年）におけるロシアとスウェーデンの戦場となった。後者の戦争の結果はポーランドとリトアニアの内政へのロシアの直接的干渉であり、それはついにはポーランド＝リトアニア共和国の分割と最終的な崩壊につながった。

両国民の共和国

ルブリン合同

リトアニアとポーランドはヨガイラとヤドヴィガの結婚で１３８６年に始まった歴史を共有していた。「神聖なる結婚」のメタファーは、ポーランド＝リトアニア連合国家、すなわち両国民の共和国を創設した１５６９年のルブリン合同で頂点に達する、条約を通じた緊密な紐帯の発展の全過程に対してしばしばあてはめられる。これは国家の独自の結合であり、同盟以上合併未満であるという意味でヨーロッパ連合の先駆けであった。ポーランドとリトアニアの緊密な紐帯とそれらの軍の同盟がなければグルンヴァルトの戦いでの勝利は不可能だっただろうし、ルブリン合同がなければ16世紀のリヴォニア戦争の成功裏に終わった結末も不可能だっただろう。

ポーランドでは、リトアニアはルブリン合同以前ですらポーランドの一部であったと伝統的に見なされており、ルブリン合同によって作られた国家はしばしば両国民の共和国ではなくポーランド共和国と呼ばれる。この解釈における論理性の欠如には苦笑させられる。もし合同が「神聖なる結婚」であれば、婚礼の相手はいったい誰なのか。あるいはひょっとするとこれは合同では決してなく、「文明化の使命」というポーランドの考えだったのか。ひょっとするとポーランドはリトアニアの編入に関心があっただけなのか。それが、リトアニア人の伝統的な歴史記憶においてポーランドの「文明化の使命」の否定的なイメージが合同の肯定的な側面を覆い隠した理由である。リトアニア人が伝統的にリトアニアの国家と文化の衰退を見たところに、ポーランド人はポーランドの「文明化」の勝利を認めた。

リトアニア大公国は、モスクワに対するリヴォニア戦争の間、東部戦線を維持するのが困難な時期があった。完全な敗北とロシアへの編入が明らかな実現可能性を帯びた。そこで1562年のヴィテプスクの「戦場議会」によって、ジェマイティヤ総代官《スタロスタ》であるヤン・ヒエロニモヴィチ・ホトキェヴィチをポーランドに送り、軍事支援および両国の合同を求める決議がなされた。ポーランドからの支援の必要性は1563年にポロツクを喪失したことでもあらわになった。このようにして1569年2月にリトアニアとポーランドの代表はルブリンに集まったポーランド議会で合同交渉を開始した。リトアニア人は、同権を有する二つの国家の合同という彼らの計画を示し、一方ポーランド人はリトアニアの併合を求めた。合意に至ることができず、リトアニアの代表は3月1日にルブリンを離れた。

そしてリトアニアは大きな痛手を被った。国王ジグムント2世アウグストがポーランドに味方するようになり、法的文書によってリトアニア大公国の領域のほぼ半分（ポドラシェの南部、ヴォウィン（ヴォルイニ）、ポドレ（ポドリア）、そしてキエフ地域）をポーランド王冠領に編入した。編入された地域の貴族はすべてポーランド王冠に忠誠を誓うことを求められ、彼らの代表はポーランド議会に参加せねばならなかった。忠誠誓約を拒んだ者は領地を没収された。リトアニアはその主権を失う危機にあった。

ヤン・ヒエロニム・ホトキェヴィチは悲劇的なジレンマを理解していた。リトアニアがポーランドに結びつけられるか、ロシアがリトアニアを征服するかであった。彼は前者を選んだが、可能な限り良い条件で交渉しようとした。ホトキェヴィチはルブリンの議会に戻り、1569年6月28日、合同とさらには単一の国璽という考えに、すなわちリトアニアのポーランドへの編入に同意した。これは残酷な妥協であった。ジグムント・アウグストに話しかけるなかで、彼は次のように述べた。「陛下のご意志にしたがって、ここに我々は最も痛切な痛みと悲しみとともに譲歩を強いられました。我々の悲嘆は表現しようもありません。我々は母なる土地の忠実な息子として、可能な限りその繁栄を気遣う義務があります。今日《こんにち》母なる土地を守ることができないのならば、それは我々が障害と運命、時代に屈することを強いられているからです。」

この言葉の後、リトアニア人は王の前で膝をつき、泣いた。これにはポーランド人さえ涙した。ホトキェヴィチの涙は駆け引き上の表現でもあったようである。交渉過程で曖昧な表現を巧みに操って、ジェマイティヤ総代官は合同の問題を国璽の件にしぼることに成功した。すなわち、王の文書はポーランドの印璽のみ押印される（それはリトアニアが併合され、よくてもポーランドの自治的な州となることを意味する）のか、あるいはリトアニアの印璽も押印されるのか。単一の共通の印璽にするべきだという
ポーランドの意見にあたかも同意しつつも、彼は同時にリトアニアの印璽は廃止されるべきでないと

18 世紀半ばのポーランド＝リトアニア共和国の地図。リトアニア大公国の境界が示されている。ポーランド・ワルシャワの王宮所蔵。

要求した。これは明白な矛盾であった。リトアニア大公国の国璽をまもることでホトキェヴィチはポーランド＝リトアニア関係に関する特別な問題やさらには合同の形成すら、ルブリンの議会ではなく後で決定することを保証するのに成功した。それによってリトアニア国家が保たれる可能性が開かれた。そしてのちの王にリトアニアの国璽を認めることを要求したとき、そうなった。このようにホトキェヴィチはまったく出口がないように見えたときにさえ、抜け道を見つけたのだった。

もちろん、ポーランド人もジグムント・アウグストもルブリン合同に先立つ交渉のあいだリトアニア人に圧力をかけた。彼らは独立国家としてのリトアニアを廃止し、その土地を引き裂こうとした。しかし、ルブリン合同の妥協でさえリトアニア大公国の代表が涙を流してようやく受け入れた結果である。この妥協の正当性は次の２世紀のあいだ深刻に疑われることはなかった。ルブリン合同の利益はすぐに明らかになった。トランシルヴァニア公バートリ・イシュトヴァーン（ステファン・バトーリ）がポーランドとリトアニアの君主になったとき（在位１５７６～86年）、モスクワに対するリヴォニア戦争で決定的な勝利を挙げ、この敵からの脅威は半世紀以上取り除かれた（ポーランドとリトアニアは１６０９～11年にモスクワを占領しさえした）。しかしながらルブリン合同の妥協の最も重要な結果は両国民の共和国であり、それはさらに２世紀にわたって存在した。それは単に存在しただけではない。ヨーロッパにパンと寛容、貴族の民主政、バロック芸術、そして憲法を与えた。

バロック・ヨーロッパにおけるリトアニア大公国――貴族の民主政

ルネサンス文明の模範であったイタリアの壮大さは17～18世紀にはどこに消えたのだろうか。大航海時代の大発見とオスマン帝国の拡大の後、地中海はその経済的重要性を失った。そして、大航海時代の先駆者であったポルトガルとスペインには何が起きたのだろうか。後者は、地政学的な視点からは16世紀にはヨーロッパでならぶものはなかった。太陽はスペインの領土で決して沈むことはなかった。スペインとポルトガルの支配が衰えた一つの理由は、ラテン・アメリカから船で運び込まれる金が努力せずとも安楽な生活を保障したことである。その富は、彼らがその都市や町、経済を発展させるよう促すことはなかった。スペインの国力の衰退は1588年の無敵艦隊アルマダの敗北によって象徴された。

17～18世紀に古い西ヨーロッパはカトリックの南部とプロテスタントの北部に分かれた。カトリック信仰は、イタリアやスペインのバロック文化がフランスやバイエルン、フランドルなどの他の西ヨーロッパのカトリック諸国に、そして特にそうした国の君主や大貴族の所領に広がる前提条件であった（バロック期の最もよく知られた画家の1人、ピーター・パウル・ルーベンスはフランドルで育った）。

プロテスタント信仰は、中世における ヨーロッパの辺境地域であった北ヨーロッパ（スカンディナヴィア）が西ヨーロッパ（オランダ、イングランド）とともにダイナミックに発展し、17～18世紀にカトリックの中央ヨーロッパを追い越した理由であった。カトリックの中央ヨーロッパは都市が弱く、プロテスタントに比べると識字の必要性が少なく、カトリックを信仰する西ヨーロッパ南部（イタリア、スペイン、ポルトガル）に寄り添っていた。16～17世紀にはこの選択は悪い選択には見えなかった。ローマ、マドリッド、リスボンはいまだカトリック信仰とバロックの建築と芸術の光をメキシコやパラグアイの遠きに至るまで輝かせていた。このカトリック世界の反対の端、最北の前哨地がリトアニアであった。

リトアニアにおけるバロック時代の幕開けはルブリン合同だけでなくイエズス会とも結びつけうる。イエズス会は1569年にリトアニアに到来し、1579年にヴィルニュス大学を創設した。通常ヴィルニュスの聖カジミエラス教会（17世紀初頭創建）がバロック建築の模範と見なされるものの、ニェシフェシュ（ニャスフィシュ）におけるイエズス会コレギウムのバロック教会の建設は1586年に始まった。バロック芸術、イエズス会、そしてヴィルニュス大学がこの時代の最も重要な文化的特徴であった。様々な紐帯がそれらを貴族に結びつけた。身分としての貴族の権力と影響力は、西方の三圃制農業を導入しただけでなく、本質的に農奴制を制度化した１５５７年の土地改革（リトアニア語でヴァラカス改革〔「ヴウカ（ヴァラカス）測量」。ヴウカは農地面積の単位〕）ののちに著しく増大した。貴族の影響力は、１５６６年の『第二次リトアニア法典』においてその地位が定められたことによってもまた高められた。したがって「バロック的秩序」と「バロック的経済」というおおざっぱな用語が許される。

バロックは徐々に新古典主義に取って代わられた。とはいえこの様式は18世紀末になってようやく栄え始めたにすぎなかったが。アントニ・ティゼンハウスの諸改革（１７６７年）、パヴェウ・クサヴェリ・ブジョストフスキのパヴウフ（リトアニア語パウラヴァ）共和国（１７６９年）、イエズス会の解散と国民教育委員会の創設（１７７３年）はすべて、ときとして啓蒙の時代の始まりと見なされる。

バロック時代はリトアニアではルブリン合同以後の時代に栄えた。連合国家の正式名は両国民の共和国であったが、しばしばポーランド＝リトアニア共和国と呼ばれる。名称はこれが対等な二つの国家の合同であることを示している。しかしながら実際はポーランドが支配的であった。最高統治機関は（王のほかに）共同の議会《セイム》であり、それは元老院と代議員の二院から成っていた。議会が王を選んだ〔実際には個々の貴族が君主を選んだ〕。リトアニアはポーランドの一つの州と同等とされたので、議会の３分の１の議席しか保有しなかった。ポーランドには二つの州があった。ポズナンを主要都市とする大ポーランドと、クラクフを主要都市とする小ポーランドである。

リトアニア大公国はその名称と領域を維持した。それはまた、大法官、財務官、軍司令官《ヘトマン》を含む独

ヴィリニュスの聖ペテロ・パウロ教会の内部。ポーランド＝リトアニア共和国の最も雄大で華麗なバロックの傑作の一つ（17世紀後半）。アルーナス・バルテナス撮影。

自の執行機関を有したほか、別個の財政、軍、宮廷、1588年の『第三次リトアニア法典』によって確立した法制度をも有した。共同の執行機関あるいは官庁が登場し始めたのはようやく18世紀後半のことである。したがってポーランド＝リトアニア共和国は一元的な国家ではなく、むしろ最高国家機関――君主と議会――だけが共通の連邦的国家であった。ルブリン合同の立案のなかで駆け引きに優れたリトアニアの代表者はさらにリトアニアの大印璽を維持することに成功していた。ポーランド王がそれを用いずに作成した決定はリトアニアでは無効となった。さらには、リトアニアの議員は共同議会に出席する前に共通の立場を話し合うため彼ら自身の「議会討議」を行った。当時、法案が法として成立するためには全会一致の票が必要とされる自由拒否権《リベルム・ヴェト》の原則がポーランド＝リトアニア共和国議会で実施されていたので、共同議会がその意思をリトアニアに押し付けるということはあり得なかった。ポーランド人は一元的な国家を望んだが、原理的には連邦的な合同、そして現実には共通の外交政策を有する連合となった。

しかしながら、リトアニア大公国エリートのポーランド文化への漸次的同化は法的・政治的状況を変えた。ルテニア語、ラテン語、リトアニア語の文化モデルも存在したが、ポーランド語のそれが公的生活における統合の進展によって促進され、ますます広がった。おそらくポーランド・モデルが結果的に支配的となるのに最も重要な出発点は、1582年のマチェイ・ストリイコフスキによる『ポーランド、リトアニア、ジェマイティヤ、そして全ルーシの年代記』のポーランド語での出版である。この書物はリトアニア貴族の入門書となった。

リトアニアのポーランド化はバロック期の最も重要な現象の一つである。ポーランド語だけでなく、ポーランドの文化や生活様式もまた貴族に受容された。このために、当時のリトアニア文化がときに「ポーランド文化の二次的変種」と呼ばれたのである。同様の類比として、（アメリカ合衆国あるいはオーストラリアは言うに及ばず）アイルランドにおけるイングランド文化の、ノルウェーにおけるデンマーク文化の、ケベックにおけるフランス文化の、メキシコやアルゼンチンにおけるスペイン文化の「変種」がある。

『リトアニア法典』が貴族の地位を定義し、法的に正当化した。貴族は、政治的権利と自らが選んだ代表を議会に送る特権を有する唯一の身分であった。こうした代表が君主も選んだので、その制度は君主政というよりも共和政に近かった。実際、「ジェチポスポリタ」（共和国）の語がその公式名の一部になっていた。このことはポーランド＝リトアニア共和国の政治制度が、16世紀後半に共和国を作り出したオランダ人の政治制度のような近世にヨーロッパで出現した他のものに類似し、1689

年に確立されたイングランドの立憲君主政に先立っていたことを示していた。

しかしながら、ポーランド＝リトアニア共和国の政治制度が人口の7パーセントをなすにすぎない貴族に基づいていたという事実は、その身分制的な性質を示している。君主は「貴族の国民《ネイション》」によって選ばれたとはいえ、神からその君主権力を授与された。したがって1566〜1795年のリトアニアの「貴族の民主政」は身分制的君主政であり、イングランドやフランスの13〜15世紀の統治制度と比較できる。不幸なことにこの政治制度は秩序的というよりも無秩序であった。同時代人ですらしばしば「国家は無秩序によって立つ」と述べた。ポーランド＝リトアニア共和国議会で実施された自由拒否権《リベルム・ヴェト》の原則は議会の全議員にどの決定に対しても拒否する権利を与えたので、議事進行は麻痺した。1573年から1763年のあいだ、137回の議会のうち53回がいかなる議決にも至ることなく解散したが、それはしばしば個々の議員が拒否権を発動したためであった。

西欧の身分制的君主政では都市民――都市身分――は貴族に対する対抗勢力の役割を果したが、ポーランド＝リトアニアでは諸都市の弱さが政治制度を無秩序に、あるいはより具体的には封建的な地方分散または分裂に変えた。都市民は身分としては弱体であったので、ポーランド＝リトアニア共和国では貴族がその権限を集中し、絶対君主政の出現を防ぐことができた。絶対君主政であれば貴族の権限を縮小し、したがってその身分支配を弱めたであろう。

『リトアニア法典』と2人のその主導者、オルブラフト・ガシュトウト（アルベルタス・ゴシュタウタス）とレフ・サピエハは長らくリトアニアの誇りの源となってきた。なぜならこの法典は、近世の他の中央ヨーロッパ諸国の法典よりもずっと包括的だからである。しかしながら貴族だけが政治的権利を享受した（とはいえ、19世紀の立憲的・近代的イギリスにおいてさえもこうした権利を享受した市民の割合はそれより少しも大きくなかったのであるが）。言うまでもなく貴族の利己心には事欠かなかったが、少なくとも当初は合意の上での意思決定という政治文化があり、そのために必要が生じれば折にふれて貴族は自身の懐に穴をあけ、自らに課税するということが可能だった。この政治文化は18世紀が下るにつれて徐々に消滅したが、それが存在していたということを認識しなければ、貴族が始めた改革を説明することは不可能だろう。

ポーランド＝リトアニアにおける多宗派共存と寛容

歴史家は、16～17世紀のポーランドの宗教的寛容をヨーロッパで類を見ないものとして、そしてポーランドをヨーロッパ大陸最大の寛容の避難所として描いてきた。多文化共存と多宗派共存はときにヨーロッパ文化に対するポーランド最大の貢献と見なされる。１３８７年からリトアニア大公国はポーランド同様カトリック国家であったが、１５００年頃ポーランドには正教主教管区が三つしかなかったのに対してリトアニア大公国には六つあり、それらすべては同じキエフ府主教座に属しており、その府主教はキエフだけでなく、ノヴォグルデク（ノヴォグロドク、ナヴァフルダク）やヴィルニュスにも居住したものだった。したがってポーランドの正教信徒はリトアニア大公国から統治され、リトアニア大公国にポーランドよりも多くの正教信徒が住んでいるという事実によって、論理的にもリトアニアはカトリック教会と正教会との合同を試みる場所となった。15～16世紀には教会合同に関する数々の試みがなされた。最終的にそれらは１５９６年のブジェシチ（ブレスト）教会合同に至った。

ブジェシチ合同ののち、ポーランドとリトアニアの正教徒の多数派はギリシア・カトリック教会に改宗した。しかしながら、ギリシア・カトリック教会の府主教は今度もキエフ府主教であり、ただ今やその恒久的な居をヴィルニュスに定めただけであった。したがって、正教会とギリシア・カトリック教会の双方が、ポーランドで果たした役割よりも大きな役割をリトアニア大公国で果たした。

ルター派は１５３９年に始まり、宗教改革派の潮流の中で最も早くリトアニアに到達した。それはのちにドイツ人とますます結びついたので、リトアニア大公国のルター派の共同体は「ドイツ人共同体」と呼ばれるようになった。したがってルター派はドイツ人移住者のより多かったポーランドほどはリトアニアで普及しなかった。しかしながら、カルヴァンの教えに従う福音主義改革派教会はリトアニアで栄え、ポーランドのそれよりもずっと強力であった。リトアニア大公国の多くの卓越した貴族が福音主義改革派の信条の支持者になった。ほとんどすべてのカトリック貴族および何人かの正教貴族がカルヴァン主義を受け入れ、カトリックの教会のほぼ半数がプロテスタントの教会に改宗された。

14世紀以来、リトアニア大公国には他にもキリスト教と非キリスト教の宗派が存在していた。アルメニア教会とユダヤ教のマイノリティの共同体である。それらはポーランドから、あるいはおそらくハンガリーからリトアニア大公国に移住し、当初は小規模であった。しかし、17〜18世紀までにはヴィルニュスのユダヤ教徒共同体はクラクフやルブリン、ルヴフ（リヴィウ）などの地位の確立したユダヤ文化の中心地をしのぎ、ヴィルニュスは「リトアニアのエルサレム」と呼ばれ始めた。リトアニアにおけるユダヤ教徒と特にアルメニア教徒の役割はポーランドにおけるほどは目立たないが、ポーランドはヴィータウタス大公がリトアニア大公国に移住させたカライムやイスラム教徒のタタールのような特徴的な共同体を自慢することはできない。おそらくリトアニア大公国のカライム共同体の最もよく知られたメンバーはトラカイ（トロキ）のイサク・ベン・アブラハム（1525〜86年）で、寛容についての研究者によってしばしば言及される。ポーランドにはまた、典礼をめぐる違いのためにロシア正教会から分裂し、ロシアで迫害を受けていた古儀式派も存在しなかった。彼らは17世紀後半にリトアニア大公国に移住した。リトアニア大公国における文化的多様性はエスニックな側面によってもさらに増大した。信仰とエスニシティはしばしば一致する（ユダヤ教徒、タタール、カライム、そしていくぶんは古儀式派）ものの、宗教・宗派はしばしば異なるエスニック共同体をも含んだ。

ポーランドとの合同までリトアニア大公国は文化的・宗教的多様性においてポーランドに優っており、また連合国家はそれまでポーランドには決して存在しなかったムスリムのタタールのようなマイノリティを加えることでポーランドの多様性を拡大した。ポーランドやトランシルヴァニアのような多様な国家と比べたとしても、10の異なる信仰を有したリトアニア大公国に16世紀においてこの点で並ぶものはなかった。リトアニア大公国は多宗派共存に法的な承認を与えた早さにおいて中・東欧地域の中で際立っていた。ポーランドではこれはルブリン合同以後に生じたに過ぎない。1573年のワルシャワ連盟協約は宗教の自由をポーランド＝リトアニア共和国の貴族と自由農に拡大した。同様のことがリトアニアでは、宗派に関わらずすべてのキリスト教徒に同権を与えるジグムント・アウグストによる特許によってより早く1563年に行われた。これは第二次と第三次の『リトアニア法典』の双方において法となった。『第一次リトアニア法典』（1529年）はプロテスタントによる宗教改革以前に公布されたので、カトリックと正教の貴族のみに言及した。法によって保証された同権は直接的には非キリスト教徒の信仰（ユダヤ教、カライ派、そしてイスラム教）には関係しなかったが、それらのエスニック共同体と宗教は14世紀終わりという早い段階において許容されていた。寛容の境界は後になってポーランドとリトアニアの双方で狭まったが、変化は徐々に強制なしに生じ、多宗派共存はまさに20世紀に至るまで存続した。16世紀西ヨーロッパにおける状況はパリのサン＝バルテルミの日の虐殺（1572年）によって特徴づけられ、それはヨーロッパ史の宗教的不寛容のシンボルとなった。したがって、16世紀のリトアニアはヨーロッパ的寛容の発祥地であったと主張することができる。

諸民族、諸言語、そして書くこと

宗教改革の結果としてリトアニア語の文章語の必要性が生じた。これは何よりもまず、初めてリトアニア語で書いた文筆家の1人である、プロテスタントの学者兼教育者アブラオマス・クルヴィエティス（1510年頃～1545年）と、ヴィルニュスにあるクルヴィエティスの学校で短期間学んだ、ルター派の牧師で最初のリトアニア語書籍（1547年）の著者であるマルティーナス・マジュヴィーダス（1510／20年頃～1563年）の文化プログラムであった。彼らは2人ともその宗教観のためにリトアニア大公国を離れることを余儀なくされ、彼らのリトアニア語の著作はプロイセン公の庇護のもとプロイセンで出版された。リトアニア語の書き言葉を広めるという彼らの努力は、リトアニア大公国のエリートに理解されもしなければ必要とされもしなかった。

1595年、ミカロユス・ダウクシャが〔リトアニア大公国で〕最初のリトアニア語の書籍であ

ヨーロッパのすべての言語で「主の祈り」の最初の数行が記された地図の一部（リトアニア語は白囲み）。ニュルンベルク、**1741**年。

る、ヤコブ・レデスマの『カテキスム』のリトアニア語訳を出版した。1599年、彼は『ポスティッラ・カトリツカ』というもう1冊のリトアニア語の本を出版した。彼はその序文においてリトアニア人全体に向かって説き、リトアニア語の文章語を発展させるように彼らを説得した。「まあ、父祖の土地、その習慣、そして言語という、一見して生来自分自身のものとして持つ三つのものを持っていないというような隷属的で卑し

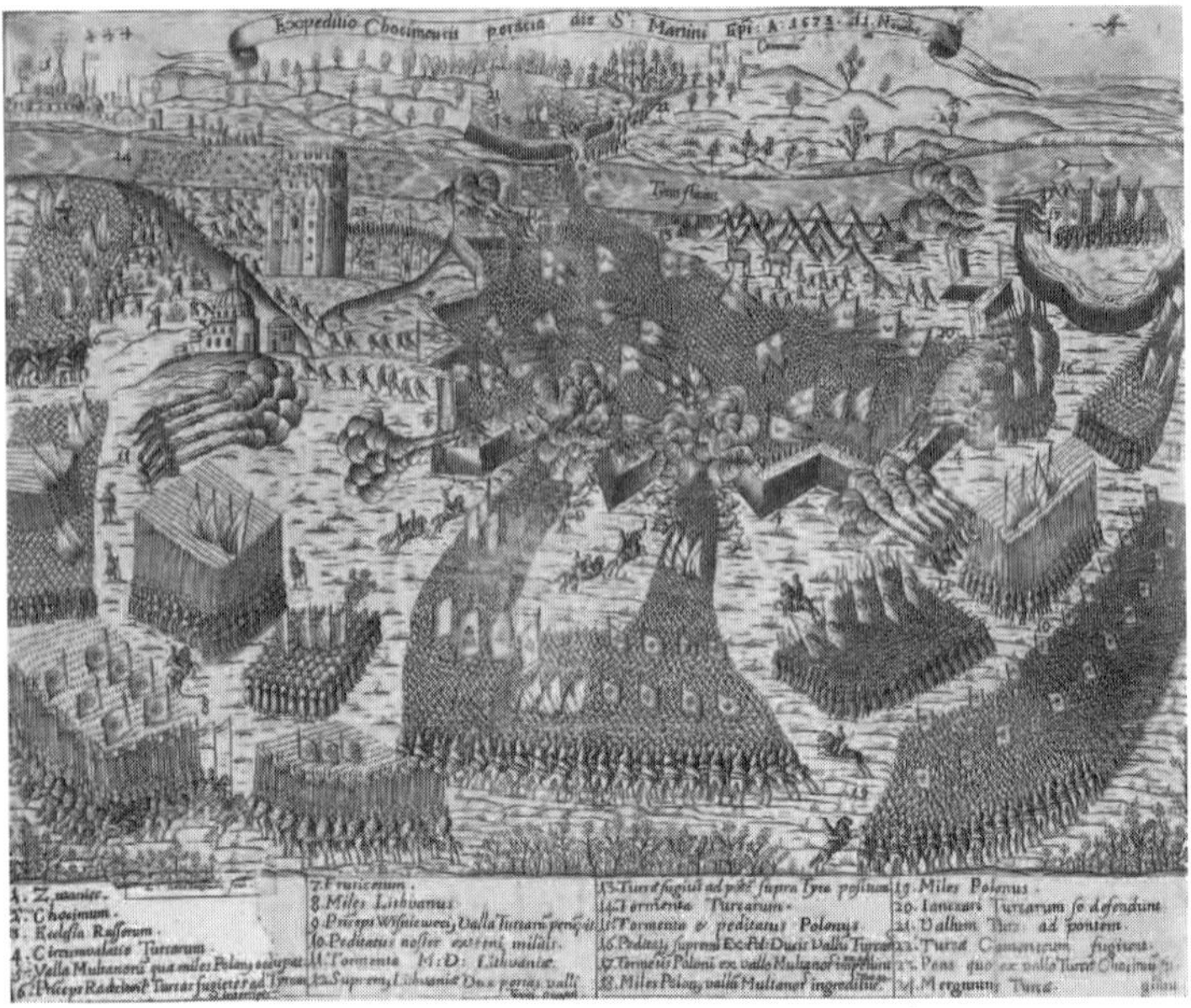

1673 年のホチム（ホティン）の戦いでオスマン軍を破るポーランド＝リトアニア軍。ヤクプ・ベネト『主の右の御手の力』*Virtus dexterae domini*、ヴィルニュス、**1674** 年より。

い民族が世界中でいったいどこにいるだろうか。」なぜなら、「通常、法が記され、自分たちやその他の民族の新旧の歴史が出版され、国家の事柄が議論され、教会や官職、家庭での日常生活において立派にきちんと用いられるのは、この「自分自身の」言語であるからである。」明らかに、ダウクシャが心を砕いたのは日常でのリトアニア語の使用だけではなく、すべてのレヴェルにおいてそれを国家言語にすることであった。彼の後継者はこうした目標を掲げなかったので、ダウクシャの独特の企ては「荒野での孤独な叫び」と見なされた。

散発的であったとはいえ、全バロック時代を通じてリトアニア語書籍の出版は続いた。それらはポーランド語やラテン語の書籍より著しく点数が少なかった。コンスタンティナス・シルヴィーダス（コンスタンティ・シルヴィト）の『三言語辞書（ディクティオナリウム・トリウム・リングァルム）』（1620年）のタイトルは言語の優先順位を暗示している。若い学徒向けに意図されたこの本ではポーランド語の単語がラテン語で、そのあとでようやくリトアニア語で説明されている。シルヴィーダスのリトアニア語の説教集（『説教要点（プンクタイ・サキームー）』1629年）と聖歌集（サロモン・スラヴォチンスキの『聖歌集（ギエスメス）』1646年）、文法書（『リトアニア語大全（ウニヴェルシタス・リングァルム・リトゥアニアエ）』1737年）は教会と学校での日常の使用のみを意図したものであった。全活動領域においてリトアニア語を第一言語とするというダウクシャの展望は決して実現されなかった。発展のためにはリトアニア語の語彙の拡大が必要だったが、新語の創出のかわりにポーランド語の単語が受容された。したがって、日常生活の移り変わる必要性に適応するための新語を創出することができず、リトアニア語はまずルテニア語に、次いでポーランド語に支配された。ポーランド語はリトアニア大公国の貴族の包括的な言語となり、ルテニア地域で西方の文化を広める手段となった。

リトアニアにおいてラテン語、さらにはリトアニア語で書く試みが続いたとはいえ、ポーランド化の進行はその政治的・文化的活動全体を飲み込んだ。リトアニア文化におけるポーランド語の役割はラジヴィウ（ラドヴィラ）家の1人が1615年に書いた手紙の中に要約されている。「私はリトアニア人として生まれ、リトアニア人として死ぬが、我々は祖国においてポーランド語を使用せざるをえない。」少しずつポーランド語が定着していった。1697年、リトアニア貴族の要求によって議会は従来使用されてきたルテニア語に代わってポーランド語にリトアニア大公国の公式文章言語の地

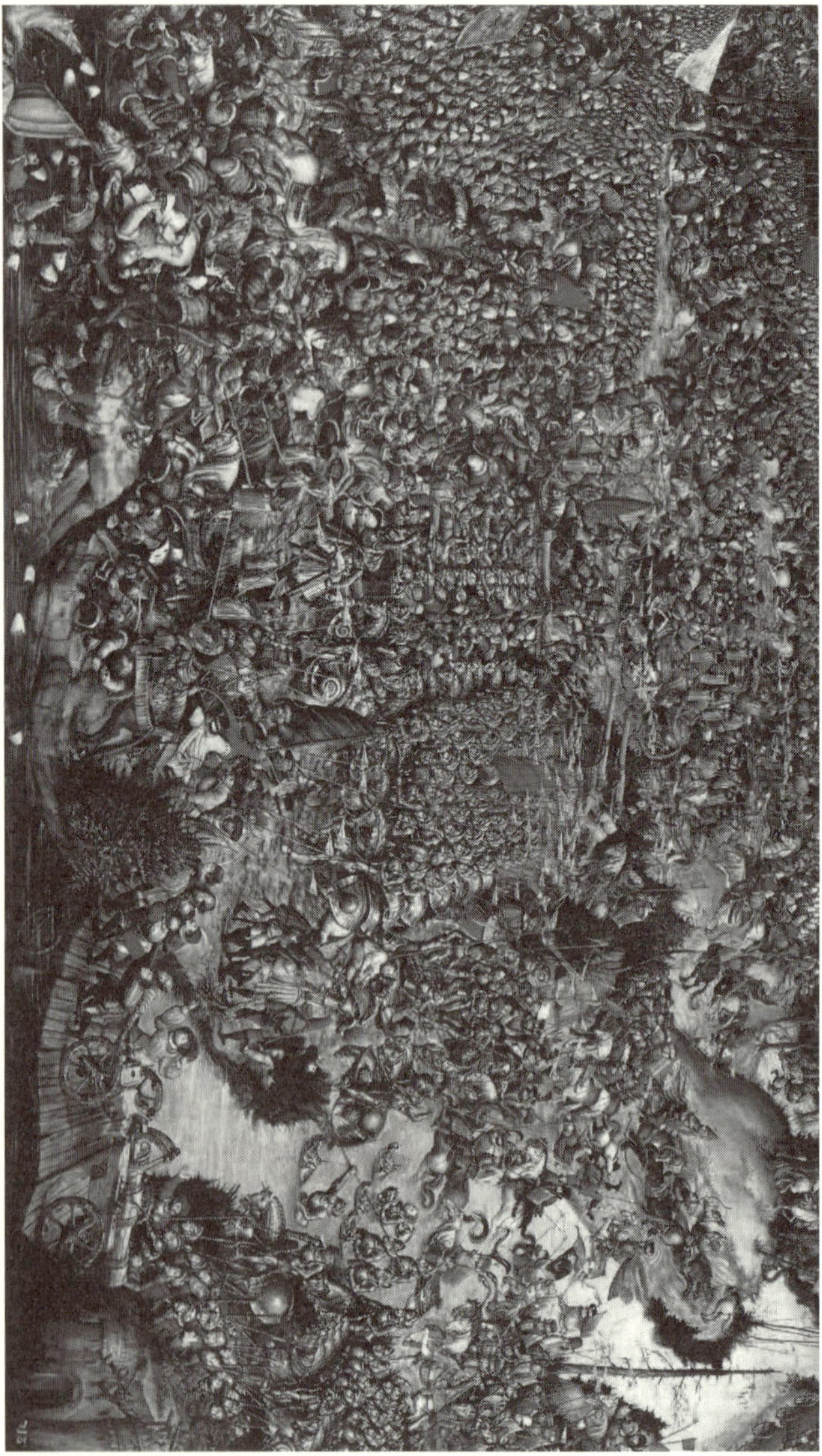

1514年9月8日オルシャ近郊の戦いで、軍司令官コンスタンティ・オストロクスキ指揮下のリトアニアとポーランドの軍隊はモスクワ軍を破った。ハンス・クレル作とされる16世紀の絵画。現在ポーランド・ワルシャワの国立博物館所蔵。

位を与えた。したがってポーランド語はリトアニア貴族自身の要求によって正当な地位を与えられた。それはリトアニア社会によってなされた選択であり、ポーランドがリトアニアに強いたのではなかった。リトアニア語の文章語の発展は当然停滞した。

17〜18世紀、ポーランドと同義となったポーランド＝リトアニア共和国の共通意識が形成された。それにもかかわらず、このポーランドの中にリトアニアのアイデンティティを主張する、異なる「別のポーランド」がまだ存在した。このようにのちの世紀になってもリトアニア大公国の「政治的国民《ネイション》」という考えがいまだに存在した。これは二重のアイデンティティの複合的な決まり文句によって裏付けられている。例えば、（ラテン語の）「ナティオネ・リトゥアヌス、ゲンテ・ポロヌス」（国民としてはリトアニア人、民族出自《エスニシティ》としてはポーランド人）、あるいは（官房スラヴ語の）「リチヴィニ・フレツカヴァ・ザコヌ・リュジ」（ギリシア信仰のリトアニア人）、「リチヴィニ・ルシカヴァ・ロダ」（ルテニア出自のリトアニア人）などである。共通の政治活動、共通の議会《セイム》と地方議会《セイミキ》、そして『リトアニア法典』（１５２９、１５６６、１５８８年）に編まれた法体系は、リトアニア人とはリトアニア語を話す人物ではなく、自由を守り、『リトアニア法典』を順守する人物であるという理解を生んだ。リトアニア大公国の貴族が自身を政治的国民《ネイション》であると同定する前提条件は、リトアニア人がルテニア人と肩を並べて戦った、グルンヴァルト、クレツク、オルシャ、キルホルム（サラスピルス）、そしてホチム（ホティン）での軍事的勝利によって作られた。

16世紀の最も影響力の大きい一族のうち、ガシュトウト（ゴシュタウタス）家とラジヴィウ家のみがリトアニア出自であった。他の全ての一族、とりわけホトキェヴィチ家、サピエハ家、ヴォウォヴィチ家、ティシュキェヴィチ家、そしてオギンスキ家は、自身をリトアニア大公国の市民であると見なしていたとはいえ、すべてルテニア人であった。ホトキェヴィチ家やサピエハ家のようなルテニア出自のいくつかの一族は、自身のリトアニア起源に関する伝説さえ作り出した。このように政治的国民《ネイション》としてのリトアニアの概念の起源はリトアニア貴族がローマ人の血統であると主張し始めた16世紀あるいは15世紀にまで辿りうる。リトアニアの年代記の中で作り出された、パレモナスと彼の子孫がローマからリトアニアへ到来したという伝説は、リトアニアとルテニアの貴族双方が伝説的なパレモナスから自らの系譜をひいたり、あるいは実際のゲディミナス朝との一族のつながりを見つけたりする前提となった。このようにして、様々なエスニシティの貴族が共通のアイデンティティあるいは意識をもった「リトアニア人」の貴族身分を形成した。彼らは出自としてはルテニア人で、信仰はギリシア・カトリック、政治的アイデンティティとしてはリトアニア人、そしてポーランド語を話したのであった。

ヴィルニュス大学

砲声がとどろくとき、ミューズは黙ると言われている。しかしリヴォニア戦争（1558～83年）の間にステファン・バトーリはミューズのための隠れ家の創設にもかかわった。ヴィルニュス大学である。リトアニア大公国では高等教育機関の必要性が一般に認識されていた。こうした機関の設立は、プロテスタントによる宗教改革と対抗宗教改革のあいだの競争によって刺激された。ヴィルニュス司教ヴァレリアン・プロタセヴィチを含むリトアニアのカトリック教徒はプロテスタントによるコレ

ステファン・バトーリによるヴィルニュス大学創設。ヴィンツェンティ・スモコフスキ（ヴィンツァス・スマカウスカス）画、1828 年。

ギウム創設の先手を打とうとした。そのためイエズス会士が司教の招きで、１５６９年にヴィルニュスにやってきて、最終的には大学に再編するという目標でコレギウムの創設資金を得た。コレギウムは１５７０年７月17日に正式に開校した。イエズス会士は将来のヴィルニュス大学に、リトアニア大公国や近隣諸国だけでなくスカンディナヴィアや（中国を含む！）極東においても知識とカトリック信仰を広めるという、野心的な目標を課した。

このコレギウムを大学に再編するには十分な資金と資格のある教授とともに教皇の同意が必要であった（教皇グレゴリウス13世は１５７７年に承認を与えた）。しかし最も重要なのは君主の支援であった。１５７９年４月１日、ス

ヴィルニュス大学の中庭と聖ヨハネ教会。フィリップ・ブノワとアドルフ・バヨによる石版画。ヤン・カジミェシュ・ヴィルチンスキ『ヴィルニュス・アルバム』**1850**年より。

テファン・バトーリ王は司教ヴァレリアン・プロタセヴィチの考えと努力に賛成して、ヴィルニュスのアカデミーと大学を開く勅令を発した。１５７９年10月29日、教皇グレゴリウス13世はヴィルニュスのイエズス会コレギウムの大学への再編を承認する教書を発した。新しい教育機関は、「イエズス会のヴィルニュス大学とアカデミー」（アカデミア・エト・ウニヴェルシタス・ヴィルネンシス・ソキエタティス・イエス）と呼ばれた。

１８３２年のその閉鎖に至るまでヴィルニュス大学はリトアニアの主要な教育機関であっただけでなく、最も重要な文化的中心でもあった。イエズス会はバロック時代の文化の内容を決定する影響力を有しており、ヴィルニュス大学を通じて彼らの考えを広めた。古い時代の同大学の学問の質は、プラハやクラクフ、ウィーンやローマの大学と同様に良かったと考えられている。こうした大学や他の西欧や中欧のカトリックの大学から来た教授は、対抗宗教改革のカトリックの改革者による影響を受けた、確立された教授原理および高い要求と集中的な教育システムを導入した。ヴィルニュスの学者は（主としてコンスタンティナス・シルヴィーダスとアルベルト・ヴィユク＝コヤウォヴィチ（アルベルタス・ヴィユーカス＝コヤラヴィチュス）の言語学的な業績を通して）その影響をリトアニアに広めただけではなく、民族的《エスニックな》リトアニアの境界をはるかに越えて多民族で多宗派のリトアニア大公国中に広めた。イエズス会のヴィルニュス大学の影響は神学や哲学、論理学、修辞学、詩の学問分野においてヨーロッパ中で看取された。ヴィルニュス大学の教授の業績はプロテスタントのイングランドにさえ届いた。例えばマルチン・シミグレツキの『論理学』（1618年）はソルボンヌの教授によってだけでなく、オックスフォードの

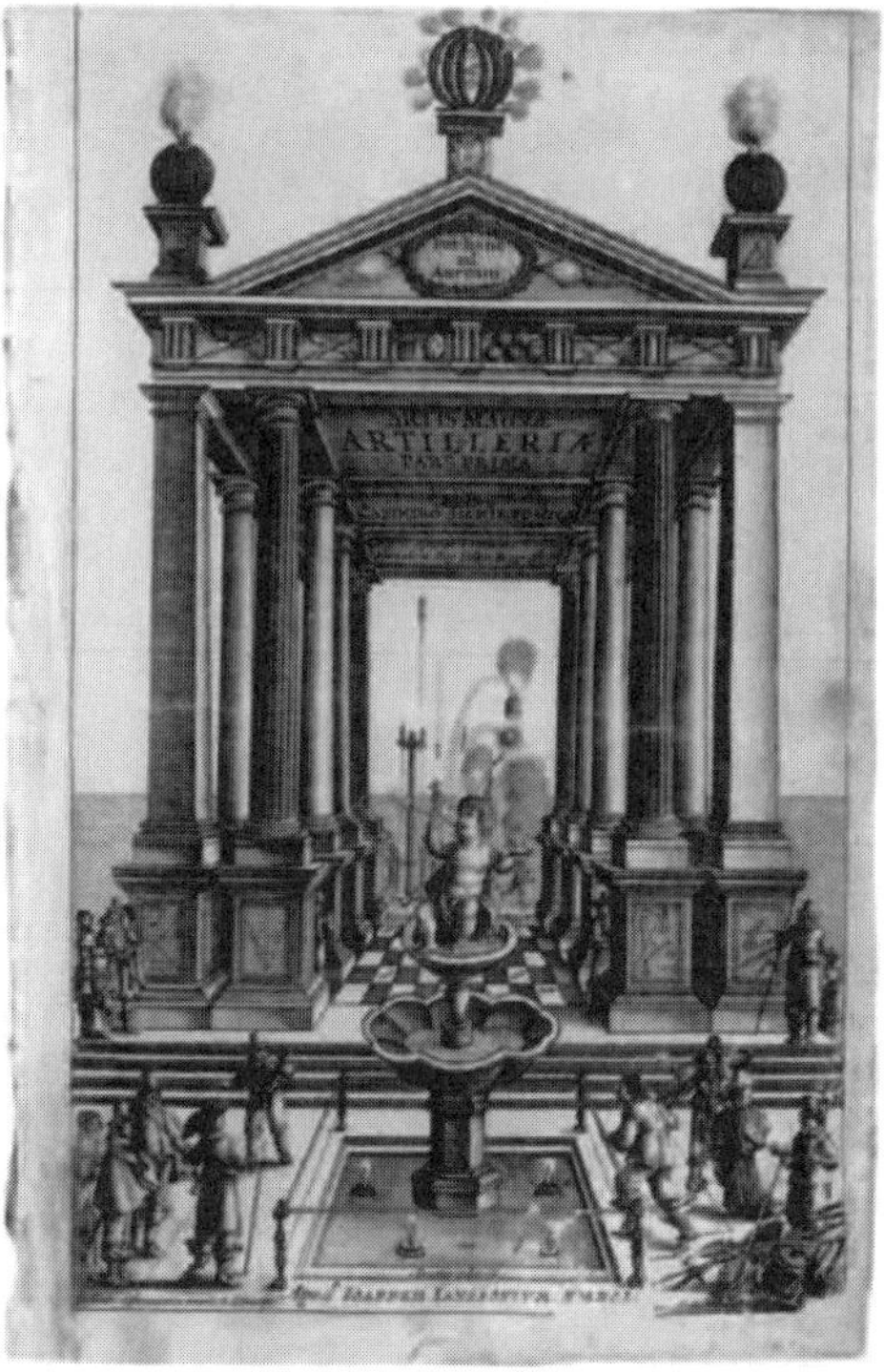

カジミェシュ・シェミェノヴィチ『砲術大全』*Artis Magnae Artilleriae*（アムステルダム、**1650** 年）の口絵。

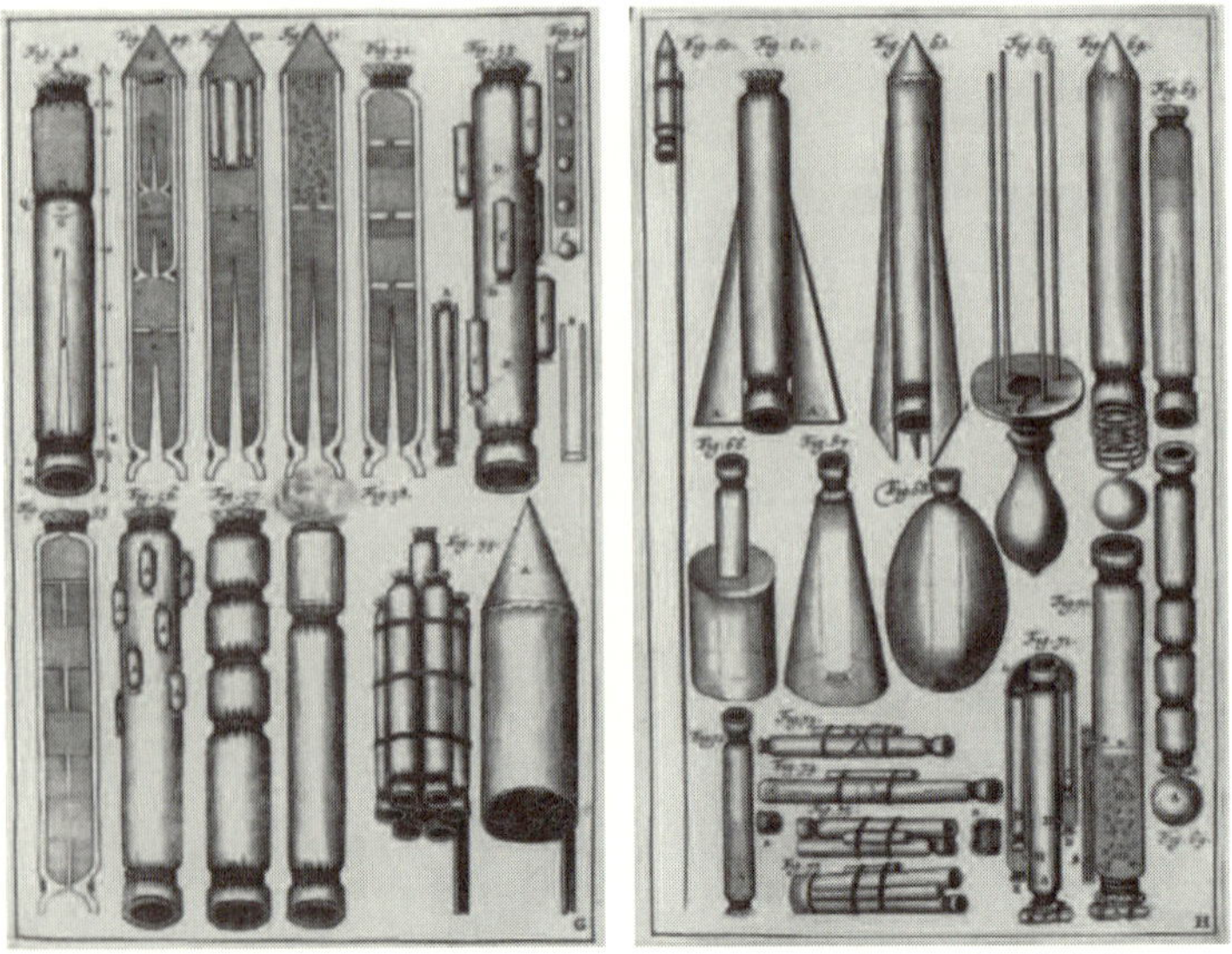

ロケットのデッサン。カジミェシュ・シェミェノヴィチ『砲術大全』*Artis Magnae Artilleriae*（アムステルダム、**1650**年）より。

教授によっても教科書として用いられ、マチェイ・カジミェシュ・サルビエフスキの詩は１６４６年にラテン語から英語に翻訳され、通例読まれていたホラティウスの作品に代わってヨーロッパの諸大学で読まれた。

ヴィルニュス大学は中央ヨーロッパの最古の大学の一つである。より古いのはプラハとクラクフ、ペーチ、オーブダそしてケーニヒスベルクの大学だけである。ヴィルニュスでは国家がキリスト教化してほんの２００年後に大学が創設されたが、より発展したボヘミアではキリスト教改宗の４００年後に大学が創設された。ヴィルニュス大学の歴史的重要性にはもう一つの側面がある。14世紀以来クラクフ大学はヨーロッパで最も東に位置する大学であったが、16世紀にヴィルニュス大学がこの役割を引き継ぎ、（モスクワとサンクト・ペテルブルクの大学が創設されるまでの）続く2世紀のあいだそれを維持した。この地理的位置が単なる形だけの問題でないことは、大学を開いたイエズス会にとっては既に明らかであった。彼らの1人が以下のように書いている。「ここからモスクワへの扉が我々にとって大きく開いていること、そしてそこから我々はタタールの土地を通って中国に通じることができることを忘れてはならない。スウェーデンとリヴォニアも看過すべきではない。」ヴィルニュス大学の卒業生アンジェイ・ルドミナ（アンドリュス・ルダミナ）（１５９６〜１６３１年）が１６２６〜31年に中国で宣教師として活動し、中国語で印刷されたカトリックの教義と典礼についての作品を書いたことを思い出すと、こうした野望はそれほど無邪気には見えない。古いイエズス会時代の同大学の最も大きな重要性は、最北端のカトリック大学そして最東端のヨーロッパの大学であるというその位置であった。

ヨーロッパ最東端かつ最北端のバロック建築

バロック様式の概念は美術と建築の歴史に由来するが、単語それ自体はスペイン語の「バルエコ」あるいはポルトガル語の「バロコ」に由来し、どちらの単語もいびつな形の真珠の意味である。リトアニアではバロック様式は建築、特に教会建築において最も目立つ。その発展にはいくつかの段階があった。未だルネサンス様式の影響を受けた控えめな初期のバロックから、洗練されながらも壮麗な後期のバロックとロココへ。模倣の段階から非常に特徴的なヴィルニュス・バロックと地方の木造バロックへ。そして、社会のエリートのために創られた芸術から、民衆自身のバロック的創造へ。バロック様式の内装はより古い様式のレンガ造りの教会にも入り込んだ。バロックは彫刻と絵画の重要な様式になった。この様式に影響を受けた新しい部門の芸術が生まれた。劇場である。バロックは家具や皿、衣類、書籍などの日常生活の品にも広まった。バロック様式は民俗芸術にも影響を与えた。物思いに沈んだキリストや聖人、ピエタの彫像を伴った道路わきに立つ支柱の上の小聖堂である。バロック的景観が形成された。それは、教会、修道院、イエスの「十字架の道行き」の留、礼拝堂、道路わきに立つ支柱の上の小聖堂、そして十字架によって特徴づけられた、自然環境と有機的に融合した「神聖なる景観」であった。十字架彫刻は今も変わらずリトアニアの民俗芸術を最もよく象徴する特徴の一つである。

1586年に建てられたニェシフェシュのイエズス会教会から1784～87年にヴィルニュス大聖堂のファサードのために創られた彫刻に至るまで、バロック精神はリトアニアにおいて200年間息づいていた。ヨーロッパ的規模の重要性を持った作品として、ヴィルニュス大聖堂の聖カジミエラス礼拝堂、聖ペテロ・パウロ教会、そしてカウナス近郊のパジャイスリス修道院が建てられた。特徴的なバロック建築のヴィルニュス学派は18世紀前半に形成された。その発展はヨハン・クリストフ・グラウビッツ(1700年頃～1767年)の功績であった。彼はドイツ地域から来たルター派の人物で、ヴィルニュスだけでなくリトアニア大公国全体において18世紀の最も多作の建築家だった。彼は多宗派のヴィルニュスにみごとに適合し、ルター派だけでなく、カトリックやギリシア・カトリック、正教の人々、そしてユダヤ教徒のためにも働いた。グラウビッツは他に類を見ない様々なバロック建築を発展させた。バロック建築のヴィルニュス学派である。その学派の特徴は、装飾と構成、建築の諸要素を独自に組み合わせることにある。建物のメイン・ファサードを飾るとりわけ高くてほっそりとした塔は、おそらくこの学派の最も著しい特徴である。装飾の異なる層を有し、二つの優雅な塔を特徴とする教会は、カトリック的風景に不可欠の特徴となり、中央ヨーロッパの境界とともにカトリック信仰の最東端の境界を示していた。グラウビッツの30年の創作期間（１７３７〜67年）は古いリトアニアの文明の特徴的な期間であり、西方文明に統合されたリトアニアの位置を証明している。ヨハン・クリストフ・グラウビッツはそのリトアニア文化への貢献ゆえにリトアニア史において重要で影響力の強い人物である。

ガオンと「北のエルサレム」

ヴィルニュスは、世界のユダヤ社会の歴史において最も傑出した人物の１人であるヴィルナのガオン、すなわちエリヤフ・ベン・シュロモ・ザルマン（１７２０〜97年）によって有名になった。主として彼がユダヤ人のあいだで影響力の強い改革運動であったハシディズムに反対したことで、「リタ」（ユダヤ人の言葉でリトアニアを指す）におけるその拡大が抑えられた。ウクライナ（リトアニア大公国南東部）で始まり、ヴィルニュスまではるばる広がったハシディズムの支持者は、庶民とその誠実な信仰により重きを置き、日常生活を規定する厳格な律法を緩和することで、伝統的なラビ的ユダヤ教（ラビニズム）に挑んだ。それはユダヤ教神秘主義の伝統を続けた。ハシディズムはユダヤ教のよりリベラルで民主的な支脈であったが、伝統的な生活様式の厳格な宗教・倫理規範を拒んだので、ユダヤ教自体の将来に対する脅威と見なされた。ヴィルナのガオンはハシディズムに対する抵抗を開始し、その

ヴィルナの大シナゴーグ内部。フランチシェク・スムグレヴィチ画、1786年。

追随者たちを異端と宣言しただけでなく、リトアニアにおけるハシディスムの拡大を止めるために措置を講じ、自身の権威をも用いた。したがって伝統を固守するラビニスムと自由主義的な改革を伴うハシディスムを分かつ線はリトアニア大公国の領域を貫いていた。今やハシディスム派のユダヤ教徒が世界のユダヤ教徒の約半分を数えるとはいえ、正統ラビニスムの生命力は伝統がユダヤ人にとっていかに重要かを例証している。またこれはヴィルナのガオンの権威を説明している。

ヴィルナのガオンの強い勧めによってイェシヴァ（宗教教育施設）でのユダヤ神学の教育が再編成され、イディッシュ語でのタルムード研究が改善された。彼は、聖書への注釈からヘブライ語文法や聖書地理学に至るまで、当時のユダヤ研究のほとんどすべての分野で作品を書いた。このガオンの最も偉大な業績はバビロニア・タルムードの注解である。

リトアニアのユダヤ人、すなわちリトヴァクが宗教的伝統の厳格な順守と知的合理性、教育の重視によって他から際立った、高尚なユダヤ人であるという名声を勝ち得るのに、ヴィルナのガオンの権威は決定的な要因であったようである。ヴィルニュスのすべての賢人はタルムード全64巻を暗記しているという噂は根拠がないわけではなかった。ヴィルニュスにタルムードはリトヴィッシュ、すなわちリトアニアで形成されたイディッシュ語の方言で学ばれた。さらに最終的に標準化された近代イディッシュ語の基礎になったのは主としてリトヴィッシュ方言であった。リトヴァクという用語は今日《こんにち》出身地、すなわちリトアニア（歴史的リトアニア、すなわちルブリン合同後のリトアニア大公国を意味する）出身のユダヤ人を指す。とはいえ、この用語はリトアニア大公国消滅後も続いた特徴的な生活様式を守ったユダヤ人にも用いられた。

ヴィルニュスは、18世紀、ユダヤ人の生活の安定と文化的豊かさの象徴となったので、「リトアニアのエルサレム（イェルシャライム・デ・リタ）」と呼ばれた。学者たちは今日《こんにち》、18世紀終わりから19世紀初めのヴィルニュスが（アムステルダム、ロンドン、ワルシャワ、ルヴフ、テッサロニキ、イスタンブール、チュニス、バグダッドと並んで）世界のユダヤ文化の最も重要な中心10都市に入ると見なしている。

ヨーロッパ初の憲法とその廃止

スタニスワフ・アウグスト・ポニャトフスキがポーランド＝リトアニア共和国の国王に即位したのち、ロシアはリトアニアとポーランドの問題にますます干渉した。ポニャトフスキはかつてロシアのエカチェリーナ２世の愛人で、彼が王位に就く際にロシアの援助が影響を及ぼした。ワルシャワのロシア大使が王に命令しているようであり、これが愛国的な貴族たちに国王の支配に対する抵抗を組織させた。彼らはロシアの影響力に対抗するためバール連盟を結成し、一時期成功をおさめたが、最終的にはロシア軍によって鎮圧された。戦闘のあいだ、プロイセンとオーストリアの部隊もポーランドに侵入し、抵抗が鎮圧されると強力な隣国3カ国は条約を結び、3国ともリトアニアとポーランドの様々な領域を併合した。これが1772年の共和国の第一次分割である。

この分割は、啓蒙思想の広がりとともに、貴族民主政の制度改革によって国家を強化することを意図した諸改革を導いた。政治的な現実はその制度がその時代には不十分であることを明確に示していた。こうした改革努力の結果、ポーランド＝リトアニア共和国の四年議会は1791年五月三日憲法を採択した。この憲法は選挙王政から世襲君主政に政体を変えたが、国王は名目上の指導者、国民の意志を表現する者のままであった。

五月三日憲法の草稿は、ポーランドとリトアニアの諸改革に明確に影響を与えたフランス革命の際にフランスで採択された人と市民の権利宣言（1789年）をモデルにしていた。1791年夏、五月三日憲法が批准されたのち、ポーランド＝リトアニア共和国最後の君主スタニスワフ・アウグスト・ポニャトフスキはフランスの憲法制定国民議会に宛てて、フランスのほかに「ヨーロッパにはもう一つの国民《ネイション》がいる」と書いた。絶対君主政の帝国のただなかにあって雄弁な言葉であった。ポーランド＝リトアニアの憲法によって作られた統治形態はイングランドで100年前に導入されたものと対応したが、しかし後者は決して成文憲法としては形式化されなかった。世界で最初の憲法はアメリカ合衆国で、はじめ「連合と永遠の連合のための規約」（1781年）として、次いでアメリカ合衆国憲法（1788年批准）

として採択された。したがってポーランド＝リトアニア共和国の憲法は世界で2番目、そしてフランス憲法に数カ月先だってヨーロッパで最初の憲法であった。

今日《こんにち》にいたるまで世界、そしてリトアニア人の一部でさえこの憲法がポーランド一国の憲法であると見なしているが、１７９１年10月20日の「両国民の相互保障」という、リトアニアに中央統治機構での平等な代表権を保障する憲法への非常に重要な補足を取り決めることで、リトアニアの代表は憲法の修正に成功したのであった。

リトアニア大公国への啓蒙の到来

領土をめぐる衝突は、ポーランド＝リトアニア共和国とオスマン帝国のあいだでの、そして同共和国とモスクワ大公国（のちのロシア）のあいだでの永続的な戦争に至った。バルト海沿いに足場を確立し、リヴォニアでその地位を固めるというポーランド＝リトアニア共和国の試みは、軍事力が17世紀に強大化したスウェーデンとだけでなくロシアともさらなる衝突を引き起こした。１５５８～83年のリヴォニア戦争においてリトアニアとポーランドはリガ（リーガ）とともにリヴォニアの大部分を獲得した。しかしながらスウェーデンがバルト海の支配権を求め始めた。スウェーデンの野心はポーランド＝リトアニア共和国の利害だけでなく、ロシアのそれにも挑んだ。

17世紀、ポーランド＝リトアニア共和国は１６００～29年と１６５５～60年の二度の戦争をスウェーデンと戦った。これらの戦争はこの時期のポーランド＝リトアニア共和国の王たちがスウェーデンのヴァーサ家出身で、スウェーデン王位をも要求したという事実によって複雑化した。ポーラン

1605年リガにほど近いキルホルムの戦いでヤン・カロル・ホトキェヴィチ指揮下のリトアニア大公国軍（左）がわずか3000人の騎兵で12000人のスウェーデン軍を破った。ピーテル・スネイエルス画、1620年頃。

ドがグダンスクを有しているのに対してリトアニアには大規模な港がなかったため、リヴォニアをめぐる戦いは主としてリトアニアの利害であった。１６０５年、リトアニア軍はキルホルムの戦いでスウェーデン軍に対して決定的な勝利をおさめたが、最終的にはスウェーデンがリガを獲得し、バルト海沿岸を支配した。

１６５５年から１６６０年のスウェーデンとの戦いはポーランドとリトアニアの領域で展開された。この戦争を終結させ、敗北を喫していたモスクワとの戦争（１６５４～67年）にその軍事力を集中させようとして、１６５５年にリトアニアのマグナートはケダイネイの条約に署名し、スウェーデン王カール10世をリトアニア大公に指名し、したがってポーランドとの国家合同を公式に破棄した。しかしながらスウェーデンとのこの「ケダイネイの合同」は決して実行されることはなかった。スウェーデン人はロシア人に対する軍事的立場を強化するためにその条約を結んだが、それは成功しなかった。大北方戦争（１７００～21年）中、ロシアはスウェーデン王カール12世の軍を潰滅させ、リヴォニアを占領し、ヴィボルクからリガにかけてのバルト海沿岸を支配した。これらの戦争のあいだリトアニアとポーランドは経済的、政治的に弱体化した。その領域は自国軍だけでなく外国軍によっても荒廃した。国のところどころで無秩序が表出し、大貴族相互の抗争が生じた。スウェーデン人はパランガとシュヴェントイにあるリトアニアの小規模な港を破壊した。スウェーデン人や「スウェーデン人の墓」（シュヴェドカペイ）、リトアニアにおけるスウェーデンの存在についての様々な伝説や物語によって明らかなように、スウェーデン人に対する戦いはリトアニア人の記憶に深く刻まれた。

ポーランドとリトアニアはピョートル大帝の下で強大化するロシアだけでなく、１７０１年に王国となっていたプロイセンによっても脅かされていた。これらの国家がポーランド＝リトアニア共和国の運命を最終的に決定することになる。

ザクセン王朝の崩壊ののち、1764年にスタニスワフ・アウグスト・ポニャトフスキがポーランド＝リトアニア共和国の君主に選ばれた。彼は歴史の流れを決定づけるような支配者の1人というわけではなかったものの、変化や改革の試みと、バロックの衰退、そして国家の最後の苦悩と崩壊という、一つの歴史的時代となったのはちょうど彼の治世（1764～95年）であった。

この時代にリトアニアの文化にとって重要な二つの出来事がほぼ同時期に生じた。1759年にリトアニア語による初の初等読本が出版され、1760年にリトアニアの最初の新聞『リトアニア新報（クリエル・リテフスキ）』と『文学報知（ヴァドモシチ・リテラツキェ）』がポーランド語で刊行を始めた。

しかしながら最も重要な出来事は、1773年のヴィルニュス司教イグナツィ・マッサルスキを議長とする国民教育委員会の創設であった。委員会は、同年のイエズス会の解散後にポーランドとリトアニアの諸学校を再編成するため創られた。それはヨーロッパ初の文部省に相当するものであった。委員会は一貫した教育制度を作ることを目標としてその改革を始めた。国家はポーランドとリトアニアの教育州に分けられ、これらの州は区に分けられた。リトアニアには四つ、ポーランドには六つの教育区があった。リトアニア州に関する責任は、改革され、リトアニア大公国中央学校と改名されたヴィルニュス大学に委ねられた。

国民教育委員会は学校のカリキュラムを近代化し、世俗化した。それは書き方と算数を必修化したほか歴史と地理を導入し、一般的教育の諸要素を農業や手工業の実践的技術の発展と結びつけ始め、自然科学の学習を導入した。本質的な変化がヴィルニュス大学のカリキュラムにおいてもなされた。物理学、生物学、医学が導入され、天文学が独立した学問分野になった。リトアニア語は初等学校のみで教えられ、中等教育と大学ではラテン語がポーランド語に変えられた〔ヴィルニュス大学についてはは正しくは19世紀に入ってから。第３章を参照〕とはいえ、それでも新しい教育制度が身分障壁を壊した。

この時期に生じた政治的変化とリトアニア大公国における啓蒙の開始は、アントニ・ティゼンハウスによって始められた、リトアニア経済に重要な変革をもたらした諸改革の始まりと時を同じくした。１７６５年にスタニスワフ・アウグスト・ポニャトフスキによって宮廷財務官と王領地監督官に任命された彼は、農地開拓や土壌の質に基づいた農地評価、新品種の導入などの農業改革を通じてだけでなく、幅広い公共事業を行うことで王の収入を３倍にした。ティゼンハウスはまた農学を学ばせるために若者をイングランドに送り、グロドノに特別な職業学校を設立し、測量技師、簿記係、建築技師、獣医師、内科医、そして彼の劇場のバレエ・ダンサーまでを養成した。彼は織物、製紙、服飾小物、武器、馬車の工場をグロドノの王領地に設立し、必要な備品を国外から輸入した。ティゼンハウスの進歩的な諸改革は18世紀末のリトアニアの生活における最も重要な出来事の一つであった。不幸なことに、改革を実行する際に彼は所領における賦役の利用拡大や、道路や橋、ダムの建設などの新たな義務によって、農奴の搾取を著しく拡大した。増大した負担のために１７６９年にシャウレイの王領地で農奴の反乱が生じた。

しかし、ティゼンハウスの諸改革の結果として王領地において農奴制がますます過酷になっていく一方で、啓蒙思想の影響で何人かの領主は農奴に人格の自由を与え、そして少なくとも１人は自身の

リトアニア農民。フランチシェク・スムグレヴィチ画、**1800** 年。

領地で農奴制を廃止した。パヴェウ・クサヴェリ・ブジョストフスキによってメルキス川沿いにある〔パヴゥフと名付けられた〕所領〔現メルキネ、ヴィルニュス南東約30キロ〕で創設されたパヴゥフ共和国は、こうした啓蒙思想の最も鮮明な例の一つと見なされている。彼は１７６９年に自身の農奴を解放し、〔賦役ではなく〕金納地代を導入し、彼らに自治を与えた。四年議会は１７９１年にこの共和国の憲法を承認し、そうすることで、共和国にふさわしい生活様式を導入するために行われているこうした「実験」に対する好意を示した。実験は１７６９年から１７９５年まで続いた。当時、この国にはポーランド、リトアニア、そしてパヴゥフの三つの共和国があると言われた。これは社会がパヴゥフ共和国に付した並々ならぬ重要性を示している。中央ヨーロッパではこうした実験は先例がなかった。これは18世紀後半のポーランド＝リトアニア共和国において最も急進的な農民改革の一つであった。

　新古典主義は古典古代の様式や精神の復活であり、流行を牽引していたフランスで確立されると、

ヴィルニュス大聖堂。ヴァシーリー・サドヴニコフに基づいたイシドール・ローラン・ドロワによる石版画。ヤン・カジミェシュ・ヴィルチンスキ『ヴィルニュス・アルバム』**1847** 年より。

他のヨーロッパ諸国でも広く模倣された。リトアニアではそれは啓蒙時代に始まった歴史的展開と同時に起こった。１７６９年、リトアニアにおける新古典主義建築の先駆者の１人であるマルチン・クナクフュス（１７４０頃～１８２１年）が、ヴィルニュス司教かつ将来の国民教育委員会議長イグナツィ・マッサルスキの建築家になり、ヴェルケイ（ヴェルキ）に司教宮殿を建設し始めた。それは現在リトアニアにおける新古典主義の最も特徴的な記念碑的作品の一つと見なされている。同年、ヴィルニュス大聖堂の塔の一つが崩壊し、ヴィルニュス市庁舎の塔が傾き始めた。したがって実生活自体がヴィルニュスで新古典様式が最も目立つ建築様式となる機会を与えた。リトアニアの最も傑出した新古典主義の建築家であるヴァヴジニェツ・グツェヴィチ（ラウリーナス・グツェヴィチュス）（１７５３～98年）は、１７８２年にヴィルニュス大聖堂を、１７８６年にヴィルニュス市庁舎を再建し始めた。大聖堂のメイン・ファサードの彫刻やティンパヌムは未だバロック様式で造られていたとはいえ、リトアニアの新古典主義を象徴するそのポルチコが1786年に建てられた。ペディメントの三つの彫像――聖スタニスワフ（ポーランドの守護聖人）、聖ヘレナ、そして聖カジミエラス（リトアニアの守護聖人）――は1792年に完成した。

ヴィルニュスの大聖堂と市庁舎の再建は四年議会以後の政治変化の時代と同時期であった。グツェヴィチ自身は五月三日憲法の擁護の必要が生じた際にそのために立ち上がり、コシチューシコ蜂起の際はヴィルニュス守備隊の指揮官となった。グツェヴィチという人間の中で啓蒙思想と新古典主義は融合していた。彼は、リトアニア史において自身の運命を自国の運命に結びつけた最も傑出した芸術家の1人であった。

五月三日憲法と両国民の相互保障

1788年に始まった四年議会は1791年に五月三日憲法を採択した。それに先立って議会は大変重要な社会改革に着手した。初めて都市民に貴族とほぼ同等の権利を与える試みがあり、少なくともそのプロセスが始まったのである。都市民の権利を正式なものとしたのは五月三日憲法だった。この憲法はまた領主との取引において国家が農民を保護すると初めて述べた。したがって、憲法において用いられた「国民《ネイション》」という単語はもはや「貴族の国民」だけを意味せず、むしろ貴族と都市民、そして農民を等しく意味した。この憲法において国家の政治体制はシャルル・ド・モンテスキューの権力分立の理論に基づいていた。法律は議会によって公布されることになっていた。貴族が議会の決議に対して抗議し、その議決を無効にできる権利である自由拒否権《リベルム・ヴェト》は廃止された。国王は議会の議長を務めることになったとはいえ、彼の立法権は制限され、他方で彼の執行機関における役割が強化された。国王選挙の制度はポーランドとリトアニアをアナーキーの泥沼に追い込んだものであり、廃止され、国家は世襲君主政であると宣言された。法の番人と呼ばれた政府は、国王のほかに新しく創設されたポーランド＝リトアニアの中央国家権力機関――財務、軍事、警察の各委員会――の議長（大臣）を含み、君主が国家の諸問題に対処するのを補佐することになっていた。憲法は、人々は国家の継続性と主権の保護者であるという考えで閉じられていた。君主と軍隊ではなく、その国の各市民が自由を守る義務を負っていた。このように、ポーランド＝リトアニア共和国は当時の啓蒙精神と市民社会の原則とに一致した基本法を獲得した。立憲君主政が創設された。

ときに、五月三日憲法はリトアニアにも適用されていたのかという疑念を持つ者がいる。行われていたのが単にポーランドの改革だけでなかったことから、この疑念は妙である。憲法では「共和国の諸国家」と複数形が用いられており、リトアニアをも意味しているのである。すべての統合的な傾向にもかかわらず、憲法第３章と第４章は「共和国の諸国家」――すなわちポーランドとリトアニア――とはっきり言及している。憲法には共通の支配者だけでなく、リトアニア大公ヴィータウタスや彼がリトアニア貴族に与えた特権についても言及がある。

五月三日憲法採択に続く議論において、リトアニアの代表は、憲法は国家を強化する名目で行った彼らの譲歩であるという考えを表明した（リトアニア大公国の議員50人のうち、30人が憲法に賛成した）。

５月16日、３回に１回議会をグロドノで開催することと、リトアニアの議員のために別個の会議

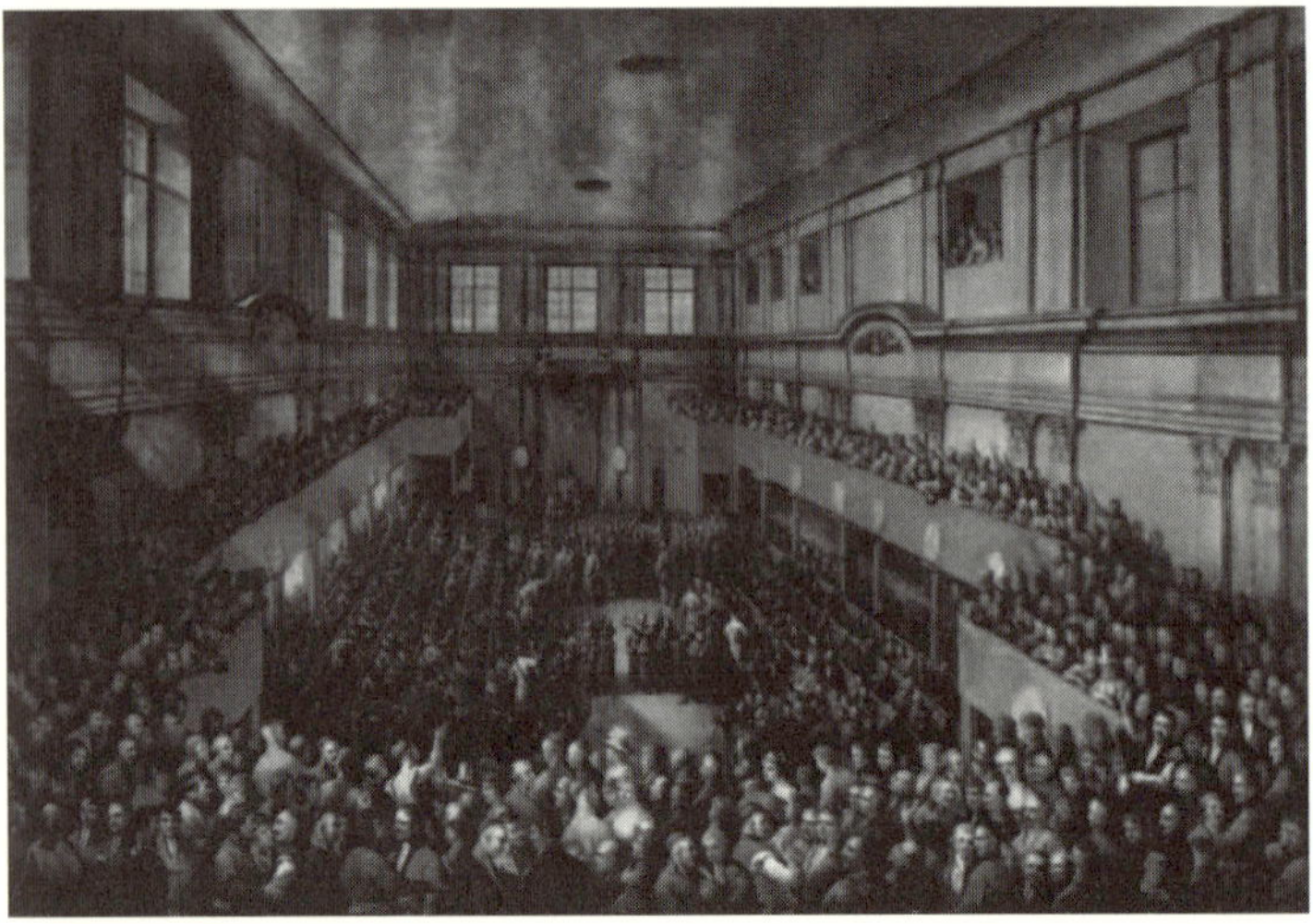

1791 年の五月三日憲法の採択。ジャン・ピエール・ノルブランのデッサンを基にしたカジミェシュ・ヴォイニャコフスキによる絵画、**1806** 年。

が開かれることを求めた法が可決し、6月24日、王冠領とリトアニア大公国という、国家の旧来の名称が復活した。ポーランド＝リトアニア共和国という名称が委員会の名前に現れ、憲法に関する法典編纂事業が個別に行われた。リトアニアの代表の立場は、リトアニア大公国は独自の法を有する別個の政体のままでなければならず、『リトアニア法典』はリトアニア大公国のアイデンティティの基盤として保たれねばならないというものであった。

１７９１年10月20日、四年議会においてリトアニアの代表は憲法に修正を加えるという彼らの要求を実現することに成功した。この修正は両国民の相互保障と呼ばれる。修正はカジミェシュ・ネストル・サピエハによって議会に提出され、おそらくヴィルニュス地方判事のタデウシュ・コルサクによって書かれた。相互保障によれば、五月三日憲法によって創設された中央執行権力機関――軍事委員会と財務委員会――にはポーランドとリトアニア大公国から同数の官吏を出し、ポーランドとリトアニアの官吏が交替で議長を務めることになった。相互保障では「共通の祖国であるポーランド共和国」と言及されているものの、「両国民」やリトアニア大公国にも言及がある。したがって、憲法は二元主義の原則、連邦国家を維持したのである。それでも、その〔憲法の〕補遺の執筆者や同時代人は、これが社会の新しい必要性に適合したルブリン合同の継続にすぎないと認めていた。軍事委員会と財務委員会が同数によって構成される点は、「住民〔の数〕においてもその富においてもリトアニアは王冠領の3分の1にすらあたらない」（フーゴ・コウォンタイ）ため、ルブリン合同の原則すら超えていた。ポーランド＝リトアニア共和国の法制度の点からみると、相互保障はパクタ・コンヴェンタ――１５７３年に同意された、選挙で選ばれた王がポーランド＝リトアニア共和国の貴族に対して負う義務――の一部となった。このことは、ポーランド＝リトアニア共和国の将来の支配者とその後継者がこの相互保障を遵守しなければならないということを意味していた。したがって相互保障は法令規則の階層において五月三日憲法より上位ですらあった。それは25年ごとに憲法を修正する権限を持つ特別議会によってすら変更できなかった。

このため五月三日憲法はリトアニアの復活の基盤を与えた文書と見なされていた。「ポーランドとリトアニアの栄光に満ちた憲法」は、一度は失われた「将来の偉大さに対する希望」をリトアニアに取り戻した。諸改革はリトアニア社会の社会的・政治的な発展を進歩の軌道に乗せただけでなく、リトアニア語の文化を発展させる新たな機会をも提供した。憲法が当時リトアニア語に翻訳されたのは偶然の一致ではなかった。この事実はリトアニアの文化史において過小評価されている。五月三日憲

ポーランド＝リトアニア共和国分割のアレゴリー。ヨハネス・エサイアス・ニルソンによる版画、**1773**年。リトアニア国立博物館所蔵。

法の翻訳はリトアニア語による初めての政治的・法的文書であった。1792年2月に招集されたリトアニア大公国の貴族による33の地方議会《セイミキ》のうち、27地方議会が新しい憲法に忠誠を誓った。残りの6地方議会は投票してそれを承認した。この点において、憲法はポーランドよりもリトアニアにおいてより多くの支持者を有した。ポーランドでは45の地方議会のうち10地方議会だけが忠誠を誓い、27地方議会がそれを承認するにとどまった。

外務に関する印璽をつかさどる大臣の地位が五月三日憲法によって創設された。1791年6月8日、この地位が両国民の共和国のリトアニア副法官ヨアヒム・リタヴォル・フレプトヴィチに委ねられた。彼は初の外務省を召集し、同省は１７９１年6月19日に正式に業務を開始した。外務省の最初の任務は、憲法公布以後の共和国内の出来事に対するヨーロッパ諸国の反応を収集することであった。ベルリンとサンクト・ペテルブルクの大使の任務には特別な注意が払われた。初の外務省の任務は短期間で終わった。１７９２年11月、それは国家に降りかかった運命を共有した。

五月三日憲法はフランス革命の諸文書の急進性には及ばなかったが、それでも貴族支配という古い制度から近代への移行を、したがってバロック時代と啓蒙時代の境界を画す転換点であると考えるべきである。19世紀のポーランドとリトアニアのロシアに対する二つの蜂起はともに五月三日憲法に感化されていた。

リトアニア大公国の崩壊

大貴族と保守派は五月三日憲法の諸改革に猛烈に反対した。反対派の拠点はサンクト・ペテルブルクにあり、そこにはロシアのエカチェリーナ2世が改革に対する激しい反対者全員を招いていた。四年議会と新しい憲法の諸改革に反対するタルゴヴィツァ連盟の結成文書が実際に起草されたのはサンクト・ペテルブルクであった。文書は、当時はポーランド王国の一部であったタルゴヴィツァというウクライナの町で１７９２年5月14日に宣言された。まもなく、5月22日にロシア軍が連盟派を支援するためポロック近郊でリトアニア大公国に進軍し、ポーランド＝リトアニア共和国とロシアのあいだの１７９２年の戦争が始まった。ロシアのいわゆる「リトアニア軍」は3万３７００人の兵を有し、それに対するリトアニア大公国はポーランドの支援を含めて1万８０００人の部隊しか召集できなかった。ロシアの「ウクライナ軍」は6万4000人の兵を有したのに対して、ポーランドは2万6000人の部隊しかそれに対峙させることができなかった。勢力は段違いであり、防衛軍がワルシャワ方面へ退却せざるを得ないと予想された。重要な戦闘が6月11日にミール（現ベラルーシ）近郊で行われたが、ヴィルニュスは戦火を交えることなく6月14日に明け渡された。7月の終わりに防衛部隊がブジェシチ近郊に集結していたが、まさにそのとき、7月24日、国王スタニスワフ・アウグスト・ポニャトフスキが降伏し、タルゴヴィツァ連盟に加わったという知らせがワルシャワから届いた。

1792年7月23日、国王はワルシャワで12人の高官（大臣）——ポーランドから6人、リトアニアから6人——と会った。国王の立場は、政府はワルシャワ近郊に既に展開しているロシア軍にもはや抵抗すべきでなく、7月21日にエカチェリーナ2世から受け取っていた通達を受諾すべきであるというものだった。7人の大臣は国王を支持し、5人は反対した。後者は、国家のために可能な限りで最良の条件を確保するために抵抗と交渉の継続を提案した。過半数とはいえ、数的にはまったくの僅差であった。いわゆる愛国派の指導者の1人であるフーゴ・コウォンタイが突然立場を変えて国王の支持に回ったという事実がもしなかったなら、それはさらに少なくなっていただろう。リトアニアの代表はポーランドの代表よりも名誉ある体裁を保った。さらなる抵抗を支持した5人のうち3人がリトアニアの出身であった。すなわち、リトアニア大マルシャウェクのイグナツィ・ポトツキ、リトアニア宮廷マルシャウェクのスタニスワフ・ソウタン、リトアニア側の四年議会議長のカジミェシュ・ネストル・サピエハである。

スタニスワフ2世アウグストはその懐柔的な立場によって批判されてきた。1792年5〜7月の戦争でのロシアに対するポーランド＝リトアニア共和国の自衛能力は決して疲弊してはいなかった。一般の認めるところではロシアが上手であった。ロシアは９万８０００人の部隊をリトアニアとウクライナの前線に有していたのに対して、ポーランドとリトアニアの軍隊は５万５０００〜５万６０００人であった。しかしながら、ワルシャワ方面に退却していく際、後者はさらなる犠牲を出さず、新たに4万人の部隊が加わったのであった。リトアニア大公国の軍には（ユゼフ・ポニャトフスキによって率いられたウクライナのポーランド軍とは異なって）有能な軍事司令官がおらず、戦争準備は十分でなかった。それにもかかわらず、リトアニア大公国軍はミール近郊とブジェシチにおいて抵抗を示し、大きな損害なくワルシャワに撤退した。72門の大砲のうち、失われたのは7門のみだった。

しかし、ワルシャワ近郊では、すべてがスタニスワフ2世アウグストの立場次第であった。彼は前線を訪れることすら決してなかった。総動員を利用することもなく、都市民兵を結成することもなかった。ポーランド＝リトアニア共和国が１７９２年の戦争に負けただろうことは疑いの余地がないが、戦争に敗れることは国家を失うことを意味しない。抵抗するという決定がなされていたらどうなっただろうか。敗戦直後にポーランド＝リトアニア共和国は――おそらく一度ならず――領土を失っただろうが、国家は永らえただろう。断固として抵抗する国家は、それが歴史的存在であることを示す。それゆえ、ポーランド＝リトアニア共和国の3度目かつ最後の分割が起きた１７９５年は、何よりもまず、スタニスワフ2世アウグストの大失敗の年であった。そしてそれは彼の生涯と性格の結果として生じたものであった。自身の権力を固めるため、彼はサンクト・ペテルブルクにおけるポーランド＝リトアニア共和国の使節ではなく、ワルシャワのロシア使節を通じてロシアと戯れた。野望のために彼は些細な陰謀に夢中になった。彼は自身を取り巻くすべての人と険悪な仲になった。そのため決定的な瞬間に彼は孤独であった。この支配者に大変多くの期待を寄せ、五月三日憲法を受け入れることで君主を選ぶ権利を放棄した社会は落胆し、裏切られたまま見捨てられた。

18世紀末にポーランドとリトアニアにより有能な支配者がいなかったことは不運であった。いくつかの歴史的な出来事が必然の運命に導いた。

タルゴヴィツァ連盟は、リトアニア大軍司令官《ヘトマン》のシモン・コッサコフスキと彼の兄でリヴォニア（インフランティ）司教のユゼフ・コッサコフスキ、そしてヴィルニュス司教イグナツィ・マッサルスキに率いられた、ヴィルニュス（すなわちリトアニア）の連盟によって1792年6月25日に承認された。9月11日にブジェシチでタルゴヴィツァとヴィルニュスの連盟が合同して両国民の連盟となり、グロドノをその中心地と宣言した。プロイセンはポーランド＝リトアニア共和国の潜在的な強化を警戒し、ロシア皇帝エカチェリーナ2世はフランスのジャコバン派の亡霊がすでにロシア国境に達したのではないかと心配した。

1793年1月21日にフランスでルイ16世が処刑された2日後、ロシアとプロイセンはポーランド＝リトアニア共和国の第二次分割を実行した。リトアニア大公国に残されたのは民族的《エスニックな》リトアニア地域と西ベラルーシ地域のみであった。ロシアは、ロシアとポーランド＝リトアニア共和国間での新しい和平協定を承認するため、そしてそれによって第二次分割を公認するために、1793年6月17日にグロドノでポーランド＝リトアニア共和国議会を召集するようスタニスワフ2世アウグストに強いた。議会は抵抗しようとしたが、数人の議員が監禁され、議会がロシア軍に包囲され、ロシアの将校が議場に配置されると、議会は8月19日に第二次分割を批准した。グロドノ議会とスタニスワフ２世アウグストは五月三日憲法を放棄し、以前の政治制度、すなわち貴族民主政を復活させることを強いられた。

ロシアとプロイセンによる領土の強奪は、ポーランドとリトアニアの双方で愛国的な憤りの波をひき起こした。１７９４年３月、リトアニア大公国出身の将軍でアメリカ独立戦争において活躍したタデウシュ・コシチューシコに率いられた蜂起がポーランドで始まった。この蜂起はリトアニアでは１７９４年４月16日にシャウレイでヤクプ・ヤシンスキに率いられて始まった。４月に蜂起軍はヴィルニュスをロシア人から解放し、市庁舎広場でリトアニア国民の蜂起文書を布告した。蜂起政府としてリトアニア国民最高評議会が結成された。蜂起側は断固として行動した。彼らはリトアニア大公国大軍司令官のシモン・コッサコフスキを絞首刑にし、タルゴヴィッツァ連盟の有名な支持者たちを逮捕した。農民に対して初めてリトアニア語の声明が出された。ロシア軍に対するパルチザン戦を始めるよう訴えが出され、見返りに市民的自由が約束された。

ポーランドとリトアニアにとって蜂起の最高潮はタルゴヴィッツァ連盟参加者の処刑であった。そこには、ヴィルニュス司教イグナツィ・マッサルスキとリヴォニア司教ユゼフ・コッサコフスキが含まれていた。彼らはワルシャワで絞首刑に処された。それはまるで蜂起側がフランス革命の経緯を繰り返しているかのようであった。処刑を組織するという考えは、正式の蜂起政府と対立するジャコバン派から来ていた。ジャコバン派が、裁判所が前述の死刑宣告を下すよう圧力をかけるデモンストレーションを組織したのだった。ヴィルニュスとワルシャワでの処刑はポーランド＝リトアニア共和国貴族の一部を蜂起に反対させ、アレクサンドル・スーヴォロフによって率いられたロシア軍が行動を起こす口実となった。その夏、ロシアとプロイセンの軍が進軍した。6月にプロイセンの部隊がクラクフを占領し、8月にロシアの部隊がヴィルニュスを占領した。ワルシャワは11月5日に降伏した。ワルシャワはヴィルニュスから退却したリトアニアの蜂起軍によっても防衛されていた。リトアニアの蜂起司令官であるヤクプ・ヤシンスキと、両国民の相互保障（五月三日憲法の補遺）の作者であるタデウシュ・コルサクはともにワルシャワ防衛中に殺害された。

蜂起の敗北は終幕を速めた。1795年10月24日、ロシアとオーストリア、プロイセンはサンクト・ペテルブルクでポーランド＝リトアニア共和国の第三次分割の協定に署名した。リトアニア大公国の領域の一部、すなわち民族的《エスニックな》リトアニア地域はロシアのものとなり、第一次世界大戦までロシアの支配下に留まった。プロイセンはネムナス川左岸の地域であるウジュネムネを得て、そこを「新プロイセン」と名付けた。この領域は、1807年にナポレオンがワルシャワ公国を創設するまでプロイセンに帰属した。1815年のウィーン会議の後、ウジュネムネはロシアの手に渡った。オーストリアもポーランドとリトアニアの分割に参加し、ポーランド南部の大部分とリトアニア大公国の南西の隅を得た。後者はウジュネムネ同様1815年にロシアに与えられた。

1797年1月26日、ロシアとプロイセン、オーストリアは、ポーランド＝リトアニア共和国の第三次分割を確認し、その独立国家としての残骸を排除し、正確な境界線を引く、新しいサンクト・ペテルブルク協定に署名した。協定はスタニスワフ・アウグスト・ポニャトフスキの廃位文書を伴った。ポーランド＝リトアニア共和国は存在を停止した。このような大きな歴史あるヨーロッパの国家の抹殺は国際社会にとって衝撃であり、19世紀を通じて第一次世界大戦に至るまで国際問題において政治的影響を有した。

第3章　ロシア帝国下のリトアニア（1795～1915年）

1795～1915年のあいだ、ナポレオンの幕間劇として知られる1812年の短い期間を除くと、リトアニアの大部分は専制的なロシア帝国に属していた。歴史上その時期は、分割され（ネムナス川西岸のウジュネムネは当初はプロイセンの手に渡った）、併合され、占領された国の、そして順応し、かつ抵抗した国の歴史であった。この時代は、独立国家の再興を求める人々が直面したジレンマと、民族的《エスニックな》リトアニア人[1]の独立した政治的・文化的共同体への発展とによって特徴づけられる。

併合後、ほぼ40年にわたってヴィルニュス大学は繁栄した。それはロシア帝国で最も大きな大学であり、その学問と教育の質は西ヨーロッパの大学に匹敵した。しかし1864年に権力の座にある者たちが（表面上は過去500年間に歴史によってロシアに負わされた「失敗」や「過ち」をただすために）この地域の文化的・民族的な独自性を変えようと決断したとき、非政治的なリトアニア語の書籍や新聞、祈禱書ですら禁制品として扱われた。リトアニア語の読み書き学習は秘密裏に、憲兵や警察、その他の地方当局の詮索好きな目を避けて、そしてロシア奥地への流刑を恐れながら行わねばならなかった。この時代はまた画期的な変化や、民族《ナショナル》アイデンティティの変容、そして政治的な衝突の時代でもあった。農民はその地域の人口のほぼ80パーセントにのぼり、農奴制のもとで暮らしていた。貴族は政治的権利を否定されたのちも社会生活を支配し続けた。ポーランドとリトアニアの貴族身分はヨーロッパの他地域よりもかなり人数が多く、人口の6・5パーセントを占めた（ヨーロッパとロシアの平均は1パーセントであった）。しかしながら土地を所有する貴族は地域の貴族の4分の1にすぎなかった。貴族の大部分はほとんどあるいはまったく土地を所有せず、主としてポーランド語を話し、失われた国家の記憶と伝統を大切にしていた。彼らは二重の民族アイデンティティを持っていた。自分たちをリトアニア人であるともポーランド人であるとも見なしていたのであった。リトアニア大公国の貴族は以前のポーランド王国に完全に統合されることを望まなかったが、それから分離することもまた望まなかった。リトアニアの境界を越えればリトアニア貴族は単にポーランド人と見なされた。ロシア帝国当局もまた彼らをポーランド人と考えた。

1864年は時代を画す一線となった。それは、貴族に率いられ、ポーランド＝リトアニア共和国の再興を意図した最後の蜂起をロシアが鎮圧した年であった。同時にツァーリ当局は、私有地農奴を解放するという1861年のツァーリ・アレクサンドル2世の勅令を実施し始めた。農民たちは、自分たちが耕していた土地の所有権を認められて比較的自由になった。したがって彼らは最も低いとはいえ自由な農民階級の一員となった。当局は暴力的で差別的なロシア化によって、併合されたポーランドとリトアニアの領域を西ロシアに変えようとした。

より急進的な貴族は自らの国家の喪失に我慢がならず、ナポレオン戦争や二つの蜂起――一つは1830～31年、もう一つは1863～64年――によって国家の再興を試みた。リトアニアの民族・文化運動もこの時期に始められ、数十年後には政治的な力となった。民族的リトアニア人すなわちリトアニアの民衆は独立した文化的・政治的共同体となり、1905年には自治を要求した。

失われた国家を求めて

ナポレオンの陰での文化的自治

ロシアによるリトアニア大公国地域の併合は、専制的なツァーリの統治システム、すなわち高度に中央集権化され、ツァーリに従属する官僚制度へのリトアニア大公国の編入を意味した。地方行政単位は「県（グベルニヤ）」と呼ばれ、県知事によって運営された。県知事は中央政府か他の県からツァーリによって任命され、内務省に属した。県は「郡（ウイェーズド）」に分けられ、それは県知事によって任命された郡長によって率いられた。加えて、地方の中心地と境界地域には統治のもう一つの階層である総督が置かれた。彼らはいくつかの県を支配するためにツァーリによって任命され、自身の管轄区内での軍隊の指揮権を含むより広範な権力を与えられていた。

エカチェリーナ2世の時代以降、県や郡の土地所有貴族の集会や都市の様々な身分（あるいはサブ身分）による都市の自治機構のような、身分に基づいた自治機関の多くが地方レヴェルの行政に編入された。それらは独立しておらず、地方行政官によって監督される地方政府の補助的な部門であった。

郡の貴族集会は公共秩序に責任のある数人の役人や下級審の裁判官を選んだ。こうした地方行政制度は１７９５年にロシアに併合されたリトアニア大公国の部分にも導入された。そこは当時１８０万人が暮らし、そのうち１１０万人が民族的リトアニアの住人であった（約25万人が、当初プロイセンに併合されたリトアニアの一部であるウジュネムネに住んでいた）。ヴィルニュス（ヴィリナ、ヴィルノ）の人口はほぼ２万５０００人であった。それはサンクト・ペテルブルクやモスクワの約10分の1の規模しかないとはいえ、ロシア帝国で3番目に大きな都市であった。１８６１年の農奴解放直前にはヴィルニュスの人口はほぼ6万人だった。

初めは併合された領域に二つの県が設置されたが、1年後にそれらは一つの県に融合され、リトアニア県と呼ばれた。１８０１年にこの県は再び二つに分けられた。「リトアニア・ヴィリナ（ヴィルニュス、ヴィルノ）県」と「リトアニア・グロドノ県」である。両県ともにこの年にヴィルニュスに設置された総督府の下に置かれた。１８１９年に、パランガとシュヴェントイの区域を含む沿岸部の細長い地域がヴィリナ県からクルリャンディヤ（クールラント）県に移された。

11の郡に分けられたヴィリナ県のほとんど全体とグロドノ県の北部が歴史的・民族的にリトアニア地域であった。しかし、両県の東方と南方の境界地域の住民は二言語話者になりつつあり、選り抜きの言語としてベラルーシ語をますます採用しつつあった。彼らはベラルーシ人としてのアイデンティティを獲得することなくリトアニア人としてのアイデンティティを失い始めた。彼らは自分たちのことを単に「土地の者《トゥティシ》」と考えていた。現実的な視点からは、ベラルーシ語は彼らにとってより実用的であった。なぜならその言語によって彼らはロシア当局者とともにポーランド語を話す領主や司祭も理解し、意思疎通することができたからである。リトアニア語をますます使わなくなるというこの過程は19世紀後半により勢いを増したが、多くが司祭である、リトアニア民族運動の影響力のある活動家によってのちに阻止された。

１８４３年にヴィリナ県の西部と北部の七つの郡からコヴノ（カウナス）県が創られ、ミンスク県とグロドノ県に属していた三つの郡がヴィリナ県に併合された。結果として、コヴノ県だけがツァーリ当局によって民族的リトアニア地域と見なされ、他方ヴィリナ県は、その西部は主としてリトアニア地域であるという事実にもかかわらず、ベラルーシ地域と考えられた。

１８３０年代にロシアの地方行政制度がポーランド王国に導入され、王国は事実上ロシアの傀儡国家となった。リトアニアのウジュネムネが属した県は、当初アウグストフ（アウグストゥフ、リトアニア語アウグスタヴァス）と呼ばれたが、１８６７年にスヴァルキ（スヴァウキ、リトアニア語スヴァルカイ）とその名を変えた。それは現在のリトアニアの領域の約6分の1を含んでいた。ウジュネムネは１８０７年までプロイセンに、そして１８０７年から１８１４年まではナポレオン・ボナパルトによって創設されたワルシャワ公国に属していた。そのあとにできた国家は正式にはポーランド王国と呼ばれ、公式な行政の点ではロシア帝国に統合された部分とは見なされなかった。民族的《エスニックな》リトアニアの大部分における政治的条件はウジュネムネにおけるそれとは異なっていたが、近代的な民族《ネイション》形成は両地域で同じ方向に進んでいた。

リトアニア大公国の主要地域がロシアに併合されたことで農民の状況が本質的に変わることはなかった。彼らにとって最悪だったのは徴兵で、それは25年間に及ぶロシア軍での強制的な軍務を意味

ミハウ・クレオファス・オギンスキの肖像。フランソワ・グザヴィエ・ファーブル画、**1805**〜**06**年。オギンスキは**1794**年の蜂起に参加し、またリトアニア大公国の独立回復を目指す最後の計画を作成した。

した（毎年の徴兵割り当ては１０００人当たり兵役年齢の男性5〜7人であった。戦時には割り当ては2倍になった）。小都市は自治を失い、その住民の大部分は農奴になった。県庁所在都市はその自治を失わず、郡庁都市には自治が再建された。ユダヤ教徒の共同体（カハル）も彼らが一般の都市行政に組み込まれる１８４０年まで自治を得ていた。ユダヤ教徒は農業に従事することが禁じられていた。帝国内での彼らの居住区域が設定され（定住許可地域《ペイル・オブ・セトルメント》、おおむね以前のポーランド＝リトアニア共和国の領域に対応する）、教育を受け、資格を持った専門職でない限り、ロシアの両首都のいずれにも移り住むことが禁じられていた。

リトアニア貴族はもちろん自らの国家を失ったが、ロシア貴族が行使している特権を得て、帝国の特権的な臣民となった。所領を失った者はあまりいなかった。反乱者タデウシュ・コシチューシコ将軍の以前の支持者であっても、外国から戻り、ロシアのツァーリに忠誠を誓ったのちは自身の所領を回復することができた。そうした帰還者の中に大領主であり、有名なポロネーズ「祖国よさらば」を書いた作曲家、ミハウ・クレオファス・オギンスキがいた。貴族たちは彼らの地方議会を通じて県と郡での若干の自治を享受しており、その地方議会は補助的な行政機能を行使した。『リトアニア法典』

1812年、ロシアへの途上でネムナス川を渡るナポレオン軍。ジャン・バティスト・マドゥ画、**1827**年。

は現行法のままであり、ポーランド語は地方自治機関や郡の行政、下級裁判所、そして教育制度で認められていた。ヴィルニュス大学は当時ラテン語での教授からポーランド語での教授に移行していた。このように併合された領域は文化的な自治を得ていた。

19世紀初頭、ヴィルニュスの知識人たちは、ポーランド＝リトアニア共和国の国民教育委員会によって生み出された実用模型に基づいた、ロシア帝国全体の教育改革の起草を手伝った。この改革は巨大なヴィリナ教育管区の設立につながった。この管区はロシアによって併合されたポーランド＝リトアニア共和国の全領域を含み、９００万人の住人がいた。管区の中心はヴィルニュス大学で、その大学は１８０３年にヨーロッパの大学の基準に沿って再編成され、帝国大学の地位を与えられた。１８２４年まで大学の監督官は

ヴィルニュスの市庁舎広場を横切って退却するフランス軍。ヨハン（ヤン）・ダメル（ヨナス・ダメリス）画。ヤン・カジミェシュ・ヴィルチンスキ『ヴィルニュス・アルバム』**1846**年より。

ポーランド貴族のアダム・イエジ・チャルトリスキ（1770〜1861年）で、ツァーリ・アレクサンドル1世の個人的な友人でもあった。しばらくのあいだチャルトリスキはロシアの外務大臣も務めた。チャルトリスキにとって教育管区は、ロシア帝国の保護下でのポーランド（あるいはポーランド＝リトアニア）国家再建に向けての予備的な一歩であった。この計画は、革命後のフランスの大スターであるナポレオンに18世紀末から関心を向けていた人たちの希望に対抗するものだった。

1807年にワルシャワ公国はヨーロッパの地図に初めて姿を現した。それは、ナポレオンがプロイセンとティルジット条約を締結したときに彼によって創設された半独立国であった。公国は以前にプロイセンに併合されたポーランドとリトアニアの地域から成っていた。１８０９年にこの国家はオーストリアと短い戦争を戦い、ポーランド＝リトアニア国家の分割の際にオーストリアが併合した領域のほとんどを占領した。公国はナポレオン法典を採用し、土地の所有権も、地主に知らせることなく住居や農地を離れる権利も認めなかったものの、農民に人格の自由を認めた。

１８１２年６月にナポレオンがロシアとの戦争を開始すると、すぐに旧リトアニア大公国の領域の多くが彼の支配下に入った。ナポレオンはリトアニア大公国臨時政府委員会の創設を認め、それは公共秩序の維持やナポレオン軍のための軍事部隊の組織を引き受けた（ナポレオン軍の３分の１はワルシャワ公国出身の部隊から成っていた）。７月、ヴィルニュスの大聖堂での集会でリトアニアの高官はワルシャワ公国からの代表の列席のもと、ポーランドとの合同の再開とリトアニア大公国の失われた領土の回復という要望を宣言した。しかしながらナポレオンはモスクワから撤退を余儀なくされ、この退却の際に彼の軍のほとんどを失った。１８１２年末までにリトアニアはロシアに奪い返された。

１８３０～31年の蜂起

アレクサンドル１世は自身への忠誠の誓いを破ったリトアニア貴族に報復しないと決めたので、巨大な軍隊が６カ月間で２度国土を通過したことで経済が疲弊した点以外、すべては以前と同じままだった。１８１５年にウィーン会議で結ばれた合意によると、リトアニアのウジュネムネを含むワルシャワ公国の大部分は、ポーランド会議王国という別名で知られるポーランド王国に新しく再編成され、その王位継承権はロシアを支配する王朝が自らのものとした。リトアニア貴族はリトアニアもこの新しいポーランド王国の一部になることを望んだが、ツァーリ・アレクサンドル1世はそれを許さなかった。

ヴィルニュス大学は、歴史的リトアニア全土の社会的・文化的中心地となり、民族的ポーランドの外で最も卓越したポーランド文化の中心地となった。19世紀の第1四半期に大学は繁栄した。学生数は2００人から1３００人に増えた。大学は高名な学者や科学者を惹きつけることができた。歴史家で書誌学者のヨアヒム・レレヴェル（1786～1861年）、数学者で哲学者、天文学者でもあったヤン・シニャデツキ（1756～1830年）、医者で化学者、生物学者でもあったイェンジェイ・シニャデツキ（1768～1838年）、医者で博物学者のルートヴィヒ・ハインリヒ・ボヤヌス（1776～1827年）とカール・エイヒヴァルト（1795～1876年）、そしてドイツ〔オーストリア〕から来た医者のヨハン・ペーター・フランク（1745～1821年）と彼の息子のヨーゼフ・フランク（1771～1842年）である。彼らの業績は国際的に知られていた。

大学は多くの定期刊行物の出版にもかかわっていた。1812年以降、フリーメーソンの運動がリトアニアで大変流行した。知識人の大半はフリーメーソンのロッジに所属した。「熱心なリトアニア人」は最もよく知られたロッジであった。大学には、文化的発展と倫理的向上、真実と自由そして祖国への忠誠を涵養しようと活動する、多くの学生秘密結社があった。こうした組織のメンバーの中にはロマン主義詩人のアダム・ミツキェヴィチがおり、彼の作品には自身の故郷リトアニアへの詩が含まれている。1822年にヴィルニュスで彼の最初の詩集が出版されると、国中で歓迎された。のちに彼の詩はヨーロッパ中で有名になった。

アダム・ミツキェヴィチの肖像。**S.** ハイマン画、**1897** 年。

こうした組織は政府に対するいかなる陰謀にもかかわっていなかったが、それらは当局への従順さを奨励しないような雰囲気を作り出した。ツァーリ政府は取り調べを開始し、それは当時ヨーロッパで最大の大学生と中等学校生徒の裁判へと発展した。１００人以上が起訴され、そのうちアダム・ミツキェヴィチを含む約20人が流刑に処されたり、強制的に軍隊に入れられたりした。ヨアヒム・レレヴェルのような政治的に信頼できないと見なされた教授たちも同様に追放された。大学の監督官であったアダム・イェジ・チャルトリスキは辞職せざるを得なかった。ヴィリナ教育管区の領域は縮小された。ツァーリ・ニコライ1世の政府は秘密警察を設立してますます用心深くなった。

１８３０年11月29日、反抗的な若いポーランド軍将校が、ツァーリの兄でポーランド会議王国軍最高司令官のコンスタンチン大公の居城である、ワルシャワのベルヴェデーレ宮殿を攻撃したことで、十一月蜂起が始まった。蜂起は都市全体に広がった。１８３１年1月25日、王国議会はツァーリ・ニコライ1世をポーランド王としては廃位し、国民に主権を与える法を通過させた。これは事実上の独立宣言であり、ロシアとの戦争を不可避にした。

リトアニアでは、１８３１年春にジェマイティヤで蜂起が自発的に始まった。それは、政府による徴兵がきっかけとなった。そのため、反乱部隊は地方の小貴族によって率いられていたものの多くの農民を含んでいた。いくつかの事例では農民が多数派を形成していた。反乱者の布告はポーランド語とリトアニア語（ジェマイティヤ語）の両方で発行され、農奴解放の要求を含んでいた。リトアニアでの蜂起に責任を負う単一の政府組織や本部はなかった。郡の特定の領域で活動する数々の「政府」があり、その一つは自らジェマイティヤ政府と宣言した。5月までに反乱側は、ヴィルニュスの西方や北方に至るまでのほぼ全地域を掌握した。

1831年6月、ポーランド王国の正規軍が戦略的理由のためにリトアニアへ送られた。軍は約1万2600人の兵から成り、アントニ・ギェウグト（アンタナス・ゲルガウダス）将軍に率いられていた。彼らはやすやすとカウナスを占領したが、リトアニアにおけるポーランド臨時政府の創設に忙しく、ヴィルニュス攻撃は急がなかった。最終的にポーランド人は都市自体が反乱に立ち上がることを期待してヴィルニュスを攻撃する決断をしたが、そのようなことは何も起こらなかった。ポーランド軍と反乱部隊は都市郊外で敗北を喫した。いくつかのポーランドの部隊は突破してポーランドに戻ることに成功したが、他の部隊の生き残りの兵士はプロイセンへと国境を越えた。秋にはロシアはポーランド自体で反乱を鎮圧し、ポーランド王国を再び我が物とした。

ポーランド軍を除くとリトアニアの反乱部隊の戦闘員は約3000人であった。若い貴族女性のエミリア・プラテル＝ブロエルは男装して馬の背に乗って戦い、蜂起の伝説となった。彼女は秋にポーランド本土へ退却する途中、病に倒れて亡くなった。

ツァーリ政府曰く「ここにはいかなるポーランドも生まれない」

蜂起の後、ポーランド王国は政治的自治を失い、一方以前のリトアニア大公国の地域ではツァーリ政府は新しい政策を実施し始め、彼らはそれを「ポーランド由来のものの根絶」政策と呼んだ。この政策の思想的基盤は、イヴァン雷帝（在位１５４７～84年）の時代にさかのぼる、ルーシあるいはルテニアの遺産に対するその「歴史的優先性」の原則によってリトアニア大公国の土地はロシアに帰属するという考えであった。この見方によると、リトアニアの異教部分のカトリック改宗とクレヴォでのポーランドとの王朝連合以前、リトアニア大公国は最も強力なルーシ国家の一つであり、ルーシの地の統一をモスクワと争っていた。したがってゆくゆくは、この国家の創設者である民族的リトアニア人はルーシ人、すなわちロシア人[2]になるはずだった。ルブリン合同（１５６９年）の後、この見方によればリトアニア大公国はポーランドの一領域にすぎなくなった。それゆえ、「歴史的優先性の権利」によって自身に属していると推定されるものを再び要求することで、ロシアは――必要であれば力によって――「歴史的正義を回復する」権利を有しているのであった。したがってこの国をロシアの他地域から分けるのに役立つ諸制度は取り除かれていった。地方行政でのポーランド語の使用は禁止された。ロシア語のみが学校で使用されることとなった。この地方の貴族は、ロシアの他の県で10年間勤務したのちでなければ出身地の地方行政機関での勤務を許されなかった。

１８３２年、ヴィルニュス大学閉鎖の決定がなされた。この決定の唱道者はこの大学が「リトアニアにおける自由思想の巣窟」であると主張したのだった。ヴィルニュス大学の組織の一部をもとにして、ヴィルニュス医学アカデミーとヴィルニュス・ローマ・カトリック神学アカデミーという、ロシ

古い時代をしのばせる——ヴィルニュスのヴェルケイ宮殿の内部。フィリップ・ブノワ画。ヤン・カジミェシュ・ヴィルチンスキ『ヴィルニュス・アルバム』**1848** 年より。

ア内務省付属のアカデミーが創設された。10年後、前者は閉鎖され、後者はヴィルニュスからサンクト・ペテルブルクに移された。１８４０年に『リトアニア法典』は廃止され、司法制度はロシアのものに変えられた。「リトアニア」という言葉はヴィリナ県とグロドノ県の名前から取り除かれ、以前のポーランド＝リトアニア国家〔正しくはそのうち、ポーランド会議王国を除く、ロシア帝国直轄地となった地域〕は今や西ロシアと見なされ、以前のリトアニア大公国の領域は今や北西部地域と呼ばれた。

　教会に対する当局の態度にも変化があった。多くのカトリックの修道院は反乱者を助けたとして咎められ、閉鎖された。合同教会は１８３９年に解散され、その信徒はロシア正教会に強制的に戻された。ポーランド語による書籍その他の出版物は完全には禁止されなかった。１８３５～41年には、歴史家であり軍事技術者であったテオドル・ナルブットによる、初期中世からルブリン合同までを扱った9巻本のポーランド語の『リトアニア民族の歴史』がヴィルニュスで出版された。１８４１～51年には、多作のポーランド語の作家であり、リトアニア（リトアニア大公国）の愛国者であったユゼフ・イグナツィ・クラシェフスキが文化誌『アテネウム』をヴィルニュスで刊行した。

リトアニア語もまた公式には禁止されなかった。１８４１年には当局はテルシェイ（ジェマイティヤ）司教区で教会学校をつくる許可を与えた。その学校は児童にリトアニア語で読み書きと宗教を教えることを許されていたが、ロシア語のアルファベットを児童に伝えることも義務であった。したがって、当局はこうした学校をロシアの官立の初等学校への準備的な一歩として扱う傾向にあった。

クリミア戦争（１８５３～56年）でのロシアの敗北は、新しく即位したツァーリ・アレクサンドル２世が農奴制の廃止を準備し、民族政策を緩和するきっかけになった。１８６１年春に新しい皇帝は家内奴隷を含む私有地農奴の解放を宣言する勅令に署名した。農奴は自由な市民となった。彼らは領主の同意なしに結婚することができ、財産を持つことや事業を持つこともできた。農奴たちが耕してきた土地を領主からどのように手に入れるべきかを規定する諸法が成立した。家内奴隷は人格の自由のみ手に入れ、土地への権利は認められなかった。改革は２年後に実施されることになった。すぐにワルシャワとヴィルニュスで愛国的な示威行動の波が広まり、ツァーリが夏の終わりに戒厳令を敷くまで収束しなかった。

１８６２年、ポーランド王国とリトアニアでは蜂起を組織するために赤党が結成され始めた。赤党は親民主的な貴族の若者で、彼らは、農奴解放の限定的な性格に農奴が落胆するだろうから、農奴の蜂起参加を当てにできると信じていた。リトアニアの赤党は対等な関係に基づくポーランドとの連邦を支持したが、ある者はその将来を三つあるいはさらに四つの民族《ネイション》（ポーランドとリトアニア、ルーシ、あるいはポーランド人とリトアニア人、ベラルーシ人、ウクライナ人）の連邦と見なしていた。ポーランド語やリトアニア語、ベラルーシ語での煽動用のパンフレットにおいて、赤党は農奴に自由と、自らが耕してきたすべての土地を領主に補償することなく所有する権利を約束した。彼らは、ツァーリの限定的な農奴解放改革がロシアの農村で不穏な状態を招くこと、そして当局が反乱者に対して多くの部隊を派遣することができなくなることを期待した。もう一つの白党はほとんどが大地主から成る組織で、彼らは農奴解放問題をエスカレートさせることに関心はなく、将来の蜂起をポーランド王国の自治を最終的に「再興する」ようにツァーリに圧力をかける機会と見なした。白党は一旦蜂起が始まれば、クリミア戦争に勝った西欧列強（フランスとイギリス）がロシアに圧力をかけることを期待した。

１８６３～64年の蜂起

１８６３年１月末に新たな軍の徴兵が発表された。赤党はまだ十分準備できていなかったとはいえ、蜂起を始めるよりほかないと感じた。ポーランドの地下臨時国民政府が１月22日に蜂起の開始を宣言した。２月１日、ポーランド語とリトアニア語のビラが旧リトアニア大公国地域にばらまかれ、そこでの蜂起の開始を告げた。リトアニアの赤党が急進的すぎるのを恐れて、ポーランドの政府はリトアニアでの蜂起の運営を白党にゆだねた。

最初の蜂起の際と同様に、反乱部隊の多くはリトアニア民族の歴史的領域において設立され、展開した。しかし今回、当局は蜂起を鎮圧する準備をしていた。数十万のロシア軍がヴィリナ軍管区に配備された。１８６３年のうちにその数は1・5倍に増えた。なぜならクリミア戦争後、ツァーリ政府には以前の敵国がバルト海沿岸で何らかの軍事行動をとるかどうか不明であったからである。反乱部隊は広い領域を統制する能力がなかった。春に、元ロシア軍総司令部付き大尉のジグムント・シェラコフスキがリトアニアでの蜂起軍最高指導者に任命された。彼はコヴノ県の反乱部隊を軍に統合しようとしたが、それによって敵に一撃で多くの血を流す機会を与えてしまった。5月初め、シェラコフスキの反乱軍はビルジャイ近郊で敗北し、シェラコフスキ自身負傷して捕えられ、後にヴィルニュスで公開絞首刑に処された。シェラコフスキの死後、若いリトアニア人の司祭アンタナス・マツケヴィチュス（アントニ・マツキェヴィチ）がコヴノ県の蜂起指導者に任命された。反乱側はもはやより大きな部隊に統合しようとはせず、ゲリラ戦術を使ってパルチザン戦を行った。

イギリスとフランスはロシアにさらなる流血を避けるよう説得する外交上の通達を送ったに過ぎなかったので、ロシア政府は断固とした行動に出た。ミハイル・ムラヴィヨフ（「ヴィルニュスの首吊り屋」）がヴィリナ総督に任命された。彼はリトアニア南部とベラルーシで１８３０年の反乱を鎮圧した経験があり、ツァーリの同意を得て残酷なテロ戦術を用いた。彼は狡猾に農民問題のカードを切り、リトアニアでの農奴解放に農民に有利に作業を加速する調整を行うことで反乱側の強みを奪った。その結果、改革は１８６１年の法文書で規定されていた地主との調停を行うことなく実施された。7月、ポーランドの蜂起指導部はリトアニアでの蜂起の指導に赤党を復帰させ、熱心なリトアニアの愛国者でベ

ミハウ・エルヴィロ・アンドリオッリによる**1863**年蜂起の絵画。画家は**5**月**5**日のドゥビチェイの戦いで致命傷を負った友人とともに退却する自分自身を描いた。

ラルーシの民族復興《ナショナル・リヴァイヴァル》の支持者であったコンスタンティ・カリノフスキ（カストゥシ・カリノウスキ）を指導者に任命した。それにもかかわらず蜂起は次第に衰え始めた。1863年末にロシア人はアンタナス・マッケヴィチュスを、その後コンスタンティ・カリノフスキを捕え、両者を公開で絞首刑に処した。

軍事的観点から6万人の反乱者に勝ち目はまったくなく、ロシアでの農民反乱に望みをかけるのは幻想であった。西側も「ポーランド問題」に自らの血を流す気はなかった。旧リトアニア大公国地域では反乱側の戦死者6000人以上に対してロシア軍の戦死者は約

３２０人に過ぎなかった。若い男性を中心に約2万５０００人が重懲役刑か流刑を言い渡された。当局は多くの所領を没収し、カトリックの修道院と教会を閉鎖し、今こそ「ポーランド問題」を最終的に解決するときだと決意した。

モティエユス・ヴァランチュス司教の「公国」

18世紀末までに、フランス革命が具体化した啓蒙思想によってネイション（民族、国民）の近代的な概念が誕生した。この考えでは、政治的・文化的共同体としてのネイションは社会の上層や学のある人だけでなく、すべての市民と臣民を含んでいる。民衆はネイションの基盤であり、いわゆる社会上層の高文化を共有するために教育されなければならない。そこで問題が生じた。ある政治組織の全臣民を教育し、ネイションに統合するのに、どの言語を用いるべきなのか、土地の話し言葉か、貴族が用いる言語か。貴族の多数派は用いられるべき言語は支配層の言語であるべきだと思った。彼らの考えでは、土地の話し言葉は民衆向け初等学校には適しているが、こうした学校も支配層の言語を全員に教える義務を負うのであった。この態度は西ヨーロッパ諸国の多くで優勢であり、１８３１年まで旧ポーランド＝リトアニア共和国のポーランド語を話すエリートによっても共有されていた。

しかしながら、中・東欧ではヨハン・ゴットフリート・ヘルダーや他のドイツのロマン主義者の考えが人気を博した。彼らはネイションの精神は土地の固有の言葉と文化にあり、すべての言語と文化は全人類の貴重な財産であると主張した。特定のネイションは同じ言語を話し、同じ歴史と文化を共有する人全員から成る。そのため、土地の固有の言葉は別個の高文化の言語として涵養され、発展させられなければならない。もしこうした過程が成功すれば、この言語はその国の支配的な高文化の言語となり、後にエリートは自身で選んだ言語とともに少数派に留まるか、新しく形成されるネイションとしての統一体の一部となるかを選ばねばならなくなるのだった。

とりわけあるヨーロッパの言語学者が、リトアニアの農民によって話されている言語が現存最古のインド＝ヨーロッパの言語の一つであるとの説を打ち立てて以降、こうした考えがリトアニアで支持を得た。1808年にワルシャワ学術友好協会は、リトアニア生まれの司祭であり神学者であったクサヴェリ・ボフシュによる『リトアニアの民族と言語の起源についての論考』と題する本を出版した。これは、リトアニア語は個別の高文化の言語にまったくもってふさわしいという考えを表明した初めての本であった。この考えはジェマイティヤ出身の知識人数人（ディオニザス・ポシュカ（ディオニジ・パシュキェヴィチ）、シルヴェストラス・ヴァリューナス）がリトアニア語（ジェマイティヤ方言）で詩を書き始めるのを後押しした。1818年に有名な学者であるリュドヴィカス・レザ（ルートヴィッヒ・レザ）が、クリスティヨナス・ドネライティスの詩『四季』をケーニヒスベルクで出版したとき、多くの者が感銘を受けた。クリスティヨナス・ドネライティス（1714〜80年）はプロイセンのリトアニア人で、ルター派の牧師として小リトアニアのトルミンキエミスに暮らし、勤めた。その詩は彼の死から数十年後に刊行され、ドイツ語訳が付けられていた。当時、その詩は大きな文学的価値と普遍的重要性を有していると認められた。

ヴィルニュス大学では、多くがジェマイティヤ出身である知識人の小さな集団（シモナス・ダウカンタス（シモン・ドフコント）、シモナス・スタネヴィチュス（シモン・スタニェヴィチ）、そしてその他数人）がリトアニア（ジェマイティヤ）語で高文化を発展させることに専念する集団を作り、同時にリトアニア人とジェマイティヤ人をその母語で教育することにも関心を持った。（当時、ある者はジェマイティヤ人をリトアニア人と近縁だが別個の民族集団であると考えていたが、ジェマイティヤ人は自らをジェマイティヤのリトアニア人だと見なしていた。）この知識人の小集団は民族的リトアニア人の民族・文化運動の先頭に立った。先駆的なリトアニア語（ジェマイティヤ方言）の初等読本が書かれて出版されたほか、詩人シモナス・スタネヴィチュス（１７９９〜１８４８年）が、「ジェマイティヤ人の栄光」と題した詩を含む詩集を刊行した。その詩は事実上、運動の非公式の賛歌あるいは詩的マニフェストであった。その詩はネイションとしてのジェマイティヤ人（リトアニア人）を葬り去ろうという試みは失敗すると宣言した。歴史家で法学部出身であったシモナス・ダウカンタス（１７９３〜１８６４年）は１８２２年にリトアニア語で初めての主要なリトアニア史（『古代リトアニア人とジェマイティヤ人の事跡』）を書いた。それは熱心な者によって手書きで写され、広く読まれた。のちにシモナス・ダウカンタスはサンクト・ペテルブルクに移り、15〜18世紀のリトアニア国家の重要な文書を利用できるようにロシア国家セナート文書局に職を得た。彼はリトアニア史に関するさらに2冊の主要な本をリトアニア語で書き、リトアニア民族文化に関する研究『古代のリトアニア人、高地人、ジェマイティヤ

シモナス・ダウカンタスの肖像。ヤン・ジェンキェヴィチ（ヨナス・ゼンケヴィチュス）画、**1850**年。

人の特徴』を出版した。彼はまた、文字の読める農民向けに一連の教育的な書籍を出版し、辞書を編纂し、中等学校用のリトアニア語の教科書まで書いた。

このシモナス・ダウカンタスこそが、同郷人で、当時サンクト・ペテルブルク（ヴィルニュスから既に移転されていた）のローマ・カトリック神学アカデミーで教えていたモティエユス・ヴァランチュス（1801〜75年）にジェマイティヤ司教区の歴史をリトアニア語で書いて出版するように説得したのだった。1848年にヴィルニュスでこの本が世に出たとき――それは本の著者がテルシェイ（ジェマイティヤ）司教に任命されたのと同じ年であった――、誰もがそれが、慣例通りのポーランド語ではなくリトアニア語で書かれたことに驚いた。ロマン主義的なシモナス・ダウカンタスはリトアニアのキリスト教化以前の過去を称賛したが、現実的で政治的に目先のきくモティエユス・ヴァランチュスは疑いなくカトリックとヨーロッパ文明を支持した。ヴァランチュス司教は就任時の説教をリトアニア語とポーランド語の両方で行った。リトアニア語（ジェマイティヤ語）が司教によってその大聖堂で話されたのは、おそらくそれが初めてだった。

モティエユス・ヴァランチュスは、司祭が敬意を持ってリトアニア語話者を扱うことや、司祭がリトアニア語に堪能になってリトアニア語で説教をすることを確実にした。彼はまたリトアニア語の教区学校を設立するよう司祭に指示した。テルシェイ司教区は当時、ジェマイティヤだけでなく民族的リトアニアの大部分を含んでいた。教区学校はロシア語の官立学校に優っていた。いくつかの地域では識字率は60パーセントに上昇した。それは農奴制の条件のもとでは途方もない成功であった。さらに1858年、ヴァランチュスは、他のカトリック諸国の同様の運動に基づいた禁酒運動を始めた。

わずか数年で司教区のカトリック信徒の80パーセント以上がこうした禁酒協会に所属した。リトアニア人はウォッカを飲むのを止め、農場はより豊かになり、家族はより健全になり、民衆は教化された。ヨーロッパの他のどの国においても禁酒運動への参加はこのような規模には達しなかった。

ツァーリ政府は、司教が社会を動員するのに成功していることに脅威を感じた。人々は彼をジェマイティヤ公と呼び始めた。モティエユス・ヴァランチュスはツァーリに逆らう言葉を決して口にせず、敬意をもってその代理人と交流した。しかし彼はカトリック教会の利益を守る点でも断固として決意が揺らがなかった。彼は、ツァーリが公にロシア正教会を保護しているだけでなく、カトリック地域へのその影響力を強めようともしていると認識していた。一般民衆がこの闘いで勝利するための重要な決定的要素となりつつあった。このことは1863年以降に明らかとなった。そのとき司教はツァーリ体制のたくらみに屈服しないよう密かに民衆に説き勧め、民衆はそれに従ってロシア化に抵抗することに成功した。このときまでに司教は一般の人々のために成し遂げたことで大変有名になり、民衆にとって広く認められた権威ある人物となっていた。ヴァランチュス司教は政治家ではなかったが、リトアニアの19世紀の政治に誰よりも大きな影響力を有した。

モティエユス・ヴァランチュス。アドルフ・ラフォッスによる版画。ヤン・カジミェシュ・ヴィルチンスキ『ヴィルニュス・アルバム』**1857**年より。

彼は自分の言語や文化に対する民衆の忠誠心を涵養した一方で、決してポーランド語話者に対抗することは口にしなかった。彼自身ポーランド語で日記をつけ、自分の名前をポーランド語で――ヴォウォンチェフスキと――サインした。

農奴制と他国による支配という条件下で、リトアニアの民族・文化運動は、地域の社会的、文化的、政治的活動の前面に出ることはできなかった。それにもかかわらず、アンタナス・バラナウスカス（アントニ・バラノフスキ、1835〜1902年）というこの運動の第二世代の代表で、アウクシュタイティヤ地方出身の司祭で詩人、のちに司教となり、リトアニア語文学の傑作である『アニークシュチェイの松林』という長編詩を書くことになる人物は、1859年に次のように書いた。「私はリトアニア人に全世界の学問を与えよう。私はリトアニア語に全世界の文学を翻訳しよう。すべてのリトアニア人は思想家になり、彼らは知識のすべての分野で世界の指導者になろう。」この文明化され、高度に洗練された民族《ネイション》の理想主義的な像は、理想にとどまるしかなかった。支配的な政治勢力がこうした目的を心から支援した例はヨーロッパの歴史においてなかった。ツァーリ政府は、1863年の蜂起以前に自らの目標の一つはリトアニア農民のポーランド化を防ぐことだと宣言したにもかかわらず、リトアニア語の新聞の発行を許可せず、リトアニア語の中等学校を設立するというヴァランチュスの計画を拒否した。その計画の指導者の1人が書いたように、「新しい頑固な敵がポーランド語を話さずに、ジェマイティヤ語で陰謀や声明、秘密指令を印刷するとしたら、ロシアにとってはより厄介になるだろう。」

民衆が民族《ネイション》になる

非ロシア地域と「境界地帯」に関するロシア帝国の内政が当時としては過度にナショナリスティックでなかった（ナショナリズムは１８８１～94年のアレクサンドル３世の治世で帝国の内政の支配的な原則となる）とはいえ、ナショナリズムとポーランド嫌いの波は両蜂起の後ロシアの上層を飲み込んだ。「ポーランド問題」に関する帝国の政策は、地域の人々との調停を模索せずにその地域では力を用いるべきであると信じる人々によって牛耳られるようになった。彼らは、絶えず繰返して分離主義が栄えることを許してしまう文化的環境を変えようと望み、農奴解放後に農民を独立した階級に変えることでそれが可能になると信じた。分離主義は、自分たちを別個の政治的な意識を持つネイションと見なしている貴族のあいだでまっさきに育ち、一方で農民――大衆――はそのネイションの一員ではなかった。そのため、住民のロシア化を託された人々は文化の中の「ポーランド的要素の排除」策を「ロシア的要素の再建」策によって強化することで、成功を収めようとした。

１８６４～１９０４年におけるロシア化政策

１８６３年の一月蜂起を鎮圧したヴィリナ総督府のミハイル・ムラヴィヨフは、ロシア化政策を実施する任務を負った。ヴィリナ教育管区監督官で旧知のイヴァン・コルニーロフが彼を補佐した。多数の特別な経済的・文化的措置から成る計画は、地域の貴族の経済的地位を弱めること、そして、ロシアに併合され、今や公式には「古くからのロシア」として扱われているポーランド＝リトアニア共和国地域において、公的な事柄においてロシア語がポーランド語に取って代わり、ロシア正教会が支配的な地位を得、農民の子がロシアの高文化に統合されることを確実にすることを意図していた。

カトリック教会は望ましくない「ポーランド的要素」の一つであったが、国際政治上の配慮からツァーリ政府はそれを廃止する直接的な行動をとることはできなかった。しかし教会の活動は制限され、カトリック信徒は差別され、したがって正教を受容するよう奨励された。「ロシア的要素の再建」策の支持者によって民族的リトアニア人に関する戦略が議論された。「ロシア的要素」を浸透させる実践を地域の住民に委ねることを望まない人々が勝利を収めたので、リトアニア語は教育機関で許されなかった。「ロシア的要素」は、通常はロシア中心部から来たロシア人の教員によって教え込まれることとなった。当初は多くがロシア正教の神学校の出身者だった。さらにこうした戦略の支持者は、リトアニア語はどのみち進歩に屈するであろうし、数百万人だけが話す、書かれた文書の乏しい言語のことを気にしても無駄だと考えていた。

それにもかかわらず、当局ですら非リトアニア語話者のロシア人教師が民族的リトアニアの農村の学校でロシア語による子供の教育を始めることがどれだけ骨の折れることかは分かっていた。したがって、ロシア語の単語がリトアニア語に訳され、ただしラテン文字ではなくキリル文字で書かれるバイリンガルの文法書を準備する計画がなされた。ここから、伝統的にリトアニア語に用いられてきたラテン文字をキリル文字に置き換えるという考えが発展した。1864年にムラヴィヨフは伝統的なリトアニア語のアルファベットを禁止した。この禁令はロシアの全領域に拡大され、1904年の春まで効力を有した。

ロシアに占領された以前のポーランド〔会議〕王国の領域では、ポーランドの言語と文化を公的な活動や教育機関から排除することに関するいかなる議論も起きなかった。しかしながら、「ポーランド人とロシア人をお互いにより近づける」ための手段としてロシア語を学ぶことは義務であった。ポーランド人は自分たちの以前の国家を再興する夢をついにやめ、プロイセンやオーストリアの支配下で暮らす同胞よりもロシア帝国で同じスラヴ人として暮らす方がより良いことを理解することが期待された。「ポーランド人とロシア人をお互いにより近づける」ことで、王国の非ポーランド系住民をポーランド化から守ることも意図されていた。ツァーリはリトアニアのウジュネムネ地域にロシア語学校を設立する指示を出した。そこではリトアニア語はキリル文字の教科書で第二言語としてのみ教えられた。リトアニア語はウジュネムネの少数の中等学校で任意選択のコースとしても教えられた。モスクワ大学には、中等学校の成績証書にリトアニア語履修の記載がある学生のために10件の国家奨学金が用意されていた。このようにして、リトアニア人自身がロシアの高文化に加わることでリトアニア人をロシア文化に近づける絆となることが期待された。

「リトアニアの学校　1864～1904年」。糸車に向かいながら自分の子供に読み方を教える母親を描写した寓意的な彫刻。ロシア帝国下でのリトアニア語教育の状況を反映している。ペトラス・リムシャ作、1906年。

この方針はポーランド王国とロシア帝国に併合された旧ポーランド＝リトアニア共和国地域において40年間続いたが、その結果は期待とは異なっていた。正教会はすべての郡庁都市と大きな町に建設されたが、教区民はわずかであった。ヴィルニュスでは約10の正教会が建設あるいは（17世紀まで存在していた場所に）「再建」された。その目的は、北西部地域（現在のリトアニアやベラルーシを含む地域は今やこう呼ばれた）の中心であるヴィルニュスがカトリック的であるのと同じくらい正教的であることを示すためであった。ヴィルニュスの聖カジミエラス教会はロシア正教の大聖堂に替えられた。カトリックの教会を新造あるいは修復することは禁じられた。この禁令はカトリック信徒の大きな不満のもととなったが、19世紀末にようやくツァーリの勅令で解かれた。多数のカトリック信徒を正教へ改宗しようと誘惑する試みは失敗した。

ロシア文化の中心が民族的リトアニアの都市に誕生したが、それは少数のロシア人支配者たちの文化生活の一部でしかなかった。当局が農民たちを彼らの側に惹きつけることに失敗したのは、モティエユス・ヴァランチュス司教の司牧の努力と教えのおかげで、民族的リトアニアの大部分の地域の農村住人が自分たちの言語で読み書きを学ぶと決意していたからだった。1863〜64年の蜂起の後にロシア人教師によるロシア語学校だけが存続を許されていたとき、司教は信頼のおける司祭を通して農村の住民たちにそのような学校に子供を入学させないよう戒めた。読み書きができない状況を避けるべく、彼は秘密の農村学校を設立し、読み書きができる村民が他の者を教えるように人々に勧めた。こうした小さな学校は教師学校《ダラクトリネ》と呼ばれ、都市でも同様に広がった。そうした学校は官憲に迫害され、その教師はもし捕まればときにはロシア奥地に数年間流刑になったが、人々はくじけなかった。必要性があり、伝統が作られた。

民族的リトアニアでは、ロシア帝国のヨーロッパ部分全土において公式の〔ロシア語の〕初等学校に通う子供の割合がおそらく最も低かった。19世紀末、ロシア帝国のヨーロッパ部分ではだいたい66パーセントの男子と18パーセントの女子が初等学校に通っていたが、コヴノ県ではこの数字はそれぞれ21パーセントと4パーセントだった。それにもかかわらず、１８９７年に行われたロシアで最初の国勢調査によると民族的リトアニア人の48パーセントが〔リトアニア語で〕文字を読むことができたが、ロシア語は5人に1人しか読めなかった。民族的リトアニア人の識字率はロシアの平均のほぼ2倍で、ユダヤ人を除けば、合法的に自分たちの言語で教育を受けていたラトヴィア人とエストニア人より低いだけであった。民族的リトアニア人だけでなくすべての住民を含むコヴノ県の識字率が女性の方が男性より高く、それぞれ55パーセントと52パーセントであったことは、専門家を大きく驚かせた。

リトアニア語の文字を伝統的なラテン文字からキリル文字に置き換えるという当局の努力も成功しなかった。もし当局がリトアニア語の初等学校とリトアニア人の教師を許可していたら、もしカトリック教会を差別せず、カトリック信徒を正教に改宗しようとしていなかったら、文字は問題ではなかったかもしれない。ヴァランチュス司教は改宗させようとする当局の意図を悟り、当局が押し付けた〔キリル文字で書かれた〕そのような本を読むことはカトリック信徒にとって罪であるというメッセージを司祭を通じて伝えた。そのためほとんど誰もそうした本を読まず、需要もなかったために当局はそうした本を60タイトル出版しただけだった。

当局によって強制された本を拒否するよう民衆を説得したのち、司教は、伝統的な文字によるリト

本の密輸人。ヨナス・ジカラス作、**1939**年。

アニア語書籍の東プロイセンでの出版と、リトアニアへのそれらの密輸を密かに手配した。本の密輸は強い伝統となり、東プロイセンで出版され、国境を越えて密輸され、リトアニアに流布したリトアニア語の本は19世紀末に近づくにつれてますます増加した。

当局と憲兵（ロシアの警察）は本の密輸人を捕まえようとし、彼らを地下学校の教師よりさらに厳しく罰したが、それでもリトアニア語の出版物のリトアニアへの流入が止むことはなかった。リトアニア語の〔ラテン文字での〕印刷が禁止されていたあいだ、約1800タイトルのリトアニア語の本とパンフレット計約550万部が東プロイセンで大リトアニアのために出版された。出版物のほとんどが宗教的な小冊子と文法書で、科学の啓蒙書や政治・文学作品は世紀末に近づくにつれ増加した。アメリカ合衆国のリトアニア移民も700タイトル以上を出版し、そのうちのいくつかはリトアニアへももたらされた。

旧リトアニア大公国地域でのポーランド語とポーランド文化に対するロシア当局の政策も成功しなかった。ロシア当局は彼らの目的を達することができなかった。この地域の大部分における帝国の社会的基盤はまったく強まらなかった。それにもかかわらず、それらの政策は間接的な効果をもたらした。ポーランド＝リトアニア共和国の独立国家としての伝統は、新たに形成されつつあったポーランド人とリトアニア人の民族《ナショナル》アイデンティティと相容れなくなったのである。

「我々はリトアニア人に生まれた！」

１８６３年の蜂起から20年後、民族的《エスニックな》リトアニア人の民族復興《ナショナル・リヴァイヴァル》が新たに始まった。その先頭に立ったのは、農奴解放後の世代の知識人で、ロシアの高等教育機関を卒業したリトアニア人であり、そのほとんどがウジュネムネの農村出身だった。当初彼らはリトアニア＝ポーランド共通国家の構想を引き続き支持したが、そのすべてが多かれ少なかれ合法的に発展したラトヴィア人やエストニア人、チェコ人、ブルガリア人の民族運動の成功を目にすると、なぜロシア当局は自分たちの故郷の民族的リトアニア人に対してこれほど不公平なのかと考えざるを得なくなった。そして正義のために闘うことは知識人にとっての名誉にかかわる問題だと見なした。

１８８３年、知識人の一団がリトアニア語の伝統的な正書法で出版された初めてのリトアニア語の定期刊行物『アウシュラ（夜明け）』を創刊した。それは東プロイセンで印刷された大リトアニア向けの月刊誌だった。最初の編集者はヨナス・バサナヴィチュス（１８５１～１９２７年）で、ウジュネムネ地域の出身だが、当時はプラハに住んでいた。彼はモスクワ医学アカデミーを１８７９年に卒業したが、若い頃からインド＝ヨーロッパやバルトの古代やリトアニアの文化に変わらぬ興味を抱いていた。その非合法で地下出版された月刊誌が民族運動を刺激し、新たな支持者を惹きつけるのに役立った。それはツァーリ当局に反対し、民族的リトアニア人が少なくともロシア帝国でラトヴィア人とエストニア人に許されているのと同じ文化的な機会と教育条件を享受できるようにすべきであると主張

民族の父、ヨナス・バサナヴィチュス博士。

した。その雑誌はリトアニア史に多くの関心を向けていたとはいえ、ルブリン合同の伝統との関係を絶っていた。リトアニア語を話す人々の国家としての独立リトアニアという考えは、ぼんやりした白昼夢としてその誌面で膨らんでいった。

独立したリトアニアという考えは民族の願望に火をつけた。『アウシュラ』は内部の不和と財政上の困難から3年後に途絶えたが、独立運動のメンバーを大いに増やし、すぐに新しい出版物が現れた。１８８９～90年にリトアニアの民族運動とその出版物は、世俗・リベラルとカトリック・保守の二つの方向性に分かれた。『アウシュラ』の考えは、「リエトゥヴァ（リトアニア）」と呼ばれた、ワルシャワのリトアニア人学生の秘密結社によって１８８９年に創刊された、『ヴァルパス（鐘）』という定期刊行物によってさらに進められた。医師であったヴィンツァス・クディルカ（１８５８～99年）が没するまでその編集にあたった。彼は若い頃、自分のことをむしろポーランド人であると感じていたが、『アウシュラ』の記事を読んですぐに自身の考えを変え、「リトアニア人だと感じる」ようになった。ヴィンツァス・クディルカは詩を書き、そのうち「民族の賛歌」という（リトアニア独立後に国歌となる）詩には自分で曲も書いた。『ヴァルパス』は自由で民主的な考えを支持し、ときには社会民主的な考えにも傾倒した。それは政治秩序に関する諸問題を扱い、ツァーリ政府とその文化政策を批判し、リトアニア語の標準的書き言葉の形成にかかわった。それは良質の小説や詩（オリジナルと翻訳の両方）、そして平易な科学記事を掲載した。同じ編集スタッフが『ウーキニンカス（農夫）』と題された農村読者向けの新聞を出版した。カトリックの出版物は主にロシア化への反対に焦点を当てたが、カトリック教会の一般的な方策に従い、ツァーリ政府に従順だった。その最も人気のある新聞は１８９６年に出版が始まった『テヴィーネス・サルガス（祖国の番人）』で、その指導的人物は若い司祭のユオザス・トゥマス＝ヴァイジュガンタスという、のちに有名な作家となり、寛容と善意の権化となる人物だった。

　リトアニア民族復興から広まった最初の政党は１８９６年に設立されたリトアニア社会民主党であった。それはリトアニア語とポーランド語の両方で印刷物を発行した。党の綱領は近隣諸国家の緩やかな同盟の中でのリトアニア独立国家の建設を目標に掲げていた。

　アダム・ミツキェヴィチやユゼフ・イグナツィ・クラシェフスキらのポーランド語のロマン主義者の作品は、リトアニアの民族《ナショナル》アイデンティティの発展、すなわち〔リトアニア語話者である〕農村の民衆一般の、自分たちが民族《エスニック》集団の一員であるだけでなく民族《ネイション》の一員であるという自覚に重要な影響を与えた。だが当時最もロマン主義的で、旋律的で、叙情的で、いくぶん闘争的な詩は、司祭ヨナス・マチュリス（筆名マイロニス）のリトアニア語で書かれた詩であった。１８９５年にマイロニスは『春の声』と『若きリトアニア』という2冊の詩集を出版した。彼の詩の多くが人気のある民謡になった。民族アイデンティティを強めたものには、クディルカによる詩やツァーリの役人をあざける風刺的な物語のほか、小貴族に属したユリヤ・ジーマンテ（筆名ジェマイテ）の豊かで写実的な社会的散文もあった。非合法のリトアニア語の印刷物でも、主として近隣の他民族の作家による小説、特に19世紀前半のポーランド語で書いたリトアニア愛国者の作品が出版された。

1897年の国勢調査によれば、現在のリトアニアの領域に相当するロシア帝国の領域単位（当時プロイセン領となっていたクライペダ地域を除く）における人口は約270万人だった。民族的リトアニア人は約160万人で人口の58パーセントだった。当時、貴族がこの地域の人口の5・3パーセントを占め、貴族のほぼ28パーセントが自身をリトアニア人と見なしていた。人口の13パーセントがユダヤ人、10パーセントがポーランド人、15パーセントがベラルーシ人・ロシア人・ウクライナ人を併せた集団だった。人口の約13パーセントが（小都市を含む）都市人口だった。ユダヤ人は都市・小都市の居住者の中では最大の民族集団で、都市人口の約42パーセントを占めた。それに続くのがポーランド人の約24パーセント、リトアニア人の約8パーセントだった。リトアニア人による小売業や企業、製造業への参入の試みはいくつか記録されているものの、特定の領域でのその成功は贔屓目に見てもつつましいものであった。例えばその国勢調査によれば、リトアニア人の小売商は14人しかいなかったのに対して、ユダヤ人の商人は3853人いた。当時のヴィルニュスの人口は15万5000人（第一次世界大戦直前には20万人に増加する）で、カウナスの人口は7万人をわずかに上回っていた。

リトアニア人の絶対的多数は農民であった。2万6000人のリトアニア人は手工業者か工場労働者で、5000人近くが司祭、教師、医師、役人、そして貴族などの知識階級であった。これらのリトアニア人知識人がリトアニアが近代的な民族《ネイション》になるための道を開いた。19世紀半ばに始まった電信線の操業とネムナス川での蒸気船の操業によって経済的発展が刺激された。1860年代と1870

年代にはサンクト・ペテルブルク―ワルシャワ間の鉄道（のちにカウナス経由でケーニヒスベルクまで延長）とリエパーヤ―ロムニ間の支線がリトアニアを通って開通した。最初の電話線が１８８０年代に建設され、最初の自動車が20世紀初めに導入された。何千人ものリトアニア人がリガやサンクト・ペテルブルク、オデッサで仕事に就いたが、最大の経済移民の波は１８６８年にアメリカ合衆国に向けて始まった。１９１０年には20万７０００人のリトアニア人が合衆国に、主としてペンシルヴェニアとシカゴ、ニューヨークに住んでいた。彼らはリトアニア語で出版すること（最初のリトアニア語の新聞は１８７９年にアメリカ合衆国で出版された）や、社会主義的あるいはキリスト教民主主義的な価値観を表明する協会やその他の組織を創設すること、アマチュアの芸術やスポーツに従事すること、そして合唱団を作ることが自由にできた。リトアニア系アメリカ人はリトアニアの文化活動に財政的支援を提供し、ロシア帝国における民族的差別に耳目を集める政治的な催しを組織した。

19世紀末、ドイツの評論家で政治活動家であり、ソルブ人出自の詩人で多言語話者のゲオルク・ザウアーヴァインが東プロイセンでリトアニア語のために闘い、小リトアニアのための民族的賛歌を書いた。それには以下の一節が含まれる。「我々はリトアニア人に生まれた／我々はリトアニア人でありたい／生まれたときからそうなる名誉を受けている／そして我々はそれを絶やすわけにはいかない」この歌は小リトアニアで直ちに人気を博し、ネムナス川の両岸のリトアニア人が確かに自分たちが滅びないことを信じながらこの歌を歌った。

変貌したリトアニアは自治を求める

20世紀初頭、民族的《エスニックな》リトアニアの民族復興《ナショナル・リヴァイヴァル》は地下での文化活動によって大きな進展を遂げた。リトアニア文化は単なる民衆文化以上のものになった。芸術や人文学、科学、教育の分野に従事するかなり多くの知識階級が発展した。リトアニア人の政治家の一団が自発的に集まり、ヨーロッパ式の政党を結成し始めた。共通の書き言葉が文学でよりしっかりと確立された。ロシアの出版物でさえ、リトアニアの運動は帝国内で（ポーランド人とユダヤ人の運動に次いで）3番目に強力なものだと認めた。

二つの事件がリトアニア人の民族としての自覚の形成に重要な影響を与えた。一つ目の事件は1893年にクラジェイ（ラセイネイの25キロ北方）という小さな町で起き、ヨーロッパ中に知れ渡った。教会の閉鎖を望まない町の住民によって護られていたクラジェイの教会をコサック騎兵が襲ったのだった。住民の中には殺害された者や傷を負った者がおり、女性は強姦された。人々はその事件を「クラジェイの虐殺」と呼んだ。ロシア政府の兵士の残虐行為が、ヴァティカンからの抗議とともにロシア社会のより分別のある層に激怒を引き起こした。政府の命令に抵抗した廉《かど》で裁判にかけられていたクラジェイの住民の弁護に卓越した弁護士が立ち上がったので、下された罰は厳しくならなかった。

もう一つの出来事はフランスで起こった。リトアニア人は1900年のパリ万国博覧会に初めて参加した。リトアニア本土からのリトアニア人は小リトアニアの同胞とともに、リトアニア系アメリカ人の相当な支援を受けて、リトアニアの民族衣装や農業器具、その他の用具の事例を特集した出展を民族誌部会で準備した。そのうち最も重要だったのは東プロイセンで秘密裏に印刷されていたリトアニア語の出版物の例であった。このようにして世界にメッセージが発信された。リトアニアと呼ばれる国が存在し、ツァーリ政府がリトアニアに対して独自の（ラテン）文字で出版物を印刷することを禁じているのだと。

リトアニアの民族復興はツァーリ体制を自らの敵だと見なしていたが、すぐに別の敵を見つけた。ポーランドの「ポーランド化推進者」である。公の場でリトアニア語を話す家族の増加とカトリック教会でのミサをリトアニア語で行うようにとの要求は、ポーランド語話者の一部に反対を呼び起こした。地主は自分たちが「リトアニア狂」（ポーランド語でリトフォマニア）とあだ名したものから自らを守り、リトアニア語話者の農民からどんどん疎遠になり、リトアニアの民族的要求に共感しない司祭は教区民とのあいだで深刻な衝突に陥った。１９０２年にアドマス・ヤクシュタス＝ダンブラウスカスという司祭がポーランド語で小冊子を出版した。彼はそこで新世代のリトアニア人の目的と綱領を表明し、リトアニアの貴族の新世代が自身をリトアニア人と見なしているのか、ポーランド人と見なしているのかはっきり宣言するよう要請した。リトアニアの貴族は自覚的で誠実なリトアニア人であること、リトアニア語で話し祈ること、自らの国を愛し、その幸福のために努力すること、その指導者であること、その人々の教育と福祉に配慮すること、すなわちリトアニアの地の塩であることが要請された。民族復興に協力するようにとのリトアニアの貴族への提案は、チャルコフスキ博士という筆名で書かれた『決してありえない』という題のパンフレットの出版とともに、ヴィルニュスのポーランド人によって拒否された。そのパンフレットはポーランド＝リトアニア関係を悪化させた。多くの貴族はリトアニア人一般の要求を理解せず、彼らとの協力を不名誉なものと考えていた。

ロシア中で革命が勃発しそうになると、ツァーリ政府は譲歩を強いられた。リトアニア民族復興にとっての最大の勝利は、1904年春のラテン文字によるリトアニア語出版禁止の撤回であった。いったん禁令が解かれると、合法的なリトアニア語の出版物がすぐに国内で登場した。

1905年の初頭、ロシア帝国の首都で最初の社会民主的な革命が勃発し、リトアニアの諸都市へもすぐに伝わった。ストライキやデモ、集会が行われた。その組織者は主にロシアやポーランドの社会主義政党の支部であった。リトアニア社会民主党は小規模な町や農村で政治変革のためのアジテーションを始めた。同年の春と夏には様々な職業組合が、多くの場合民族的《エスニック》な基準によって設立された。まもなく秋にはリトアニアの農村地帯で運動が始まった。政府が任命した聖職者が教区から追い出され、初等学校ではロシア語教師がリトアニア人に置き換えられた。

ツァーリ・ニコライ2世がロシア中で盛り上がる革命の波に怯えて1905年10月の終わりに、基本的な民主的自由を認めて国家ドゥーマ（国会）のための選挙を行うことを約束する声明を出したとき、リトアニア人の活動家はリトアニア各地からリトアニア人を招集して大規模な集会をヴィルニュスで開くことを決定した。この大会は、部分的には、穏健な人々やカトリック教会が好んでいなかった急進的な社会主義革命の脅威に対する反発であった。集会の着想はペトラス・ヴィレイシスによって、移住先のブルガリアから戻っていたヨナス・バサナヴィチュスに示唆された。組織化の仕事を引き受け、予定を定めるために委員会が作られた。その集会は後にヴィルニュス大議会《セイマス》と呼ばれ、現在は国立交響楽団が入っているヴィルニュス市の建物で12月4～5日に行われた。その集会には、民族誌的《エスノグラフィックな》リトアニア[3]のほぼ全域からすべての社会層とすべての政治的潮流・傾向を代表する約2000人の代表が出席した。代表はベラルーシのより遠い地方や東プロイセン、ロシア、ポーランド、ラトヴィアからさえやって来た。ポーランド語話者の土地貴族の代表やリトアニアにおけるポーランド社会党の代表も参加した。より急進的な派閥とより穏健な派閥の間で様々な相違点があったが、集会は主要な原則について一致した。集会が頂点に達したのは、リトアニアの政治的自治と、ヴィルニュスに置かれる独自の議会《セイマス》を民族帰属や宗旨、性別にかかわりなく普通選挙で選ぶ権利を求める決定を採択した時であった。新しいリトアニアは、当時はポーランド王国の一部だったウジュネムネあるいはスヴァルキヤ地方と、もし住民が参加を選ぶなら境界地域とを含む、民族誌的リトアニアの土地であると定義された。

〔集会の〕他の決定において、人々は税の支払いを停止し、軍務を避け、地方自治を組織するように促された。これによってリトアニアの農村や町が地方自治を自らの手中に収めるようになった。冬のうちにリトアニアの農村地帯の多くが地元の人々の手に移った。しかしながら１９０６年の春、革命の波が沈静化するにつれ、ツァーリ政府はコサック兵と軍隊の助けを借りてわずかに修正されたとはいえ従来の秩序を回復した。明らかに、リトアニアに政治的自治を与えるという決議を真剣に考慮した者はサンクト・ペテルブルクには誰もいなかった。

１９０５年以後のリトアニア――文化を通した抵抗

たとえ、ツァーリの立法権の行使に協力する、国家評議会と国家ドゥーマから成る二院制の立法機関という、〔選出方法は民主的ではなかったものの〕代議政体の機関が革命後のロシアに現れたとはいえ、すべての執行権力と憲法制定権は依然ツァーリの手中にあった。ドゥーマの選挙ではリトアニア人はユダヤ人とブロックを組んで土地所有貴族とポーランド語話者に対抗し、主に社会民主党員である彼らの最初の議員を選んだ。地方行政のモデルは変わらなかった。ゼムストヴォという地方行政の形態が1864年にロシアの多くの地域において実施され始めたが、リトアニア（あるいは他のバルト諸県）では設置されることがなかった。ポーランドの政治的自治の問題がドゥーマで取り上げられたとき、リトアニア人の代表はもし自治が認められるのであれば、ポーランド王国スヴァルキ県のリトアニア地域であるウジュネムネはそこから切り離されるべきだと主張した。しかしながらドゥーマはポーランド王国の自治を却下した。

ツァーリ政府は旧リトアニア大公国地域を北西部地域と呼び続け、そこが未だにロシア本土の有機的な部分と見なされていることを示した。同様にこのことは、ポーランド人やリトアニア人、ユダヤ人が単にその地域の民族的マイノリティと見なされていることを意味した。ツァーリの行政機関がその活動を帝国の利害に有害であると見なさない限りにおいて、彼らは自分自身の文化を涵養することが許された。公式の教育制度は未だにロシア語であったが、とはいえリトアニア語とポーランド語を官立の学校で教えることが許された。中等学校ではそれらの言語は選択科目であった。これらの学校でリトアニア人とポーランド人が教えることももはや禁じられていなかった。さらに今や、個人であれ、組織であれ、第一教授言語がリトアニア語あるいはポーランド語である私立学校を設立することが許可された。このようなリトアニア語で教える初等学校の多数――約70校――は、カトリック系の協会によって設立された。ウジュネムネにはリトアニア語で教える私立の女子中等学校があった。農村の子どもたちは相変わらず家庭での小規模な集団で読み書きと数え方を教わったが、これはもはや違法な活動ではなかった。

革命後、リトアニアの政治的自治獲得の機会がないことが明らかとなると、リトアニア人活動家（そして同様にポーランド人活動家）は主に、独立国家についての各々の構想を政治的に志向する、社会に広く基盤を置いた文化活動に力を入れた。彼らは遅かれ早かれ政治的環境が自分たちの構想の実現に適したものとなることを期待し、そうした期待をロシアにおける新しい革命あるいはヨーロッパにおける戦争の可能性にかけた。

プロパガンダ戦争が様々な思想上の派閥（それはしばしば政党と自称した）のあいだで闘われた。派閥は思想だけでなく民族的な境界線にそっても分裂し、そのため同じ思想上の立場がリトアニアとポーランドの社会で別々に表明された。こうした別個の集団はリトアニアとポーランドの民族言語的ナショナリズムに対して異なる立場を支持し、直感的にお互いの目標は敵対するものであり、原則的に不当だと見なしていた。民族帰属による分断を支持しなかったのは、共産主義革命と「プロレタリア国際主義」を志向する周縁的で非合法の急進的な最左派の組織と、一握りの知識人、そして小さな民主主義者の集団、そしてリトアニア大公国再興の考えを支持したいわゆる「郷土派」（ポーランド語でクラヨフツィ）のみであった。後者はリトアニア語、ポーランド語、ベラルーシ語のすべてが公的な地位を有する多民族国家としての、旧リトアニア大公国域内でのリトアニアの自治という考えを支持した。もしこの存在が独立国家になればポーランドと同盟あるいは公平な連邦を組む可能性があった。リトアニア人は郷土派をポーランド人と見なし、一方のポーランドのナショナリストは彼らを「真正でない」あるいは「完全に考えのおかしい」ポーランド人と見なした。当時存在した相互の嫌悪を考えれば、郷土派の目的は達成できないものであった。

リトアニア人の集団のうちで最も強力だったのはキリスト教民主主義者であった。それは主にカトリックの司祭からなり、彼らは民族的《エスニックな》リトアニアの民族復興《ナショナル・リヴァイヴァル》の支援に関わり、教会やその文化的・教育的組織、多数の出版物を通してその活動を行うことができた。彼らはカトリックの教義と両立するリトアニアの文化的・社会的活動に関心の大部分を向けた。アンタナス・スメトナが編集した新聞『ヴィルティス（希望）』の周辺に集まった将来の民族主義連合《タウティニンカイ》の一団とともに、彼らはヴィルニュス司教区の教会におけるリトアニア語の権利のために闘った。この闘いはしばしばリトアニア人とポーランド人のあいだの乱闘となった。この司教区はポーランドのキリスト教民主主義者によって支配されていた。彼らはポーランドのナショナリストであり、将来のポーランド国家を以前のポーランド＝リトアニア共和国全体を本質的に含むものと見なしていた。彼らはポーランドの愛国主義とポーランド語を強化することに傾倒していた。キリスト教民主主義者は彼らがツァーリ政府への忠誠を示しているという事実で得をしており、体制は彼らの活動に干渉しなかった。

おそらく、民族的リトアニアの民族復興運動におけるキリスト教民主主義者の最大のライヴァルは自由主義的なリトアニア民主党で、それは新聞『ヴァルパス』の周囲に集まった集団によって１９０２年に結成された。これらの知識人たちは教会と国家の分離を宣伝した。リトアニア民主党の理想は、歴史的リトアニアの民族誌的境界における、「富の公平な分配」を伴う、近隣の民主主義国家と同盟関係で結ばれる、独立した民主主義的なリトアニア共和国であった。民主党員は非合法の出版物も印刷し、リトアニア社会民主党員とも協働した。彼らはフリーメーソンのロッジを通じてこれらのロッジに属するポーランド人活動家と将来の国家の見通しについて対話を始めようとしたが、共通の見地を見つけることができなかった。

リトアニア社会民主党はリトアニア民族復興の一般的な理想につながる最も古い政党だったが、１９０５年革命後には獲得した人気を失い、ツァーリ政府の抑圧に最も苦しんだ。社会民主党はリトアニア独立の考えを支持し、社会改革ならびにリトアニア語とポーランド語の同権に賛成していた。

ほとんどすべてのポーランド（人）の政党の支部と多くの社会的・文化的組織もリトアニアの領域で活動していた。なかでも最も活発だったのはポーランド国民民主党で、その指導者のロマン・ドモフスキはポーランドの「有機的ナショナリズム」理論を信じていた。ポーランド国家（あるいはロシア帝国内での自治的ポーランド）についての彼の考えでは、民族的リトアニア人は文化的マイノリティの地位を得るのだった。ポーランドのキリスト教民主主義者の立場もあまり変わらなかった。民族的リトアニア出身のユゼフ・ピウスツキが率いたポーランド社会党はリトアニアの将来について異なる見方を持っていた。

ピウスツキの支持者たちはロシアに対して強硬な態度を取り、テロ行為も辞さなかった。ピウスツキ自身、以前の二元的なポーランド＝リトアニア国家再興の支持者で、その二元性を連邦と想定し、リトアニア自体が三つの部分に分かれると考えた。民族的リトアニアである西部、ヴィルニュスとグロドノを含むポーランド語地域の中央部、ベラルーシ語の余地のあるミンスクを含む東部である。もちろんポーランド語が３地域から成るリトアニア全体で公式言語となるのだった。ピウスツキはポーランド化の支持者ではなかったが、その歴史的領域内で独立リトアニアを創設するというリトアニア

ヴィルニュスのリトアニア人学術協会の **1912** 年大会の参加者。前列左から **4** 人目に座っているのが、ヨナス・バサナヴィチュス博士。アレクサンドラス・ユラシャイティス撮影。

人の要求を真剣には取り上げなかった。なぜならリトアニア語は、彼が生まれた地域を含むその領域の周縁部ですでに大方〔ベラルーシ語などに〕取って代わられていたからであった。さらにイディッシュ語を話すユダヤ人がリトアニアの都市部では最大の民族集団であり、１９０５年以後は通りで最も頻繁に話される言語としてポーランド語がロシア語に取って代わった。

リトアニアではポーランドとリトアニアの文化組織が並んで存在した。ヴィルニュスに大学を再建しようという試み（この試みは１９０５年になされ、リトアニア人とポーランド人の知識人によって大学では三つの言語で教授されるという協定すら存在した）が失敗すると、他の学術機関が創設された。リトアニア人学術協会（１９０７年）の目的はリトアニアの民族文化を涵養し奨励することであり、その希望は将来学術アカデミーに発展するというものだった。ヴィルニュス学術友好協会（１９０７年）はポーランド語話者を統合し、ヴィルニュスを文化と学術の中心に高めるのに大いに貢献した。リトアニア人学術協会の発起人であり、会長であったのはヨナス・バサナヴィチュスで、既に当時リトアニア人から民族《ネイション》の父と見なされていた。両協会とも過去とリトアニア大公国の遺産に相当注目したが、リトアニア人学術協会はリトアニア語と民族的文化の研究と、リトアニア語学校向けの教科書の準備に特に関心を向けた。両方の協会は学術的な定期刊行物を出版し、互いに協会として他方の協会の会員であった。

　美術や舞台芸術、建築の分野でも並行的な発展がみられた。リトアニア人が最初にリトアニア人芸術協会をヴィルニュスに設立（１９０７年）し、公開展示を準備し始めた。しかしすぐに、民族的リトアニアの民族復興の目的に自己を同一視したがらない地元の芸術家が別個のヴィルニュス芸術協会を設立した。両方の協会に同時に所属することは禁じられていなかったとはいえ、どちらの協会に参加するか決定するのに困難を抱えた者もいた。こうした芸術家の中に、現在世界で最も広く知られているリトアニアの画家であり作曲家であるミカロユス・コンスタンティナス・チュルリョニス（１８７５～１９１１年）がいた。彼はワルシャワとライプツィヒで音楽と美術を学んだ。チュルリョニスは民族的リトアニアの環境の出身であったとはいえ、ヴィルニュスに来た当時

ミカロユス・コンスタンティナス・チュルリョニス。スタニスワフ・フィリベルト・フルーリー撮影、**1908**年。

（1907年）、リトアニア語をうまく話せなかった。それにもかかわらず、彼はリトアニア人とともにあることを選び、リトアニア人芸術協会の創設者の1人となった。

この時期、リトアニア文学は新しい高みに到達した。リトアニア語で書かれた作品が知的かつ芸術的水準を満たしたのだった。アンタナス・バラナウスカス司教によって表明された、発生期の民族的リトアニアを基盤にした民族《ネイション》のための目標が達成可能に見えた、とりわけもしリトアニア語をその文化的遺産の一部と認める国家が出現するならば。独立国家のための計画において、ポーランド人はリトアニア人に民族的マイノリティの地位しか構想していなかった。まるで「お返し」のように、リトアニア人もリトアニア国家でポーランド語話者に民族的マイノリティの地位しか構想していなかった。対話は紛糾した。1914年の初頭、数年以内に自分たちの夢の実現のために実際の行動を起こさなければならなくなること、そしてすぐに言語に応じてどちらの協会に所属するかだけでなく、ポーランドかリトアニアのパスポートも選ばなければならなくなることなど、誰も考えてもいなかった。

訳注

1　本書の近代・現代に関する記述では、リトアニア語を話すという使用言語によって区分された集団として「民族的《エスニックな》リトアニア人」が用いられている。また同様に、このリトアニア語話者が住む地域を指して「民族的《エスニックな》リトアニア」と呼んでいる。

2　ロシア語では民族名称を指す場合の「ロシア」と古代・中世の「ルーシ」の区別がなく、ともに「ルーシ」という語が用いられる。

3　民族誌的《エスノグラフィックな》リトアニアとは、リトアニア語話者が居住している、あるいは歴史的にリトアニア語話者が居住していた地域のことで、19・20世紀時点ですでに民衆の言語がスラヴ化していた現在のベラルーシやポーランドとの境界地域を含む、当時しばしば用いられた表現。本文中にある「固有のリトアニア《リトゥアニア・プロプリア》」や「リトアニア民族の歴史的領域」はこれとほぼ同じ。

第4章　リトアニア国家の回復

20世紀初頭において、世界の大半はリトアニア民族《ネイション》の存在をほとんど忘れていた。しかし、その存在はリトアニア語を研究する言語学者にはよく知られていた。というのも、リトアニア語はインド＝ヨーロッパ祖語の古い特徴が多く残っている言語であり、比較言語学には便利な言語であったからである。ポーランド人の多くは、ロシアのツァーリがポーランド人を分裂させ彼らの勢いを弱めるために政策の一貫としてリトアニア民族運動を出現させたのだと考えていた。のちには、リトアニア国家の復活はドイツの陰謀にすぎないとも考えた。第一次世界大戦中に独立が現実味を帯びてくると、独立を志向するリトアニア人は窮地に陥った。それは、どのようなリトアニアが望ましいかという問題である。リトアニア大公国のように多言語・多文化国家が良いのか、それともより小規模な、リトアニア語話者を中心とする国が良いのか。これら二つの見解をどのように調和させ、さらにポーランド＝リトアニア共和国の復活を計画しようとし、リトアニア人の独立願望を理解せず認めようともしな

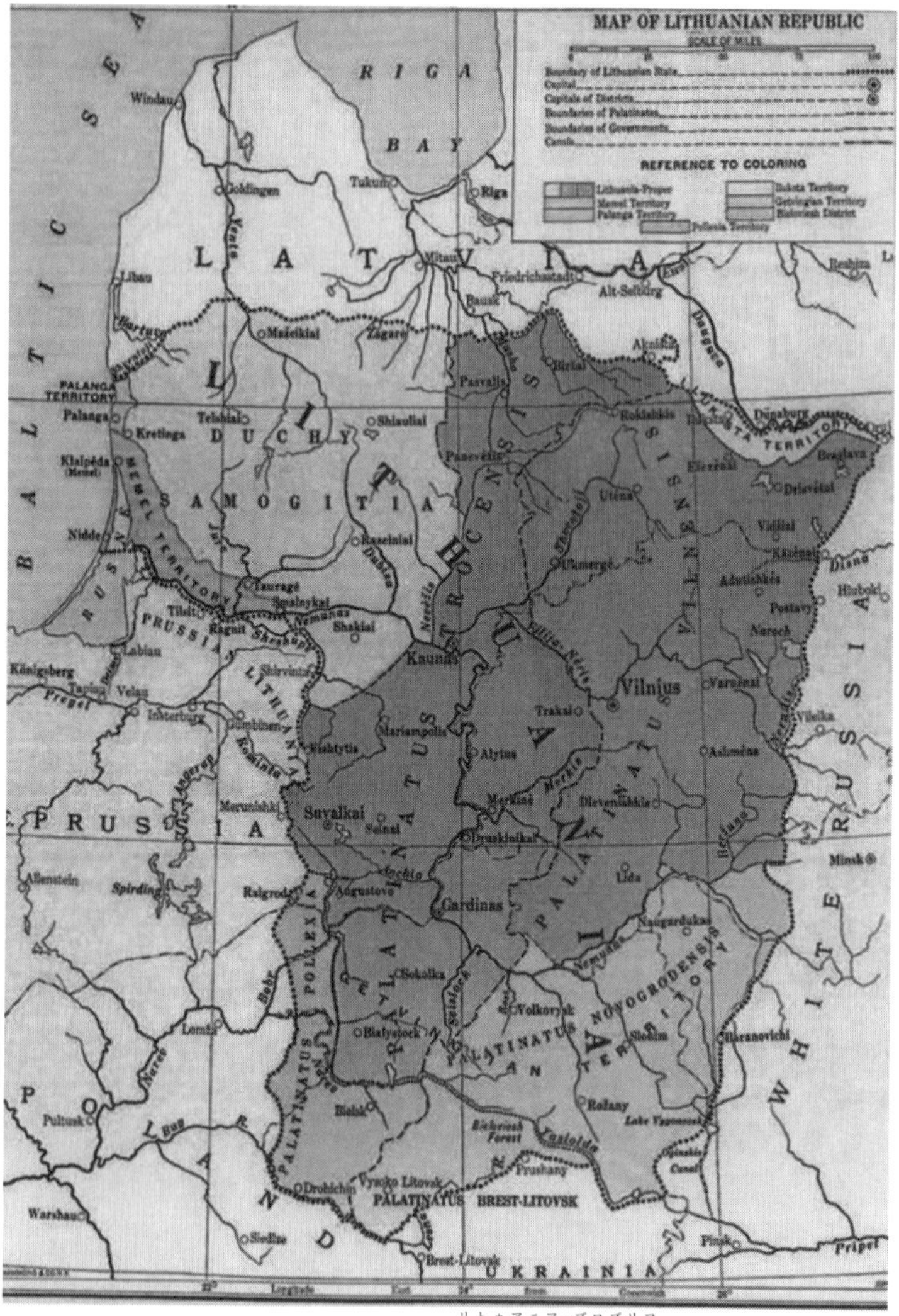

リトアニアが当初想定していた領域——固有のリトアニア《リトゥアニア・プロプリア》
（出典：Jonas Žilius, *The Boundaries of Lithuania*, Paris, 1920.）

いポーランド人にどのように妥協するかが問題となった。

リトアニアは20世紀に再び立ち上がった。リトアニア大公国との歴史的つながりを持ちながらも民族性に基づく、リトアニア語話者の国として現れたのである。リトアニアは、隣国ポーランドやその他の東欧諸国のように近代国民国家として作られた。仮にリトアニア大公国の伝統を引き継ぐ国として復活していた場合、リトアニアがどのような国になっていたかは定かではない。〔第三次ポーランド分割が行われた〕１７９５年時点のポーランド＝リトアニア共和国の一部であるリトアニアを国のモデルとすることは、固有のリトアニア《リトゥアニア・プロプリア》の示す範囲がもはや民族領域とは一致していなかったため、困難であった。ベラルーシ語やポーランド語しか話さなくなっていた住民を東部に抱えることなど不可能であったと思われる。

独立のための戦い

リトアニアの計画――自治から独立へ

１９１４年６月28日、オーストリア＝ハンガリー帝国の皇太子フランツ・フェルディナントがサラエヴォで暗殺されると、ヨーロッパの民族運動はそれぞれ勢いを増していった。オーストリア＝ハンガリーがセルビアに宣戦布告し、ロシアがセルビア側につくと、オーストリア＝ハンガリーとその同盟国であるドイツは三国協商を結んでいたロシア、フランス、イギリスとの戦争に突入した。ロシアがかつてオーストリアやプロイセンとともに行ったポーランド分割の解決を持ちだすと、リトアニア人は、スヴァルキ（スヴァウキ、リトアニア語でスヴァルカイ）県に住むリトアニア人がポーランド人の支配下に入らないだろうかという懸念を抱くようになった。

1914年7月、ヨナス・バサナヴィチュス、スタシース・シリンガス、ドナタス・マリナウスカスの3人がヴィルニュスで後に「琥珀宣言」と呼ばれるようになる宣言書を起草した。そして8月初頭、ロシアの国会《ドゥーマ》でリトアニア人議員がこれを宣言した。これは、ロシアが戦争に勝利した暁には、リトアニア人はネムナス川両岸（すなわちロシア領の大リトアニアと東プロイセン領の小リトアニア）のリトアニア人居住地域を一つとした上で、諸民族が共生するロシアのなかで自治を享受したい、という内容であった。しかしロシア人はこの要求を無視した。ほぼ同じ頃、プロイセン議会《ラントターク》のリトアニア人議員ヴィリュス（ヴィルヘルム）・ガイガライティスもまた、大リトアニアをドイツに併合するよう望むとリトアニア人を代表して述べていた。つまり、リトアニア人は戦争当事国のどちら側にいてもリトアニアの統一を望んでいたのである。9月にアメリカ合衆国のシカゴで招集されたリトアニア人カトリック会議もこれを支持していった。リトアニアの統一と自治という考えはヨーロッパを越えて広まった。リトアニア人活動家はそれぞれの活動を調整しつつ、リトアニアの分離を宣言し、その地位の問題を取り上げた。そしてこの問題を世界にアピールするために小リトアニアを切り札として用いた。

リトアニアに戦争の被害がおよび、さらにリトアニアがドイツ占領下に入ると、国家構想は次の段階に入った。1915年春、ドイツは戦略上重要なカウナスの要塞を戦わずして制圧し、9月15日にはヴィルニュスに進軍した。これにより、1795年の分割でロシア支配下となったかつてのポーランド＝リトアニア領はすべてドイツ軍およびオーストリア軍の支配下に入った。この領域にはポーランド人、リトアニア人、ラトヴィア人、ベラルーシ人が住んでいた。ドイツ人は自分たちがいる場所がどこなのかよくわかっていないようだった。というのも、彼らがヴィルニュスで出した声明のなかでヴィルニュスを「ポーランド王国で最も美しい真珠」と呼んでいたからである〔ヴィルニュスはポーランド王国領ではなかったが、分割前にはポーランド＝リトアニア領全体が諸外国からポーランド王国と呼ばれることもあった〕。リトアニア人がこれに抗議すると、彼らはこれを撤回した。ドイツ人は、半年後には自分たちのいる場所のことを理解するようになっていた。

　ドイツ宰相テオバルト・フォン・ベートマン・ホルヴェークはドイツ帝国議会《ライヒスターク》においてポーランド人、リトアニア人、ドイツ人、ラトヴィア人が住むバルト海からヴォルイニ（ヴォウィン）の沼地までの領域はロシアには返さないと宣言した。政治情勢が明らかになってくるにつれてリトアニア人は関心を抱くようになっていった。そして戦争当事国がポーランド問題に関する宣言を出したことで、リトアニア問題もドイツを通じて提起される可能性が出てきた。ドイツ人はリトアニアをロシアに占領された地域と捉えており、そのため１９１５年に前線が落ち着いてくるとドイツ軍東部全軍最高司令官（オーバー・オスト）と呼ばれる軍当局が設置された。パウル・フォン・ヒンデンブルク元帥およびエーリヒ・ルンデンドルフ中将（のちに大将）がトップを務めるオーバー・オストは、ドイツ軍の軍事目的のためにリトアニアの資源をすべて利用した。オーバー・オスト内はいくつかの州に分けられていたが、その境界線は頻繁に変更された。１９１６年６月、ヴィルニュス州とカウナスを中心とするリトアニア州が一つとなった。１９１８年、リトアニア軍当局が設置された。驚くことに、バルト海から南に広がるオーバー・オストの範囲は１７９３年から95年までのリトアニア大公国の領土にほぼ等しい。この1793年から95年というのは、のちにリトアニア大統領となるアンタナス・スメトナが称した、リトアニアが「国でなくなった」ときでもある。

リトアニア人知識人の一部はサンクト・ペテルブルクに逃亡した。ヴィルニュスやカウナスに残った者は、ドイツが占領地域の併合、植民地化、ドイツ化を計画していることを知っていた。戦局が進むと、ドイツは、名目上は独立国でありながらも実際にはドイツに従属する地元当局をつくる、という巧妙な試みを計画するようになった。オーバー・オストはこの計画のためにリトアニア人の協力を必要とした。

リトアニアでは政治団体が複数乱立し、様々な政党や社会運動に分裂していた。それらは大きく二つの流れに分けられ、社会民主党と民主党は急進左派、民族主義勢力（タウティニンカイ）とキリスト教民主主義勢力は保守右派という構図となっていた。そのほか異なる政治観をもつ小集団も多くあり、いずれの勢力も一枚岩ではなかった。

急進派も保守派も民族自決の原則は支持しており、リトアニアが国だったという歴史的経緯もともに認めていた。両者が望んでいた領域は瓜二つで、彼らはヴィリナ（ヴィルノ、ヴィルニュス）県、コヴノ（カウナス）県、スヴァルキ（スヴァウキ、スヴァルカイ）県、グロドノ（ガルディナス）県、それにクルリャンディヤ（クールラント）県の一部をリトアニア民族の歴史的領域と捉えていた。ポーランド＝リトアニアという一つの国が文化に与えた影響はまだ残っており、ポーランド語を母語とするリトアニア人はリトアニア語を話せるようになろうとはせず、徐々にポーランド文化やポーランド国家建設計画へと惹きつけられていた。そのため、リトアニア独立という目標はリトアニア語話者という民族を基礎にすることとなった。リトアニア語話者の国リトアニアを作るために、ポーランド語話者にはいかなる特権も与えられず、ただ少数民族としてアイデンティティを保持し続けることのみ認められた。リトアニア人の大半は裕福な地主のポーランド人に特権を与えることを認めようとはしなかったのである。リトアニア語話者という意味での「新リトアニア人《ヤウナリエトゥヴェイ》」とは区別される「旧リトアニア人《セナリエトゥヴェイ》」の地主のなかにはリトアニア人の独立要求を支持した者もいたが、多くの地主はポーランドとの一体を望んでいた。第一次世界大戦後にポーランドの指導者となったユゼフ・ピウスツキはリトアニアの地主の息子であり、自らをリトアニア人と称していた。同じく地主のガブリエル・ナルトヴィチはポーランドの初代大統領に就任した人物であるが、その兄のスタニスロヴァス・ナルタヴィチュスはリトアニアの独立宣言書に署名した一人であり、リトアニア初の統治機関であるリトアニア評議会《タリーバ》の議員にもなった。

リトアニアの将来に関して政治的妥結を目指してポーランド人との議論が重ねられてきたが、結局それは実を結ばなかった。その間、オーバー・オスト軍事政権は食料などを徴発し税や義務を課すなど農民を搾取していた。さらに、学校教育においてドイツ化政策を導入し、リトアニア人学校でのドイツ語教育を必修化した。軍当局に任命されたルター派のドイツ人教師が原始的で厳しく統制された教育手法を用い、ドイツ皇帝を賛美する教育を施した。郡の境界線を越える移動は禁じられ、リトアニア語で書かれた手紙を郵送することも禁止された。リトアニア語の新聞は、検閲を受けていた『ダバルティス（現在）』のみ発行が認められていた。ドイツ当局の政策を批判する文章を書き公表した者は逮捕され、教師は追放された。これに不満を抱いたリトアニア人はドイツ政府に嘆願を出した。

戦時中には家や仕事を失った戦争被害者の支援を目的とする慈善団体、リトアニア人戦争被害者支援協会が組織された。同協会中央委員会の初代委員長マルティーナス・イーチャスがロシアに退却すると、保守派のアンタナス・スメトナが協会を率いることとなった。政治的妥結を目指したスメトナは、自由主義者や左派の政治指導者に協会に加わるよう呼びかけた。社会運動に取り組み、戦況に関心を持ち、戦後復興について考えるようになったリトアニア人はヴィルニュスに集まるようになり、政治にも関わるようになった。ロシアもドイツも自治を認めることすら約束しようとしないために、失望感が広がっていた。リトアニア人はリトアニアの将来に関して、リトアニアの自治獲得やリトアニア大公国の再興、さらにはポーランド＝リトアニア共和国の再興まで、さまざまな案を検討した。しかしどの案にも欠点はあった。いずれもリトアニアの独立を保障するものではなかったのである。ドイツ占領下のリトアニアの政治指導者はドイツの利害に合わせて行動する必要があった。しかしそのせいでポーランド人とのあいだに摩擦が生じ、さらにはリトアニア人同士も対立することになった。1916年にローザンヌで開かれた被抑圧民族会議においてリトアニア人は初めてリトアニアの独立を宣言したいという意志を示した。しかし、リトアニアのドイツ占領軍は独立を検討することを認めはしなかった。戦争が終盤になってようやくリトアニアの独立が議論され始めたが、ポーランドとリトアニアの連合計画はどのようなものであれ支持されなかった。オーバー・オストの領域は何度も変えられ、リトアニア人やベラルーシ人に好都合なようにポーランド人人口は減らされ、彼らの影響力も低下した。オーバー・オストにおける影響力の拡大を狙うリトアニア人とポーランド人の関係は悪化した。

ドイツとオーストリアがポーランド国家の再建計画を発表すると、リトアニア人の代表はリトアニアの問題を提起した。ドイツが併合・編入計画を改定すると、占領地域においてリトアニア人の支持が必要とされた。そして１９１７年夏、リトアニア人がヴィルニュスで会議を開くことが許可された。会議の組織委員会（ミーコラス・ビルジシュカ、ペトラス・クリマス、アンタナス・スメトナ、ユオザス・スタンケヴィチュス神父、ユルギス・シャウリース）は、社会階層や党派の異なる代表者を各郡５～８人ずつ選んだ。リトアニア人会議として組織されたためポーランド人の地主は特に招待されなかったが、それでも数人が会議に出席した。ヴィルニュス会議は９月18日から22日までヴィルニュス市の劇場で開かれ、リトアニア全土から集まった代表者２１３人と、新たに招待された９人が出席した。なかでも多かったのは、聖職者（66人）、農民（65人）、そして知識人（59人）であった。

ヴィルニュス会議で出された主要決議を見ると、リトアニア人がどのような国家を思い描いていたのかがよくわかる。そこには、「民族境界で区切られ、民主的に統治される、経済生活に必要な改革を伴う独立国家」と書かれていたのである。そして最終的な国家像は、「リトアニアの全住民によって民主的に選ばれた後にヴィルニュスで招集されるリトアニア制憲議会《セイマス》」が定めるとされた。また、少数民族の文化的権利は保障するとされた。さらにリトアニア人会議は、もしドイツが講和条約締結以前にリトアニア国家の樹立を認め、講和条約においてリトアニアの要求を支持することに同意した場合に、リトアニアの利害が平時においては「東［ロシア］にも南［ポーランド］にも西［ドイツ］にもよらない」ことを確認したうえで、リトアニア新国家がドイツと一定の関係を結ぶことを承認した。

ヴィルニュス会議の出席者は20人からなるリトアニア評議会を選出した。評議会は、リトアニアの

ヴィルニュス・リトアニア人会議の幹部会（**1917**年**9**月）。

住民の行政機関として、9月24日から活動を開始した。法学者でリトアニア語新聞の編集者であったアンタナス・スメトナが評議会議長に就いた。彼は、評議会で急進派と保守派の懸け橋となることができると期待されていた。評議会は実際に執行権を有しておらず、したがってリトアニア民族とオーバー・オストの仲介役を務めるのは簡単なことではなかった。ドイツ国内では皇帝と外務省、カトリック政党である中央党の議員の考えの違いが顕在化しつつあり、評議会はリトアニアの併合計画を阻止するためにこれを利用した。

議論のなかでは、リトアニア新国家の境界線をどこに設定するかが最も重要なテーマの一つとなった。1917年11月2日から10日にかけてヨーロッパ各国やアメリカ合衆国に住むリトアニア人活動家が組織したリトアニア人会議がベルンで開かれ、リトアニア評議会幹部会のアンタナス・スメトナ、ステポナス・カイリース、ユルギス・シャウリースの3人がこれに出席した。ここでリトアニアの境界は固有のリトアニア《リトゥアニア・プロプリア》内における民族領域を基にすることとされ、コヴノ県とスヴァルキ県の全域、ヴィリナ県のほぼ全域（正教徒の多い郡を除く）、〔グロドノ県の〕ベロストク（ビャウィストク）郡、グロドノ郡、スロニム（スウォニム）郡、ヴォルコヴィスク（ヴォウコヴィスク）郡、そしてクルリャンディヤ県のイルクステ郡（ダウガヴァ川が北限）をリトアニアの領域とするとされた。会議はリエパーヤ港〔現ラトヴィア領〕も要求しようとしたが、クライペダ（メーメル）港については戦略的理由からあえて触れなかった。概して、国際情勢が変化するにつれて領土計画も変更された。リトアニアがどのくらいの規模の国になるのかは、まだ誰にもわかっていなかった。

リトアニア人移住者が多く住む街ではどこでもリトアニアの将来についての話し合いが行われていた。ロシア全土には戦争難民や出稼ぎ労働者のリトアニア人が約30万人いた。サンクト・ペテルブルクやヴォロネジではリトアニア語新聞やリトアニア語のギムナジウムを備えたリトアニア人の拠点が作られ、若者がリトアニアに戻れるよう準備されていた。ロシア革命によりツァーリ体制が倒れるとリトアニア人は活動しやすくなったが、同時に政治的分裂も引き起こされた。１９１７年３月にペトログラード（サンクト・ペテルブルクから改称）で開かれたリトアニア人議会《セイマス》では、革命の高揚感に浸っていた左翼活動家がリトアニアは「ロシアという自由諸民族の連邦」のなかに入るべきだと説いた。リトアニアの完全な独立を明確に支持していた多数派の保守派は、これを受けて議会を後にした。

１９１７年４月にアメリカ合衆国がドイツに宣戦布告すると、30万人以上の在米リトアニア系住民（多くはシカゴ、ニューヨーク、ペンシルヴェニアに住んでいた）がリトアニアの独立を積極的に支持するようになった。彼らの団体は組織がしっかりしており、文化団体も多く、また多くの新聞を発行していた。

ウッドロー・ウィルソン大統領が14カ条の原則のなかで戦後ヨーロッパの秩序として民族自決を提唱すると、リトアニアの問題も提起されるようになった。リトアニア系アメリカ人は戦争被害者に支援を施し、1916年11月1日をリトアニア人戦争被害者のための日とするようウィルソン大統領に嘆願した。このとき、彼らのために20万ドルが集められた。リトアニア系アメリカ人はローザンヌにあるリトアニア人情報局（ユオザス・ガブリース＝パルシャイティスらが率いていた）に資金援助を行い、リトアニアの独立問題を取り上げる外国語での出版にも資金を提供した。1918年3月、強い影響力を有するカトリック系や民族主義派《タウティニンカイ》の在米リトアニア人団体が、集会の場でリトアニアの独立を要求した。在米団体の代表がスイスで開かれたリトアニア人会議に参加することもあった。在外リトアニア人団体とリトアニア国内の団体の連携は深まった。

1918年2月16日宣言

1917年末、ドイツはソヴィエト・ロシアとの単独講和に向けた交渉に乗り出そうとしており、ドイツと結合するリトアニア国家の樹立を宣言するようリトアニア評議会《タリーバ》に迫った。カウナスに本部を置くオーバー・オストはリトアニア評議会に決議文の草案を渡し、評議会はそれをわずかに修正しつつも概ね受け入れ、12月11日にドイツ軍当局に返送した。決議文の前半では民族自決権やヴィルニュス会議で採択された決議が言及され、さらに、リトアニアがヴィルニュスを首都とする独立国であること、これまでの他民族との政治関係はすべて破棄されることが宣言された。

他方で、評議会はドイツの要求に従い、決議文の後半では「リトアニア国家とドイツ国家の永続的

リトアニア評議会《タリーバ》（**1918** 年）――ヨナス・バサナヴィチュス博士（前列左から **5** 番目）とアンタナス・スメトナ（同 **6** 番目）。

で堅固な連合」を支持すると宣言された。そして、軍事、交通、関税、通貨の4分野における連合から実現することとされた。制憲議会《セイマス》に関する言及はなかった。ドイツはこの宣言をブレスト＝リトフスク（ブジェシチ、現ベラルーシ領ブレスト）での和平交渉に利用したが、この交渉にリトアニア評議会の議員は招待されなかった。

しかし、これは一つの良い結果をもたらすことになった。12月11日決議は物議を醸し、在米および在ロシア・リトアニア人からは不満の声があがった。これにより評議会も分裂した。1918年1月末、急進派のステポナス・カイリース、スタニスロヴァス・ナルタヴィチュス、ヨナス・ヴィレイシス、ミーコラス・ビルジシュカはこの妥協案に抗議して評議会を後にした。ドイツが12月11日宣言に基づくリトアニア国家の樹立すら認めなかったため、評議会の指導者らは左派への歩み寄りを模索し始めた。両者とも合意可能な文章が作成され、そして1918年2月16日、ヴィルニュスで新たな決議が評議会で採択された。これは実質リトアニアの独立宣言であった。この決議では、民族自決権に基づいてヴィルニュスを首都とする民主的な独立国家リトアニアを回復し、他民族とのあいだにあった国家関係はすべて破棄する旨が宣言された。リトアニア国家の基礎や他国との関係については、リトアニアの全住民によって民主的に選ばれる制憲議会が最終的に決定することとされた。

2月16日の宣言では独立の「回復」が謳われ、リトアニア大公国との関係が明確にされた。リトアニア人は「回復」や「再建」という言葉を用いることでリトアニア国家がポーランドとは異なるということを強調しようとした。そして、リトアニア大公国だけでなくミンダウガス王の時代のリトアニア王国を回復することも考えられた。それは国際情勢次第ではあったが、いずれにせよ新国家リトアニアが議会制民主主義によることは明らかであった。

リトアニア国民の希望や願望が込められている2月16日の宣言は、国民の自由と主権の象徴となった。2月16日はリトアニアの独立記念日とされ、実際にリトアニアの独立の始まりとなった。評議会がリトアニアを先導することが明記されたのがこの宣言であった。3月23日、スメトナ率いる評議会の議員団がベルリンでドイツ宰相ゲオルク・フォン・ヘルトリングに宣言内容を伝達した。同日、ドイツ皇帝ヴィルヘルム2世は、ドイツがリトアニアの独立を承認すると発表したが、12月11日宣言で定められたとおり、リトアニアとドイツが緊密な関係を保つことを条件とした。

リトアニアが立憲君主国となるべきか否かという問題が課題として残っていた。評議会は、ザクセンあるいはプロイセンとリトアニアが人的同君連合を結ぶ計画をめぐって、カウナスのドイツ軍当局

および ドイツ本国の政府と対立した。この計画を阻止するため、評議会の保守派および君主制支持者は１９１８年7月13日、ドイツのカトリック政党である中央党の指導者マティアス・エルツベルガーからの支援のもと、ヴュルテンベルク家のウラハ公ヴィルヘルムをリトアニア王ミンダウガス２世として招聘《しょうへい》した。それでもリトアニアの主権を確保する見通しは立たなかった。ドイツ当局がリトアニア王の選出を有効なものとして認めなかったからである。さらに評議会の左派議員は、右派が国民の権利を奪っているとして抗議した。戦況が変わると、評議会は１９１８年11月2日にリトアニア王の選出を無効とした。

ロシアとドイツという二つの帝国が苦戦し、さらに両国で革命が勃発すると、新たなチャンスが到来した。評議会は統治機関を押さえ政権を奪取しようと根気強く活動を続けた。ドイツ当局が行う徴発に抗議し、さらに戦争捕虜がドイツやオーストリアから帰国できるよう、そしてロシアからもリトアニア人が強制送還されるように、手はずを整えた。１９２２年1月までに19万５０００人がリトアニアに帰国した。

１９１８年11月、評議会は暫定憲法を採択した。この暫定憲法ではリトアニア国家評議会《タリーバ》（リトアニア評議会から改称）が国の立法機関であると定められ、評議会幹部会（アンタナス・スメトナ議長、ユスティナス・スタウガイティス副議長、スタシース・シリンガス副議長の３人）および内閣が政府の行政機関とされた。評議会は、新たにドイツ宰相となったマックス・フォン・バーデンの承認のもと、歴史学者のアウグスティナス・ヴォルデマラスを首相に任命した。１９１８年11月11日にヴォルデマラス内閣が発足した。異彩を放つ人物であったヴォルデマラス首相（兼外相）は、リトアニアはいかなる者とも戦争をするつもりはないとの理由からリトアニア軍を創設しないと発表し、周囲の人を驚かせた。彼は民兵だけで十分と考えていた。

しかし、ヴォルデマラスは早くも11月23日には軍の動員を宣言せざるを得なくなった。世界革命という情熱に燃えていたロシアのボリシェヴィキがポーランドやドイツで革命を起こそうとしていた。撤退するドイツ軍を追撃するために赤軍師団が派兵された。1918年11月3日、ソヴィエト・ロシアはバルト諸国に対する権利をドイツに放棄したブレスト＝リトフスク条約を破棄し、「エストニア、ラトヴィア、リトアニア、ベラルーシ、ウクライナをドイツによる占領から解放するため」の徹底した軍事および政治闘争に着手した。ごく一握りのリトアニア・ボリシェヴィキは、赤軍部隊にのみ支援されつつ、12月16日にソヴィエト・リトアニアの樹立を宣言した。1週間後、ヴラジーミル・レーニンはソヴィエト・ロシアがソヴィエト・リトアニアを承認すると布告した。

しかしリトアニア人は概してソヴィエト・ロシアを信用しておらず、ボリシェヴィキを支援しなかった。リトアニア人にとって問題だったのは、リトアニアに自国を守る軍隊がなかったことであった。1918年12月には赤軍がヴィルニュス近くにまで迫っていたにもかかわらず、ヴォルデマラス政権は未だこれに対抗する軍を有していなかったのである。兵器購入のために1億マルクの貸し付けを求めてベルリンに来ていたスメトナは、1918年12月21日、急いでベルリンを発った。ドイツは新たに発足したリトアニア軍に武器を供給した。さらにドイツは、連合国の要求により、ボリシェヴィキの進撃を阻止するために自国の軍隊を派兵することが認められた。〔ヴォルデマラス内閣に代わって〕新たに発足したミーコラス・スレジェヴィチュス内閣はヴィルニュスからカウナスに撤退し〔これにより政府機能はカウナスに移転）、すぐにリトアニア軍の創設に乗り出した。リトアニアで最初の部隊は、ザクセンからの義勇軍の部隊の援助を受けながら赤軍との戦闘を始め、カウナス―アリートゥス前線でついに赤軍の前進を止めることができた。

リトアニア国家評議会を批判する者も徐々に評議会を尊重するようになっていった。左派は当初、評議会が親ドイツ的であるとして批判していた。しかし評議会が、困難な状況下で国外からの圧力を受けながらもうまく障害を乗り越えようとし、リトアニアの独立問題を前に進め、ドイツの従属から離れようとし、さらに短期間で政府を樹立し地方行政機構を整えようと努めたことは、左派だけでなくポーランド人も、さらには協商国も認めざるを得なかった。

ヴェルサイユ条約

リトアニアはポーランドとは異なり、１９１９年初めに行われたパリ講和会議の正式な参加国ではなかった。そのため、リトアニア代表団は舞台裏で活動するしかなかった。リトアニア代表団を率いたのはヴォルデマラスである。ユダヤ人代表のシモン・ローゼンバウム、ベラルーシ人代表のダミニク・シャマシュカ、その他多くの在米リトアニア人がリトアニア代表団に加わった。リトアニア大公国にルーツをもつフランス語の詩人オスカル・ミロシュが文章の編集にあたった。代表団は講和会議の各種委員会に向けて覚書や論説、声明を出し、リトアニアの承認に関する問題に目を向かせようとした。これは、リトアニア人同士でこの問題の議論をするだけでなく、非常に重要な国際舞台においてもリトアニアの代表として独立に向けた環境をつくっていこうとした、最初の例であった。国境問題についてリトアニア代表団は、民族分布に従うという原則に基づいて議論をするよう指示を受けていた。しかし同時に、クライペダもしくはリエパーヤに海港を有するなどといった経済的是正も主張した。また、ヴィルニュスがリトアニアの首都であることを強調し、リトアニアの国際連盟加盟に向けたロビー活動も行った。

代表団は、リトアニアは歴史的国家であり、リトアニアがポーランドやロシアに含まれることは望まない、と主張した。そして味方や仲間を探した。エストニア人やラトヴィア人、ポーランド人と交渉を行い、「スヴァウキの三角形」〔スヴァウキを中心とする地方〕に対する主張を取り下げようともした。代表団は概して情報やプロパガンダを広める活動を担っていた。ロマン・ドモフスキやユゼフ・ピウスツキを支持するポーランド人の多くはリトアニアをポーランドの一部に留めておこうとしたため、リトアニア代表団は1919年3月24日の文書のなかで、ポーランドは常にリトアニアを搾取し続け、16世紀のポーランドとの政治合同はリトアニア国内に混乱をもたらしたのだと主張した。ロシア白衛軍〔白軍〕の代表者はこの問題に関して沈黙を貫いた。しかし、他の事情により、講和会議でリトアニアが注目されるようになった。

パリのリトアニア代表団は、リトアニアにおいて赤軍の進軍が止まり状況は落ち着いたという知らせを受け、安心してほっと一息吐いた。1919年4月4日、リトアニア〔国家〕評議会の会議の場で民族進歩党《タウティニンカイ》のアンタナス・スメトナがリトアニア大統領に選出された。彼が、持論を唱えてばかりいる左派や自由主義者たち、キリスト教民主主義者たちをとりまとめることができ、したがって政治的安定をもたらすことができる人物であったためである。

リトアニアとポーランドの紛争の中心地となったヴィルニュス（**1916**年）。ヤン・ブウハク撮影。

リトアニア軍は6月下旬までに兵力6000人を抱え、安定的に規模を拡大していった。士官の数が少なかったため、カウナスで士官の養成が始まった。誇りと熱意を持った志願兵が軍に加わり、その数はすぐに約1万2000人に達した。彼らは従軍と引き換えに土地が与えられると約束された。赤軍に対する軍事行動により、1919年夏には赤軍をリトアニアから撤退させることとなった。リトアニア軍は、秋にはウスリー・コサックのパヴェル・ベルモント＝アヴァロフ率いるロシア人とドイツ人の混成軍である「ベルモント軍」（公式にはロシア白軍のアレクサンドル・コルチャーク将軍に直属）を破った。ベルモント軍から武器を押収したことで、リトアニア軍が所有する兵器の数は大きく増加した。

しかしリトアニアの国家承認の問題は前進しなかった。フランスは、特にロシア解体期において「海から海まで」（つまりバルト海から黒海まで）広がる大ポーランド構想を支持したため、国家承認への扉はリトアニア人には開かれていなかった。ポーランドとリトアニアの連邦構想も実現されなかった。リトアニアの領土を相当に狭くして独立する案が、リトアニア人がポーランド人に期待できたなかでは最善のものであった。ポーランド人はリトアニアの利害を考えていなかったため、リトアニア人は、ポーランド人からのいかなる提案にも断固として反対し続けた。議論は続けられ、対案も出されたが、ポーランド代表団は対案をすべて拒否した。ヴィルニュスに関して、どの国がリトアニア東部を支配すべきかに関しては、合意は見られなかった。リトアニア人は、リトアニア東部は歴史的にリトアニアの領土であると主張し、ポーランド人はヴィルニュス地方の住民の多くはポーランド語を話し、ヴィルニュスはポーランド人の都市であると唱えた。20世紀になるまではポーランド人もリトアニア人もヴィルニュスがリトアニア大公国の歴史的首都であることを認めていたため、リトアニア人は歴史を根拠とする議論を執拗に繰り返した。

ピウスツキは、〔ポーランド＝ソヴィエト戦争における〕ポーランドによるヴィルニュス占領は地元ポーランド語話者の自決に基づくものであると唱え、さらにボリシェヴィキとの戦いを続ける必要からもこれを正当化した。リトアニアはポーランドとリトアニアの軍のあいだに境界線を設けるよう協商国に求めた。1919年6月18日に境界線（「フォッシュ・ライン」）が設けられたが、ポーランドはこれを無視した。協商国は、ロシアは不可分であるという原則に基づき、新国家を承認することを避けた。リトアニア人もまた過ちを犯した。アウグスティナス・ヴォルデマラスは、6月にイギリス代表のジェームズ・シンプソンからロシアとの連邦に関してリトアニアの立場を問われた際、誰にも相談することなく「ドイツ連邦に加わったバイエルンとほぼ同じ原則によりリトアニアがロシアの連邦に加わることは可能である」と回答した。これに驚いたカウナスのリトアニア政府は、これはヴォルデマラス個人の意見であるとの声明を急いで出したのであった。

19世紀のリトアニア民族運動はリトアニア人の土地をすべて統一することを目指していた。そのなかには、一度もリトアニア大公国領になったことのない東プロイセンのリトアニア人地域も含まれていた。なお、この地域はリトアニア人のあいだでは「小リトアニア」の名で知られていた。ヴェルサイユにおいてリトアニア代表団は、リトアニア人10万人とドイツ人50万人が住む東プロイセン領の土地をリトアニアに譲渡すること、そしてリトアニアがクライペダ（ドイツ語でメーメル）からバルト海にアクセスできるようにすることを求めた。戦争に負けたドイツは、あまり強い態度に出ないほうが協商国などの陰謀を押さえることができるだろうとの判断から、リトアニアの案にはそれほど声高に反対しなかった。実際、ヴェルサイユ条約第28条でクライペダ地方はドイツから切り離され、連合国の管理下に置かれることとなった。フランス首相ジョルジュ・B・クレマンソーは、ドイツに対する声明のなかで、クライペダ地方が「常にリトアニア人の領土であった」ために連合国がクライペダ地方をドイツから切り離すことでいかなる民族の自決権も侵害してはいないこと、そしてクライペダ港がリトアニアにとって唯一の海港であることを説明した。クライペダ地方の管理権はフランスに与えられた。この処置により、リトアニアが国家承認を獲得した後にクライペダ地方の領有権を主張できる可能性は残された。したがって、東プロイセンに住むリトアニア人との緊密な連携はさらに進められた。

パリのリトアニア代表団は内政に関する質問にも回答しなければならず、リトアニア評議会が親ドイツ政策を行っているとの非難に反論しなければならなかった。リトアニアは、ユダヤ人などの少数民族に広範な文化自治を与えること、農地改革に着手することを約束した。リトアニア本国では破壊的な計画が退けられた。１９１９年８月、リトアニアの諜報機関が、クーデタにより親ポーランド政府を樹立しようと計画していたポーランド軍事組織のメンバー２００人を逮捕したのである。この事件により、リトアニア人のあいだに残っていたポーランドとの連邦に賛成する感情は一気に消え失せた。ベルモント軍によるカウナスでのクーデタ計画も、無事に失敗に終わった。戦場でリトアニア軍志願兵の大隊が組織され、その他にもパルチザンがリトアニアの独立のために戦闘に参加した。１４４４人が犠牲となったものの、侵略軍を追い出し国を守ることに成功した。

パリのリトアニア代表団は、イギリスから政治的支援を、アメリカ合衆国からは物質的支援を、フランスからは軍事的支援を確保することができた。外国人士官がリトアニア軍に招かれ、アメリカ系リトアニア人の旅団が組織され始めた。このような計画の多くは資金不足により実行に移されなかったが、連合国には好印象を与えることとなった。リトアニア代表団の粘り強い交渉の末、フランス軍、イギリス軍、アメリカ合衆国軍、そして連合国最高会議の使節がリトアニアを訪れることとなった。これによりリトアニア人の独立への期待は高まった。また、連合国もリトアニアの状況に関して客観的な情報を入手することができた。

イギリスが先んじてリトアニアへの支援に乗り出したとき、イギリスに感謝するためのデモが行われた。１９１９年9月26日、イギリスがリトアニアに対して事実上の国家承認を公式に行ったことが伝えられると、数千人がカウナスの市庁舎前に集まった。当時の新聞は、これだけの群衆はカウナスでは過去５００年にわたって見られなかったと伝えた。上空には飛行機が三色のリトアニア国旗を引きながら飛んでいた。民衆は喜び、スメトナ大統領はバルコニーから民衆に向けて挨拶をした。その後リトアニアは１９１９年のうちに、ノルウェー、ラトヴィア、フィンランドから国家承認され、１９２０年５月11日にはフランスが、同年７月４日にはポーランドもリトアニアを国家承認した。

ソヴィエト・ロシアとの講和条約（１９２０年７月12日）

リトアニアは、ドイツとロシアという二つの敗戦国の権益がぶつかるところに位置していることをわかっていた。復活したポーランド国家は、そのあいだに入って東ヨーロッパに新たにできた権力不在の地域を埋めようとした。ロシアとドイツのあいだに「防疫線」を張ろうとしていた西欧諸国はポーランドの計画を支持したが、リトアニアは、ポーランドの計画は自国の領土および独立国家としての存在を脅かすと見ていた。実際、協商国がボリシェヴィキと戦うようにポーランドおよびリトアニア、ラトヴィア、エストニアに働きかけ、これらの国がボリシェヴィキと戦闘を繰り広げると、ポーランドはヴィルニュスやリトアニア東部を奪取した。

ロシアがリトアニア大公国の遺産も、その一部であるリトアニアも、領有を諦めていなかったため、リトアニアは多方面での戦いを強いられた。しかし、ロシア内戦において白軍に迫られていたソヴィエト・ロシアは１９１９年９月、リトアニア、ラトヴィア、エストニアに和平交渉を提案した。その結果、ロシアがこれら３カ国を事実上承認することとなった。１９２０年初め、リトアニアは交渉開始に同意した。両国とも、これによってポーランドに対する自国の立場は良くなると考えていた。トマス・ナルシェヴィチュス率いるリトアニア交渉団は、1920年5月にモスクワに到着するとすぐ、リトアニアがリトアニア大公国の継承国として復活したとして国家承認するようソヴィエト側に求めた。アドリフ・ヨッフェ率いるソヴィエト交渉団はリトアニアを新たな政治主体と見なし、民族自決権に基づきリトアニアを承認することに同意した。

しかし、両者の間で結ばれた新講和条約の第1条はリトアニアに好ましいものであった。〔ソヴィエト・〕ロシアはリトアニアに対するいかなる権利も永久に放棄し、リトアニアの独立と主権を承認することに同意したのである。領土問題もリトアニアに好ましい形で決着した。リトアニアは、旧ロシア帝国のヴィリナ県、コヴノ県、スヴァルキ県、グロドノ県を自国領であると主張した。これらの県は、ロシア政府が伝統的にリトアニアと見なしていた地域である。このうちの一部は既にポーランドに支配されていたものの、ヨッフェは、ヴィルニュスだけでなくリトアニアが主張した領土の多く〔リトアニア人がほとんど住んでいないグロドノやリダも含む〕をリトアニア領とすることに同意した。リトアニアに引き渡される領土は、〔第三次ポーランド分割が行われた〕1795年時点のリトアニア大公国の領土とほとんど同じ大きさであった。ヨッフェは、見返りとして、ソヴィエト・ロシアと軍事同盟を結ぶことをリトアニアに求めた。リトアニアはソヴィエトからの要求についてイギリスに伝えた。というのも、リトアニアは、イギリスがヴィルニュスを要求するポーランドを抑えてくれることを期待していたからである。しかし、フランスがこのリトアニアの試みを無効にした。東部でさらに多くの領土を得ようと交渉していたリトアニア交渉団は、当該地域でカトリック信仰が支配的であることや、民族構成および歴史に関する資料を根拠として、領有を主張した。そして、ヨッフェが提案したもう一つの条件にも応じた。それは、リトアニアとソヴィエト・ロシアが「一度も戦争状態になったことはない」と記録することであった（当時両国は講和条約の草案作成にあたっていたため、この表現は逆説的に思われた）。リトアニアは補償として３００万ルーブリを受けとり、加えて、ロシアの森林の一部を伐採したり、モスクワに移されていたリトアニアの公文書を取り戻したりすることができるという約束をソヴィエト側から取りつけた。リトアニアはソヴィエトと講和条約を結ぶことでリスクを負った。というのも、もしロシア内戦で白軍が赤軍に勝利した場合、リトアニアはロシアかポーランドに引き渡されるだろうと考えられたからである。１９２０年7月12日、リトアニアはソヴィエト・ロシアと講和条約を結び、これによりロシアとの関係だけでなくポーランドとの関係も強固となった。条約締結は概ねリトアニア外交の大勝利であった。西欧諸国もこの条約を無視することはできなかった。

しかしこの条約には難点があった。ソヴィエトにより挿入された第2条の付録で、ロシアとポーランドの戦争においてロシア軍がリトアニア領を通過することはリトアニアに対する「敵対行為」や条約違反とは見なされないとされたのである。この条項はポーランドとロシアの紛争には介入しないというリトアニアの宣言に反すると見られたが、ポーランド軍がヴィルニュスを支配する状況においてポーランド軍を撤退させることはリトアニアの利益にもなったため、リトアニアはこの条項にしぶしぶ同意した。これにより赤軍は１９２０年7月14日にヴィルニュスを占領し、さらにヴィルニュスを通過してポーランドの前線に進むことができるようになった。ポーランドは、リトアニアがボリシェヴィキに対する統一戦線への支援を怠っていると見なした。これがリトアニアがヴィルニュスの承認を得るために支払った対価であった。

ヴィルニュス問題に関してはモスクワで結ばれた講和条約とは別の進展もあった。ポーランド軍がロシアからの圧力を受けて撤退を余儀なくされたとき、1920年7月5日から16日にベルギーのスパで開かれていた会議で列強国がポーランドにヴィルニュスをリトアニアに返還するよう迫り、ポーランド側は7月10日、列強国の要求に従い軍を撤退させると述べた。これはリトアニアが協商国の支援とポーランドの協力のもとで首都を取り戻すまたとない機会であったが、しかしポーランド軍はヴィルニュスをすぐにリトアニアに引き渡そうとはしなかった。ポーランドは、赤軍による攻撃に苦しめられていたためにこれに同意しただけだったのである。実際ポーランドは、リトアニア人がヴィルニュスに移ってくるのを武力を用いて阻止した。しかし、7月14日に赤軍の騎兵軍団がヴィルニュスを奪取し、7月15日にはリトアニア人がヴィルニュスに進入した。そしてソヴィエトとの講和条約を根拠に、赤軍をヴィルニュスから撤退させることもできた。このようにしてヴィルニュスは、列強国が意図したとおりリトアニアに引き渡されたのである。

ポーランドがボリシェヴィキを破っていなければ、この講和条約には何の意味もなかったであろうことは言うまでもない。というのも、ボリシェヴィキは、1920年8月にリトアニアでの反乱の準備を集中的に進めていたからである。偽のリトアニアの身分証明書を持った破壊工作員約2000人がロシア・ソヴィエト連邦社会主義共和国からリトアニアに送られ、武器を密輸してカウナスなどの都市に兵器庫を設置し、地元住民の勧誘も行った。ボリシェヴィキは、赤軍がワルシャワ近郊で敗北を喫したことでリトアニアでの反乱計画を中止したのであった。結果としてリトアニアは生き残り、3万人からなる軍を組織して自国を守り、内政に取り組むようになった。

ヴィルニュス問題

リトアニアは軍事的に弱く、リトアニア人が多数を占める地域をすべて統一することはできなかった。リトアニアはポーランドとの軍事衝突でセイニ〔リトアニア語でセイナイ〕およびプンスク〔プンスカス〕を失った。ポーランドとの対立は領土問題にとどまらず、社会的側面も帯びるようになった。1920年9月、ミーコラス・スレジェヴィチュス首相は国会《セイマス》で以下のように述べている。「ポーランドが我々を攻撃するのは、我々〔リトアニア〕の地主が我々住民をさらに搾取し所有地を守るために、ポーランドの軍隊をリトアニアに招いているからだ。健康な者は皆武器を手にしなければならない」。

独立戦争においてスレジェヴィチュスは政治的合意を取りつけ、中央政府を組織し、地方政府をその支配下に置くという、類まれな役割を果たした。彼は侵略者に対して共闘するよう少数民族に呼びかけ、その結果ユダヤ人やベラルーシ人の志願兵がリトアニア軍に加わった。リトアニア人は階級闘争というボリシェヴィキの思想を退けた。しかし、スレジェヴィチュスはリトアニア人が農民やその子孫であることを強調し、さらに地主がポーランド人でその子どもがポーランド軍に加わった場合、その地主の土地は押収して土地を持たない農民や小農に分配すべきであると主張した。

ポーランドが赤軍の攻勢を前に撤退を余儀なくされるなか、リトアニアはその機会を活かし、ポーランド人が見捨てたスヴァウキ〔スヴァルカイ〕およびセイニ周辺のリトアニア人が住む土地を占領した。８月中旬に赤軍がポーランドに対して劣勢を強いられた後は、この地域におけるポーランドとリトアニアの軍事行動は強まり、街の支配者は何度も変わった。以前にヴィルニュスをリトアニア側とした境界線を設けた国際連盟の勧めにより両国は休戦に至り、両国の交渉団はスヴァウキで講和条約

ギエドライチェイ近くの戦いでポーランド軍と対峙するリトアニアの砲兵隊（**1920** 年）。

締結に向けた協議を始めた。１９２０年10月7日、リトアニアとポーランドの代表団はスヴァウキで、ヴィルニュスをリトアニア領とする境界線を両国軍のあいだに設ける旨の暫定の講和条約〔スヴァウキ条約〕に署名した。しかし2日後の10月9日、ポーランドのルツィアン・ジェリゴフスキ将軍率いる部隊が表向きはポーランド政府の指示を無視してヴィルニュスに進軍し、中央リトアニアの建国を宣言した。このいわゆる「ジェリゴフスキ反乱」は実はポーランド国家元首ユゼフ・ピウスツキの計画によるものであり、地元住民の反乱であるとの印象を与え、欧米諸国からの非難を避けるために実行されたのであった。ジェリゴフスキ軍はヴィルニュスに住むポーランド人住民に歓迎された。国際連盟にこの既成事実を取り消す力はなく、リトアニアはジェリゴフスキ軍がさらにリトアニア領に進軍してくるのを防ぐことで手一杯だった。再編成されたリトアニア軍がシルヴィントスおよびギエドライチェイでの戦いでポーランドの進軍を止めたのは、11

月中旬のことであった。

ヨーロッパの戦後秩序を設計した協商国の立案者は、ポーランドの主導のもとリトアニア、ラトヴィア、エストニア、フィンランドがボリシェヴィキに対する確かな緩衝地帯を形成することを構想した。しかしリトアニアはこの計画には部分的にしか賛同できなかった。リトアニアは、修正主義がリトアニアの独立に脅威をもたらすにもかかわらず、ヴィルニュスを回復したいとの願望から修正主義諸国と関係を持つに至った。もちろん、リトアニアが「修正主義」に走ったのは必要に迫られてのことであった。リトアニア（特にヴォルデマラス外相）は当初、ポーランドに立ち向かうにあたりドイツもしくはソヴィエト・ロシアに援助を求めたが、ドイツもソヴィエトも関心をほとんど示さなかった。リトアニアはそれでも西欧諸国に支援を求めたが、それも無駄であることが明らかとなった。リトアニアがロシアと関係を持ったのはヴィルニュス問題をめぐってポーランドと対立していたためである。これは、この地域における分断や征服、影響力の拡大を目論むロシアにとっては都合が良かった。しかしリトアニアは、ソヴィエト体制の本当の意図を理解しており、リトアニアがソヴィエトの衛星国になる危険性も認識していた。ゆえにドイツからの支援を期待し、ときに支援を受けたのである。

１９２１年９月22日、リトアニアは、欧米の主要国に法的に承認されるよりも先に、国際連盟に加盟した。その後すぐに、ヴァティカン、アメリカ合衆国、スペイン、オランダ、スカンディナヴィア諸国がリトアニアを法的に承認した。１９２２年12月20日、連合国のフランス、イギリス、イタリア、日本がこれに続いた。簡単な道のりではなかったものの、ついにリトアニアがヨーロッパの一人前の国となることができたのである。リトアニア大公国の歴史的分割は幕を閉じた。リトアニア人は国民国家を建国することができたが、その他の大公国領はポーランドとソヴィエト・ロシアによって分割された。リトアニアは国民国家として条約を結ぶことができ、他国からも国民国家として承認された。独立という奇跡が起きたのである。リトアニアはなんとかボリシェヴィキから自国を守ることができ、近隣諸国のポーランド、フィンランド、ラトヴィア、エストニアも独立を守った。

リトアニアの外交政策はヴィルニュス問題とクライペダ問題という二つの領土問題に支配されていた。ヨーロッパ政治においてリトアニアは、領土問題を抱えていたために、小国にもかかわらず予想以上に重要な役割を果たした。1921年、欧米諸国は、ヴィルニュス問題などリトアニアとポーランドの絶え間ない紛争を連邦制の導入で解決しようとした。ポーランドはこの案に反対しなかったが、リトアニアにとって連邦制は好ましくなかった——独立戦争は何のためであったのか。欧米諸国で連邦案が支持されるなか、リトアニアは他の解決法を提案できずにいた。ポーランドとの交渉では元ベルギー外相のポール・イーマンスが仲介者となった。彼はリトアニアとポーランドの双方に利益となり、またヨーロッパの平和にも貢献するような連邦制を創設しようとした。

リトアニアの交渉責任者であるエルネスタス・ガルヴァナウスカスには広い権限が与えられており、ヴィルニュスがリトアニアに返還されるのであれば、ポーランドに経済利益をもたらし、バルト海への進出を保証し、さらに軍事を含む協定を結ぶことも認められていた。ポーランドの交渉責任者であるシモン・アスケナジは連邦構想について取引を行おうとしたが、ヴィルニュスには言及しなかった。リトアニア側は、2800万人のポーランド人のなかで200万人のリトアニア人は生き残れないのではないかと考え、連邦制を避けようとした。しかしリトアニア側は、ポーランド政府がヴィルニュスをリトアニアの首都と認める限り交渉を行うことには同意した。
イーマンスはスイスの制度をモデルとし、カウナスとヴィルニュスの二つの自治州からなるリトアニア連邦国家計画を３週間かけて策定した。この計画では、リトアニアとポーランドは外交政策を一致させ、軍事協定および経済協定を結ぶとされた。両国は「議論の土台」としてこの計画を受け入れることに同意した。１９２１年夏には国際連盟理事会がイーマンス計画を支持する決議を出した。９月、イーマンスはリトアニアの意向に沿うように計画を修正し、ヴィルニュス地方を「州《カントン》」ではなく「自治地方」とした。両国はイーマンス計画を歓迎してはいなかったものの、交渉失敗が自らのせいにされないようにしていた。

リトアニアでは、外交団はイーマンス計画を支持したが、すべての政党、軍指導部、狙撃連合《シャウレイ》はこれに反対していた。クーデタの兆しすらあった。この計画は、ポーランドのトロイの木馬と見られていた。ドイツとロシアの外交官は計画を破棄するよう勧めた。11月15日、カウナスにあるガルヴァナウスカス邸の寝室の窓敷居で爆弾が爆発する事件が起きた。ガルヴァナウスカスは複数箇所に傷を負ったが、生命は助かった。殺害を試みた犯人の捜査は行われず、見つからなかった。しかし、これでポーランドとリトアニアの連邦計画は破談に終わった。１９２２年1月12日、国際連盟事務局長はポーランドとリトアニアの双方がイーマンス計画を拒絶し、調停は失敗に終わったと理事会に報告した。ヴィルニュス問題の解決がうまくいかなかったことは国際連盟の失敗の一つであり、これにより国際連盟には決定を実行に移す力がないことが示された。

リトアニアでポーランド人貴族の経済的影響力が弱まり（独立戦争中に行われた馬、飼料、食料供給の徴発により最も負担を強いられたのはポーランド人地主であった）、彼らの所有地が減らされ続けているのを見たポーランドは、もうこれ以上待つわけにはいかなかった。ポーランドはヴィルニュス問題に関する議論をすべて終わらせることを決め、1922年1月6日から8日まで、ルツィアン・ジェリゴフスキ将軍が占領するリトアニア（すなわち「中央リトアニア」）領で議会《セイム》選挙を行うこととした。投票結果は圧倒的にポーランドへの併合を支持していた。ヴィルニュス地方はポーランドの一部となることとなった。しかし、この選挙を監視した連合国軍事監督委員会は、リトアニア人、ユダヤ人、そしてベラルーシ人の大半が公式に選挙をボイコットし、選挙は軍事占領下で行われ、ポーランド当局がその経過を監督していたことから、選挙の結果には「重大な疑い」があると報告した。同委員会は、選出された議会はこの地方の住民全体の嘘偽りのない総意によるものとは見なせないと結論づけた。2月3日に議会が招集されたとき、議題は一つしか想定されていなかった。それは、ヴィルニュス地方とポーランド国家の関係についてである。圧倒的多数の議員がポーランドへの併合を支持し、ヴィルニュス問題を連邦制により解決すべきとしたのは106議員のうち8議員のみであった。リトアニアは慌ててジュネーヴに訴えたものの、結局ヴィルニュス地方は正式にポーランドに併合された。リトアニアは「戦時でも平時でもない」状況に置かれることとなった。

エルネスタス・ガルヴァナウスカスは（英仏日伊4カ国からなる）大使会議にポーランドの東部国境に関する裁定を下してほしいと要請した。これを受けて大使会議は1923年3月15日、リトアニアの歴史的首都であるヴィルニュスをポーランドの支配下とする決定を下した。大使会議は、リトアニアがポーランドによるヴィルニュス併合を認めるよう要請したかのように、ガルヴァナウスカスからの要請を都合よく解釈したのである。そして、１９２１年のリーガ条約で定められたポーランドとソヴィエト・ロシアの国境を承認し、２月３日に国際連盟によって設けられた新たな境界線をリトアニアとポーランドの国境とした。この境界線はヴィルニュスをポーランド側とするものであった。ポーランドと西欧諸国はこれでヴィルニュス問題は決着したと考えたが、ポーランドにとっては意外なことに、リトアニアはこの裁定の有効性を認めることを断固として拒んだ。これにより、境界線においてリトアニアとポーランドの緊張は高まった。両国間の国境は閉鎖され、１９３８年まで鉄道も郵便も行き来はなくなった。両国を結ぶ高速道路に大きな樺の木が生えてしまったほどである。おそらく当時のヨーロッパでポーランドとリトアニアほど敵対していた２カ国はないであろう。

ポーランドによるヴィルニュス占領により、リトアニアが歴史的な多民族国家になるべきか、あるいは国民国家になるべきかという議論は決着した。国民国家が生存を保障する唯一の道であると考えられたのである。リトアニアは常にポーランドに吸収される恐れを抱き、その結果、被害者意識が生まれ、リトアニアのナショナリズムも高まった。反ポーランド感情は徐々に宗教的信念の様相を帯びてきた。この守勢の構えはリトアニアの外交政策にも影響した。この点でリトアニアは当時他のヨーロッパ諸国とそれほど変わらなかったが、リトアニアのナショナリズムが拡大主義的ではなく、ただ拡大主義的な隣国を追い払おうとした点では異なっていた。

リトアニア制憲議会《セイマス》とその決定

リトアニアの人的および物的資源は第一次世界大戦期に枯渇した。ドイツ軍やアメリカ合衆国軍の一員として戦争に参加したリトアニア人がいれば、ロシア軍の一員として戦い殺されたリトアニア人も約1万1000人いた。ロシアとドイツの軍事行動により国は荒廃した。ロシア人は撤退に際して160の工業会社を移した。オーバー・オストも何も良いことをもたらさなかった。独立戦争でも損害は生じた。独立直後において、リトアニアの国家財政は主に亜麻（リネン）製品や林業製品の輸出に頼っていた。リトアニアが領内全域で地位を固め始めると、中央政府の組織が問題として浮上した。独立戦争が長引いたため、制憲議会《セイマス》議員選挙の実施は1920年4月中旬まで遅れた。選挙権は、宗教、民族、性別にかかわらず、21歳以上のリトアニア国民全員に与えられた。フランスはじめ他のヨーロッパ諸国とは異なり、リトアニアでは兵士と同様に女性も選挙権を有していた。

1920年4月14日から15日に行われた選挙の投票率は高かった。選挙で勝利を収めたのは、リトアニア・キリスト教民主党（LKDP）、リトアニア農場主連合（LŪS）、リトアニア労働連盟（LDF）の3党で構成されるキリスト教民主会派で、59議席を獲得した。カトリック教国であるリトアニアにおいてこれは当然の結果であり、特にカトリック教会やその聖職者が公然と反ポーランドの姿勢を表明し、さらに重要なことに、大地主の土地を国有化して小作農に分配することを約束したことが、同会派の勝利につながった。次いで、のちにリトアニア農民人民連合（LVLS）となる左派の農民人民会派が29議席を獲得した。リトアニア社会民主党（LSDP）が第三党となり、12議席を獲得した。少数民族も議席を獲得し（ユダヤ人6議席、ポーランド人3議席、ドイツ人1議席）、無所属の2人も当選した。当選した全112議員のうち、女性議員は5人であった。5月15日、カウナス市の劇場にて制憲議会が招集された。当初の予定では、ヴィルニュス地方から約100人、小リトアニアから9人の議員を追加で選出することになっていた。リトアニアが支配していなかったこれらの地域では選挙は実施されなかったが、これらの地域も含める旨を宣言することで、リトアニアが国境線はまだ確定していないと見ていることを示したのである。

制憲議会はアンタナス・スメトナ大統領によって開会された。最初の会議では、スメトナの推薦により、作家でジャーナリストの最高齢議員、ガブリエレ・ペトケヴィチャイテ（筆名はビテ、１８６１～１９４３年）が議長を務めた。そして、リトアニア農場主連合の党首である農学者アレクサンドラス・ストゥルギンスキス（のちのリトアニア大統領（在任１９２２～26年））が議長に選出された。有権者の期待に応えるため、制憲議会は１９１８年２月16日の独立宣言書に続いて再びリトアニアの独立を宣言する決議を全会一致で可決した。６月19日、キリスト教民主会派と農民人民会派による連立政権が発足し、農民人民会派の指導者カジース・グリニュス博士が首相に就任した。１９２１年11月11日にはクライペダ地方をリトアニアに加える旨要求する決議を全会一致で可決し、小リトアニアとの連帯を示した。

１９２２年８月１日に制憲議会が可決したリトアニア国家憲法は、フランス第三共和政の民主主義をモデルとしていた。リトアニアは独立した民主主義共和国であり、主権は国民にあるとされた。歴史上初めてリトアニア語が国の公用語となった。リトアニア国民は、性別、出自、宗教、民族にかかわらず、法およびその他民主的権利のもとに平等であるとされた。国旗はリトアニア大公国の支配者の旗ではなく三色旗（黄、緑、赤）とされたが、国章は〔大公国の国章である〕ヴィーティス〔「追走」の意〕という、赤地の馬にまたがる白い騎士の紋章が保持された。リトアニアの首都は明記されなかった。

リトアニア制憲議会《セイマス》（カウナス、**1920** 年）。リトアニア科学アカデミー・ヴルブレフスキ図書館所蔵。

この憲法では、国民の代表からなる国会《セイマス》に大きな権限が与えられた。国会議員と国会が選ぶ共和国大統領の任期は3年とされた。リトアニアに住む少数民族には広範な自治が与えられ、初等教育は義務とされた。

リトアニアの民主主義は、ヴィルニュス問題およびポーランドとの緊張関係により一部制限された。リトアニアは戦争状態にあるとされ、それを理由に報道は検閲され、議会の自由は制限され、反体制派の声は押さえつけられた。民族主義者《タウティニンカイ》のヴォルデマラスやスメトナなど、政府を激しく批判した者は投獄された。

歴史的な大国リトアニアを回復するという希望は絶え、国民国家に必要な経済基盤を確立しなければならなくなった。農業国リトアニアにおいては、国の主要な資源である土地の所有権が最重要課題となった。ラトヴィアやエストニアと比べて、リトアニアの地主が所有する土地の面積はおよそ半分であり、邸宅の大きさは5分の1から6分の1程度であった。農民の農業用地の平均面積は、ラトヴィアでは21・0ヘクタール、エストニアでは29・4ヘクタールであったが、リトアニアでは15・2ヘクタールしかなかった。土地を持たない農民（農業に従事する者の21パーセント）もわずかな土地を持つ者（同25パーセント）も土地を渇求した。彼らは、自らの生活が困窮しているのは大邸宅が存在し土地の分配が平等に行われていないせいだとした。民族的要因も社会的不平等を高めていた。というのも、大地主の大半は親ポーランド的なポーランド語を話す「リトアニア人」であったからである。彼らは国土の26パーセントを所有していた。大地主が耕地の半分を所有していたため、政府が農民の支持を得るためには大地主が所有する土地を再分配するしかなかった。

　制憲議会では激論が交わされ、１９２２年2月15日に農地改革基本法が採択された。帝政ロシア当局が特権で獲得した国有地などに加えて、リトアニアの独立に反して戦ったベルモント軍が所有していた土地やポーランド軍に従軍した者が所有する土地、さらに個人や教会、修道院などの教会組織が所有する土地のうち80ヘクタールを超える分が国の土地基金に収められた。上限80ヘクタールという数字は適当に決められたわけではなかった。ポーランド化した「旧リトアニア人《セナリエトゥヴェイ》」地主が所有していた農地の広さと、19世紀末から20世紀初めに勤勉なリトアニア人農民や稀なことではあるがリトアニア人知識人や商工業者が獲得した土地の広さを分けたのが、この数字だったのである（なお、さらに急進的な政策が採られたエストニアやラトヴィアでは、ドイツ人男爵から土地が没収され、土地の所有も50ヘクタールまでに制限された）。リトアニアで最初に土地が割り当てられたのは、志願兵だった者や土地を持たない農民、10ヘクタール以下の土地しか持たない者、農村に住む手工業者、そして国の機関や公共施設だった。

　農地改革の結果、古びた村落はなくなり、農民は一軒の農家の周りに農地を作るようになり、農業の近代化が始まり、そして三圃制はなくなった。国は高品質の穀物の種や種畜を農民に安く提供し、農業の専門家を育てようとした。農家は改良された肥料を使うようになり、穀物の収穫量は、第一次世界大戦前は1ヘクタールあたり9キンタルだったのが、1930年代には12キンタルまで増加した。また、農民は徐々に組合を設立するようになった。近代的な機器や冷蔵設備を備えた乳加工工場が作られ、乳製品や肉製品の輸出量は増えた。

リトアニアでは未だドイツによる通貨のオストマルクが「アウクシナス」という名で流通していた。戦後の不況で通貨の価値は下がり、リトアニア経済に悪影響を与えていた。インフレの影響はひどく、リトアニア政府は対応に迫られた。1922年8月9日、制憲議会は通貨単位法を制定し、金兌換制のリタス（1リタスは100ツェンタスからなる）をリトアニアの通貨とした。リタスは1922年10月1日に導入された。1リタスは0・150462グラムの純金に相当するとされ、10リタスは1米ドルに相当した。リトアニアの独立期を通じてリタスの価値は安定していた。リタスは金兌換制だったため、他国においても価値が認められていた。

リトアニアが独立して教育水準も向上した。新たに設立された学校もあった。1919年の時点で国内には既に1036校の学校が存在し、生徒数は4万5540人であった。カウナスにあった高等教育課程は、1922年2月16日に正式にリトアニア大学（のちのヴィータウタス・マグヌス大学）として開学した。その後約20年間で、この大学から3700人の専門家、研究者、教員が誕生した。リトアニア語は、政府機関だけでなく軍事分野（新たに設立されたカウナス軍学校）や科学研究分野においても用いられるようになった。新たな伝統も作られ、1924年にはカウナスで第1回歌の祭典が開催された。

このような改革は、民族的リトアニア人が多数を占める小国で行われたのであった。１９２３年９月17日に行われた国勢調査によれば、リトアニアの総人口は２０２万８９７１人だった（ヴィルニュス地方およびクライペダ地方を除く）。そのうち82パーセントはリトアニア人で、次いでユダヤ人（７パーセント）、ドイツ人（４パーセント）、ポーランド人（３パーセント）、ロシア人（２・３パーセント）の順に多かった。リトアニアは農業国であり、人口の84パーセントは農村部に暮らしていた。農村部に限ると、人口の91パーセントはリトアニア人であった。リトアニア人の多くは農業を営んでいたものの、都市人口の50パーセントはリトアニア人であった。ユダヤ人は都市人口の33パーセントを占めていたが、農村人口に占めるユダヤ人の割合はわずかに０・５パーセントであった。多くの業種においてリトアニア人が大半を占めていたが、商業においてはユダヤ人が多数を占めていた。商業会社所有者の83パーセントはユダヤ人で、リトアニア人の割合は13パーセントのみであった。

アメリカ合衆国に住むリトアニア系住民の数は約35万人（うちリトアニアで生まれた者は18万人）であり、ヴィルニュスおよびその周辺には約10万人のリトアニア人がいた。イングランドには約６０００人のリトアニア人がいた。独立初期には数千人の移民がリトアニアに帰還し、土地を購入して事業を始めたり工場や銀行を設立したりした。他にも著名な社会活動家や外交官、軍人になった者もいた。在米リトアニア人からは発展を支えるために多額の資金がリトアニアに送られた。在外リトアニア人の政治運動がリトアニア国内の諸政党に資金援助を行い、リトアニアの国家建設のために寄付金を募った。

国民《ネイション》になること

海港を手に入れたリトアニア——クライペダの併合

リトアニアは国民国家《ネイション》としてリトアニア民族《ネイション》の処遇を最も重視した。そのため、リトアニア語を話す現地住民が多く、リトアニア語の新聞が発行され、活気あるリトアニア文化が存在する東プロイセンに関心が寄せられた。ヴィルニュスを失ったリトアニアは小リトアニアに目を向けたのである。イギリスは当初、ヴィルニュスを失った代わりとしてクライペダをリトアニアに与える案を提示したが、その後クライペダを自由都市とする案を支持するようになった。しかしヴィルニュスとクライペダを交換する案は、リトアニアには受け入れられなかった。ヴィルニュスが歴史的首都であったからである。しかし港を必要としていたリトアニアは、クライペダを自由都市にするという選択肢を快く思っていなかった。ヴェルサイユ条約によりクライペダはフランスの管理下に置かれ、フランス歩兵大隊がこれを支援した。ポーランドもまたクライペダでの地位の確保を求めていたことから、フランスは、リトアニアがポーランドと統一した場合に限りクライペダをリトアニアに割譲するとした。国際連盟や大使会議を通じてクライペダを獲得することはできないと確信したエルネスタス・ガルヴァナウスカス首相は、先に既成事実を作ってから交渉するというピウスツキのやり方に倣い、クライペダ地方を武力により掌握することを決めた。アンタナス・スメトナは実効支配がなければ法的支配もありえないとした。1922年初頭、ヨナス・ジリュス駐クライペダ・リトアニア代表は、クライペダの支

リトアニア軍の行進を閲兵するエルネスタス・ガルヴァナウスカス首相（クライペダ、**1923** 年）。

配権を獲得する唯一の手段は軍事力によるものであるとリトアニア政府に報告した。軍将校は、作戦は24時間以内に完了すると考えていた。

クライペダでの行動に関するガルヴァナウスカスの計画を知っていたのは、政権内部で数人だけであった。リトアニア政府は、クライペダで地元住民の支持を集めて親リトアニア感情を広げるために親リトアニア団体に資金援助を行い、リトアニアに都合の良い記事や新聞を出すよう報道機関に依頼し、財産を購入した。リトアニア系アメリカ人も多大な資金力で貢献した。リトアニアの指導者は、ドイツがリトアニアによる〔クライペダの〕接収に反対しないよう外交ルートを通じて暗に働きかけを行った。ドイツ政府は、フランスとポーランドは将来ドイツと敵対する可能性があるとみていたため、クライペダがポーランドに引き渡されるのを望んでいなかった。そのためドイツは、現地ドイツ人の経済および文化に関する権利が保障される限り、リトアニアがフランスをクライペダから追い出すことに反対しなかった。ソヴィエト政府はできる限りポーランドの邪魔をしようとしていたため、ソヴィエトもまたリトアニアの行動には抗議しなかった。ソヴィエトはさらに、ポーランドがリトアニアの行動に干渉するのであればソヴィエトとしても黙ってはいられないとリトアニアに伝えていた。

　クライペダに住むリトアニア人の大半は長年ドイツ文化の影響を受けており、カトリックではなくルター派の信者であった。多くはドイツ政府に忠実であり、蜂起を起こそうとはしていなかった。しかし小リトアニアのリトアニア人活動家は、自らの民族文化や言語を守るためリトアニアとの連合を望んでいた。彼らの利害は、リトアニアの民族および経済に関する利害とも一致していた。１９１８年11月16日、ティルジット（リトアニア語でティルジェ、現ロシア領ソヴェック）で、小リトアニアと大リトアニアの統一を目的とする小リトアニア民族評議会が設立された。１９２０年、民族評議会はティルジットからクライペダに場所を移し、以下の決議を採択した（24人がこれに署名した）。「我々プロイセン・リトアニアに住むリトアニア人は［…］小リトアニアの大リトアニアへの編入を要求する。」現地リトアニア人で蜂起の計画を積極的に支持したのは少数であり、民族評議会に武装蜂起を自力で組織するだけの人的資源もドイツやソヴィエト政府との連絡手段もなかったのは明らかだった。ゆえに蜂起の実行を計画するのはリトアニア政府に委ねられた。小リトアニアと大リトアニアの思惑の違いは顕著であった。ガルヴァナウスカスや蜂起計画の指導者である諜報員ヨナス・ブドリース（ポロヴィンスカス）にとっては意外なことに、ポーランドやベルモント軍、ボリシェヴィキと戦ったリトアニア軍の将校は、このクライペダでの計画は祖国のための戦いとは考えず、そのためこの任務に加わるのには乗り気ではなかった。

１９２２年12月にマルティーナス・ヤンクスを指導者として結成された小リトアニア救済最高委員会は１９２３年1月7日、「兄弟たる狙撃者よ！」と題した宣言を発行し、小リトアニアに住むリトアニア人をひどい生活環境や差別（と彼らは表現した）から解放するのを支援するようリトアニア狙撃連合《シャウレイ》に熱烈に求めた。明らかにカウナスの計画者によって事前に準備されていたこの嘆願は、リトアニア軍がクライペダに進入する表向きの口実になったが、地元住民の蜂起であると見せかけるためにあらゆる努力がなされた。1月9日から10日にかけての夜、１０００人を超える志願兵が、一般市民の服を着て、身分証明書やマッチ、たばこなどリトアニア国民であるとわかるような物は持たずに、国境を超えてクライペダ地方に進入した。このなかには軍将校40人、兵士５８４人、狙撃兵４５５人（多くは学生）、事務職員３人、医師２人、一般人６人がいた。彼らは、これが地元住民の蜂起であることを連合国側に証明するために約３００人の地元住民（ドイツ人数人を含む）と落ち合った。蜂起の参加者は、戦闘が起きた場合には極力フランス人の死者数を増やさないよう警告されていた。この行動はタイミングが良かった。というのも、西ヨーロッパではドイツが賠償金を支払わないことに関して熱い議論が交わされており、フランス軍がルール地方に進入していたからである。クライペダへの進軍はスムーズに行われた。地元ドイツ人がこれに反対しなかったことなどを理由に、リトアニア政府はこれを地元住民の蜂起であるとした。リトアニアはその後、この蜂起がガブリエル・ジャン・プティネ当局〔現地フランス当局〕ではなく現地のドイツ人政府に対するものであったとフランスに説明した。

蜂起でリトアニア人16人とフランス人2人が死亡した。蜂起が起きると、当初すべての国がこれに抗議する姿勢を示した。フランスは激しく非難し、ドイツも公《おおやけ》に批判した。イギリスでさえこれに抗議した。ポーランドは、ドイツが軍事行動を起こさないように静かに事態を見守った。ピウスツキは、自身の政策は基本的に平和的であり、自らの「祖国」であるリトアニアを攻撃するつもりはないと宣言した。

リトアニア政府にとってこれは勝利であった。国全体がこの勝利に酔いしれた。「蜂起」の成功によりヴィルニュス喪失で失われた自尊心が取り戻されたかのようであった。1923年1月17日、小リトアニア救済最高委員会は、クライペダ地方は自治区としてリトアニアに加わることを決定したと宣言し、軍事および財政支援をリトアニア政府に求めた。これを好意的にみていた国会《セイマス》は1月24日、要求を承認した。2月17日、大使会議はクライペダの主権をリトアニアに委譲した。リトアニアはこれを外交および軍事における大勝利であるとし、実際そのとおりでもあった。

1924年5月8日、リトアニアと大使会議参加国のイギリス、イタリア、フランス、日本はメーメル（クライペダ）憲章に署名した。クライペダ地方はリトアニアの主権が完全におよぶ自治区となった。そしてリトアニアは不凍港を手に入れた。1925年にクライペダ地方で行われた調査によれば、地方の総人口は14万1000人で、うち6万4000人が自らをドイツ人とし、3万7000人がリトアニア人、3万4000人が「クライペダ人」（家ではリトアニア語を話すクライペダの住民）であるとした。リトアニア政府は躊躇なく「クライペダ人」をリトアニア人と見なしたため、クライペダ地方の住民の50・8パーセントはリトアニア人であるとされた。

連合国との関係を戻したリトアニアは、クライペダの地位を確固とするためにドイツと通商海運条約などを結んだ。リトアニアとドイツは、長く困難な交渉の後、１９２８年1月29日にベルリンで国境条約に署名した。この条約で定められた国境により、クライペダはリトアニア側とされた。これによりリトアニアはクライペダの問題は国内問題にすぎないとしたが、ドイツはこの単なる条約だけでクライペダを永久に放棄したとは考えていなかった。

左派の民主主義と１９２６年12月のクーデタ

ラトヴィアおよびエストニアはリトアニアと地理的に近く、歴史的運命も共有しており、ラトヴィアの場合はリトアニアと言語的にも密接な関係にあるが、しかしリトアニアとラトヴィアやエストニアの関係はあまり進展しなかった。独立戦争期においては互いに協力したこともあり、さらに同盟関係を構築すべきという訴えもあったが、その後３カ国は異なる道を歩んでいった。ラトヴィアとエストニアはヴィルニュスをめぐるポーランドとリトアニアの紛争に巻き込まれるのを避けようとした。両国は実際、ポーランドに親近感を抱いていた。リトアニアは、ヴィルニュス問題のせいで、ポーランド主導で地域圏を作る計画から除外されていた。ソヴィエト政府は自らの国益のためにポーランドとリトアニアの紛争を利用したが、それはポーランドやバルト諸国の利害に反するものであった。とはいえ、リトアニアが国際的に孤立していた頃、ラトヴィアが１９２１年2月16日にリトアニアを法的に承認したことはリトアニアにとって大きな支援となった。両国は同年3月、海外からの仲裁という助けを得て、国境を画定した。

バルトスカンディアという立派な着想や計画が多く出てきたものの、スカンディナヴィア諸国との協力関係は進展しなかった。孤立していたリトアニアは１９２６年９月28日、ソ連と不可侵条約を結んだ。この条約でソ連は、１９２０年の講和条約の全条項が未だ有効であることを再確認した。ソ連外務人民委員のゲオルギー・チチェーリンは、ヴィルニュスにおけるリトアニアの権益を認める旨の覚書を条約に付した。ソヴィエトは、リトアニアの国境が事実上侵害されていてもリトアニアの領土一体性に対するソ連政府の見解に変化はないとして、リトアニアを納得させた。すなわち、ヴィルニュス地方がポーランドによって支配されているにもかかわらず、ソ連政府はヴィルニュスにおけるリトアニアの主権を承認したのである。

リトアニアの政策はヨーロッパで起きた出来事に影響を受けていた。ヨーロッパでは議会制に危機が訪れ、クーデタが起き、ソ連のボリシェヴィキおよびイタリアのベニート・ムッソリーニという独裁政権が誕生していた。ブルガリアやポルトガルではクーデタにより権威主義政権も誕生し、さらに近隣では、１９２６年５月にポーランドでピウスツキがクーデタにより権力の座に復帰していた。リトアニアで国会《セイマス》による統治（「セイモクラシー」）に不満を抱く者たちは、ヨーロッパでの出来事に勇気づけられ、行動を起こそうとした。３年間におよぶキリスト教民主会派による高圧的な支配の後に行われた、１９２６年５月８日から９日の第三国会議員選挙（全85議席）の結果は衝撃的であった。キリスト教民主会派が選挙に敗れたのである。６月、左派諸政党による連立政権が初めて樹立した。連立に加わったのは農民人民連合、社会民主党、そして７人の少数民族の議員であった。農民人民連合の党首カジース・グリニュスが大統領に選出された。社会民主党は、グリニュスがすべての行動を社会民主党に合わせるという条件のもと、彼を支持した。内閣を占めたのは農民人民連合で、ミーコラス・スレジェヴィチュスが首相に就任した。

第三国会で与党となった勢力は、民主的権利の拡大にすぐに乗り出し、完全な民主主義体制を実現しようとした。６月17日、戒厳令が解除され、政治犯は恩赦を受けた。そのなかには密かに活動するリトアニア共産党員も多くいた。報道への制限がすべて解除され、リトアニア史上初めて集会の自由が認められた。財政を抑制しようとした新政権は俸給の引き下げを行い、〔教会ではなく〕政府による個人の出生、死亡、婚姻の記録管理を導入しようとした。この動きによりカトリック聖職者は財政的に打撃を受け、さらに政府が１９２７年に聖職者への俸給支払いを中止することを計画したことも打撃となった。政府は軍将校の数を減らすことも計画した。憤怒した将校は国会議員の一人に対して「諸君、諸君が軍を減らすのではなく、軍が諸君を減らすのだ」と述べ、遠慮なく不満をぶつけた。

政府による突然の改革と高尚な目的は失敗に終わった。１９２６年秋以降、野党は、国会や自らの機関紙などで、共産主義の脅威がリトアニアの独立を脅かしていると頻繁に唱えるようになった。彼らは、治安警察や諜報員の数が減らされ反政府デモを監督する者がいないことを理由に、共産主義者を管理できていないと政府を責めた。共産主義者の会合の後はごろつきが赤旗を振り、制服を着た兵士に嫌がらせをしながら街中を歩いてまわった。野党のキリスト教民主会派や民族主義者《タウティニンカイ》、軍将校、それらの支援者は「ボリシェヴィキ化」を恐れていた。11月、騎馬警官が愛国的学生デモを容赦なく解散させた。政府は選挙公約を実現するためにポーランド人にポーランド語学校を多数開校することを認めたが、これにより「ボリシェヴィキ化」という非難にポーランド化という非難が加わった。当時ヴィルニュス地方ではリトアニア語学校がポーランドにより閉鎖されており、さらにポーランドとリトアニアが緊張関係にあったことから、ポーランド語学校の開校はリトアニア民族にとって危険な脅威となると考えられた。

アンタナス・スメトナは、リトアニアの民主主義を子どもが成長するのを見越して大きすぎる靴を子どもに買い与えることに喩《たと》えた。スメトナは、リトアニアの民主主義の伝統は6年が経ってもまだ成熟していないとみていた。特に連立を組むことは難しかった。国会は無力で、行政にはほとんど介入できないと思われた。保守派には、民主主義国家モデルは国益にかなわないように思われた。彼らは、民主主義はリトアニアのアイデンティティを育てることには失敗し、ボリシェヴィズムの勢力拡大を許していると考えたのである。この頃、軍が政治の世界に踏み込んできていた。リトアニアの自由を守りクライペダの併合を手助けしたのは兵士だった。軍将校は政治家よりも力があると思っていた。将校が兵士の面倒を見て、兵士は将校に忠実だった。兵士は軍のなかで教育の機会が与えられ、スポーツなどで身体を鍛えることもできた。1926年12月17日未明（午前2時頃）、リトアニアの左傾化を恐れた軍将校がクーデタを計画し、軍勢を引き連れて街に入り、政府の重要拠点の建物に監視兵を置いた。午前3時43分、軍将校は国会議事堂に侵入し、夜通し続けられていた次年度予算に関する会議を中断させた。彼らは国会を解散させ、大統領や閣僚全員、さらに国会議員数名を拘束した。何の抵抗にも合わなかったポヴィラス・プレハヴィチュス大佐は、自らがクーデタの最高指導者であり一時的な独裁者であると宣言した。しかし彼は、その後すぐに初代大統領で民族主義連合《タウティニンカイ》党首のアンタナス・スメトナに次の大統領に就任して事態を収拾してほしいと頼み込んだ。クーデタを起こした軍指

1926年12月17日クーデター——軍司令部の前に立つ部隊。

導者らが、クーデタでは銃を一発も撃たないというスメトナからの条件を守ったため、スメトナはプレハヴィチュスの要請に同意した。

クーデタの圧力を受けたカジース・グリニュス大統領は、農民人民連合の指導部の許可を得てスレジェヴィチュス首相を解任し、民族主義連合のアウグスティナス・ヴォルデマラスに新内閣を組閣するよう指示を出した。内戦が起き、ポーランド人にそれを利用される可能性を危惧したグリニュスは、大統領職を辞職することに同意した。彼は新政権が憲法に従うことを期待していた。キリスト教民主会派と合意を結んだ民族主義連合は、新政権の国際承認という問題を回避するため1926年12月19日に第三国会の特別会を開いた。ここで民族主義連合党首のアンタナス・スメトナは、キリスト教民主会派の票を得て大統領に選出された。彼は憲法の遵守を宣言した。国会での主導権はキリスト教民主会派に移り、同会派のアレクサンドラス・ストゥルギンスキ

アンタナス・スメトナ――リトアニア大統領（在任 **1919 〜 20** 年、**26 〜 40** 年）。

スが国会議長に選ばれた。

１９２６年12月のクーデタを正当化しようとした民族主義連合とキリスト教民主会派は、クーデタによりリトアニアは共産主義者による政権転覆から守られたのだと宣言した。１９２４年12月1日にエストニアで起きた共産主義者の反乱がこの主張に信憑性を与えていたが、野党は、リトアニアで共産主義者による転覆の深刻な脅威はないと見ていた。しかし、クーデタから10日のあいだにリトアニア共産党の指導者4人が逮捕され、彼らに死刑判決が下され、そして銃殺刑に処された。これには、脅威が実際にあったこと、そして犯罪者は処罰されることを示す意図があった。

スメトナとヴォルデマラスは強い大統領制が必要であることを公然と主張した。彼らは、政党は国民全体ではなくその一部の意志しか代弁していないとして、不要であると考えていた。彼らは「国会の時代」は無秩序と混乱の時代であったとし、そこに戻ろうとはしなかった。彼らは、第三国会が始めた作業は実現不可能であり、「国民精神の基本原則に反する」と主張した。野党に転じた左派がクーデタの衝撃から立ち直り、党員の一部が国会を復活させようと試みた。しかし、１９２７年春に農民人民連合所属の国会議員ユオザス・パヤウイスが逮捕され、彼の支持者が計画していた反乱は失敗に終わった。野党はパヤウイスの逮捕に抗議し、政府の宣言に反対した。スメトナ大統領はこれを口実に、

第７回リトアニア農工博覧会を訪れる人々（カウナス、1928年）。

1927年4月12日に第三国会を解散した。スメトナは次期国会議員選挙の日程は決めていなかったが、国民投票を実施するとして国会の解散を正当化した。これによりスメトナは、国内最大の政治勢力であるキリスト教民主会派を一気に排除した。

1927年9月8日から9日、武装した社会民主主義者の一派が複数の郡で反乱を起こした。地方当局の制圧に成功したのはタウラゲだけで、その成功も長くは続かなかった。反乱はすぐに鎮圧され、参加者の多くは逮捕され有罪判決を受けた。指導者のイェロニマス・プレチカイティスなど、参加者数人が海外に逃亡した。彼らはリーガ、その後ポーランドにしばらく滞在し、そこからリトアニアでのテロ行為を実行していた。彼らは権威主義体制のポーランドから支援を得ながら、非民主的なスメトナ政権の打倒を計画していた。これにより、社会民主主義者に対するリトアニアの民衆の信頼は失われた。

1927年の夏から秋にかけて、スメトナ大統領は軍将校や閣僚、ジャーナリスト、記録映像撮影班の一行を連れて国内各地を周った。美しく飾られた式典用ゲートの前では地元リトアニア人コミュニティが大統領を出迎え、リトアニア人団体や学校生徒が花束や花冠を持って歓迎した。そして同様に、スメトナは地元のユダヤ人コミュニティにも出迎えられた。大統領はカトリック教会やユダヤ教のシナゴーグ、ロシア正教の教会を訪れた。スメトナは、国民を安心させるために、新政権がどのようにして国内の秩序を回復するつもりか説明してまわった。彼は、口先だけの公約を掲げる無責任な政治家を許さず、一般市民にさらに関心を向け、公務員の汚職をなくし、国民生活をより豊かで平穏にしていくと説いた。スメトナ大統領は、この前例のない巡行を行うことで国民は新政権の計画を直接知ることができ、政府は国民からの信頼を得ることができたと述べた。以上のように、保守的で敬虔なカトリック教徒の農民の息子である軍の中尉や狙撃者《シャウレイ》らは、民主主義を短期間のうちに独裁政治に転化させ、スメトナ大統領の権威主義体制を支持したのである。

スメトナ大統領とヴォルデマラス首相

異彩を放つ雄弁家であったヴォルデマラスの名は一時期、国内だけでなく西欧諸国でも知られていた。彼は首相だけでなく外相も務めたが、外交政策に関して新しい考えを持ち合わせているようには見えなかった。他方スメトナ大統領は、ドイツやソ連といった特定の国とは連携せず、また特定の国を支援する政治団体とも連携しないような政策を目指し、これを政治的「中道」と呼んだ。対照的に、ヴォルデマラスは「敵の敵は味方」という格言を信じていた。ヴィルニュス問題はソ連やドイツ政府の協力のもと解決できると考え、またポーランドとの対立に関してソ連から支援を得ようとした。

ヴィルニュス問題に関してドイツからの支援を得るというリトアニアの希望は、１９２６年にドイツが国際連盟に加盟したことで潰えてしまった。しかし、１９２８年にはドイツと条約が八つも結ばれ、外交面で最大の成果があげられた。ヴォルデマラスは、対ポーランド政策は変わらないとしながらも、ヴィルニュスのないリトアニアはまだ完全であるとはいえないと主張し、外交政策をさらに急進化させた。

１９２７年4月、ヴォルデマラスはポーランドと交渉を行うことに合意した。ヴォルデマラスはそこでヴィルニュス問題が未解決であると主張するつもりをしていたが、ポーランド側は交渉の場でヴィルニュス問題について話すことを拒否した。ヴォルデマラスにとってこれは計算違いであった。ヴォルデマラスは１９２７年6月22日にパリでポーランド外相アウグスト・ザレスキと会談した後、鉄道で帰国した。軍人の一団がカウナス駅でヴォルデマラスを出迎えていたが、このときヴォルデマラスは軍人から、今のような状況でこれ以上ポーランドと交渉すれば強い反対にあうだろうと告げられた。スメトナもヴォルデマラスもこの忠告に従い、さらに慎重になった。ポーランドとの交渉を中止し、さらに１９２８年にリトアニア憲法を改正して、リトアニアの首都はヴィルニュスであると定めた。

ポーランドはリトアニアの外交戦略を見抜いており、リトアニアをさらに黙らせるために、ヴィルニュス地方のリトアニア人諸団体に対して経済制裁や文化的制限などを課した。リトアニアは

在ジュネーヴ国際連盟リトアニア代表団（**1926**年）――左からドヴァス・ザウニュス、アウグスティナス・ヴォルデマラス首相、ペトラス・クリマス公使。H. ロジェ＝ヴィオレ撮影。

1927年10月15日にこの件を国際連盟に告発した。リトアニアはポーランドとの戦争状態の解除を宣言していなかったため、両国間の緊張は高まった。12月10日、ジュネーヴの国際連盟で両国の代表が直接対峙した。ピウスツキはヴォルデマラスに「戦争か平和か」を尋ね、窮地に立たされたヴォルデマラスは、両国は戦争状態にはないと答えた。

国際連盟はこれを好意的に受けとめ、両国間にあるのは「境界線」ではなく「行政ライン」であるとする決議が採択された。リトアニアの立場を尊重して、「国境」という用語は用いられなかった。両国政府はこの結果を自国の外交勝利と捉えた。ヴォルデマラスは帰国後、軍人会での演説で「私たちは世界の政治の舞台に立った」と述べた。この演説はラジオでも放

騎兵隊を視察するアンタナス・スメトナ大統領（**1938** 年）。

送された。しかし実際にはリトアニアのヴィルニュス領有はさらに遠のいたのであった。

リトアニアとヴァティカンの関係がヴィルニュス問題をさらにややこしくさせた。ヴァティカンとのあいだには、リトアニアに教会管区を設置すること、外交関係を樹立することの２点が問題となっていた。ヴァティカンとの交渉が行われるなか、キリスト教民主会派がセイニ司教区およびヴィルニュス司教区を廃止したことに対して野党から反対の声があがった。ヴォルデマラスは１９２７年9月27日、ローマを訪問中にリトアニアのカトリック教会の地位を定める政教条約をヴァティカンと結び、問題の解決を図った。しかし、キリスト教民主会派が支援する教会指導者と国の政治指導者の関係はこじれたままであった。

ヴォルデマラスが１９２８年5月にロンドンを訪問すると、イギリスやフランスとの関係は悪化してしまった。この訪問は、リトアニアが憲法を改正してヴィルニュスをリトアニアの首都と定めた直後のことであり、事実上イギリスをヴィルニュス問題に巻き込ませることとなった。リトアニアが見せた予期せぬ動きはイギリス政府には容認できないものであり、リトアニアが世界から孤立し続けることにイギリスは憤りを感じていた。

1928年5月15日、スメトナは「全閣僚の同意」のもとで新憲法を公布した。これにより大統領の権限は強化され、国会《セイマス》に対する大統領の優越が確保された。また、大統領は自らの意志でいつでも国会を解散することができ、選挙の日程も決めることができるようになった。国会会期中以外は国家評議会が法案を作成、審議することができたが、法を制定することができたのは大統領のみであった。大統領の任期は7年となり、大統領は国民の代表から選ばれることとされた。しかし、その代表を任命、罷免するのは大統領自身であった。実際、新憲法は現状を規定しただけにすぎず、既に確立していたスメトナ権威主義体制を法的に容認するものであった。

ヨーロッパ全体が各国の国境線を尊重するようになり、ヴォルデマラスは現状を何も変えられなくなった。首相および外相としての義務を果たすことはほとんどできなくなっていた。一部の閣僚と対立していたヴォルデマラスは、リトアニアで唯一の指導者になることを望むようになっていた。1929年5月、社会主義革命を目指す学生によるヴォルデマラス暗殺未遂が起こると、ヴォルデマラスはさらに不満を募らせるようになった。1929年9月、閣僚全員が一斉に辞任することとなり、ヴォルデマラスも辞任を余儀なくされた。9月23日、スメトナ大統領は経済学者のユオザス・トゥーベリスを新たに首相に任命した。ヴォルデマラスは外相就任の要請を固辞し、そのまま身を引いた。静かなる策略家スメトナは再びメスを取り出し、腫れ物の除去を行った。反抗的な軍人一派からは距離を置き、その後、急進民族主義的武装集団の「鉄の狼」を解散させた。半ば秘密結社のようであった「鉄の狼」はヴォルデマラスを指導者とし、そのメンバーはヴォルデマラス派とも呼ばれた。彼らはその後、民族主義連合《タウティニンカイ》から離れて国民主義党《ナツョナリスタイ》を結党した。ヴォルデマラス派は続けて地下活動を行い、何度もヴォルデマラスの復権を試みては挫折した。

スメトナは権威主義体制を正当化するために歴史を利用し、自らを歴史的英雄と同一視しようとした。リトアニア大公が英雄のモデルであった。大公を英雄視することで、20世紀の近代リトアニア国家とその起源であるリトアニア大公国の結びつきが感じられた。大公国の伝統も、ゲディミナス、ケーストゥティス、ヴィータウタスなど名高い大公の名も、目覚めつつあるリトアニア人の民族意識をさらに高めるものであった。１９３０年には、ヴィータウタス大公没後５００年の記念式典が厳粛に執り行われた。戦争における偉大な指導者であり戦略家であったヴィータウタスは当時のリトアニアに打ってつけの英雄であり、彼を尊崇することに誰も異論はなかった。また、彼が歴史上果たした役割を近代と結びつけるのは容易なことであった。グルンヴァルト（ジャルギリス）の戦いで軍を指揮し勝利を収めた彼は、リトアニアの領土をバルト海から黒海まで広げたが、彼がリトアニア王になろうとしたときに彼の王冠は「裏切り者」のポーランド人に「盗まれてしまった」とされた。ヴィータウタスはリトアニアをキリスト教化し、さらに33の教会を建てた人物であったため、カトリック教会にとっても好都合な人物であった。断固たる態度で国を率いたヴィータウタスは、民族主義者《タウティニンカイ》にも評価されていた。スポーツマンもヴィータウタスの強靭な肉体を称え、禁酒運動にいたっては彼がワインやビールを口にしなかったとまで唱えていた。

ヴィータウタス大公に対する信仰の奨励――ヴィータウタス大公の肖像画が全国を回った。写真はパスヴァリースで行われた記念式典の様子（**1930** 年）。

1935 年、ヴィータウタス大公戦争博物館が開館。建物は建築家ヴラディミラス・ドゥベネツキスが設計。ヴィータウタス・アウグスティナス撮影。

少数民族はヴィータウタスの寛容を評価していた。彼はタタール人をリトアニアに呼び寄せ、ヨーロッパの他の国に先んじてユダヤ人に特権を与えた人物であった。リトアニアがポーランドに吸収されるのを阻止し、ヴィルニュスに埋葬されたヴィータウタスは、リトアニア人全員が事実上受け入れられる国民概念や政治概念を体現していたのである。ヴィータウタス大公没後５００年記念委員会は、記念神殿としてカウナスにヴィータウタス大公戦争博物館を建設することを決定した。ヴィータウタス大公の肖像画が全国を回り、すべての都市や町で公式歓迎会が行われた。記念碑も多く建てられた。

このようにヴィータウタス信仰が奨励されたのは、リトアニア人がかつての英雄の輝かしい人生を思い出すためであり、さらに、あたかも第二のヴィータウタスであるかのような当時の指導者スメトナのリトアニア統治をヴィータウタスの統治と関連づけるためであった。没後５００周年記念は大公国の輝かしい過去をよりどころとする愛国運動によって国民を団結させることを第一に意図していた。また、リトアニアが長い歴史を持つ国であると周知させることも意図していた。

スメトナとトゥーベリスのタンデム体制

ユオザス・トゥーベリスは、リトアニアが独立して最初の数年間は政府機関で働いており、その後は農業団体や経済団体をいくつか設立、指導していた。首相としてのトゥーベリスは、ヴォルデマラスとは正反対の人物であった。彼は１９２９年から38年まで安定して政権を運営した。これは両大戦間期の首相としては最長の在任期間である。また、１９３１年から38年までは民族主義連合《タウティニンカイ》の党首も務めた。トゥーベリスは、リトアニアの経済や財政を十分理解しており、リタスの平価切り下げに

ユオザス・トゥーベリス――リトアニア首相（在任 1929 年 9 月～ 38 年 3 月）。

は断固として反対した。彼の慎重な経済政策のおかげで、リトアニアは、国の財政に手を付けることなく世界恐慌を乗り切ることができた。リトアニアが過度に借金を抱えることもなかった。トゥーベリスの経済観は保守的であった。収入以上の支出は控え、生産を増やすことで財政状況を改善しようとしたのである。輸入をできるだけ減らすことで問題を切り抜けようとして経済自立を目指した彼は、海外から金を借りることはせず、また慎重に政策決定を行った。

　リトアニアでは16万人の新たな農民が土地開墾事業を請け負い、牧草地や低木林、森林地帯など数千ヘクタールを開墾して耕作地に変えた。耕作地の面積は3割程度増え、穀物（食用および飼料用）の自給率も100パーセントを達成し、輸出超過となった（1938年は13万2000トン）。自作農や農協は、デンマークやスウェーデン、ドイツからホルスタイン種のウシ数千頭を輸入し、また家畜の改良を行った。その結果、ウシ1頭あたりの乳量は700リットルから2000リットルに増加したが、これは他の多くの国を上回る数値であった。トゥーベリスは、民間経済だけでは国民経済に望ましい効果を与えることができなかったときには、協同組合や多くが出資する株式会社を設立し、その成長を支えた。トゥーベリスは、国が労働、教育、文化の分野で適度な制約をかけることは有益であり、また必要であると考えていた。そのため、彼の政策は穏健な国家社会主義の一種であるとしばしば称される。トゥーベリスの活動はリトアニアの資本主義を強めた。そして、彼が協同組合などの団体を支援したことで、リエトゥーキス〔農業〕、ピエノツェントラス〔乳業〕、マイスタス〔畜産業〕といった大規模な協同組合の設立が可能となった。

穀物の輸出量は減少したが、他の農産物（豚肉、バター、チーズ、肉製品）がその減少量を補ったため、輸出に占める農産物の割合は１９３５年で65パーセント、１９３９年で78パーセントにのぼった。１９２４年、リトアニアのバター輸出量はわずかに５４２トンにすぎなかったが、１９３９年には1万トンにまで達した。豚肉の輸出量も４万１０００トンまで増加した。砂糖や保存食の製造や織物工業、靴工業、製紙業、ガラス産業も成長した。織物工業に関して言えば、１９３９年には、リネンやウール、コットン、シルクの織物やニットウェアを製造する会社が80あった。主に地元で生産される物を原料とする製造業は、４倍に成長した。都市も拡大、近代化していった。１９３９年のカウナスの人口は15万４０００人で、その60パーセントはリトアニア人であった。カウナスは整然とした近代都市で、学校や図書館、新博物館、大学の建物などが建設された。医療は改善され、病院も新たに建てられ、医師１５００人が訓練を受けた。死亡率は１０００人あたり13人に下がり、ヨーロッパの先進国に近づいていった。リトアニアの出生者数はラトヴィアやエストニアよりもはるかに多かった。リトアニアの工業化は１９４１年から42年頃に始まると見られていた。

イタリアのファシズムやその精力的な指導者〔ムッソリーニ〕に感化されていた民族主義連合の右派

は、著述や演説が穏健であったスメトナ大統領の権威主義体制に不満を抱いていた。軍に影響力を持っていたヴォルデマラス派は、ヴォルデマラス復権のために反乱を起こそうと試みた。最も危険だったのは、1934年にペトラス・クビリューナス将軍率いる部隊がカウナスの道路に配置されたときであった。反乱の企てがスメトナを直接脅かしたことは一度もなく、すぐに鎮圧された。ヴォルデマラスはこの後4年間監禁され、1938年に恩赦により釈放されると、フランスのパリに亡命した。軍の忠誠を確保するための方法は簡単であった。2万5000人規模の軍のうち1750人の将校に高額な給与を与え、さらに彼らの保健医療や住居などの費用は無料としたのである。警察も、そして円滑に活動していた国家保安局も、スメトナ政権を支持していた。

スメトナ大統領は選挙という試練に身を晒していないという批判が高まると、少なくとも形の上では選挙を行うための法が制定された。1931年5月2日、各自治体は郡という単位に分けられることとなった。郡長が議長を務める郡議会が「国民特別代表」を選出し、その「特別代表」が大統領を選ぶこととなった。とはいえ、スメトナに反対する者を「特別代表」に選ぶことはほとんど不可能なことであった。このようにして、スメトナは自身が再選する仕組みを作り上げたのである。「国民特別代表」は1931年12月11日、満場一致でスメトナを大統領に選出し、その後1938年11月14日に彼を再び大統領に選出した。しかし、1933年にドイツでヒトラーが権力を掌握し、1934年にエストニアおよびラトヴィアで権威主義体制が成立すると、スメトナ政権はそれらと比べて相当リベラルであるように思われた。

この頃、軍将校が軍の近代化のために多くの予算を要求するようになっていた。1935年、国家防衛評議会は軍再編計画を採択し、国家予算の約2割を軍事費にあてるとした。両大戦間期リトアニアで最長となる8年半首相を務めたトゥーベリスは、政府の安定と各閣僚の政策の一致を請け合い、またリトアニアがあらゆる分野において諸外国からの支援なしに発展する機会を作りだした。しかしリトアニアは、世界恐慌の影響に苦しむこととなった。生活費が高騰するのに対し、農業および製造業における成長は十分ではなかった。中小企業の多くが倒産し、競売にかけられた。酪農家から乳製品を購入する機関であるピエノツェントラスは1935年、商品価格が世界的に下落したため、購入時の価格を3分の1に下げた。リトアニア南西部スヴァルキヤ地方の農家はストライキを行い、牛乳をカウナスに配達するのをやめ、道路に守衛所を設けるなどした。警察がこれを排除しようとすると暴動が起き、その結果、ヴェイヴェレイの町の警察は農民3人を射殺し、数百人を逮捕した。1934年から35年、クライペダでナチ裁判が行われた〔後述〕ことにより、リトアニアとドイツのあいだの緊張は激化した。ドイツはリトアニアの農産物の輸入を停止し、リトアニアと他国の貿易を妨げた。リトアニア政府は、農産物の価格低下の埋め合わせとして農家に補助金を支払った。トゥーベリスがイギリスとの貿易関係を構築しようとしてからは、イギリスが輸出入ともに主要な貿易相手国となった。

トゥーベリスとスメトナにとって、スヴァルキヤでのストライキは大きな打撃となった。キリスト教民主党をはじめとする各政党が政権を声高に批判した。キリスト教民主党が特に活発だった1936年初め、リトアニアの各政党は活動を禁止された。ただし、民族主義連合はその例外で、政党ではなく政権を支える団体と見なされた。したがって、当初は政党が存在しなくなったかのように思われた。

しかし、野党は国民から信任を得た内閣を即座に発足し、国会《セイマス》を復活するよう要求し続けた。左派政党は、ミーコラス・スレジェヴィチュス（農民人民連合所属）のスローガン「国会が招集されるまで戦い続ける」に固執していた。スメトナの側近は、国民の不満を和らげるために「捌け口」として国会を再開するようスメトナを説得した。スメトナは国会を復活させたが、国会議員選挙の立候補者は郡議会（カウナスは市議会）によって指名された。言うまでもなく、郡議会は民族主義連合によって統制されていた。市民団体などが立候補者を擁立することは認められず、したがって野党候補は国会議員選挙に立候補することができなかった。1936年の夏に行われた選挙は民主的ではなく、したがって、選挙後に招集された第四国会は「スメトナ国会」と呼ばれた。民族主義連合の党員か、党員ではないものの政府には忠実な者が、全49議席の大半を占めていた。

1938年5月12日、スメトナ大統領およびミロナス首相が署名した新憲法が公布され、権威主義体制はさらに強化された。リトアニアが共和国である旨は明記されたものの、「民主主義」という文字は削除された。新憲法においても主権は国民にあるとされ、国家元首は任期7年で選出される大統領と定められたが、大統領令を発令するにあたっては、国防に関する決定も含めて、新たに首相の署名も必要とされるようになった。大統領は、新憲法においても法令を制定し、条約を作成、批准し、政府高官や軍の最高指揮官などを任命、罷免する権利を有するとされた。新憲法でもリトアニアの首都はヴィルニュスとされた。この憲法は、権威主義体制を強固にするものであった。

スメトナは、もはや弱体化した左派政党の活動に脅威を感じてはいなかった。左派政党は独自に新聞を発行していたものの、政治的影響力はなかった。非合法政党であった共産党は党員１２００人を抱え、ソ連政府からの資金援助を受けていたが、それでもそれほどの脅威ではなかった。しかし、強い組織力を有していたキリスト教民主会派およびカトリック活動センター（ＫＶＣ）は民族主義連合に肉薄する存在であった。そのため、民族主義連合が国内のイデオロギー言説を独占することはなかった。青年団体などのカトリック諸組織は、総じて民族主義連合よりも規模が大きく、定期刊行物の影響力もカトリックのほうが強かった。キリスト教民主主義者らは政権を担うことをあからさまに熱望しており、軍の参謀総長であるスタシース・ラシュティキス将軍を支持していた。ラシュティキスは政治的野望を抱いており、また民衆からも支持されていた。ラシュティキスはスメトナの姪と結婚していたためスメトナとは親戚関係にあったが、長らくスメトナとは対立していた。１９４０年４月にはスメトナによって〔軍総司令官の〕任を解かれている。

両大戦間期リトアニアにおけるユダヤ人とポーランド人

リトアニアでは過去数百年間、深刻な反ユダヤ主義は見られなかった。リトアニアでは長らくユダヤ人が商業を独占しており、リトアニア人農民はユダヤ人商人から物を買い、卸売業を営むユダヤ人に作物を売るといった具合に、彼らの生活は完全にユダヤ人に依存していたからである。ユダヤ人もまた、リトアニア人農民と取引することで生計を立てていた。リトアニア人とユダヤ人は宗教や文化、言語が異なり、共通点が少なく、互いにやや不信感を抱いてもいた。しかしリトアニア民族運動においては、識字能力が高く、読書をたしなむユダヤ人は模範であった。リトアニア人農民は商業を「まともな仕事」とは見ておらず、ユダヤ人は取引相手のリトアニア人農民を教養のない田舎者と見なしていた。19世紀にリトアニア人の文化が興っても、ユダヤ人は、ポーランド人と同じく、リトアニア人の文化から感銘をうけることはなかった。ユダヤ人はリトアニア人とロシア語もしくはポーランド語で会話していた。しかし、20世紀に入り状況は変わった。帝政ロシアで国会《ドゥーマ》が開設されると、両民族は、選挙でポーランド人候補者を破って当選するために互いに協力するようになった。しかしこれは、戦略的なパートナーシップであったというよりも、両者とも自らの利益のために互いに協力しただけのプラグマティックな動きでしかなかった。

第一次世界大戦が終わりに近づく頃、新国家リトアニアの指導者たちはリトアニアのユダヤ人からの支援を求めた。これに対して、リトアニアのユダヤ人コミュニティもリトアニアの独立という目標を概ね支持した。特にヴィルニュスのユダヤ人たちは、ヴィルニュスはロシア人やポーランド人よりもリトアニア人に統治されるほうが望ましいと考えていた。1918年12月、ユダヤ人議員3人がリトアニア評議会《タリーバ》に加わった。このうちヤコブ・ヴィゴツキがユダヤ人担当大臣としてリトアニアで最初の内閣に入閣した。他の2人も政府で役職を担うこととなり、シモン・ローゼンバウムが副外相を、ナフマン・ラフミレヴィチが副商工相を務めた。また、新たに組織されたリトアニア軍にはユダヤ人数千人が加わった。ローゼンバウムはリトアニア代表団の一員としてパリ講和会議に赴き、リトアニアの主張を支持するよう各国のユダヤ人に働きかけた。講和会議でリトアニア代表団はユダヤ人の権利を保障する旨を宣言した。この宣言は、おそらく東ヨーロッパで最もユダヤ人自治に影響を及ぼしたものであった。

カウナスの目抜き通りを行進するユダヤ人体育団体ハポエルの選手（1935年）。在イスラエル・リトアニア系ユダヤ人協会所蔵。

１９２０年1月、リトアニアのユダヤ人民族評議会が初めて選出された。民族評議会は課税権を有し、ユダヤ人コミュニティの文化活動や宗教活動、社会福祉を管轄した。民族評議会は、ユダヤ人の出生、死亡、結婚の記録も管理した。リトアニアのユダヤ人はリトアニア国会議員選挙にも参加し、ユダヤ人議員も選出された。リトアニアのユダヤ人コミュニティが成し遂げた最大の偉業は、イディッシュ語やヘブライ語の学校のネットワークを作り、それを拡大していったことであろう。１９２３年には、リトアニア・ユダヤ人の子どもの93パーセントがこれらの学校で教育を受けていた。政府は１９２４年にユダヤ人担当省を閉鎖し、ユダヤ民族評議会も解散させた。憲法で少数民族の権利が保障されているため、これらの機関は不要と考えたためである。しかし、その後もユダヤ人コミュニティは教育、宗教、社会問題を管轄する自由を保持し続け、政府もユダヤ教のコミュニティに対する資金援助を続けた。1923年の国勢調査によれば当時のユダヤ人人口は15万5000人（国の総人口の7・6パーセント）であり、リトアニアの少数民族のなかでは最も多かった。

リトアニア人は新国家を民族的《エスニックな》リトアニア人が統治する国民国家《ネイション》と見なしていた。リトアニア人の民族運動《ナショナル》は、都市部にリトアニア人の知的職業階級、中流階級を作り出すことを目指していた。商工業は伝統的にユダヤ人が占めていたため、経済競争が民族対立を生むこととなった。リトアニア人が都市に流入して商工業界で働くようになると、競争は激しくなり、相手に対する反感も強まっていった。そして世界恐慌がこれに拍車をかけた。ユダヤ人の多くは自由業に就いていた。全国の医師のなかで42パーセントはユダヤ人であり、法務、芸術、報道の各分野においてもユダヤ人が同程度かやや少ない割合を占めていた。1930年代においてリトアニア人商工業者は「リトアニア人のためのリトアニア」というスローガンを掲げ、新聞『ヴェルスラス（実業）』のなかでユダヤ人商人を強く非難した。

ユダヤ人が話す言語もまた問題とされた。国の公用語はリトアニア語であり、公的空間でリトアニア語を用いないことはリトアニア国家に対する背信であると見なされた。しかしリトアニアのユダヤ人は、隣人のリトアニア人とロシア語やポーランド語で話すことに慣れており、ユダヤ人同士はロシア語やポーランド語、イディッシュ語で会話していた。独立期の初めにおいて、多くのユダヤ人はリトアニア語が理解できなかったため、彼らは不当に扱われていると感じていた。彼らからの信任を得るため、スメトナ政権は1930年代半ばに、増加の一途をたどっていた反ユダヤ主義的な言説には反対するとの声明を出した。国防相は各地方の指揮官に対し、反ユダヤ主義的行動を煽動する者をすべて処罰するよう命令を出した。スメトナ大統領はナチの人種理論を批判し、リトアニアには「すべての者に空間がある」として、リトアニアの少数民族は外国人ではなく同じ国民であることを強調した。ヨーロッパの他の地域と同様に、リトアニアでもユダヤ人に対する、ときに暴力的な事件が起きており、反ユダヤ主義的プロパガンダも増えていた。しかし、政府が公的にこれを許容することはなかった。

ユダヤ人社会は多様で、多くの政党や団体が存在した。若者の多くは世俗的になってきており、宗教指導者らはこの傾向を憂いていた。主な政党としては、世俗的なシオニスト政党、宗教的なアグダス・イスロエル、民族文化自治を求めた民族党《フォルクスパルテイ》などがあった。非合法の小政党であった共産党に加わったユダヤ人党員はわずかに514人しかいなかった。それでも、民族別に見ると、共産党においてユダヤ人は最大民族であり、リトアニア人は3番目に多かった。

リトアニア人民族主義連合《タウティニンカイ》は、クライペダおよびヴィルニュスの問題に関して、ユダヤ人からの支援に感謝していた。しかし地方自治体での選挙にユダヤ人が参加することについては、ユダヤ人が影響力拡大を図っており「不当」であると見ていた。また、ユダヤ人が公務員になることは認められていなかった。大学においても、制限策が採られたために、ユダヤ人の学生数は1930年代に大きく減少した。各都市でリトアニア人の人口が増え、リトアニア人の農業協同組合が設立されたことから、商業におけるユダヤ人の立場は必然的に弱まった。たとえば、輸出に占めるリトアニア人の資金の割合は、1934年には45パーセントであったが、1938年には70パーセントにものぼった。一部の業界ではユダヤ人が圧倒的に多くを占めており、馬や毛皮、皮革、木材などの貿易はユダヤ人が多く担っていた。ユダヤ人は、概してリトアニア人とは離れて生活しており、リトアニア社会にはあまり統合されていなかった。

リトアニアの総人口の3・2パーセントを占めていたポーランド人コミュニティの文化生活はポーランド語学校を中心としていた。ポーランド政府がヴィルニュス地方のリトアニア人マイノリティに対して差別政策を採っており、これを受けてリトアニア政府がリトアニア国内のポーランド人に対して同様の規制をかけて応酬していたため、リトアニアのポーランド語話者は困難な状況に置かれていた。初等学校におけるポーランド人の生徒の数も年々減少していった。1923年には30校のポーランド語学校に2852人の生徒がいたが、1932年までにポーランド語学校の数は15校に減り、生徒の数も603人となっていた。この減少は政府の政策によるものであった。1927年から、当局が生徒の民族性を尋ねるようになった。生徒の両親がともにポーランド人の場合に限って生徒がポーランド語学校に入学することが認められ、親のいずれかがリトアニア人の場合はリトアニア語学校に行かなければならなかった。

ポーランド人には自分たちの問題を決定する影響力があまりなかった。ポーランド語話者を「ポーランド化したリトアニア人」と見なしていたリトアニア政府が、彼らのリトアニア化に努めていたためである。スメトナ大統領は、リトアニアのポーランド人はあるときにポーランド人になったのだから再びリトアニア人に戻ることだってできるはずだ、と唱えた。ある特定の地域に集住しなかったポーランド人は、子どもをポーランド語学校に通わせることができなかった。そのため彼らは、子どもを非合法の学校に通わせた。そのような学校は、1935年の時点で40校程度あったと推測される。ポー

リトアニアとポーランドの国境は **10** 年以上閉鎖されていた。両国に住む親戚同士は行政ラインで面会した（**1937** 年頃撮影）。

ランドから資金援助を受けていたポーランド人文化団体（ポホドニャ（たいまつ）、オシファタ（啓蒙）、ユチシェンカ（曙光））が彼らの教育を支援した。カウナス、パネヴェジース、ウクメルゲにあるポーランド語初等学校、中等学校は、これらの団体からもリトアニア政府からも資金援助を受けていた。

リトアニアとポーランドの外交関係が悪かったため、リトアニアのポーランド人はあまり政治活動を行おうとはせず、代わりに文化活動に力を注いだ。リトアニアの少数民族は、ロシア人やドイツ人も含めて、言語や文化を発展させる自由を享受していたが、しかし公務員職に応募するときには見えない障壁に直面することもあり、自分たちは二級市民であると感じていた。ドイツ人とポーランド人はユダヤ人の例にならって文化自治を獲得しようとしたが、ロシア人はそれを試みなかった。

１９３９年の国際情勢の変化は、リトアニア人と少数民族の双方に影響を及ぼした。赤軍の駐留が国を二分することになった。右派のリトアニア人青年団体はますます急進化し、民族主義を強めた。左派のユダヤ人や一部のリトアニア人青年は、ソ連およびボリシェヴィズムへの支持を表明した。いずれもスメトナ権威主義には不満を抱いていたが、その理由は異なっていた。

独立世代

独立期の20年のあいだに、押し付けられていたポーランドおよびロシアの影響力は拭い去られ、リトアニアという国は明らかにリトアニアらしくなった。スメトナ政権が何よりも目指したのは、国民文化の創出とリトアニア語が話されるリトアニアという国家モデルであり、スメトナは概ねこれに成功した。何にも制限されず縛られない国民文化が花開き、教育を受けた有能な新世代が育っていた。世界各国の事情に目を向ける彼らには、自らが学んだことをリトアニア国内に適用する力があった。ツァーリがリトアニア語の出版物を禁止（1864〜1904年）して以来リトアニア人は書籍や定期刊行物を尊んでおり、その結果、文字が読めないリトアニア人はほぼいなくなった。リトアニア語およびロシア語の定期刊行物の数は1937年の時点で150におよび、発行部数は合わせて93万にものぼった。1938年、リトアニア国内の学校数は2319、教員の数は5110人、生徒の数は初等学校だけで28万3000人に達した。そして、国内のあらゆる分野においてリトアニア語が支配的になった。高等教育機関としてはカウナスにヴィータウタス・マグヌス大学〔旧称リトアニア大学〕があり、そのほか農業アカデミー、獣医学アカデミー、教育大学、美術学校、音楽院などがあった。約1500人の青年が奨学金を得て留学し、海外で工学、航海学、医学、語学、歴史学、軍事学を修めた。

独立期はリトアニア芸術、建築、そして独自の哲学の学派が生まれた時期でもある。詩や文学の水準は高く、それまでになかったスタイルも試みられた。心理小説や風刺小説が登場し、また歴史的、写実的な演劇も出てきた。プロのジャーナリストは、カトリック、民族主義者《タウティニンカイ》、左派それぞれの思想や方向性がリトアニアやヨーロッパ全体の文化の発展においてどのように位置づけられるのか解説した。リトアニア人がロシア文化の影響から逃れ、ポーランド文化を無視するなかで、彼らはドイツやフランスの文化に目を向けた。しかし、巨大な文化圏に影響されることへの警戒は変わらなかった。

スメトナ政権は文化の内容や精神を規制せず、文化の発展を制限しなかった。当時はリトアニア国民文化の創出に関する議論が多くなされていた。オペラ、バレエ、演劇のプロ集団をつくり、文化エリートの形成を促進するために国の資金があてられた。1938年11月1日には、リトアニア語学、民俗学、歴史学の研究を目的とする研究機関、アンタナス・スメトナ・リトアニア学研究所が設立された。同研究所が任務としたのは、各分野における資料や情報の収集、専門用語の定義付け、そして豊富なリトアニア民俗音楽、伝承、風習の遺産を記録するためにフィールドワークを実施することであった。研究所には国内外のリトアニア研究を代表する専門家がそろっていた。同研究所は、カジミエラス・ブーガが1902年に始めた『リトアニア語辞典』の編纂を引き継いだ。この辞典の第1巻はリトアニアがドイツに占領されていた1941年に出版され、第2巻以降はソヴィエト占領期に出版された。ソヴィエト期においては作業が遅れ、また政治的に監視されるという妨害もあった。この編纂作業が完了したのは、実に2001年になってのことである。辞典は全20巻で、合わせて2万2000ページにものぼる。約50万のリトアニア語の単語を掲載するこの辞典は、単語の使い方の実例を示してく

商工会館の建物（カウナス、**1938** 年）。ヴィータウタス・ランズベルギス＝ジェムカルニス設計。

れている。

国民や国家の伝統が創られ、記念碑も建てられ、伝統の尊重が奨励された。国民には国民的英雄が必要であり、さらに英雄を記念する場所がなければならなかった。1922年、リトアニアらしい建築様式と装飾で施された国民の祈りの場を建てるとして、カウナス・キリスト復活教会の建設計画が浮上した。これは、自由の回復に対する感謝とリトアニア国民の宗教と国民の精神を表した国民の統一の象徴となるものであり、またカウナスで最も高い建物であった。建築家カールリス・レイソンスがデザインしたこの教会は、鉄筋コンクリート・スラブで建てられた。建設は短期間で行われた。1934年に着工され、主な建築作業は1940年の春までに終了したのである。この建物は、ソヴィエト占領期に

ピエノツェントラスの建物（カウナス、1938年頃）。ヴィータウタス・ランズベルギス＝ジェムカルニス設計。

はラジオ工場として利用され、21世紀初頭になってようやく祈りの場に戻された。教会が聖別されたのは２００４年のことである。

１９２０年代後半、独立10周年が近づくにつれて独立戦争を記念する十字架や愛国記念碑などが建立され、リトアニアの自由のために戦死した兵士の墓の整備が始められた。１９３４年11月23日、カウナスの戦争博物館前の広場に無名戦士の墓が建てられ、その横にはリトアニアの自由のために戦い戦死した者の記念碑が置かれた。戦死者を顕彰する式典が考案され、リトアニアのために生命を捧げた兵士に敬意を払い感謝することが奨励された。リトアニア軍創設記念日である11月23日は毎年厳かに祝賀された。

１９３０年以降、９月８日は国の特別な祝日となった。この日はヴィータウタスの戴冠記念日（戴冠したとされる日）であり、政府機関にはヴィータウタス大公とスメトナ大統領の肖像画が大きく掲げられた。軍事パレードや各都市での行進、演劇の上演、外国からの来賓のための宴会も行われた。これら祝賀会は、過去と現在のつながりを強調するものであり、教育目的にもかなっていた。軍と国民が一体であることを示すねらいもあった。

この頃、新しい国民的英雄も登場している。1933年7月15日から17日にかけて、2人のリトアニア系アメリカ人、ステポナス・ダリュスとスタシース・ギレナスが小さな単一エンジン飛行機「リトゥアニカ」に乗って、ニューヨークからリトアニアまでの無着陸飛行に挑んだのである。37時間11分かけて6411キロを燃料補給なしに飛行し（これは燃料補給なしの飛行としては当時世界で2番目に長い距離であった）、その後ドイツのゾルディン（現ポーランド領ミシリブシ）近くで悪天候に見まわれ、目的地まであと636キロという地点で墜落してしまった。このときカウナスの空港には約10万人の人々が集まり、西の空からリトゥアニカが現れるのを待ち望んでいた。そして、墜落の一報を聞いた人々の多くが涙を流した。2人は、離陸前に書いた手紙のなかで、祖国の栄誉のために命を捧げるようリトアニアの青年に呼びかけており、数千人の若者がこれを志すようになった。カウナスに2人の霊廟が建てられたが、その後ナチが部分的に破壊し、ソヴィエトが完全に取り壊した。1935年5月21日から22日には、もう1人のリトアニア系アメリカ人、フェリクサス・ヴァイトクスがリトゥアニカⅡに乗って、ダリュスとギレナスの偉業に挑戦した。単独飛行での大西洋横断に成功した（当時世界で6人目）が、アイルランドで着陸を余儀なくされたため、リトアニアまでの飛行という目的は達成できなかった。

3人の大西洋横断の後、若者が飛行機に関心を抱くようになり、スポーツとしてのグライダー飛行も盛んになった。1935年にリトアニア空軍のトップとなるアンタナス・グスタイティス大佐（1935年に准将に昇格）は有能な飛行機設計者であった。彼は、1925年から飛行機を設計

大西洋を横断した操縦士、ステポナス・ダリュスとスタシース・ギレナス。

アンタナス・グスタイティス将軍が設計し、カウナスで製造された軽爆撃機「ANBO Ⅷ」（**1939** 年）。

し、以来「ANBO《アンボ》」と名付けた飛行機を次々と製造した（「ANBO」は「アンタナスは空に浮かびたい Antanas nori būti ore」の略とされる）。カウナスにある軍用機工場はこのような飛行機を66機製造した。1934年、「ANBO Ⅳ」3機がグスタイティス指揮のもと1万キロを飛行し、事実上ヨーロッパの首都すべてを訪れて回った。カウナスの軍用機工場は、ドイツ製のエンジンとフランス製の胴体を輸入し、二つをうまく組み合わせながら、軽爆撃機などの軍用機やグライダーなどスポーツ用の飛行機を独自に設計、製造した。

スポーツの分野では、リトアニアが国際大会に参加するようになり、いくつか快挙もあげられた。1937年、リーガで行われたバスケットボール欧州選手権では、リトアニア系アメリカ人のコーチや選手からの助けもあって、リトアニアが優勝した。選手たちがリーガから鉄道で帰国した際、リトアニアの各駅には群衆が集まり、花を持って選手たちを出迎えた。翌年イタリアのローマで行われた女子バスケットボール欧州選手権ではリトアニアが準優勝に輝いた。1939年にはカウナスで行われた男子欧州選手権でリトアニアが再び優勝した。これ以来、バスケットボールはリトアニアの国民的スポーツとなった。リトアニアの勝利は国民の成功の象徴とされ、また肉体と精神の鍛錬の成果とされた。スポーツは日常生活に不可欠なものとなり、その人気は1938年にカウナスで開催された第1回リトアニア国民オリンピアード大会で示された。この大会には在外リトアニア人も多数参加した。

在外リトアニア人コミュニティはさらに大きくなり、地理的にも広がっていた。生活に困窮していた小作農らは、とりわけ経済危機が起きると国外に移住した。20年間で約10万人がリトアニアを脱した。移民の約30パーセントは、パレスティナや南アフリカ、アメリカ合衆国などに渡ったユダヤ人

カウナス体育館で行われた男子バスケットボール欧州選手権（1939 年）で２度目の優勝を果たしたリトアニア代表。

であった。リトアニア人の移住先は、主にアルゼンチンやブラジル、ベネズエラ、ウルグアイといった南米であった。アメリカ合衆国が移民制限を導入していたためである。彼らを支援し、祖国リトアニアとのつながりを維持するために、在外リトアニア人支援協会が設立された。同協会は、在外リトアニア人コミュニティのためにリトアニア語の定期刊行物を発行し、聖職者や教員を派遣し、初等学校をいくつか作った。在米リトアニア人グループは財力も組織力も有していた。そのため、協会による支援の大半はリトアニアにある関連諸団体との連絡の促進であった。連絡は公式ルートを通じて、あるいは個人間のやり取りを通して行われた。１９３５年にカウナスで世界リトアニア人会議が開かれ、19カ国から

3000人の代表および来賓が出席した。ここから、在外リトアニア人が祖国リトアニアを身近に感じ、リトアニアの将来を気にかけていたことがわかる。とはいえ彼らは権威主義体制による政治的圧力には否定的であった。

この短い独立期においてリトアニアは厳しい国際情勢に晒され、領土紛争を抱え、さらに国内にも政治問題はあったものの、国としては成功をおさめた。独立期に生まれ育った新世代のリトアニア人は愛国的で、自国の主権が第一と考え、歴史遺産に価値を見出していた。リトアニアの独立を勝ち取った世代は目標を達成することに成功したのである。

最後通牒の時代

リトアニアとポーランド――無関係という関係

リトアニアは隣国との関係には問題を抱えていた。ラトヴィアやエストニアとのつながりを強化するうえで、ポーランド、ソ連、ドイツが障害となった。バルト諸国がジュネーヴで外交同盟の構築に合意するのは1934年9月12日になってのことである。これはバルト協商と呼ばれ、経済、社会、法、行政の各分野において協力関係を強化することを目的とした。しかし、ヴィルニュス地方をめぐってリトアニアがポーランドと軍事紛争に至った場合にエストニアやラトヴィアがリトアニアを支援する、という保証はなかった。

リトアニアは、ポーランドとの交渉に失敗すると、それまでしばしば行っていたポーランドとの外交接触を避けるようになった。リトアニアは常にヴィルニュス問題を視野に入れながら他の国際政治問題を見ていた。リトアニアの外交は難問に直面していた。というのも、リトアニアは両立しない二つの外交目標をともに達成しようとしていたからである。リトアニアは、ヴィルニュス問題については国境線の回復を目指していたが、クライペダ問題に関しては現状維持を主張していた。リトアニアの外交官は異なる主張を同時に行うという困難に直面していたのである。

ヨーロッパの政治状況が変化するなかで、ソ連はポーランドに接近していった。１９３２年7月にはソ連とポーランドのあいだで不可侵条約が結ばれたため、ソ連がヴィルニュス問題に関してリトアニアに約束した内容は無効となってしまった。さらに、リトアニア政府はドイツの軍事力拡大を懸念しており、そのため１９３４年にはポーランド政府と非公式に連絡をとるようになった。リトアニア外相スタシース・ロゾライティスとリトアニア軍のスタシース・ラシュティキス将軍は、外交団および軍の近代化に着手し、国家安全保障戦略を新たに策定し始めた。ロゾライティスはリトアニアにとっては独立の存続が第一であるとし、ドイツの脅威が高まるのであればポーランドに妥協することも必要であると考えていた。

１９３５年4月、ロゾライティスは内密にスメトナ大統領に覚書を手渡した。そこには彼の考えが記されていた。それは、「私たちはクライペダを有しているが脅威に晒されている。私たちはヴィルニュスを有しておらず、近いうちに取り戻せる見込みもない。外交上、二正面で戦うことはできないから、リトアニアはポーランドとの関係を修復し、それをドイツとの争いに利用する必要がある」といった内容であった。軍事ではラシュティキスがラトヴィアやエストニアとの協力の可能性を模索していた。

彼は3カ国の軍事同盟に賛成の立場であったが、スメトナ大統領やトゥーベリス首相はそのような軍事同盟はリトアニアにとって有益ではないと考えていた。

ポーランド外相ユゼフ・ベックとの接触も行われるようになったが、何も実を結ばなかった。1936年1月、ベックはリトアニアを非難する演説を行い、同年3月にはスメトナがカウナスでこれに応酬したため、妥協する余地はなくなってしまった。交渉が行き詰まるなか、1938年3月11日、両国間の行政ライン上で事件は起こった。リトアニアの国境警備兵が、行政ラインを越えて来たポーランド兵を射殺したのである。ドイツがオーストリア併合を進めるなか、ポーランド政府は、過去に同じような事件でポーランド側がリトアニアの国境警備兵7人を射殺したことがあったにもかかわらず、反リトアニア感情を煽動した。3月17日、リトアニアはポーランドから外交関係樹立を要求する最後通牒を突きつけられた。これを受諾しなければ戦争に至ると考えられた。

カウナスの政治家は最後通牒を予測しており、関係改善の手段を模索していた。フランス、イギリス、ソ連、ドイツ各国はポーランドの要求を受け入れるようリトアニアに助言した。ラシュティキス将軍は、閣議において、軍は命令があれば交戦するとしながらも、その結末は想像がつかないとして平和的解決を支持した。ポーランドからの最後通牒はリトアニアにポーランドによるヴィルニュス地方の併合を承諾するよう要求してはいなかったので、リトアニア政府は3月19日、これを受諾した。ポーランドでは数千人が「コヴノへ進め《マルシュ・ナ・コヴノ》」とシュプレヒコールをあげながら街を埋めつくしたが、ポーランド政府はリトアニアの最後通牒受諾で満足した。

リトアニアの威信は大きく傷つけられた。リトアニアは10月9日の「ヴィルニュス喪失の日」の記

行進するリトアニア軍の兵士たち（1937年）。

念をとりやめなければならなくなった。また、ポーランド公使館をカウナスに開設することを認め、ワルシャワにリトアニア公使館を、さらにはヴィルニュスにリトアニア領事館を開設せざるをえなかった。会員数70万人を抱えるヴィルニュス解放連合は解散させられ、同連合の機関紙『ムースー・ヴィルニュス（私たちのヴィルニュス）』も発行停止に至った。リトアニアとポーランドは外交関係を樹立したものの、両国関係は改善しなかった。リトアニアは、最後通牒受諾は戦略的撤退であると考えており、１９３８年5月の新憲法でもリトアニアの首都がヴィルニュスである旨を定めた条項は残された。

リトアニア政府がポーランドからの最後通牒を受諾すると、トゥーベリス首相は辞任し、スメトナの側近であるカトリック司祭のヴラダス・ミロナスが新たに首相に就任した。ミロナスはロゾライティス外相を解任したものの、政府は重大なことは何も起こっていないかのように振る舞った。しかし政府が最後通牒に屈したことは、スメトナに対抗する諸派の幹部を結束させることにつながった。キリスト教民主党と農民人民連合は同盟を組み、反スメトナ運動「アシス（枢軸）」を開始した。そして、両派の幹部は共通の綱領を策定することで合意した。極右のヴォルデマラス派もこれに加わった。アシスは1938年末以降スメトナを激しく批判するようになり、スメトナの権威は弱まっていった。彼らはクライペダでスメトナを批判する記事を出した。クライペダ地方の自治政府が中央政府の検閲を認めなかったためである。国外からの干渉で引き起こされた危機の後に反スメトナ同盟が結成されたことは、野党諸派が戦略を変えてきたことを示している。

ヨーロッパで最初のナチ裁判とクライペダ地方の喪失

リトアニアにとって重大な問題の一つは、自治区となっていたクライペダ地方の社会統合がうまくいっていないことであった。自治議会の議席の約8割は常に親ドイツ諸政党が占めており、人口の大半はカトリックではなくルター派の信者で、リトアニア語話者でさえ多くの者は大リトアニアと必ずしも一体であるとは考えていなかった。大リトアニアは経済的に遅れており、また中央政府は高圧的であると見ていたためである。ドイツ人が多くを占めるクライペダ自治政府は、リトアニア政府よりもドイツ政府の言うことをよく聞いていた。クライペダにある二つのナチ組織は反リトアニア政府プロパガンダを広め、蜂起の実行とドイツへの併合を計画していた。リトアニア人の会合に対するテロを起こし、ユダヤ人を攻撃した。クライペダはリトアニアの統制が効かなくなってきていた。1934年2月8日、煽動活動を鎮圧するために国民・国家保護法が制定された。リトアニア国民や政府に対する侮辱、国のシンボルや国旗に対する不敬、リトアニアの国益に反する外国政府との協力

カウナスで行われたクライペダ・ナチ裁判（**1934** 年 **12** 月）。

といった反国家活動が法で罰せられることとなった。

リトアニア政府が熱心に証拠を集め調査を行った結果、ナチ組織のメンバー８０５人が火器１１０４点および多数の煽動的な書物を所有していることが判明した。１９３４年７月13日、ナチ組織は活動が禁じられ、組織の指導者らが逮捕された。そしてドイツ人１２６人が告訴された。１９３４年12月から35年３月までカウナスで行われた裁判は、ヨーロッパで初めてとなる反国家活動に関するナチ政党メンバーの裁判となった。〔エルンスト・〕ノイマンと〔テオドール・フォン・〕ザスはクライペダ地方の二つのナチ政党の指導者であったため、ノイマン＝ザス裁判の手続きは西ヨーロッパやアメリカ合衆国のジャーナリストの注目を集めた。この裁判によりナチのテロおよびプロパガンダ活動が知られるようになり、ナチの危険性が明らかになった。起訴状は500ページに及び、証拠が入った箱が法廷の壁に並べられた。証拠としてあげられたのは、鉤十字、旗、ナチ突撃隊の制服、命令書、パンフレット、武器などである。被告人の多くは自らがナチズムを信奉していると明言した。彼らはクライペダがドイツの一部であると考えており、ナチ本体の支部としてドイツのナチから指示を受けていた。彼らの説明によれば、指示はナチ指導者のルドルフ・ヴァルター・ヘスやエーリヒ・コッホ東プロイセン大管区指導者、駐クライペダ・ドイツ領事などから出ていた。裁判は1935年3月26日に完了し、被告人のうち76人に有罪判決が言い渡された。そのうち4人は死刑判決を受けた。

この結果、リトアニアとドイツの関係は危機に直面した。ドイツはリトアニアに貿易禁止を科し、さらにプロパガンダなどを用いて政治的圧力を加えた。フランスやイギリスも罪を軽くするよう働きかけてきた。その結果スメトナ大統領は、ドイツとの関係を悪化させないために死刑から終身刑に減刑し、1938年全員に恩赦を与えた。

1935年、ザールラントが住民投票によりドイツに復帰すると、リトアニアの政治指導者らは危機感を抱いた。自らのイデオロギー上の目的を達成するためにヨーロッパの半分を破壊しかねないヒトラーを、スメトナは個人的に「危険な政治的狂人」と呼んだ。

1938年のミュンヘン合意の後、クライペダ地方では戒厳令が敷かれた。リトアニアはもはや状況をコントロールできなかった。リトアニア政府はクライペダ地方に巨大な投資を行った（港湾だけで4200万リタスを投資したが、収益は1100万リタスのみであった）にもかかわらず、それ以上の投資をする財源がないことが明らかとなり、クライペダ地方におけるリトアニア政府の影響力は低下した。

自治区であるクライペダ地方において2言語の平等を保障する法律はフィクションにすぎなかった。リトアニア語はリトアニア人の企業や団体でしか用いられていなかったのである。ドイツ人の企業にはナチ支持者が多く、ほぼすべての学校で授業がドイツ語で行われていた。リトアニア系の生徒にリトアニア語の授業を提供しようとする試みは失敗し、仕事場においてリトアニア語を広める試みも成功しなかった。ドイツは、クライペダ地方のリトアニアへの統合を巧みに妨げていたのである。

リトアニア政府はクライペダ地方において十分な支持を得られていなかった。地元のドイツ人は少数民族でいることを嫌い、リトアニアによる支配は一時的なものにすぎないと考えていた。リトアニア政府は国内の他の地域からクライペダに移住した者からの支持を頼りにすることもできたが、移住者の多くは高い教育を受けていない労働者であった。社会的、政治的、心理的要因が重なった結果、リトアニアはクライペダ地方のリトアニア語話者から支持を得ることはできなかった。彼らの自己認識はリトアニア人というよりもクライペダ人で、多くの者はクライペダ地方の選挙ではドイツ人政党に投票した。クライペダ地方は、発展段階においては多くの点でリトアニアよりもラトヴィアやエストニアと類似していた。福利厚生や文化の指数（識字率、人口あたりの公共図書館の数や消費量など）は、バルト諸国の平均を１００とすると、エストニアが１３２、ラトヴィアが１３８、クライペダ地方が１３７であったのに対してリトアニアは59にすぎなかった。クライペダ地方がリトアニアに「執着」していなかった理由の一つは、リトアニアの発展水準の低さであった。

リトアニアにとっては不運なことに、１９３９年初頭にはドイツは既にクライペダの併合を計画しており、メーメル憲章の署名国であるイギリスとフランスは、クライペダの現状を保障することはな

地元のナチ支持者や突撃隊員に歓迎されるアドルフ・ヒトラー（クライペダ、**1939**年**3**月**23**日）。

いと明言した。リトアニアは両国の支援がなければクライペダを守ることなどできなかった。3月20日、ドイツはクライペダ地方の移譲を要求する最後通牒を突きつけ、リトアニアが最後通牒を受け入れない場合は武力行使も辞さないと脅してきた。リトアニア政府は5時間にわたる閣議を開いた。スメトナはドイツが侵略した場合にリトアニアがどれだけ抵抗することができるかを軍高官に尋ねた。カジース・ムステイキス将軍とラシュティキス将軍の回答が「3日ももたない」というものであったため、リトアニアは最後通牒を受諾することとした。

3月23日、リトアニアとドイツはクライペダ地方の譲渡に関する条約に署名した。ヒトラーは艦艇でクライペダに向かい、街の中心部にある劇場のバルコニーから歓声に沸く地元ドイツ人に向けて演説を行った。リトアニアではドイツに抵抗する気運が高まっていたため、リトアニア国民は皆これにかなり動揺した。経済的打撃も大きかった。リトアニア全体に占めるクライペダ地方の面積の割合はわずか6パーセントのみで、人口も5パーセントのみであったが、クライペダ地方の喪失はリトアニア経済の3分の1が失われることを意味していた。さらに、リトアニアの輸出品の7割はクライペダ地方経由で輸出されていた。

クライペダがドイツに併合された後、キリスト教民主党と農民人民連合は条件付きで再び政権に加わることとなった。1939年3月に首相に就任したヨナス・チェルニュスの内閣は挙国一致内閣と称され、野党である両党から2人ずつ閣僚が選ばれることとなった。しかし、内閣において彼らが各党の立場を代表することはなく、両党は公式には依然として禁止されたままであった。政権と野党はどのように協力するかについては考えが異なっていた。権威主義政権は、協力は党派を超えて個々人の能力に基づいて行われるものと考えていた。大統領が政府の取り組む課題を決める権限を有していたため、野党出身の閣僚は大統領の指示に従わなければならなかった。

1939年11月に民族主義連合《タウティニンカイ》のアンタナス・メルキースを首相とする内閣が新たに組閣されたときには、キリスト教民主党も農民人民連合も党の合法化を求めなかった。そして、両党はこのときも2人ずつを入閣させることに同意した。これは政治的妥協であったが、困難な時代が近づくなかで政治勢力を結集させることが必要であったのである。

中立政策とモロトフ＝リッベントロップ協定

ヴェルサイユ条約によるヨーロッパの秩序が崩壊し始め、国際連盟が加盟国の安全を保障できなくなると、バルト諸国の外相は1938年夏、外国軍の自国領の通過を認めず、近隣の大国の紛争に対しては中立でいることで合意した。リトアニアは1939年1月10日に中立法を制定した。しかし、この時点ではまだ国外で大きな政治変化は起きていなかったため、リトアニアはポーランド、ソ連、ドイツのあいだで駆け引きを続け、紛争に巻き込まれないよう努めていた。リトアニア軍のラシュティキス将軍は、1939年4月にヒトラー50歳誕生記念式典に出席し、5月にはエドヴァルト・リッツ＝シミグウィ元帥の招待でポーランドを訪問した。大国同士の関係が悪化すると、リトアニアの外交団は5月、「あらゆる状況において、あらゆる問題に関して」中立を厳守するよう指示を受けた。

リトアニア政府は中立に固執することで国を守ろうとしたが、1939年8月23日にドイツとソ連が不可侵条約（モロトフ＝リッベントロップ協定）に署名したとの一報を受けて、衝撃を受けた。ナチ・ドイツとソ連は、不可侵に関する条文に加えて勢力圏を分ける秘密議定書にも合意していた。この秘密議定書では、フィンランド、エストニア、ラトヴィアはソヴィエトの、リトアニアはドイツの勢力圏とされた。翌月新たに秘密議定書が結ばれ、リトアニアの大半はソ連の勢力圏に移された。この秘密議定書は公式には1945年のドイツ敗戦まで明らかにはされなかったものの、バルト諸国の政府は秘密議定書が結ばれて数日以内にその存在に感づいていた。独ソ両国ともヴィルニュス地方におけるリトアニアの権益を認めていたが、国境線は定められなかった。国民主義党《ナツョナリスタイ》（ヴォルデマラス派）、狙撃連合《シャウレイ》、民族主義連合《タウティニンカイ》の青年派などはリトアニア政府の無力さを非難し、ドイツがポーランドを攻

軍事演習におけるリトアニア軍のスタシース・ラシュティキス将軍（中央）とヨナス・チェルニュス将軍（右）（1938年）。

撃すると、ヴィルニュスを武力で制圧するよう政府を駆り立てた。ドイツもまたリトアニアにヴィルニュスへの進軍を求め、飛行機や戦車、大砲を提供することをリトアニアに約束した。ポーランドがドイツとの戦争に敗れつつあるなかで、リトアニアがヴィルニュスを制圧することはドイツの支援がなくても可能であったが、リトアニア政府はヴィルニュスに進軍することは軍事ではなく政治の問題であると考えた。また、リトアニア兵が1人として行政ラインを越えることがないことをポーランドに保証した。こうしなければリトアニアは侵略者と見なされかねず、イギリスやフランスとの関係が悪化するかもしれなかった。ソヴィエトもまたリトアニアがヴィルニュスを制圧することには反対していた。

9月17日、ソ連がポーランドに侵攻すると、リトアニア大統領は一部で動員を行い、リトアニアの独立を守ろうとした。リトアニア軍の規模は2万4000人から8万9470人まで増加した。しかし、9月28日

ヴィルニュスに進入するリトアニア軍（**1939**年**10**月末）。

にソ連外務人民委員ヴャチェスラフ・モロトフとドイツ外相ヨアヒム・フォン・リッベントロップが境界友好条約を結び、その付属秘密議定書でリトアニアがソ連の勢力圏に入る（ポーランドのルブリン県が代わりにドイツの勢力圏とされた）と、ドイツからの圧力はすぐに収まった。

そしてソ連が動き出した。モロトフはリトアニア外相ユオザス・ウルプシースをモスクワへと招いた。ウルプシースの渡航前日、リトアニアでは一部で軍の動員解除が始められていた。これは危険でもあった。というのも、状況が一変して重大な危険が迫った場合に再び動員するだけの時間はなかったからである。10月3日、モスクワに渡ったウルプシースはスターリンから相互援助条約の締結を迫られた。この条約は、ヴィルニュス市およびヴィルニュス地方の一部をリトアニアの統治に引き渡し、リトアニア南西部の一部の領土をドイツに割譲するというものであった。南西部の当該地域に居住する約15万人の大半は民族的にはリトアニア人であり、リトアニア代表団はこの地域の割譲という内容に衝撃を受けた。交渉は難航した。ソヴィエトはリトアニアに赤軍の基地を置く権利も求めてきたため、ウルプシースは協議のためにカウナスに一旦戻らなければならなかった。リトアニア側は、ソヴィエトの基地を置くのではなく、重火器による武装強化でリトアニア軍の規模を拡大し、さらに両国共同の軍事委員会を設立して両軍の行動を調整することを提案した。リトアニアはこれにより基本的に中立を維持できるとしたが、スターリンは、リトアニアの中立はスターリンが望んでいるあいだだけしか維持できないだろうと答えた。

ソヴィエトは10月初頭に既にエストニアやラトヴィアと条約を結び赤軍の基地を認めさせていた。この事実がリトアニアの交渉をさらに困難した。リトアニア側は執拗に赤軍基地を拒み、民族的リトアニア人の住む土地を守り、またヴィルニュス地方のうちリトアニア人が住む一部の地域（シュヴェンチョニースやドルスキニンカイ）をさらに取り戻そうとした。ソヴィエトは当初、５万人の兵士がリトアニアに駐留することを認めさせようとしたが、その後、駐留する兵士の数を2万人にまで減らしてきた。リトアニア側は、リトアニアがどの国からも援助を受けないこと、そしてドイツがリトアニアをソ連の勢力圏に移したことを確認した後、10月10日、スターリンとモロトフに強く迫られて、ヴィルニュス市およびヴィルニュス地方のリトアニアへの譲渡およびリトアニアとソ連の相互援助に関する条約に署名した。この相互援助条約では、両国関係の基本としてソヴィエト・ロシア＝リトアニア講和条約（１９２０年）およびソ連＝リトアニア不可侵条約（１９２６年）をあげているものの、相互援助条約の一部の条項はリトアニアの独立を潜在的に脅かす内容であった。この条約によりリトアニアはヴィルニュスを含む６７００平方キロの領土と約50万人の人口を獲得した。これは１９２０年の講和条約で合意された領土の5分の1にすぎず、リトアニアはその代わりにソヴィエトの軍事基地を受け入れなければならなくなったのである。ドイツとソ連の両政府は、リトアニア南西部の問題については一旦先延ばしにすることとした（1941年1月10日、両国はさらに秘密議定書を結び、ソ連がドイツから当該地域を7500万ドルで購入することとなった）。

相互援助条約はリトアニアの立場を根本的に変えるものであった。リトアニアは中立という政治的立場と主権の一部を失ってしまったのである。リトアニアの歴史的首都であるヴィルニュスを回復したということだけが黒雲に差し込む一筋の光であった。リトアニアはソ連に依存するようになり、「ヴィルニュスは我々の《ムースー》もの、我々はロシア人の《ルースー》もの」と皮肉られた。ドイツはこの地域には関心がないと繰り返し強調し、イギリスとフランスはドイツと交戦中であった。戦争に敗れたポーランドは、この地域においてほとんど影響力を持たなくなっていた。

ソ連の最後通牒（1940年）とソヴィエトによる占領

ソヴィエトの基地を置くことを認めてから、リトアニアは国際連盟非常任理事国に選出されるという野望を諦めざるをえなかった。ソ連は、フィンランドに侵攻すると国際連盟から除名されたが、バルト諸国はそれでもソ連の侵攻を非難しようとしなかった。ドイツはリトアニアとイギリスの貿易を厳しく制限し、リトアニアの貿易を独占しようとした。ラトヴィアおよびエストニアとともにバルト諸国連合を形成するには、手遅れであった。リトアニアはヴィルニュス地方をリトアニア本国に統合することだけで手一杯であった。当時リトアニアは、抑留されていたポーランド兵1万数千人やポーランド系ユダヤ人難民1万2０００人に、住居と食料を提供していた。価値がなくなったポーランドの通貨ズウォティに代わってリトアニアの通貨リタスを導入しなければならなかった。さらに、失業者に食料を提供し、彼らの仕事も見つけ、住民に身分証明書を発行する必要もあった。当時ヴィルニュスはポーランド人が多くを占めており、また人口の3分の1はユダヤ人であった。ポーランド語の看板がリトアニア語のものに置き換わり、リトアニア語講座が開講され始め、ステファン・バトーリ大学〔ポーランド第二共和国時代のヴィルニュス大学の名称〕が閉校されるようになり、街の見た目が変化し始めると、ポーランド人はリトアニア当局に敵対するようになった。したがってリトアニア政府は、省庁などの政府機関をカウナスからヴィルニュスに移転することを延期したのである。リトアニアに駐留した2万人の赤軍兵士に住居と食料を提供することもまた、骨の折れる仕事であった。

ソヴィエトはリトアニアの内政には干渉しないと約束していたが、その約束は１９４０年5月末に破られた。ソ連政府はリトアニアがソヴィエトの基地から兵士を誘拐したとして、リトアニアを公然と非難した。リトアニアが捜査協力を要請してもソヴィエトはこれを認めず、さらに誘拐されたとされる兵士が見つかっても、リトアニアが事情聴取することさえ認められなかった。ソヴィエトの非難がただの口実であったことは明らかだった。ソヴィエトはその後すぐにリトアニアのメルキース首相をモスクワに呼び出した。スメトナ大統領はリトアニアが危機に瀕していることを考慮して、メルキースにあらゆる条約を結んでもよいと権限を与えたが、１９３９年10月の相互援助条約に違反しないという条件を付した。

１９４０年6月7日、メルキースはモスクワに到着してすぐにモロトフの粗暴な振る舞いに衝撃を受けた。信じられないことにモロトフは、リトアニアによる反ソヴィエト政策や兵士の誘拐事件を責めたて、「誘拐された被害者」は尋問されて拷問されたと主張し、さらに、ラトヴィアやエストニアと反ソヴィエト軍事協定を結んだことを非難した。しかし、誘拐事件も軍事協定も実際には存在しなかったのである。モロトフは、リトアニアの新聞に掲載されたソヴィエトを批判する風刺画やメルキースが執筆した記事にさえ不服を唱えた。モロトフはいかなる弁解も受け入れず、「挑発」を行ったカジース・スクチャス内相やアウグスティナス・ポヴィライティス国家保安局長官を解任するよう要求した。モロトフの猛烈な非難があまりに不条理であったため、メルキースは精神的に衰弱してしまった。6月10日、メルキースには事態の正常化は不可能との知らせがカウナスに届くと、ウルプシース外相がモスクワに送られた。しかし、ウルプシースがソヴィエトを説得しても、スメトナがミハイル・カリーニン・ソ連最高会議幹部会議長に親書を宛てても、さらにリトアニアの内相や保安局長官を解任しても、状況は改善しなかった。6月14日、ドイツ国防軍がパリを占領したこの日の午後11時45分、ウルプシースはモロトフから最後通牒を手渡された。その内容は、リトアニアがソヴィエトの軍事部隊を無制限に受け入れること、リトアニアに親ソヴィエト政権が樹立されること、「罪を犯した」高官が処罰されること、翌15日午前10時までに返答すること、というものであった。モロトフは口頭で、リトアニアの回答がいかなるものであろうと赤軍はリトアニアに侵攻する、とウルプシースに伝えた。

ソ連は侵攻の準備を進めていた。国境近くに野戦病院を設置し、さらに捕虜を収容する収容所も用意した。この年の春、ソヴィエトは密かに陽動作戦を行うスパイ集団をリトアニアの諸都市に投入していた。彼らはリトアニア語を話す訓練を受けており、権力奪取に備えていた。ソヴィエトは侵攻直前にはバルト諸国の海と空を封鎖し始めた。そして6月15日の朝、ソヴィエトはリトアニアの国境検問所をいくつか攻撃した。国境警備兵1人を殺害、もう1人を誘拐し、他の検問所の警備兵を武装解除した。

6月15日未明、リトアニア政府は占領に抗するべきか最後通牒を受け入れるべきかで一晩中協議を行った。キリスト教民主党と農民人民連合は、メルキース首相を更迭して代わりにキリスト教民主党に近い立場のラシュティキス将軍を首相にすべきとした。この要求はスメトナにとってさらなる打撃となった。スメトナにしてみれば、最後通牒を目の前にして、自らが任命した首相が野党に転覆されてしまったのである。結局スメトナはラシュティキスの首相就任の提案を受け入れたが、リトアニア大統領にはもはや首相を任命する権限はなかった。ソヴィエトがラシュティキスの就任を認めなかったのである。スメトナ大統領は武力による抵抗を提案したが、これに同意した閣僚は2人だけだった。協議に参加した軍関係者（ヴィンツァス・ヴィトカウスカス将軍およびラシュティキス将軍）は、リトアニア単独でソヴィエトの軍事力にまともに抵抗することは不可能であり、それを行えば文民を含めて多大な犠

占領――カウナスの街を走るソヴィエトの戦車（**1940**年**6**月**15**日）。ジョージ・バーマン撮影。

牲が生じ、国の大半が荒廃するだろうと説明した。閣僚の大半は、リトアニアのような小国は、国民にそのような多大な犠牲を強いてまで負け戦をすることはできないと考えていた。閣僚は、リトアニアが形式上国家として存続しつつソ連の傀儡国家になるのでなく、ソ連に編入されてしまうであろうとまで予測していた。リトアニア政府は最後通牒を受諾した。

1940年6月15日の午後、ソ連は赤軍第3軍および第11軍にリトアニアへの進入およびその占領を命じた。これは、ソ連がリトアニアと結んだすべての条約に違反していた。部隊を乗せた軍用機がリトアニア各地の空港に着陸した。リトアニアの民衆は、その後になってようやく、リトアニアが最後通牒を突きつけられ、政府がそれを受諾し、赤軍が侵攻してきたことをラジオで知った。ソヴィエトの戦車が既にカウナスの街を走り主要な庁舎に向かって進んでいるという知らせを聞いたスメトナ大統領は、リトアニアのソヴィエト化には参加しないと述べた。そして彼は、「わずかな抵抗として」自らが病気であると宣言し、大統領職をメルキースに譲り渡したのである。スメトナは、家族や国防相のカジース・ムステイキス将軍とともに急いでカウナスを去り、ドイツへと向かった。彼は、海外にいるほうが政治の役に立てるだろうと期待していた。

野党勢力の一部はスメトナ政権の終焉に喜び、新たな動きに期待を寄せた。しかし彼らは、これがスメトナ支配だけでなくリトアニアの独立の終焉でもあることにまだ気づいていなかった。自分たちの将来を自分たちで決めることができないということが、まだ想像できていなかった。楽観主義者は未だに、ソヴィエトは余計な血を流さないためにも、(最悪な場合でも)リトアニアを傀儡国家として残しておくだろうと信じていた。しかし、この甘い考えは間違っていたのである。

第5章　ソヴィエトおよびナチ占領下のリトアニア

スターリンとヒトラーの手の中で

友好関係にあったナチ・ドイツと共産主義国家ソ連は、1940年代初頭になると大きく衝突するようになり、どちらの全体主義国家もヨーロッパを制圧するための戦争に備えた。第二次世界大戦が始まるとリトアニアはこれら軍事大国の通り道となった。リトアニアは、国家としてだけでなく民族としても生き残る可能性を模索することを余儀なくされた。「ロシア人とドイツ人、どちらに支配されるのが良いのか」という考えは、リトアニアが早くも屈服する気でいたということではなく、単に小国として現実的な可能性を見定めていたにすぎない。この問題は喫茶店で世間話として語られていただけでなく、大統領府でも熱く議論された。既に多くの国がナチに占領され、ポーランドは二つの略奪国家により分割されていたため、バルト諸国は自分の番が近づいていることを理解していた。ロシアの支配下に入って戦争の苦難を生き抜くことは一時的にニコライ2世の頃のロシアに戻ることであるとしか理解されておらず、ソヴィエト・ボリシェヴィキ全体主義政権の本質は認識されていなかった。ソヴィエト政権は、自らの政敵やイデオロギーとは相容れないと見なした政治集団および社会集団を恐怖政治と暴力によって隔離、抹殺し、支配した。

1940年夏、ソ連は世界がドイツのパリ侵攻に注目している機会を利用してリトアニア、ラトヴィア、エストニアを占領し、さらに、「人民民主主義」政権と称するまったく民主的でない政権を発足させた上で、数週間のうちに3カ国を強制的にソ連に編入した。これが二つの全体主義体制による占領の始まりであった。どちらの体制もこれに抵抗したり不満を抱いたりした政治的、社会的、人種的集団を抹殺した。前線が押し戻され戦争が終わると、戦場から戻ってきたソヴィエトの軍隊は「森の兄弟」と呼ばれるリトアニア人パルチザンに銃口を向けるようになった。彼らがリトアニアの武装レジスタンスを抑圧するには約10年かかった。独立を守れなかったリトアニア人は別の方法で生き残って抵抗することを選び、国民とその言語や文化を守りつつ、リトアニア国家を取り戻すのに好都合な時期を待つことにした。自分たちの国に住むというリトアニア国民の願いは冷戦終結期にようやく実現されることとなった。リトアニアは20世紀で2度目となる独立回復を果たし、国際承認を取り戻して、民主的ヨーロッパおよび西側世界の然るべき一員となった。

リトアニアのソヴィエト化

1940年6月16日、ソヴィエトの師団はリトアニア領内に進軍し、戦略的にラトヴィアとエストニアをドイツから切り離した。その後すぐにラトヴィアとエストニアもソヴィエトに占領された。3カ国はこの先ほぼ同じ運命をたどることになる。リトアニアでは、実際の権力は国内に残った閣僚ではなくソ連政府から派遣されたウラジーミル・デカノゾフの手に渡った。デカノゾフは、ラヴレンチー・ベリヤ内務人民委員の部下であるフセヴォロド・メルクーロフ第一副内務人民委員とともに、6月15日午後にモスクワからリトアニアに到着していた（メルクーロフは自らを「同志ペトロフ」と名乗り、諜報機関の代表として秘密裏に行動していた）。ニコライ・ポズドニャコフ全権代表率いるソ連代表部や、それまで地下活動を行っていた小政党のリトアニア共産党（LKP）もデカノゾフを手助けした。数万人のソヴィエト兵がリトアニアに配置されたことで、その後の出来事は決定づけられた。

ヨーロッパにある小国の多くがナチに占領されると、リトアニアがナチやソヴィエトの陰謀と無縁でいるなどということは考えにくくなった。「ソヴィエトに占領されないだろう」という望みが消えても、「ソヴィエト化まではされないだろう」という望みは残っていた。しかしその望みも打ち砕かれたのである。デカノゾフの指示のもと、アンタナス・スメトナの出国は大統領の辞任とされ、アンタナス・メルキースが合法的に大統領に就任したと印象づけられた。リトアニアの憲法に従えばメルキースが大統領代行でいるあいだは首相を任命する権利を持たなかったため、このような印象操作が必要であったのである。狡猾に練られた計画のもと、移行期の傀儡政権「人民政府」は6月17日に誕生した。スメトナ政権に批判的だった著名な知識人らがこれに加わった。共産主義に共鳴していた人民主義者（農民人民連合の元党員）でジャーナリストのユスタス・パレツキスが首相に、作家のヴィンツァス・クレヴェ＝ミツケヴィチュスが副首相兼外相に任命された。エルネスタス・ガルヴァナウスカス財相とヴィンツァス・ヴィトカウスカス国防相はそれぞれ留任となった。リトアニアに駐留するソヴィエト兵の増加の理由はただリトアニアの安全保障を高めることのみであり、重大な変化は何も起きていないと宣言された。そのように印象づけるのがソヴィエトの目的だった。しかし悪い噂も出ており、土地の所有権は侵害されないし「リトアニア国軍は今後も維持され、必要なときはリトアニアの独立と自由を守る」と住民を説得する必要があった。

ソヴィエトに支配されていた人民政府は実際、政権発足後すぐに政府の構造を変え、リトアニアの国家主権に傷をつけた。政府要職のポストは、恩赦を受けた政治犯の共産主義者に託された。リトアニア共産党の党首アンタナス・スニエチクスは国家保安局局長となり、メチスロヴァス・ゲドヴィラスは内相に任命された。リトアニア共産党は1940年6月25日に合法化されたが、他方で他の政党は合法化されなかった。いわゆる「スメトナ国会《セイマス》」は解散させられ、非共産主義の組織や新聞、雑誌はすべて活動停止となった。6月27日、人民政府はリトアニアがヴァティカンと結んでいた政教協約を破棄した。7月12日、デカノゾフの圧力を受けて、海外に置かれていたリトアニアの金《きん》をソ連国立銀行に移すことが決定された。しかし実際に移されたのはスウェーデンおよびスイスの銀行に保管されていた金《きん》のみであった。

ソ連政府は行政、警察、司法の各分野においてソ連式の管理モデルを導入し、また民警を組織した。7月3日、リトアニア軍改革法が可決され、リトアニア軍は人民軍に改組された（後に赤軍第29狙撃兵軍団となった）。7月11日、リトアニア狙撃連合《シャウレイ》が活動停止、武装解除された。郡長、郷長、警察署長は免職され、ソヴィエト支持者がこれらの地位に就いた。政府の大半を共産主義者が占めるようになると、リトアニアのソ連への完全な編入に向けた準備が始められた。

併合は、いわゆる「人民議会《セイマス》」の議員選挙を通して行われた。このシナリオはラトヴィアやエストニアでも同じであった。一つの選挙区で立候補が許されたのは、共産党、共産主義青年同盟〔コムソモール〕、国際赤色救援会（ロシア語の略称である「モップル」として知られる）、そして共産主義者が主導する労働組合が指名した候補者1人のみだった。79人の候補者（急いで擁立されたため、既に死去していた1人の名前もあった）は謎の組織「リトアニア労働人民同盟」（LDLS）に所属していた。このうち半数は共産党の党員から選ばれた者で、残りの半数は共産主義のシンパ（「無党派共産主義者」）だった。選挙期間中、当局はスメトナ政権に対する批判や非難、そしてプロパガンダの流布に全力を挙げた。選挙は民主的に行われ、リトアニアは独立を維持し、通貨リタスも残される、という嘘が流され、また集団農場が組織されるという噂は否定された。「投票を棄権する者は人民の敵だ」と脅かされ、また民族主義連合《タウティニンカイ》の党員や政府高官だった者にも「人民の敵」というレッテルが貼られた。選挙直前の7月11日から12日、政府当局は全国的に著名だった数百人を逮捕した。

当局の統計によれば、7月14日から15日に行われた人民議会議員選挙では95パーセントの有権者が投票に参加し（投票した人のパスポートにはそれを証明する判が捺された）、そのうち99・19パーセントがリトアニア労働人民同盟の候補者に投票した。選挙法では過半数の票を獲得した候補者が議員に選出されるとされていた。半数の候補者は過半数の票を獲得できなかったが、当局は全候補者が議員に選出されたと発表した。ゆえにこの選挙結果は不正であった。このような茶番はラトヴィアやエストニアでも行われた。

人民議会《セイマス》議員選挙のキャンペーン・ポスター（**1940** 年 **7** 月）。

7月21日に初めて招集されたバルト諸国の各「議会」は、自国がソヴィエト社会主義共和国であると突然同時に宣言した。7月22日、いわゆるリトアニア人民議会は土地国有化宣言を採択し、リトアニアの土地はすべて国の所有となり、農家は土地利用者となった。銀行や大企業も国有化された。人民議会はパレツキス率いる代表団20人を選出した。代表団は8月3日にモスクワに向かい、そこでリトアニアのソヴィエト連邦への編入を申請した。このとき、加盟は自発的であるとされた。このようにしてリトアニアの併合は実現され、ソヴィエトの帝国主義者の野望は叶えられた。リトアニア国民は自由選挙でリトアニア国家の廃止とソ連への編入に関する権限を占領者が指名した人民議会に与えてはおらず、したがって人民議会の決議は違法であった。リトアニアの占領および併合に抗議する声明を出した在外リトアニア外交官は皆、市民権を剥奪され、彼らの財産は国有化された。在米リトアニア人もまた抗議した。

リトアニアがソ連の構成共和国となると、リトアニアの見せかけの自主性は捨て去られた。リトアニアの行政機構はソ連型に改められた。まず、8月25日に人民議会がリトアニア・ソヴィエト社会主義共和国（リトアニアSSR）最高会議に名を改め、翌日、人民政府に代わって人民委員会議が共和国で最高の執行機関であると正式に承認された。そして、１９３６年にソ連で採択されたいわゆる「スターリン憲法」と何も変わらないソヴィエト憲法が採択された。リトアニアの機関、とりわけ内務人民委員部（ＮＫＶＤ）は、ソ連から来た「専門家」であふれ、ソヴィエト体制が導入された。しかし、リトアニアとソ連の他の地域とのあいだにはまだ国内境界線があった。

ソヴィエトは農業改革を行い、30ヘクタール以上の土地を有していた農民から土地を没収し、彼らをクラーク（富農）や「人民の敵」と見なした。彼らを排除するために、税が3倍に引き上げられた。土地をまったく持たないかわずかにしか有していない者は最大10ヘクタールの土地を得ることができた。国の財産として残された土地は集団農場を作るために利用された。20人以上の従業員を抱える工業会社は国有化された。すぐに工業用の原材料が不足し、商品はなくなってしまった。そして、列に並ぶ様子がソヴィエト社会主義の慢性的な特徴となった。１９４０年の秋、通貨リタスと並行してルーブリが導入されると、物価は跳ね上がり、個人貯蓄の価値は下がった。また、銀行が国有化されたために預金も失われた。ＮＫＶＤの諜報機関は、ソヴィエトの制度を維持するためにテロルを用いた。夜間の逮捕は日常茶飯事となり、投獄や追放が行われた。ソヴィエト支持者であっても発言は控えなければならなかった。彼らは、ボリシェヴィズムのもとで暮らして初めて、それが何であるかを知ったのである。

抑圧と対ソヴィエト六月蜂起（１９４１年）

抑圧、逮捕、追放、そして恐怖は、ボリシェヴィキの政策になくてはならないものだった。

1940年7月6日、アンタナス・スニエチクス国家保安局長は、人民政府に対する抗議運動を行った者の逮捕を認める命令を出した。リトアニア各政党および狙撃連合《シャウレイ》の指導者を排除する「一掃作戦計画」が承認され、逮捕対象者のリストが作成された。ソヴィエトNKVDの部隊は、こうした人々がドイツに亡命するのを防ぐよう命じられた。7月10日から17日の最初の大量逮捕で独立リトアニアの政治家や著名人が投獄され、最後の首相アンタナス・メルキースや外相ユオザス・ウルプシースは家族とともにソ連の奥地に追放された。逮捕された者には法的保護の剥奪が宣告され、財産は没収された。ソヴィエト占領の1年間で6606人が政治犯として告発、逮捕された。そのうち半数が1941年4月から6月までにシベリアなどに送られた。

占領当局は1941年6月14日から18日にかけてリトアニアの住民の大量追放を初めて実行し、1万7500人を追放した。主に共産党員やコムソモールのメンバーである地元の労働者がソヴィエトに協力した。リトアニアの政治家、軍人、経済界のエリートが追放された。その中には、アレクサンドラス・ストゥルギンスキス元リトアニア大統領やプラナス・ドヴィーダイティス元首相、その他多くの元閣僚や、教師数百人、司祭79人、そして少数民族の指導者もいた。追放された者の多くはリトアニア人であったが、13パーセントはユダヤ人（2045人）、10パーセントはポーランド人（1576人）であった。16歳以下の子ども5060人も含まれていた。前代未聞の大量追放は、家族全体を物理的に破壊することを目的として行われたため、リトアニア人に衝撃を与えた。この6月の大量追放はその後、ナチ占領下においてリトアニア人の他民族に対する敵愾心を助長するのに利用された。このときユダヤ人は共産主義者と結びつけられ、ソヴィエトによるリトアニア人の追放はユダヤ人のせいとされたのである。しかし、ユダヤ人自身もソヴィエト占領下で苦しめられていた。ソヴィエトによる支配が始まってから数日でユダヤ人の銀行、企業、私有財産は国有化されたのである。追放された者は北極海の近くやアルタイ地方といった気候の厳しい土地に置かれ、十分な住居や衣服、食料は与えられなかった。このような処遇は人道に対する罪と見なされるべきである。中には現地で死亡したり殺害されたりする者もいた。

１９４１年６月22日に独ソ戦が始まると、ドイツは３日でリトアニアを占領した。ソヴィエトは急いで引き揚げたため、彼らがリトアニアから撤退させることができた政治犯は一部にとどまった。撤退に間に合わなかった者は〔ＮＫＶＤなどによって〕殺害された。捕虜の大量殺害は、プラヴィエニシュケスの収容所（約２３０人が殺害された）やライネイ近くの森の中（76人が残酷な拷問を受けた後に殺害された）で遂行された。さらに小規模な殺害は他の郡でも起きており、殺された人の数は全部で約７００人にのぼる。このソヴィエトによる虐殺により、リトアニアにおける大量殺害の時代が幕を開けた。抑留されていた者の多くは、独ソ戦最初期に起こったリトアニア人による六月蜂起（１９４１年）で解放された。ドイツがソ連への攻撃を始めると、リトアニアでは、ソヴィエト政権によるテロル、財産国有化、逮捕、追放、殺害に対する怒りから反ソヴィエト感情が溢れ出た。多くのリトアニア人がドイツ国防軍の行進を歓迎したのはそのためである。中には花を手にしていた者さえいた。

６月22日、ドイツがリトアニアに侵攻すると同時に蜂起が起きた。蜂起は数日でリトアニア全土に広がった。この蜂起は、多くの場合、リトアニアにおけるソヴィエト政策に対して自然発生的に起こったものであったが、一部は事前に準備されていた。カジース・シュキルパ元駐独公使およびベルリン

ソヴィエトにより殺害されたプラヴィエニシュケス収容所の囚人と看守（**1941**年**6**月**26**日）。

のリトアニア人移民が１９４０年11月に発足させたリトアニア人行動主義戦線（ＬＡＦ）が、独ソ戦初期に対ソヴィエト蜂起を起こすことを計画していた。ヴィルニュスやカウナスにも拠点を置いたＬＡＦは、中心となって蜂起を起こすのは自分たちであると考えていた。ＬＡＦはソヴィエト支配下のリトアニアから情報を集め、リトアニアの主権回復の可能性やのちに起こされる蜂起の詳細について述べた様々な指示をドイツからの通信者を通じてリトアニアに送った。彼らの目標は、リトアニアの独立を回復することであった。ＬＡＦの軍事部門はドイツの諜報機関アプヴェールと協力しており、最初に橋や主要な鉄道ジャンクション、飛行場、工場を占拠するよう指示を受けていた。ＬＡＦ指導部はナチ・ドイツを過度に信用しすぎており、「ドイツが指導する新ヨーロッパにおいては、すべての民族に自らの国を好きなように統治する権利が与えられる」と考えていた。

ドイツ国防軍を歓迎するカウナスの住民（**1941**年）。ロマス・ミチューナス複製。

シュキルパは、ＬＡＦはナチ・ドイツと特に強固な関係を維持すべきだと考えていた。ＬＡＦの綱領などの文書では、民族主義的レトリックや反ユダヤ主義が露骨に表されていた。例えば、綱領第16条は、「リトアニア人行動主義戦線は、リトアニアにおけるユダヤ少数民族に対する厚遇を廃する」という内容であり、第23条では都市におけるリトアニア人人口の増加を目的とする「急進的なリトアニアの都市改革」が必要であると述べられていた（これは、ユダヤ人財産の没収を一部示唆している）。しかしドイツ政府は、戦時においてリトアニア人が政府を樹立することも、「権限を有するドイツ当局の同意なしに」民衆に対して声明を出すことも禁止した。占領下のカウナスにおいて蜂起者たちは、既成事実をもってドイツ当局に立ち向かった。ＬＡＦラジオ局を占拠した後、１９４１年6月23日、ＬＡＦの幹部の１人であるレオナス・プラプオレニスは、「新たに復活するリトアニアの臨時政府は、自由で独立のリトアニア国家の樹立をここに宣言する」と告げ、「リトアニア新国家は、新たな基礎に基づくヨーロッパの編成に熱意をもって寄与していく」とした。このとき彼は、ナチ・ドイツは赤色テロルから「ヨーロッパの文化と文明を救った」として、ナチ・ドイツへの共感の言葉を惜しまなかった。そして、武器を手にしてドイツ軍を支援するようリトアニア人に求めた。

蜂起した人たちにとって最も重要な目的は、独立国家リトアニアを復活させることであった。都市部以外で起きた蜂起は、主に自然に起きたものであった。反乱者たちは、ドイツ国防軍がリトアニアに進入する前から、撤退するソヴィエト兵に対する銃撃を開始していた。また、地元当局の機関を占拠し、ソヴィエト当局の活動家を捕らえていた。カウナスだけでなくヴィルニュスなどの諸都市でもリトアニア人による支配に戻った。小さな町も解放され、リトアニア国旗が掲げられた。リトアニア人が地方自治を担うことについてドイツ当局は、その他の案もなかったので、当面のあいだそれを容認した。軍には行政を担う能力がなかったのである。反乱者の数は1万から1万5000人にのぼり、約600人がボリシェヴィキとの戦闘で戦死した。パルチザンの大半は若者で、学生や知識人、農民、労働者、そして軍人が含まれていた。

LAFの指導者シュキルパはベルリンを発つことをナチに認められず、ベルリンで自宅軟禁されていた。そのため、カウナスの大学でリトアニア文学および民俗学の講師を務めていた文学者のユオザス・アンブラゼヴィチュスが、6月23日に組織された臨時政府で首相代行を務めた。キリスト教民主主義に傾倒していた人々が臨時政府の多くを占めていた。彼らは、ボリシェヴィキによる占領以前に施行されていたリトアニアの法律を復活させることを決議した。また、リトアニアの司法制度も戻された。そして、私有財産に基づく社会生活も復活した。土地、家屋、資産、企業が国から本来の所有者に戻されたのである。しかし、ユダヤ人やリトアニア国民でない者、「リトアニア民族の利益に反する行為に活発に関わった」者には、非国有化に関する法律は適用されなかった。臨時政府は、１９１８年にリトアニア評議会《タリーバ》がドイツ当局とうまくやっていけたように、臨時政府もドイツ占領当局と取引できると考えていた。臨時政府は、ナチ全体主義体制はまったく異なる相手であり、彼らが公言するイデオロギーには人種や優生学的淘汰によって諸民族を絶滅しようという考えも含まれているということには気づいていなかった。臨時政府は、そのような理論には賛同していなかった。むしろ、ナチ・ドイツからの譲歩を引き出そうとしたために、反ユダヤ主義的宣言を出したのである（彼らはユダヤ人地位規則を策定し、カウナスの第七要塞に強制収容所を設置した）。しかしそれでもナチは臨時政府を承認しなかったため、臨時政府が採択した１００を超える法律や決議のほとんどは施行されなかった。臨時政府はリトアニア全土の通信を維持できず、そのため事態を統制することはできなかった。郵便や電報、電話は、ドイツの軍事目的のためだけに使用されたのである。ドイツ占領当局は１９４０年6月15日以前に存在した国の行政機構や自治体を復活させることは認め、警察も再び組織された。しかし、赤軍から離脱したリトアニア人部隊とパルチザンで構成されるリトアニア常備軍を組織することは認められなかった。

臨時政府に不満を持っていたナチは、7月23日の夜、ゲシュタポに従順なヴォルデマラス派（アウグスティナス・ヴォルデマラスを支持する一派）の政党、リトアニア人国民主義党《ナツョナリスタイ》（ＬＮＰ）に反乱を起こさせた。彼らは臨時政府が任命した人物を引きずり降ろし、大隊や警察の指導部を手中に収めた。ナチは、邪魔者がいなくなったことで、自治体や警察、補助警察部隊に直接指示を出せるようになり、ソヴィエトが国有化した財産を難なく手に入れた。そして8月5日、ナチは臨時政府の活動を禁止した。アンブラゼヴィチュス首相代行は、臨時政府は「自らの意志に反して活動停止させられたと認識している」ことを認めた。閣僚のほとんどが〔ドイツ当局の〕顧問になることを拒むと、ナチは9月26日、LAFを解散させた。さらにナチは、12月にリトアニア人国民主義党も解散させている。このようにして、ナチ支配下における合法のリトアニア人団体は活動停止に至った。

臨時政府がナチに解散させられたことから、臨時政府がリトアニア民族の利益を第一に考えていたこと、ドイツ当局の意志に反して臨時政府の樹立が宣言されたこと、そしてナチの政治陰謀によって臨時政府が作り出されたわけではなかったことは明らかである。

リトアニアがリトアニア国民の期待に応えるために自発的にソ連に加わったというソヴィエトの作り話を、六月蜂起が打ち砕いた。その点で六月蜂起は非常に重要な出来事だったのである。ヴャチェスラフ・モロトフがモスクワのラジオで六月蜂起を厳しく非難したのも当然のことであった。他方で、6月22日から28日の出来事は、リトアニア国民にとっては新たな悲劇の1ページとなった。ソヴィエト体制に代わるナチの占領は、リトアニアの独立回復の希望をすべて打ち砕いただけでなく、国内のユダヤ人の絶滅にも着手したからである。

リトアニア・ユダヤ人の絶滅――ホロコースト

ドイツが短期間でリトアニアを占領したため、ソ連に逃れることができた住民はわずかしかいなかった。ソヴィエトは、かろうじてリトアニアSSR政府をモスクワに移すことができた。ユダヤ人にとっては悲惨なことに、ドイツから逃れようとした者の大半はモスクワに向かう道中でドイツ国防軍に追い越されたため、リトアニアへの帰還を余儀なくされた。また、ソヴィエトは、リトアニア語で書かれた身分証明書を見るとすぐに、脱走兵や錯乱をもたらす者、あるいはスパイであると見なしたため、ソ連に逃れようとした人々のなかには国内境界線でソヴィエト兵やＮＫＶＤ職員によって引き止められた者もいた。リトアニア住民の一部は、ナチ占領期の最初期からリトアニアのユダヤ人に対する憎悪をあからさまに示していた。１９４０年６月、共産主義に傾倒していたユダヤ人青年が、花束を手にし、ロシア語の歌を歌って、進入する赤軍を出迎えていた。ユダヤ人にとって、ドイツ国防軍ではなく赤軍が進入してきたのは救いであったためである。ソヴィエトが占領政権を組織し始めたとき、ユダヤ人青年はすぐにロシア語を話すようになったため、地方自治体や企業、機関、労働組合で役職を手に入れた。親ソヴィエトのデモ行進や行政機関、政治指導者のあいだでユダヤ人の姿が目立つようになった。それは、独立期には見られなかった光景であった。リトアニア人から大した支持も得られなかったソヴィエト体制は、ユダヤ人に体制への関与を呼びかけ、多くのユダヤ人が国家機関やＮＫＶＤ、民警で職を得た。これにより反ユダヤ主義的感情が高まり、多くのリトアニア人が、ユダヤ人全員が独立リトアニアとその理想を裏切ったのだという固定観念を抱くようになった。反ユダヤ感情の突然の激化は、ソヴィエトに忠実な者たちにとっても心配の種となった。１９４０年６月27日、ソ連によって作られた人民政府のヴィンツァス・クレヴェ＝ミツケヴィチュス首相代行は、ラヴレンチー・ベリヤの部下であるフセヴォロド・メルクーロフ第一副内務人民委員に対して、リトアニア人はリトアニアの国家主権を無視したユダヤ人の振る舞いに憤慨していると不平を口にしていた。

占領もソヴィエト化もユダヤ人のせいではなかったが、占領政権においてユダヤ人が台頭したことによりユダヤ人はソヴィエト体制と結びつけられるようになり、「ユダヤ＝ボリシェヴィズムとの戦い」というナチのプロパガンダ機関が広めた標語はリトアニア人の強い反ソヴィエト感情と結びついた。ナチの占領が始まると、1週間のうちにユダヤ人を含めリトアニア住民の多くが共産主義者やソヴィエトの活動家とされ、迫害を受けた。そのうち数千人が、ナチ親衛隊保安部（SD）行動部隊アインザッツグルッペンによって行われた、いわゆる「掃討作戦」で殺害された。西ヨーロッパとは異なりリトアニアでは、ナチによるユダヤ人殺害は移行期間をおかずにいきなり始められた。1941年6月24日、ティルジット・ゲシュタポ部隊が組織した一群がリトアニアとドイツの国境から25キロの地帯でユダヤ人男性を射殺し、ガルグジュダイでは201人のユダヤ人を殺害した。翌日、クレティンガで214人が、6月27日にはパランガで111人が殺害され、さらに他の場所でもユダヤ人の殺害は行われた。

アインザッツグルッペンは、最初のポグロムおよび「掃討作戦」が地元住民によって行われたかのように見せかけて、殺害を行った。彼らは、ソヴィエトによるテロルで苦しめられたため、報復しようとしたり、ソヴィエト時代に犯した自らの「罪を拭い去ろう」としたりしていた、犯罪分子やリトアニア人のなかから協力者を探し出した。このような者たちが、アインザッツグルッペンが駆り立てたカウナス市ヴィリヤンポレでの凄惨なポグロム（6月26日）や、カウナスの「リエトゥーキス」の倉庫でのポグロム（同27日）に関与したのである。とはいえ、アインザッツグルッペン指導者の報告書では、ポグロムを画策するのは容易ではなかったと記されていた。ドイツ人は武装パルチザンを信用していなかったため、反乱部隊は6月28日に解散させられた。代わりに、カウナス軍司令官の下に民族労働防衛（ＴＤＡ）大隊が組織され、義勇兵が集められた。ＴＤＡの一部は、特別部隊ゾンダーコマンドとして、７月４日および６日にカウナス第七要塞で行われたユダヤ人虐殺（死者３０００人）に関与した。そこで殺害されたユダヤ人は、ソヴィエト活動家の容疑で逮捕された者のなかから、ユダヤ人であることを理由として選別されていた。１９３９年から41年までに、リトアニアは三つの最後通牒を突きつけられ、占領を２回経験し、戦うことなく独立を失った。このような複雑な状況のなかで、リトアニア社会は深刻な道徳的、心理的危機に襲われた。国家だけでなく人間性まで失われてしまったのである。こうしたなかで、社会の一部でユダヤ人は不倶戴天の敵であるというイメージができあがり、愛国心は誤って理解されるようになった。殺害を執行した者の１人は、「射殺するのは恐ろしかったが、リトアニアの独立のためには必要だと思った」と語っていた。そして、占領者がユダヤ人を殺すよう命じ、それを奨励していた。

アインザッツグルッペンが１９４１年８月初めに起こした最初の作戦の後も、リトアニア・ユダヤ人の95パーセントはまだ生存していた。しかし、１９４１年７月にドイツの国家委員ハインリヒ・ヒムラーが占領地であるソ連西部を回り、ユダヤ人は男性だけでなく女性や子供も殺害しなければならないとアインザッツグルッペン（カウナスで活動するアインザッツグルッペＡおよびヴィルニュスで活動するアインザッツグルッペＢ）に伝えた。そして虐殺を行うための仕組みが作られた。８月16日、リトアニア警察局のヴィータウタス・レイヴィーティス局長は、秘密通達第３号で、すべてのユダヤ人を捕らえ、定められた場所に集めるよう命じた。地方に住んでいたユダヤ人は全員、暫定的なゲットーや

カウナスにあるリエトゥーキスの倉庫でのユダヤ人虐殺（1941年6月27日）。ロマス・ミチューナス複製。

隔離された収容所に送られた。その後数カ月にわたり、ナチはリトアニア各地のユダヤ人コミュニティを凄惨に破壊してまわった。コミュニティに所属する人々は、ゲットーや収容所から数キロメートル離れた森林や野原、砂利場で射殺された。遺体を埋めるための穴が掘られ、殺害された者の遺体はそこに埋められた。ザラサイ、クピシュキス、ヨナヴァやその他の地域の（TDAと称する）リトアニア人自警大隊や、既にヒトラーに忠誠を誓っていた補助警察および地方の警察署の警察官が、大量殺害の計画や犠牲者の移送、その射殺に関わった。射殺は、主にリトアニア人によって構成される二つの特別部隊（ゾンダーコマンド）が行った。一つはヴィルニュス（およびパネレイ（ポナリ））のSD特別部隊であり、もう一つは主にTDAカウナス大隊第3中隊の兵士によって組織されたヨアヒム・ハーマンの「飛翔部隊」（ロールコマンド・ハーマン）である。彼らは週に何度か地方へ赴き、ユダヤ人を射殺してまわった。一つのゾンダーコマンドには、少なくとも50

人から100人の構成員がいた。なかには補助警察や志願警察官のリトアニア人によって行われた虐殺もあり、警察官のなかには家屋や備蓄、宝石、寝具、衣服といったユダヤ人の財産を狙うために虐殺に参加した犯罪者もいた。リトアニアにおける対ユダヤ人作戦においてナチは、対ナチ協力者であるロシア人将校アンドレイ・ウラソフが率いる部隊やウクライナ人、ラトヴィア人警察大隊も利用した。

1941年の夏から秋にかけて、リトアニア・ユダヤ人の大半〔約15万人〕が殺された。約5万人のユダヤ人は、一時的にヴィルニュス、カウナス、シャウレイのゲットー、あるいはより小規模なゲットーに置かれ、労働力として利用された。しかし、大規模なゲットーのユダヤ人は、いわゆる「作戦」の際に定期的に殺害されていった。戦争が終わりに近づきつつあった1943年、ナチは都市部のゲットーを解体し、遺体を穴に埋めて燃やした。約1万1000人のリトアニア・ユダヤ人がエストニアやラトヴィアの強制収容所に送られ、約3500人がポーランド〔総督府〕の収容所に、約8000人がシュトゥットホーフやダッハウ、アウシュヴィッツに送られた。およそ20万8000人いたリトアニア・ユダヤ人のうち、約90パーセントがホロコーストで殺された〔ヴィルニュス地方を含む〕。救出され生き残ったのは約8000人で、さらに約8000から9000人がソ連奥地に逃げ、生き残ることができた。加えて、オーストリアやドイツ、チェコスロヴァキア、フランスから移送された約6000から8000人のユダヤ人が、カウナスの第九要塞で銃殺された。リトアニア人自警大隊の一部は、ベラルーシやポーランド、ウクライナにおける民間人に対する行動にも関与した。

ゲットーでは抵抗する者たちも現れ、中には森林に逃げ込み反ナチ・レジスタンスであるソヴィエト・パルチザンの部隊に加わるユダヤ人もいた。彼らはそこで反ユダヤ感情に直面しつつも武器を手に入れた。リトアニア・ユダヤ人の多くは、ソ連で組織された第16リトアニア狙撃兵師団の一員として戦闘に加わった。

1941年秋までに、リトアニアの都市や町の中心部から人の姿がなくなった。ユダヤ人が住んでいた家は施設として利用されるか、新たに別の者がそこに住みついた。ユダヤ人の価値ある文化財は、多くがナチによって破壊された。ユダヤ人虐殺は社会に激しい憤怒をもたらした。対ナチ協力者は社会で名声を失い、教会で告発、非難され、「ユダヤ殺し」と呼ばれ軽蔑された。他方で、生命や家族を危険に晒しながらも、ユダヤ人を助け、救出しようとしたリトアニア人もいた。中には、ユダヤ人を匿《かくま》ったために射殺された者もいる。カトリック教会の司祭や修道士、そして普通の農民によって、多くのユダヤ人が救われた。830人ほどのリトアニア人がユダヤ人を助けたことから「諸国民の中の正義の人」〔ユダヤ人をホロコーストから救った非ユダヤ人に対してイスラエル当局から与えられる称号〕に認定されているが、実際にユダヤ人を救った人の数はさらに多く、事実が明らかになるたびにリストにその名が加えられている。

ナチの人種的ジェノサイド政策の結果、ユダヤ人という数百年にわたってリトアニアに住み続けていた民族が失われ、リトアニアの豊かで色鮮やかな遺産の一部がなくなってしまった。無実のユダヤ人がユダヤ人であるというだけで殺されたことは、リトアニアの20世紀史における最も悲惨な1ページであった。彼らの可能性と能力の多くが失われたことは、ユダヤ民族だけでなくリトアニア全体にとっても辛い悲劇であった。

ナチ支配下のリトアニア

ナチは、ソ連やその占領地に住む人々を後進民族と見なし、彼らはドイツ人の支配に従属しなければならないとした。彼らのイデオロギーでは、人種的、文化的に優れたドイツ民族は「宗主民族」であり、「人種的に劣った要素」は排除されなければならないとされた。ナチ・ドイツの計画では、バルト諸国はドイツの「生存圏《レーベンスラウム》」とされ、徐々に第三帝国に吸収されるべきとされていた。ドイツ政府の指導部は、ソ連を攻撃する前から既に、征服地においてユダヤ人やロマ、不治の病を患う者、精神病患者、そしてソヴィエト当局や共産党の幹部を抹殺することを決めていた。他の住民はゲルマン化されるか、安い労働力として利用されることになっていた。そして、代わりに数百万人のドイツ人が被追放者の埋め合わせとして移されてくるはずだった。

ドイツはリトアニアをソ連を構成する一部と見なしており、当初は軍当局がこれを統治した。その後、１９４１年7月末に文民による占領統治が導入された。7月17日の決定により、「旧独立国であるリトアニア、ラトヴィア、エストニア」およびベラルーシが帝国管区オストラントとされた。帝国管区はさらにリトアニア、ラトヴィア、エストニア、ベラルーシの四つの行政地区に分けられ、それぞれ行政委員が統治した。行政委員は、主要行政機関とともに警察を管轄し、ドイツ軍や軍需産業に十分な労働力を供給することを任務とした。リトアニアにおけるドイツ当局は、リトアニアの資源と経済をドイツの必要に応じて利用するかたわら、地元住民の要望は聞き入れなかった。リトアニアの農民は農産物の徴発に苦しめられ、徴発に応じない者は厳罰に処された。多くのドイツ人がリトアニアに入植してきた。入植者の数は約3万人で、その大半は戦前までリトアニアに住んでいたドイ

アメリカ合衆国の戦争遂行のために寄付を集め、飛行機を購入したリトアニア系アメリカ人。この飛行機は、リトアニア人パイロットのステポナス・ダリュスおよびスタシース・ギレナス（右上）に敬意を表して「リトゥアニカ」と命名された。そして **P.** ルビース司祭が神の加護を祈った（**1943** 年当時のポストカード）。

ツ人だった。占領当局はリトアニアの文化財を組織的に破壊、強奪し、さらに教育機関や文化機関の活動を管理し、リトアニアをゲルマン化しプロパガンダやナチのイデオロギーを広めるためにこれらの機関を利用しようとした。リトアニアの資源はソ連との戦争を遂行するために動員され、その後リトアニアの住民が労働力として徴用され、ドイツに移送された。特にスターリングラードの戦いでドイツが敗れた後は、軍需産業において人手が足りなくなった。ドイツに送られ、労働を強いられたリトアニア人の数は約６万人にのぼる。

ナチは抑圧やテロルにより支配を強化し、政治犯罪が疑われる者や当局に反抗的な者（定められた量の農産物を納められない農民など）を殺害した。ドイツ兵の命を狙ったと疑われた者は裁判なしに処刑され、ときに報復として村ごと焼かれることもあった（例えばピルチュペイ村の虐殺など）。１９４１年から44年までのあいだにドイツ人に殺されたのはユダヤ人だけではない。リトアニア人約1万５０００人が殺され、その他の民族の者も2万人弱が殺害された。そして戦争捕虜となった約17万人の赤軍兵士も殺された。彼らは、先述のドイツ保安警察（ジポ）およびナチ親衛隊保安部（ＳＤ）の行動部隊（アインザッツグルッペン）によって殺害されたのである。リトアニアにおいてはＳＳ部隊や自警大隊、地元警察が恐怖政治（テロル）を実行した。占領当局を設置するにあたってはドイツ人文民の人手が足りなかったため、ナチ当局はリトアニア人の自治機関が機能し続けることを認めた。下位の役職は、臨時政府が任命したリトアニア人が引き続き担うこととなったが、臨時政府の閣僚については、ドイツ当局がこれに代わる総顧問を任命し、省の名称も「局」に改められた。すなわち、国民主義党支持者《ナツヨナリスタイ》（ヴォルデマラス派）のペトラス・クビリューナス将軍が総顧問となり、彼の下に置かれたリトアニア人顧問らがリトアニア人自治機関を担うこととなったのである。１９４３年、ドイツの政策を実施することを拒んだ顧問４人が逮捕され、シュトゥットホーフ強制収容所に送られた。

ドイツに従属するリトアニア人自治機関においては、郡長および郷長が約３００人、保安警察および刑事警察の署長が約９００人、自警大隊に属するリトアニア人が約８０００人、治安の維持にあたった警察官が約６０００人いた。そのほかにも、区長や名誉警察官、税務官、監察官など数百人が、自発的に、あるいは不本意ながらもドイツ人に仕え、ドイツ人がリトアニアを搾取するのを手助けした。これらの理由から、リトアニア人が発行していた地下出版では、ナチに認められたリトアニア人自治機関は自治（savivalda）という名の自殺（savismauga）であると評されていた。リトアニア人の役人はしばしばドイツ人の命令を実行に移さなかったり、ドイツ人をいらつかせたり、あるいはユダヤ人の救出を手伝ったりもした。ドイツはリトアニア人政党や団体の設立を認めず、占領当局を支持しない者を迫害し、そして厳しい検閲を行った。

リトアニアの反ナチ・レジスタンスは武装運動には発展しなかった。リトアニアの一般市民に対する報復につながる危険性があったからである。ナチは報復の可能性を示すことで、リトアニア人が武装蜂起しないように抑えつけていた。ドイツが戦争で劣勢であることが明らかになると、レジスタンスは、いずれ敗れる側と戦うことで戦力や資源を無駄にしないよう決意した。そして、地下運動は非武装抵抗という戦略を採ったのである。すなわち、反ナチ宣伝を広めながら、ドイツ人が組織した軍事部隊には加わらないよう、ドイツでの強制労働の募集に応じないよう、そして農業徴発に従わないよう、リトアニア人に呼びかけた。また、リトアニア人の文化機関および教育機関を残したり、協力者を摘発したりすることも求めた。キリスト教民主主義者の政治家やカトリック青年運動「未来派《アテイティニンカイ》」の青年は、ドイツ占領期にＬＡＦから改組されたリトアニア人戦線（ＬＦ）やリトアニア人統一運動を結成した。また、自由主義的民族主義者らはリトアニア自由戦士連合を組織した。いずれの運動も地下出版を発行した。１９４３年から44年にかけては、様々なリトアニア人政治勢力が結集して作られたリトアニア解放最高委員会（ＶＬＩＫ）も地下活動を行った。レジスタンスを統一しようとしたＶＬＩＫは、リトアニアの独立回復までのあいだリトアニア政府の代わりに機能を果たし、国内外でリトアニアの主権を守ることを目指した。カジース・ヴェヴェルスキス予備役少尉の主導により、秘密軍事組織のリトアニア自由軍（ＬＬＡ）が１９４１年にヴィルニュスで組織され、若い下級兵士がこれに加わった。反ナチ組織として最大であったＬＬＡは、リトアニア領の一部だけでも解放し独立を宣言し、武力でその地域を守ろうとしていた。

１９４３年、ドイツ軍が東部戦線で敗戦を重ねるようになると、ドイツ占領当局は、リトアニアなどの占領地域に住む男性をＳＳに入隊させ前線に送るよう求めた。これに対してリトアニアの地下組織は、このキャンペーンをボイコットするようリトアニア人に呼びかけた。この結果リトアニアは、ナチが地元住民を動員して武装親衛隊の師団を組織することができなかった数少ない国の一つとなった。ゲシュタポは、リトアニア人のボイコットに対する報復として、１９４３年3月中旬にリトアニアの著名人46人を逮捕し、シュトゥットホーフ強制収容所に移送した。さらにカウナスやヴィルニュスの大学や教員養成学校などの機関は閉鎖され、地下出版に携わっていた者や自由戦士連合およびＬＬＡのメンバーが大量に逮捕された。5月から6月にかけて、ＶＬＩＫ指導部9人のうち6人も逮捕された。逮捕された者の多くはナチの強制収容所に送られた。

ドイツが東部戦線で劣勢になると、ドイツ占領当局は態度を軟化させ、１９４３年4月5日にカウナスでリトアニア人会議と呼ばれる集会を招集することを認めた。ナチは、これにより動員計画に対するリトアニア人社会の支持を確保し、うわべだけの正当性を確保しようとした。リトアニア人活動家は、民族を守り、抑圧を阻止し、ドイツから政治的譲歩を引き出そうとした。会議の参加者は占領当局を厳しく批判したものの、採択された決議は、参加者の親ドイツ的傾向を反映したものとなった。このような傾向はリトアニア社会の一部にもあった。決議を実行するにあたっては、ナチと協力する必要があった。しかし、このときも、ナチはリトアニアの青年を動員することに失敗したのである。

1943年11月23日から24日、リトアニア人会議で選出されたいわゆる民族評議会と総顧問らのあいだで会合が持たれ、SS部隊を組織する計画は破棄され、リトアニア国民軍の組織が提言された。1944年初め、東部戦線で苦戦を強いられていたドイツ当局は、軍事部隊のリトアニア領土防衛隊を発足させるというリトアニア人側の提案を受け入れた。領土防衛隊は、リトアニア人兵士が率い、リトアニアの領土でのみ活動することとされ、ポヴィラス・プレハヴィチュス将軍がこれを指導した。2万人の義勇兵が彼の招集に応じ、1万人が部隊に受け入れられた。ドイツ側は、ドイツ人の傘下に入るよう領土防衛隊に要求したが、リトアニア人兵士にはドイツ側に付いて戦う意志はなく、彼らは武器や弾薬を抱えたまま分散し始めた。ナチは領土防衛隊の幹部を逮捕し、兵士80人を射殺、その他の兵士の一部を労働力としてドイツに移送した。

ナチはヴィルニュス地方をリトアニア行政地区の一部とし、リトアニア人に行政を担わせた。そのためヴィルニュス地方においてリトアニア人とポーランド人は敵対する関係にあった。リトアニア人の行政当局は、ナチの命令する政策を実行する際、多数派であるポーランド人の利益を無視し、彼らの怒りを買った。文民当局は、地元ポーランド人によるレジスタンス運動を掃討するためにリトアニア領土防衛隊の部隊をヴィルニュス地方に送り、ポーランド人の国内軍（AK）の部隊と戦わせた。リトアニア人はヴィルニュス地方をリトアニアの一部と考えていたが、ポーランド人はポーランドの一部と見なしていた。それゆえ、いずれの側の戦闘員も、地元のリトアニア人あるいはポーランド人の村人に怒りをぶつけ、残虐行為を行った。このような状況から、リトアニア人とポーランド人の地下運動は連絡を取り合わなくなった。リトアニア人は、主要な敵はソ連であるとして反ナチ・レジスタンス運動には消極的な戦略を採り続けていたが、ポーランド人にとっての主要な敵はドイツであった。リトアニア人が反ナチ・レジスタンス運動には消極的であったため、さらに大規模な抑圧や住民への被害は避けることができた。動員を進めるレジスタンスは、さらに大きな戦いが始まることを知っていた。モスクワを拠点としていたリトアニアＳＳＲの指導者が、リトアニアに戻りソヴィエト制度を復活させる用意があると宣言していたのである。

ソ連に逆戻り

１９４４年から45年にかけて、赤軍がドイツの前線を突破し、ドイツは占領地域からの撤退を余儀なくされた。中・東欧のほぼ全域は１９４５年５月までにソ連の手に渡った。赤軍が占領した地域では、ソ連に完全に従属する現地の共産主義政党が権力を握った。中・東欧で数年のうちに導入された共産主義体制は、その後およそ半世紀にわたって続いた。

ナチによる占領からソ連による占領へ

１９４４年夏、ソ連の軍隊はナチを打ち破り、リトアニアを再占領した。全体主義的なスターリン体制が復活し、徴発が始まり、そして男性は強制労働に駆りだされた。国家保安機関（ＮＫＧＢやＮＫＶＤ）に支えられていた共産党やソヴィエト高官、赤軍が、政府や国を支配するようになった。１９４５年春までに６０００人のロシア語話者がリトアニアに送られ、要職に就いた。

1943年末のテヘラン会談で、フランクリン・D・ローズヴェルト米大統領とウィンストン・チャーチル英首相は戦後、東ヨーロッパをソ連の支配下とすることを基本的に認めたが、ローズヴェルトは、エストニア、ラトヴィア、リトアニアのソ連への再編入は、現地住民による投票で是非を問うた後に行うという約束をヨシフ・スターリンから取りつけていた。リトアニアでソヴィエト支配が再び始まるなかで、スターリンはその約束を一応は「守った」。ソ連の統治機関であるソヴィエト連邦最高会議《ソヴィエト》とリトアニアSSR最高会議の選挙が非民主的に行われたのである。しかし、この演出は茶番にすぎなかった。1946年および47年に行われた選挙が戦後初めて行われたものであった。ソ連は公式には諸評議会《ソヴィエト》によって構成されていたため、各地の評議会の選挙もまた行われた。あらゆる選挙において、共産党だけが候補者を立てることができ、また一つのポストに1人しか立候補者はいなかった。選挙結果は捏造され、公式には、投票率は90パーセント以上とされ、過半数が候補者に投票したと発表された。リトアニアSSRの機関は実質的な権力を一切有していなかった。リトアニア共産党（ボリシェヴィキ）中央委員会でさえ、ただロシアの中の一つの州の共産党委員会程度の権限しか有していなかった。30年間にわたってリトアニア共産党を指導したのはアンタナス・スニエチクス党中央委員会第一書記であった。しかし彼の活動は、モスクワが任命した非リトアニア系の党中央委員会第二書記によって入念に監視されていた。リトアニア共産党の党員数は、1945年は3500人だったが、48年には2万2200人となり、53年には3万6200人となった。しかし、〔48年においても〕リトアニア人は全党員の18パーセントを占めるにすぎなかった。

リトアニアの歴史上初めて、クライペダとヴィルニュスがともにリトアニア領の一部となった（リ

第二次世界大戦期のヴィルニュス（**1944**年**7**月）。

トアニア自体がもはや自由ではなかったのではあるが）。ソヴィエト政権は、これでリトアニア国民の体制への支持を獲得できると期待していた。ソヴィエトが支配するリトアニアＳＳＲの領土は６万５０００平方キロまで広がり、ヴィルニュスがリトアニアＳＳＲの首都となった。ヴィルニュスの人口における民族構成は、戦争の被害により劇的に変わった。ヴィルニュスの住民約７万人がナチやその協力者によって殺害され（その大半はユダヤ人だった）、１万２０００人が強制労働のためにドイツに移送された（その大半はリトアニアには戻らなかった）。その他にも住民約３万人が様々な理由によりヴィルニュスを後にした。ソ連は、１９４５年から48年までに10万７６００人のポーランド人をヴィルニュスからポーランドに強制送還した。リトアニア全体では19万７２００人のポーランド人がポーランドに強制送還された。ヴィルニュスに流入

家畜車両でシベリアに追放されるリトアニア人。

した者のおよそ半数は、他のソヴィエト共和国（多くはロシアやベラルーシ）から来た移住者であった。その後、新たにヴィルニュスに移り住むリトアニア人の数は増えていった。ヴィルニュスの人口は、1951年末には約17万9000人で、そのうち5万5000人（30パーセント）がリトアニア人であったが、1989年には人口は58万人にまで増え、リトアニア人の数は29万1000人（50パーセント）となった。なお、2012年には、リトアニア人がヴィルニュスの人口の63パーセントを占めている。現地のドイツ人が大量に強制移住させられたクライペダも同様にリトアニア化した。概してリトアニアの都市はソヴィエト支配期に成長し、人口も数倍に増加した。国全体の人口に占める都市住民の割合は、第二次世界大戦前は23・7パーセントだったが、1989年には68パーセントとなった。さらにソヴィエトの工業化政策の結果、ナウヨイ・アクメネ（人口1万3000人）、エレクトレナイ（1万6000人）、ヴィサギナス（3万2000人）といった新しい都市も誕生した。

戦時中、ソヴィエト当局がリトアニア人の軍への動員に着手すると、リトアニア人は赤軍での兵役を回避しようとした。こ

シベリアで材木の切り出しを行う、追放されたリトアニア人（イルクーツク、**1952**年）。

れにはソヴィエト当局も驚かされた。リトアニア人は、自国が占領状態にあるため、ソ連はハーグ陸戦条約（１９０７年）違反にあたる赤軍への動員を行うことはできないと考えていたのである。しかしＮＫＶＤの国内軍および国境軍は、ドイツ（その後は日本）との戦争のために、１９４４年から45年にかけて10万８０００人のリトアニア人をソ連の軍隊に動員した。動員は、多くの場合、襲撃やテロルによって行われた。数千人のリトアニア人が身を隠したり軍隊から逃げ出したりした。また、反ソヴィエト・リトアニア人パルチザンの一員となった者も数千人いる。動員されたリトアニア人は赤軍の第16リトアニア狙撃兵師団に入隊させられたが、ろくに訓練も受けずにすぐにベラルーシやリトアニア（シャウレイおよびクライペダ）、クールラント・ポケットと呼ばれるラトヴィアの戦闘地域に投入され、数千人がそこで命を落とした。リトアニアに駐留するＮＫＶＤ部隊は懲罰的行動に出た。１９４４年７月から12月までのあいだに２４８９人が殺害され、約10万人が占領者から何らかの暴力や抑圧を受けた。武装レジスタンスを抑圧するためにシベリアへの大量追放が行われ、１９４８年５月に４万０００２人が、49年に３万３５００人が、51年に２万０３５７人が追放された。この大量追放の後、農村部の住民の士気は削がれ、レジスタンスは鎮圧された。観念してソヴィエトの統治を受け入れた彼らは、集団化に従い、新たに作られた集団農場にまとめて入った。成人リトアニア人の３分の

1、男性の2分の1にあたる45万6000人が、ソヴィエトによるジェノサイドやテロルの犠牲となった。33万2000人がグラークの収容所（ラーゲリ）に監禁、追放され、それとは別に2万6500人がリトアニアで殺害された。リトアニアの人口のうち110万人が失われたが、これは総人口の3分の1に相当する。

1953年のスターリンの死後、特にニキータ・フルシチョフが1956年にスターリンの個人崇拝を非難するようになると状況は変わり始めた。ロシア化は和らぎ、当局は地元リトアニア人をより信頼するようになった。ソ連全土で監禁・追放されていた者が釈放され始めた。リトアニア共産党は、被追放者が祖国に戻ってくるとリトアニアの住民のあいだにナショナリズムが高まり、共産党が「諸民族の友好」という精神を教えこむのが難しくなるだろうと考え、被追放者が祖国に戻ってくるのを望んでいなかった。しかし、1950年代から60年代にかけて約6万人の被追放者と2万人の政治犯がリトアニアに戻った。なかにはリトアニアに居住したり管理職に就いたり、あるいは高等教育機関の教壇に立つことを禁じられた者もいた。彼らは公的に無視され、厳しく監視され、ときに「反ソヴィエト活動」や「ブルジョワ・ナショナリズム」を理由に非難されたりもした。

スターリンの死後、大テロルはなくなり、人権や自由の侵害は抑えられるようになった。しかしその後もイデオロギー洗脳は続けられ、人民を支配するための行政手段が採られ続けた。権力を独占していたリトアニア共産党は、徐々にリトアニア人の党員数が増えていった。1953年には党全体の37パーセントにあたる1万3000人のリトアニア人党員がいたが、65年には5万5000人（63パーセント）にまで増加した。ソヴィエト機構における全体主義的傾向は残存し、公式のイデオロギーを信仰しなければならなった。住民は見張られ、異論派やレジスタンスは抑圧され、行政組織はモスクワの言いなりであった。レオニード・ブレジネフの時代に体制は再び抑圧的となり、スターリン主義者の強硬派は支配層のなかでの地位を固めた。異論派に対する迫害が再び始まり、１９６７年から75年までのあいだにリトアニアで１５８３人が反ソヴィエト煽動およびプロパガンダの罪で有罪判決を受けた。経済や公生活は軍事中心となり、共産主義イデオロギーが執拗に宣伝された。とはいえ体制側は、直接的なテロルには訴えなかった。

戦後、リトアニアはソヴィエト体制により著しい人口喪失に見舞われた。スターリン期において占領当局は、数千人を殺害しただけでなく、すべての社会階層とその文化や財産を破壊した。リトアニアにとどまった住民は、常に自らや親族の身の安全を案じながら生活していた。彼らは、〔ソヴィエト体制に〕適応するか、協力するか、あるいは抵抗するかのいずれかを強いられた。脱スターリン化の時代には順応し適応することが当たり前となったが、それ以前には、自由を求める血なまぐさい戦闘が長く行われていた。

戦後の戦争――武装レジスタンス

１９４４年夏以降、ソヴィエトによる抑圧とテロルがリトアニア民族のレジスタンスを引き起こし、10年にわたるリトアニアの独立回復を目指すゲリラ戦争が始まった。バルト諸国のなかでは、リトアニアで最もレジスタンスは激しかった。リトアニア人は、リトアニアは西側であるとなおも純粋に信じており、共産主義支配は短命に終わり、最終的にはアメリカ合衆国やイギリスが大西洋憲章での公

リトアニア人パルチザン（1947年）。

約を履行して、戦時中に独立が失われた国々にそれを取り戻してくれるだろうと考えていた。西側諸国はスターリンのソ連と戦うために立ち上がるだろうと信じていたのである。彼らは、そのときに権力を奪取できるように、武器を手に取り準備を重ねていた。１９４４年の夏の終わりからパルチザンの集団が組織されるようになり、すぐにパルチザンの部隊にまで成長した。それぞれの活動地方や管区も決められた。パルチザンはリトアニア軍の制服を着用したが、多くは小地主や小作農といった農民の息子である若い男性で、従軍経験はなかった。パルチザンの一員になると、戦争における戦略を学び、森林や地下壕での厳しい生活環境に適応しなければならなかった。パルチザンの部隊では軍事訓練も行われた。

反ナチ・レジスタンスが都市部を中心とす

る非武装運動であったのに対して、反ソヴィエト・レジスタンスは武装運動であり、パルチザンが農民から食料や衣服、医療品の支援を受けられた農村部で行われた。初めは海外からの支援も期待されていたが、その望みはすぐに潰えてしまった。１９４４年から46年、多い場合で１００人にのぼる大規模なパルチザン部隊が次々と作られていき、すべての部隊を合わせるとパルチザンの数は約３万人以上となった（１９５３年のソヴィエト当局の報告書によれば、３万８１０６人）。パルチザン部隊は都市や町を除くリトアニア全土を支配した。彼らは農村に駐屯し、見張りを置き、ＮＫＶＤ部隊が現れると戦闘を行った。パルチザンが小さな町を占領すると、そこに駐屯していた者は殺され、地元の資料や動員リスト、穀物徴発に関する資料などは破棄され、監禁されていた者は解放された。パルチザンは、占領当局の忠実な部下を処刑し、敵に尽くすことがないよう周りに警告した。彼らは、占領当局によって地方選挙が行われる際には、投票所に銃弾を撃ちこみ、選挙の邪魔をしようとした。また、森林での材木切り出し作業をやめさせようとしたり、集団化の強制に抗して戦ったりもした。パルチザンの軍法会議では、リトアニア人の追放を行った者やソヴィエトの役人、スパイ、裏切り者などが裁かれ、処刑された。

ソヴィエトが自由世界からリトアニアに来る情報を遮断し、人民からラジオを没収すると、パルチザンは全管区に報道情報部を設置した。ゲリラ・レジスタンスが行われた全期間を通して、約80の定期刊行物が発行された（その発行期間は様々であった）。この定期刊行物が、〔対ソヴィエト〕協力者に関するパルチザンの見解や世界政治に関するニュースの情報源の役割を果たした。パルチザンは、詩、風刺文学、韻文などの作品集やパルチザンの祈禱書を出版した。これら出版物の配布は主に若者が担っていた。1947年だけで640人がこれらを配布したという理由で逮捕されている。

パルチザン戦の第二段階（1946年6月～48年11月）では、主にソヴィエト国内軍との戦いで約1万人のパルチザンが死去し、その後パルチザン部隊は小規模のものに再編された。パルチザンは、大規模捜査が行われているときに敵から身を隠すための地下壕を農家の近くに掘った。パルチザン部隊には、もはやロマンを抱く者も何気なく戦いに参加する者もいなかった。死ぬまで戦い続けると決心した者だけがそこに残っていたのである。多くの犠牲と迫害によりパルチザン同士の連絡は困難になり、統制がきかなくなっていた。したがって、パルチザンの作戦は、ソヴィエトの役人や協力者を待ち伏せし殺害するという、ありきたりなものとなった。占領当局は、パルチザンと戦うために秘密諜報員（リトアニア語でスモギカイ）の採用人数を増やした。秘密諜報員とは、占領当局に逮捕されたパルチザンのうち、拷問により当局に協力しパルチザン部隊に潜入することに同意した者や、国家保安省（MGB）の常備兵のことで、両者は混成で組織に組み込まれた。

1947年末には2人のパルチザン、ユオザス・ルクシャ（コードネームはダウマンタスまたはスキルマンタス）とカジミエラス・ピープリース（コードネームはマジーティス）が、パルチザンが執筆した資料を鉄のカーテンの向こうの自由世界に持ちだした。これら資料のなかには、各パルチザン管区がまとめた、占領当局によって追放、殺害、逮捕された者の一覧や、パルチザン指導部からローマ教皇ピウス12世に宛てた手紙などもあった。世界がリトアニアの占領に目を向けるようになり、国際機関がソ連に対してテロルをやめるよう要求してほしい、という希望がそこにはあった。西側諸国に逃れたリトアニア人およびその団体とパルチザンが連絡をとるようになったのは、これが最初のことであった。西側は、ソヴィエト占領下のリトアニアの状況やパルチザン戦争に関する情報を直接受け取ることができた。しかし西側（より正確に言えば、イギリス、アメリカ合衆国、スウェーデンの諜報機関）は、反ソヴィエト武装レジスタンスの戦いを支援しようとはしなかった。レジスタンス戦闘員の小集団が、主にソ連に対するスパイ活動を目的として西側から潜入する試みも行われたが、主にイギリスの諜報機関における二重スパイにより、うまくいかなかった。

レジスタンスの第三段階（１９４８年11月〜53年５月）ではパルチザンの組織構造の統合化が進んだが、それもすぐに破壊されてしまった。リトアニア全土のパルチザン指導者が集まる会議の開催が何度も計画されたがうまくいかず、結局、１９４９年２月２日から22日にミナイチェイ村（ラドヴィリシュキスとバイソガラの中間あたり）にあるミクニュス家の農家の地下壕で開催されたのが最初で最後の会議となった。この会議で、パルチザン組織の新名称を「リトアニア自由戦闘運動」（ＬＬＫＳ）とすることが決まり、パルチザンは「自由戦士」と呼ばれるようになった（対してソヴィエト占領当局は、リトアニアのパルチザンを「賊」と呼んだ）。ＬＬＫＳはレジスタンス諸組織の政治活動や軍事活動を直接管轄した。会議では、パルチザンの活動に関する規則を定めた最重要資料の検討が行われ、共通の戦略や戦術計画が考案され、パルチザンの指導層が組織された。ヨナス・ジェマイティス（コードネームはヴィータウタス）がＬＬＫＳ幹部会の議長に選ばれ、最高位であるパルチザン将軍の称号が与えられた（ジェマイティスは、１９２９年にカウナス軍学校を卒業した職業軍人であり、卒業後は中尉の称号を得て第２砲兵連隊に従事した。１９３６年から38年までフランスの砲兵学校で学んだ）。１９４９年２月16日、地下壕でＬＬＫＳ宣言が採択された。宣言ではリトアニア国家の回復が目指され、その統治の原則にも言及している。その

ヨナス・ジェマイティス＝ヴィータウタス将軍。

原則とは、リトアニアが民主主義共和国であること、主権は国民にあること、リトアニアは普通選挙により自由で民主的な秘密投票によって選ばれた国会《セイマス》によって統治されること、政府（内閣）は国会によって組織されること、というものであった。ＬＬＫＳ幹部会は、自由で民主的な国会選挙が行われるまでのリトアニアにおける最高権威の機関となった。

ＮＫＶＤの部隊がパルチザン掃討のためにリトアニアに配置された。その規模は、１９４５年夏には2万人弱、46年には約1万４０００人程度であった。すべての郡に設置されたＮＫＶＤおよびＮＫＧＢの部局が、懲罰作戦の計画や遂行、容疑者の追跡、被抑留者の尋問、諜報員の採用を行った。リトアニアのパルチザンを掃討するために、ソヴィエト当局は、ＮＫＶＤの部隊とは別に「破壊大隊」を組織した。リトアニアでは、１９４４年7月24日のリトアニア共産党第一書記アンタナス・スニエチクスの指示により破壊大隊が組織され始め、党委員会およびＮＫＶＤがリトアニア全土でこれを組織した（各大隊約１５０人ずつ）。大隊に所属した者はリトアニア語で「ストリバイ」と呼ばれた（ロシア語で破壊者を意味する「イストレビテリ」に由来する）。ソヴィエト当局は現地住民、特に共産党員やコムソモールのメンバーに、これに加わるよう働きかけた。これらの部隊に所属した人の数は、1944年から54年までで2万人以上（うちリトアニア人は1万6000人）にものぼった。というのも、これに加われば赤軍への徴兵が免除され、さらに給与や衣料を受けとることができたからである。「ストリバイ」の多くは、他人からは尊敬されないような、道徳が備わっていない人物であった。ソヴィエト当局は、「破壊者」という名前では人民からの支持が得られないとすぐに気づき、名前を「人民防備者」に変えた。彼らはすべての郷（郡の下位区分）に配置され、ソヴィエト活動家の警備にあたった。また、十分な戦いはできなかったものの、パルチザンとの戦闘にも参加した。加えて赤軍脱走兵や徴兵逃れの捜索にもあたったほか、主にロシア人やロシア語話者のソ連兵のために偵察や通訳、スパイ活動も行った。彼らは、殺害したパルチザンの遺体を町や村の広場に遺棄するなどして冒瀆したため、評判が悪かった。パルチザンの遺体を適切に埋葬することは認めず、遺体を密かに沼地やごみ捨て場に埋めるなどした。これには（反ソヴィエト）レジスタンスの最後を見せつけるという目的があったが、もしかすると、遺体を見たときの反応で親族や支持者を割り出そうという意図もあったのかもしれない。ソヴィエトの抑圧機関は、農村部で広がっていたパルチザン運動に対する支持を失わせるため、自由戦士の家族や支持者をシベリアに追放し、女性や老人、子どもを含むレジスタンスのメンバーを拷問し、精神的にも物理的にも抑圧するためのあらゆる手段を利用した。MGBやNKGBの諜報員（ス

ソヴィエトにより遺棄されたダイナヴァ管区のパルチザンの遺体。

モギカイ）は、ときに記章や制服を用いて（反ソヴィエト）レジスタンスになりすまして住民を怖がらせることで、住民をパルチザンと対立させようとしたこともあった。そしてパルチザンの通信員や支持者を射殺した。

ヨナス・ジェマイティス＝ヴィータウタス将軍は、1951年12月に攻撃を受けた後、地下壕で治療を受けていた。1953年春、当局に捕まったパルチザンが二重スパイとなり、ジェマイティスの居場所を漏らしたため、彼は捕まってしまった。ジェマイティスはモスクワのブティルカ監獄に収容され、そこでラヴレンチー・ベリヤの尋問を受けた。ベリヤは、第二次世界大戦期にNKVD長官として東部戦線での反パルチザン作戦を指揮する立場にあった人物である。尋問で何が話されたかはわかっていないが、ベリヤがジェマイティスのもとを訪れたという事実は、リトアニアで続くゲリラ戦がソヴィエト支配にとって深刻な脅威であることをベリヤ自身が認識していたことを示している。1954年11月26日、ジェマイティスに死刑が言い渡され、その日のうちに処刑された。1956年、最後のパルチザンの1人である元教員のアドルファス・ラマナウスカス（コードネームはヴァナガス）が逮捕され、残虐な拷問を受けた後、翌年処刑された。1953年春には組織的な武装闘争は終焉を迎えたが、個人で行動していたパルチザンは、その後10年以上身を隠し続けることができた。

パルチザンが国外からの支援も受けずに勇敢に遂行したゲリラ戦は敗北に終わったが、その意義は大きい。この戦いの規模は、ソヴィエトの作戦上のデータからも読み取れる（ただしソヴィエトの統計は様々な理由により信頼できないということは心に留めておかなければならない）。内務省の報告書（1953年）によれば、1944年から53年までのあいだに内務省の部隊が殺害したパルチザンの数は2万0093

人で、逮捕したのは1万7963人である。3万8604人に恩赦が与えられ名誉が回復された。そのほか、大砲9門、対戦車砲31門、追撃砲32門、重機関銃、軽機関銃合わせて3014丁、小型軽機関銃、小銃、拳銃合わせて3万9433丁、さらにタイプライターや複写機557台が押収された。

自由の戦士は、その勇気と犠牲、命によって、1940年夏のリトアニアのソ連への併合は国民の意志に反していたことを証明した。彼らの行いは、リトアニアが侵略されたときに政府や軍が犯した失敗を補うものであった。国家保安省（MGB）のデータによれば、1944年から53年までのあいだに殺害されたパルチザンの数は2万0103人、パルチザンに殺害されたソヴィエト兵および役人の数は1万2921人、パルチザンに殺害された共産党員、親ソヴィエト活動家、集団農場の農民の数は2619人であった。いかなる戦争においても一般市民に犠牲が出るのは避けられないことであり、この戦いにおいてもそうであった。ソヴィエトの部隊や「ストリバイ」が行動した地域では一般市民の多くが犠牲となったが、パルチザンもまた一般市民の犠牲の一部に責任を負っていた。パルチザンのなかにはアルコールを乱用する者や、ナチ占領期にユダヤ人虐殺に共謀

パルチザン指導者の一人アドルファス・ラマナウスカス＝ヴァナガス。ヴァナガスというコードネームはタカを意味し、彼の肩には忠実なタカが止まっている。

した者もいたのである。そのようなパルチザンはそれほど多くはなかったが、パルチザンの部隊や管区の指導者がパルチザン全員の経歴を確認することはできなかったために、そのような者もいたのである。また、地下壕で長期間暮らすことで精神に支障をきたすこともあった。

経済のソヴィエト化

ソ連全体の経済状況を統一するため、ソヴィエト当局はすべての分野で私有財産を国有化した。農業分野では、集団農場がつくられた。しかし、リトアニアではゲリラ戦のために集団化は遅れた。新たな指示により、所有者のいない土地や西ヨーロッパへの亡命者もしくはポーランドに送還された者の土地は、国の土地基金に収められた。パルチザンや被追放者の土地も国の基金に移された。1948年春、リトアニアの村落で行われた集団化に対して激しい抵抗が起きた。抑圧政策は当初、30ヘクタールまでの土地所有が認められていた「クラーク」と呼ばれる富農に対して採られた。また、労働者を雇用したり、脱穀機やトラクターなどの農機や製粉機、製材機を有していたりする者、家畜や穀物、器具を他の農民に貸している者にも抑圧政策は採られた。「クラーク」には、いわゆる「勤労農民」と呼ばれる者よりも50パーセントから100パーセント高い税金や穀物徴発が課された。「クラーク」の家族の多くは1949年および51年に追放された。都市やソ連の別の共和国に移住する者もいた。当局が農民に課す税金や穀物徴発をあえて増やしたため、リトアニアの農民の半数以上は国に対して牛乳や肉の負債を抱えた。このような農場は記録され、その所有者は罰せられた。「クラーク」の所有物は実際、住宅を除いてあらゆる物が没収される可能性があった。

「荷車の赤い行列」——集団農場の農産物は強制的に国家に提供された（ヴィルニュス、**1947** 年）。**L.** メイネルタス撮影。

このような政策には期待されていた効果があった。１９４９年初め、集団農場に加入していた農民はわずか４パーセントであったが、同年末には62パーセントにまで増えた。そして１９５２年の時点では、国内の土地の94パーセントが集団化されていた。集団農場の農民は、農場指導部の許可がなければ他の農場に移ることはできなかった。土地は国に収用されていたため、集団農場の農民には働いた日数に応じてわずかな賃金が与えられた。農民は、個人の使用が認められていた０・６ヘクタールの土地を使って収入を補っていた。集団農場の生産性はとても低かったため、個人に割り当てられた土地を使って得ていた収入は、収入全体の約４分の３にものぼった。時が経つにつれ、集団農場の状況は徐々に改善されていった。

集団化によりリトアニアの農業部門は大きく傷ついた。リトアニアの穀物収量や家畜の数、生産性が独立期の水準に達するまでには20年を要した。

強制的に集団農場に加入させられた農民は、真面目に働こうとはしなかった。低い賃金しか得ていなかった彼らは重い罰を受けることも恐れず、集団農場で盗みをはたらくようになり（彼らはこれを罪だとは思っていなかった）、そして労働を重んじなくなった。かつて敬虔な農民が有していた道徳的規範はもはや堕落してしまい、悲しみを酒で紛らわすようになった農民もいた。集団化により、小さな個人農場はなくなっていった。その後のソヴィエト期において小農場の個人住宅は計画的に破壊されていき、住宅の所有者は集団農場の居住地（そこでは隣人は互いのことをすべて知っており、当局に監視されることもあった）か、あるいは町や都市に移ることを余儀なくされた。

リトアニアの工業はソ連全体の工業複合体のなかに統合された。1940年に行われたソヴィエトによる国有化がナチによる占領期（1941～44年）に覆されなかったため、ソ連当局の戦後計画は容易に進められた。民間企業は増税により閉鎖を余儀なくされた。リトアニアの工業を再建するために必要だった機械や器具、原材料は、ソ連奥地あるいは占領下の東ドイツから運ばれてきた。リトアニアからは、代わりに食料品や木材製品が運ばれた。リトアニアの工業は数年で回復し、生産量は戦前の水準に戻った。

1953年にスターリンが死去すると、ソ連では新改革が始まり、社会生活の「民主化」や地方分権化、ソ連構成共和国の「主権」強化が必要であるとされた。1953年の再編により、複数の省が一つに統合され、いくつかの委員会や部局が廃止され、その機能が省に移された。新体制においては、ソ連構成共和国にさらに多くの権限が与えられた。共和国が、共和国レヴェルの企業の生産計画を承認したり、生産品の配給を管理したりすることが認められた。意思決定の脱集権化を進めるため、

ヴィルニュスのスターリン（現・ゲディミナス）大通り（**1954**年）。ユデリス・カツェンベルガス撮影。

1957年、連邦規模の工業および建設関連の各省に代わって経済政策を決定する国民経済会議（ソフナルホーズ）が各地に設置された。国民経済会議は各共和国の閣僚会議の下に置かれたため、リトアニアの当局が共和国内の企業の多くを管理するようになった。共和国の労働者の76パーセントがこれら企業で雇用されていた。工業部門は専門化が進み、化学および電気関係の企業が設立され、発展していった。農産物の生産や加工が特に重視されたため、農産工業や軽工業も拡大した。連邦規模の企業の支部を管理することは困難と見たリトアニア当局は、自らの管理下にある地元産業を発展させることの許可をソ連当局から得た。この政策は成功し、当時の状況において比較的良い結果をもたらした。リトアニアでは農業分野や食品加工分野に多く投資されたため、リトアニアが「ソ連の農場」として知られるようになったのも当然だった。しかしこれは、リトアニアがより豊かになったということではなかった。ソ連全体と同様にリトアニアでも店に物はなく、肉や野菜、バター、そして多くの場合はパンなどの必需品でさえも不足していた。家具や食器、テレビを手に入れるためには長い順番を待たなくてはならなかった。さらに、住宅や医療用品、薬の不足は深刻だった。実のところ、すべての物が供給不足だったのである。トップダウン型の計画経済の皮肉も聞かれた。「もしサハラ砂漠で社会主義が導入されたら、すぐに砂が不足してしまうだろう」と。

1960年代、リトアニアSSR政府は共和国の地方経済発展計画を策定し、古くからある工業の中心地（ヴィルニュス、カウナス、クライペダ、シャウレイ、パネヴェジース）の拡大をやめ、小都市に新しく工場を設立することとした。新しく作られた工場の被雇用者の大半は農村部出身のリトアニア人であった。ソ連各地からリトアニアに来たロシア語話者は、リトアニアの地方都市には住みたがらなかったからである。工業を分散して発展させることで、地元の労働力をうまく利用することができた。例えば、アリートゥスやプルンゲ、ウテナでは、工場労働者の5割から7割がその都市もしくは地区に住んでいる者であり、ソ連各地からリトアニアに来た者はわずか3～5パーセントにすぎなかった。ロシア人は、リトアニアの新しい工業都市に移住することに抵抗感を持っていた。ロシア語が通じる「彼らの」環境が支配的だったリーガやタリン、ヴィルニュスに移ることと、年配の人がロシア語を話せない、名前も聞いたこともない町に移ることは大きく異なった。ソヴィエト時代、ヴィルニュスやクライペダ、スニエチクス（現ヴィサギナス）には多くのロシア語話者が住んでいたものの、農産工業が主流だったリトアニアの工業地帯では人口の80パーセントがリトアニア人であった（1990年）。

カウナス水力発電所の最初のタービンの稼働開始に集まった人々（カウナス、**1959** 年 **7** 月 **16** 日）。マリュス・バラナウスカス撮影。

大規模な工業施設の多くは１９６０年代および70年代につくられた。カウナス水力発電所やマジェイケイ製油所、ヨナヴァ肥料工場、イグナリナ原子力発電所はその例である。工業化によりリトアニアの労働者数は劇的に増加し、１９６０年には49万人だったのが70年には85万人となり、80年には１００万人を超えた。都市部に住む人の割合は、１９６０年は総人口の約40パーセントだったが、80年には60パーセントに増加していた。都市が拡大するにつれ、労働者のための住宅が必要となり、巨大な団地の建設が計画された。団地は、多くの場合、組み立て式の大型コンクリート・スラブを用いて画一的なデザインで建てられた。そのような団地はまず初めに、１９６２年から69年にかけてヴィルニュスのジルムーナイ地区に建設された。このような、画一的で個性がなく、エネルギー効率の悪いアパート群がある地区は、ソヴィエトの都市化が最も顕著に表れた場所の一つとなった。

ヴィルニュス市ジルムーナイの住宅（1972年）。ヨナス・ボティーリュス撮影。

ソ連と西側諸国の関係は敵対的であったため、リトアニアなどソ連の各共和国の工業は孤立しており、原材料はソ連国内の他の地域に完全に依存していた。建設された大工場はソヴィエトの経済システムに組み込まれ、そこで生産された物は広大なソ連の各地に運ばれた。リトアニアは、他のソ連構成共和国と比べて、肉製品や乳製品を多く生産していたが、生産品の多くはソ連の他の地域、主にモスクワやレニングラード（現サンクト・ペテルブルク）に出荷された。工場で生み出された収入もまた、ソ連の総予算に入れられた。

ソヴィエト当局はリトアニアでの投資や建設計画を快く引き受けた。モスクワの役人が簡単に賄賂（スーツケースいっぱいに詰められたスモークソーセージやハム）を受け取れたというのも理由の一つだが、リトアニアでは、建設に遅れが生じるために資金を果てしなく投入する（いわゆる「ドルゴストロイ」といったことは起きず、建設資材が盗まれることもなく、新しく建設された工場は概ね予定通りに稼働したこともその理由であった。これは、ソ連の他の地域での大規模な汚職や窃盗の問題に直面していたモスクワのノメンクラトゥーラ〔支配階級〕を満足させた。大規模な工場、特に化学工場の建設や大都市の人口増加により、環境問題が生じた。環境保護のために予算が割り当てられることはなかった。廃棄物処理施設も建設されなかったため、リトアニアの河川や地下水、大気の汚染は著しく深刻化した。占領下リトアニアの工業指数が比較的良かったとはいえ、それはリトアニアの独立喪失や環境悪化の埋め合わせにはならなかった。

文化の均質化

スターリン期はリトアニア文化が直接破壊された時代であった。民族のあらゆるアイデンティティを破壊するための手が尽くされた。共産党はあらゆる文化領域を監視、そして厳しく管理した。出版物は一行一行すべて検閲された。すべての者にマルクス＝レーニン主義思想が押しつけられ、文化機関はすべて共産主義イデオロギーに合わせるよう強いられた。主要な共産主義思想家が礼賛され、リトアニア独立期の文化遺産は激しい批判に晒された。ヴィンツァス・クディルカやマイロニス、ヴィンツァス・クレヴェ＝ミツケヴィチュスなど著名なリトアニア人作家の書籍や、その他「民族主義的」とされた出版物が図書館から撤去された。１９４４年から51年までに約60万点の出版物が破棄された。スターリン期においては、西側諸国に亡命した文化人の名を口にすることさえも禁じられていた。当局の要求に従うことを拒んだ者は皆、厳しい罰に処された。１９４４年から53年にかけて、１６５１

人もの知識人（芸術家や作家、学者）が逮捕された。その多くは追放あるいは監禁されたが、なかには処刑された者もいた。このため、文化エリートの多くは要求どおりに行動し、公的生活と私的生活を切り分けて生活していた。

学校では、スターリン憲法やロシア語の教育が必修となった。宗教教育は禁止され、リトアニア語の授業の数も減らされた。大学などの高等教育機関においては、他の共和国から来た専門家がロシア語のみで講義を行った。生徒はピオネールやコムソモール（共産主義青年同盟）に加入しなければならなかった。イデオロギー的に信用できない教師は解雇された。

ソヴィエトは独立期のリトアニアの記念碑を破壊し、第一次世界大戦後にリトアニアの独立のために戦い従軍した兵士の墓地を冒瀆した。さらに民族的・宗教的祝日を禁止した。1950年、ヴィンツァス・クディルカが作詞、作曲したリトアニア国歌が禁止された。リトアニア各地の都市や町にあるリトアニアの建国を記念するモニュメントの代わりに、レーニンやスターリン、ソヴィエト兵の像が建てられた。そして共産主義のスローガンがあらゆる場所に掲げられた。文化的な状況は、1950年代後半になり脱スターリン化が始まってようやく緩和された。

スターリンの死後、ニキータ・フルシチョフ政権のもとで「雪解け」の時期が訪れると、民族文化《ナショナルな》の遺産に対する当局の態度はより寛容になった。戦争末期に西側に亡命した文豪ヴィンツァス・クレヴェ＝ミツケヴィチュスの名誉は回復された。彼の作品に加えて、ユルギス・バルトルシャイティス、バリース・スルオガ、マイロニス、ヴィンツァス・ミーコライティス＝プティナスらの作品が出版された。ミカロユス・コンスタンティナス・チュルリョニスの画集や民芸を載せたアルバムも出版された。しかしこれらの出版物では、序文でマルクス主義イデオロギーの観点から著作者の生涯が紹介されたり、作品が分析されたりしていた。出版物のなかには、検閲により修正されたり要約されたりしたものもあった。

政治的には雪解けがあり、自由化の徴候も見られたが、文化的生活には根本的な変化は見られなかった。文化団体はＫＧＢによって細かく監視されていた。厳しい検閲も残っていた。図書館にあった外国の書籍や第二次世界大戦前に出版された書籍は「特別所蔵」として保管され、非常に限られた人だけが監視のもとでそれを手にとることができた。１９５６年に起きたハンガリー革命やポーランドのポズナンでの労働者の反乱の後、リトアニア当局は、文化政策は基本的に変えないとはっきりさせた。１９５０年代末からヴィルニュス大学のリトアニア文学科の教職員や他の文化人に対するイデオロギー攻撃が始まった。彼らは「ブルジョワ・ナショナリズム」を理由に非難され、西側の文化から悪い影響を受けているとされた。

「雪解け」の時期においては、リトアニアの民芸や手工業、建物を、一般市民（マルスク主義イデオロギーで賛美された人民）の創作物としてイデオロギー的に正しく展示することで、本当の文化の伝統を復活させる試みが行われた。カウナス近郊ルムシシュケスに屋外の民俗博物館が設置され、美術や民族誌学に関する諸協会も設立され、民族誌研究が認められるようになり、フォークロア合唱団も結成された。教会建築および教会内部の貴重な美術品を保存する試みもあったが、宗教ではなく建築あるいは芸術的に価値がある点が常に強調された。ヴィルニュス大聖堂は閉鎖され、美術ギャラリーとして開館した。同じく閉鎖された他の教会も同様に利用され、ヴィルニュスの聖カジミエラス教会には無神論博物館が、聖ヨハネ教会には科学博物館が、全聖人教会には民俗美術館が、カウナスの聖ミカエル教会には彫刻ステンドグラス美術館が置かれ、さらにカウナス近郊にあるパジャイスリス修道院には、主にチュルリョニス美術館が所蔵する第一次世界大戦前の作品が展示された。

リトアニア史の特定のテーマが新たに取り上げられるようになった。リトアニア大公国とチュートン騎士団との戦い（特にチュートン騎士団を打ち破ったグルンヴァルトの戦い）、異教時代のリトアニア、そして2人のリトアニア系アメリカ人のパイロット、ステポナス・ダリュスとスタシース・ギレナスの勇敢で悲劇的な大西洋横断飛行、などである。しかし、歴史はソヴィエト当局の目的のためのものであり、反西欧や反ドイツ、反カトリックであれば何でも認められた。リトアニア大公国の東方拡大やモスクワとの戦いに言及することは、当然禁じられていた。

1968年にソ連およびその同盟国がチェコスロヴァキアに侵攻すると、ナショナリズムの高揚を恐れた当局は再びリトアニアの文化生活の締めつけに乗り出した。当局は、文化に悲観主義が蔓延しているとして芸術家を非難するようになった。出版社や文化誌の編集者、文化担当の役人が別の者に取って代わられた。ソヴィエトの「形式は民族的、内容は社会主義的」という見解に従って文化が発展していった。伝統的な民族衣装を着た合唱団が、レーニンに関する歌を歌った。しかし、特に歌の祭典においては、表向きには義務を果たしている（社会主義的である）ように見えて、中身はリトアニアの歌や踊りだけのためのプログラムでもあった。他の文化領域においても民族《ナショナルな》文化の発展は制限されていたが、共産主義を賛美しつつも、民族文化の発展にも貢献する方法は知られていた。

リトアニアの独立回復まで様々なことが禁止され続けた。例えば、独立期のリトアニアに言及することは、それを批判したり攻撃したりしない限り認められなかった。戦後の大量追放やパルチザン戦争に言及することも禁じられていた。しかし、文化状況は１９６０年代以降改善された。作家や芸術家、学者は、以前よりも自由に自分の意見を表明できるようになった。彼らは、公《おおやけ》には求められることを発言したり執筆したりしていたが、内輪の集まりでは彼らにとって大事なことを自由に議論していたのである。文化人は、徐々に国民の声を代弁する存在となっていった。いわゆる「ブレジネフ時代」は、文化創作活動がしやすい時代であった。スターリン時代には「全員平等である」というルールが適用され、保安警察が大学教授や閣僚、あるいは一般市民であっても、誰でもかまわず逮捕することができたが、ブレジネフ時代は対照的に、著名な人であればあるほど、その人を刑事事件で捕えることは難しくなった。新たな状況下で、芸術家はますます社会主義リアリズムとは距離をとるようになり、政治やプロパガンダと芸術をできるだけ分けようとした。この頃、歴史に関する小説や演劇、映画が誕生し、スターリン主義の抑圧に影響を受けていない新世代も登場した。リトアニア文化を貶め、共産主義の枠に無理やりはめ込もうとするソヴィエト時代の試みは、失敗に終わった。

教育とロシア化

急激な都市化と軍事化により、技能労働力の需要は著しく増加した。技能労働者は全体主義教育システムにより育てられた。教員は、レーニンやスターリン、カール・マルクスの著作、ソ連共産党の歴史、ソ連憲法、そして共産党大会の資料に関する研究を強いられた。青少年に対する共産主義イデオロギーの教化をさらに進めるため各学校にはピオネールやコムソモールが作られ、「レーニン・コーナー」や壁新聞でイデオロギーに歪められた情報や文章が広められた。

1945年から48年にかけて、1200人の教員がリトアニアから追放された。リトアニアはソ連の教育システムに完全に組み込まれた。ソ連では10年制中等教育プログラムが標準とされていたが、リトアニアではこれに加えてリトアニア語の授業も教えられていたため、11年制中等教育プログラムが残された。1988年秋、ロシア語で教える学校が10年制から11年制プログラムに移行した際には、リトアニア語学校は12年制プログラムに移行した。

都市が大きくなるにつれ、託児所や幼稚園、児童施設、障碍児のための寄宿学校のネットワークが作られていった。加えて、中等教育を修了した労働者のための職業技術学校もあった。1985年の時点では、97の職業技術学校で約9万7000人の学生が学んでいた。中等技術学校では製造業や農業、建設業の専門家が養成され、1987年の時点で66の中等技術学校で約5万9000人が学んでいた。

教育の内容は、ソヴィエトのイデオロギーや教育要件に応じて作られた。最も重要なことは、唯物論にもとづく生徒のイデオロギー教化であり、「学歴があり活発で意識的な共産主義社会の創造者」を育て、ソ連邦の諸民族の友愛を促進することであった。教科書は、リトアニア語やリトアニア文学、リトアニア史に関するもの以外はロシア語から翻訳された。しかし、リトアニアの本当の歴史はほとんど注目されなかった。過去の事実は曲げられ、階級闘争の原則にしたがって解釈され、ソ連やソ連共産党の果たした良い役割が常に強調された。ロシア語は特に重視された。1975年および79年に開かれたタシュケント会議の出席者は、ソ連邦においてロシア語教育を重点化することで合意した。

教育システムのすべての段階において追加でロシア語が教えられ、ロシア語の授業時間は増やされた。高等教育機関のロシア語学科教職員の資格は高められ、教員のロシア語能力を高めるための講習も設けられた。そして、各地区にロシア語研究所が設置され、ロシア語教育に必要な本の出版は監修、改善された。このプログラムは、国内の住民間のコミュニケーションを改善するだけでなく、ロシア文化の拡大を促進することも目的としていた。リトアニアＳＳＲの指導者や役人は教育システムにおけるリトアニア語の地位を守ろうとしたが、リトアニアでは１９８７年から89年にかけてロシア語教育が大幅に拡大された。

公共の場でのリトアニア語の役割は低下した。警察署や鉄道、空港、そして政府機関や企業の多くで用いられなくなった。共産党や政府機関は、ロシア語は国際主義《インターナショナリズム》を表しているとみていた。当時、「自らの国と言語と文化を愛するロシア人は国際主義者《インターナショナリスト》で、自らの文化と言語を愛するリトアニア人はナショナリストで、自らの文化と言語を愛するユダヤ人はシオニストだ」という皮肉が流行っていた。

リトアニアの高等教育機関は高度に政治化され、マルクス＝レーニン主義教育が必修となっていた。リトアニアの高等教育機関はソ連の高等教育システムに合わせて再編された。政府はあからさまに高等教育に介入し、大学の名称を勝手に変更した。例えば、既にカウナス大学に名称が変更されていたヴィータウタス・マグヌス大学は、１９５０年にカウナス工業大学とカウナス医科大学に改組された。ヴィルニュス大学はさらに何度も名称が変更された。最初はただ「国立」の文字が加えられただけだった。次に１９５５年、リトアニア人ボリシェヴィキ活動家の「ヴィンツァス・カプスカス」の名が加えられた。そして１９７９年にはソ連の勲章が大学の名称に加えられ、最終的に「ヴィルニュス労働赤旗勲章および諸民族友好勲章授与国立ヴィンツァス・カプスカス大学」となった。高等教育機関の教職員は詳しく調べられ、厳しく監視された。イデオロギー上の理由から講師が解雇され、ソ連国内の他の地域から来た別の講師が代わりに就任することもあった。大学や新たに設立された高等教育機関は拡大して、教員や研究員、学生の数は増加した。1940年から41年にかけては、七つの高等教育機関で6000人の学生が学んでいたのに対し、1987年には、12校で6万5000人の学生が学んでいた。リトアニア語は中等教育だけでなく高等教育においても主として用いられる言語であったが、教科書の多くはロシア語で書かれていた点は留意すべきである。多くの若者が、モスクワやレニングラードといったソ連の他の地域にある大学や高等教育機関で学んだ。

リトアニアの新聞はすべてロシア語版も発行されるようになった。ロシア文学の作品が出版され、ロシア語の演劇も上演された。二言語併用が広く奨励された。政府高官は、「ソヴィエト人民の形成」や「単一のソヴィエト文化」、「民族間交流の手段」としてロシア語を用いることによる諸民族の「融合」、「ソヴィエト諸民族の一体化と融合」などを語るようになった。これらはすべて、イデオロギー的に統一されたロシア語を話すソヴィエト国民が作られようとしていたことを示している。リトアニア語などの言語は、いずれ消滅すると思われた。最終的には「ホモ・ソヴィエティクス」という、いかなる民族的特徴も持たない、党の命令に従いどこでも働くような人間が生み出されるとされた。有名な曲では次のように歌われた。「私の住所は建物でも通りの名でもない――私の住所はソヴィエト連邦」と。ゆっくりではあるが計画的なエスノサイド〔文化的抹殺〕が始まったようであった。

リトアニアの歴史がソヴィエト式に解釈されるようになると、1940年に赤軍がリトアニアを「ブルジョワの軛《くびき》」から「解放」した、などというお世辞はもはや必要なくなった。社会主義革命に関する新たな理論が作られたからである。新しい解釈では、リトアニア国民《ネイション》は自発的にソ連邦に加わることを決めたとされた。とはいえ、リトアニア大公国の歴史や両大戦間期リトアニアの20年にわたる独立の歴史は、ソヴィエト史学の喉に刺さった骨であり続けた。教育は政治化され、つねに政府に直接管理されており、人事はイデオロギーにもとづいて行われ、社会は西側諸国から孤立していた。そのため、ソヴィエトの学校教育の質は、両大戦間期リトアニアの学校教育と比べて（学校の数は増えていたにもかかわらず）悪かった。

リトアニア外交団とディアスポラ

第二次世界大戦末期、再びやってくる赤軍や追放を恐れたリトアニア人数千人が西側諸国へと逃れた。いくつかのデータによれば、１９４５年の時点で西ヨーロッパには7万２０００人以上のリトアニア人難民がいたとされる（ラトヴィア人難民の数は11万１０００人、エストニア人難民の数は3万１０００人だった）。これに加えて、ナチによって強制労働者としてドイツに連行され、戦争を生き延びたリトアニア人も数万人いた。彼らは、ドイツが敗戦すると、イギリス、フランス、アメリカ合衆国の占領地域にある難民キャンプに住むリトアニア人の輪に加わった。リトアニア人難民のなかには、カウナスやヴィルニュスの大学の教員４００人やリトアニア作家連合の会員の半数、そして数千人の学校教師および技術者がいた。要するに、リトアニアの知識人は、西側かシベリアのいずれかに移動したのである。

米ソ間で冷戦が始まると、アメリカ合衆国議会は１９４８年に難民法を可決した。これにより、割

ドイツ・シャインフェルトのキャンプで寄付された衣服を手に取るリトアニア人難民（**1948** 年）。

り当て制限とは別に、次年度から2年間、約20万人の難民にアメリカ合衆国への入国が認められることとなった。そのうちの4割以上は「外国勢力に併合された」国の出身者とされたが、これはバルト諸国を意味していた。ドイツにいるリトアニア人難民で渡米を希望した約3万人は全員、3～4年以内に渡米することができた。その他にイギリスやカナダ、オーストラリアに渡った者もいた。

１９４０年6月にリトアニアを出国していたアンタナス・スメトナ大統領は、ヨーロッパの国に定住することを望んでいなかった。ドイツおよびスイスに短期間滞在した後、１９４１年に第三国を経由してアメリカ合衆国に渡った。彼は、「政府首脳」や「政府の一員」としてではなく一個人としてアメリカ合衆国への入国を許されたため、政治活動は行わなかった。また、アメリカ合衆国のリトアニア人コミュニティやリトアニアの外交官との関わりは制限された。１９４４年1月9日、スメトナはクリーヴランドにある彼の息子の家で火事に遭い、死去した。

西側諸国では、リトアニア人難民やリトアニアの独立に関する問題はリトアニア外交団（ＬＤＴ）が担っていた。外交団は、リトアニアのソ連への強制編入を承認しない国において、リトアニアの国際承認を維持しようとしていた。バルト諸国の編入を法的にも事実上も認めない国はアメリカ合衆国、ヴァティカン市国、そしてアイルランドの３カ国であった。その他に、法的にはバルト諸国の編入を認めないとしながら事実上のソ連の支配を認めていたり、ソ連と外交関係を樹立していなかったりした国が約30カ国あった。これらの国は、時代を経ると様々な理由から立場を変化させていった。フランクリン・ルーズヴェルト米大統領が１９４０年７月15日、アメリカ合衆国の銀行にあるバルト諸国の資金を凍結する大統領令を出したことで、リトアニア外交団は存続しやすくなった。外交団はリトアニアが独立を回復するまでのあいだ、この資金で公使館の一部を維持し、職員を雇用することができたのである。

リトアニア外交団で最も権威があったのが団長で、スタシース・ロゾライティス（在任１９４０〜83年）およびスタシース・アンタナス・バチキス（在任１９８３〜91年）がこれを務めた。ロゾライティスは、世界地図から消滅しても世界の政治意識から消滅することはなかった。外交団は当初、１９４０年代にリトアニア亡命政府を樹立しようとした。しかし、外交官の数が減り、諸外国が１９４０年の占領以前に外交団で勤務していたリトアニアの外交官のみを承認するという原則を守っていたため、亡命政府を樹立する試みは象徴的な意味しかもたなかった。リトアニアが西側諸国からの支援を得て独立を回

リトアニア外交団を率いたスタシース・ロゾライティス。

復するという希望が薄れていくと、外交団はむしろ公使館や職員を維持することに全力を尽くすようになった。各国にいるリトアニアの外交官はリトアニア国家を代表する象徴的存在であり、他のバルト諸国の外交官と関係を保ち、諸外国の大使館や政府機関で行われる歓迎会やイベントに参加した。これにより、既存の関係を保ちつつ新たな関係を築き、またリトアニアの公使館の建物を維持することもできたし、西側諸国も、リトアニアが独立のために闘っていることを忘れなかった。リトアニアが独立を回復すると、リトアニア外交団は１９９１年９月６日に活動を終えた。

　在外リトアニア人の大半はアメリカ合衆国に住んでいた。そのため、最も重要で活発な在外リトアニア人の団体がアメリカ合衆国で組織されたり、そこを拠点にしたりしていた。例として、アメリカ・リトアニア人評議会（ＡＬＴ、英語ではＬＡＣ、１９１５年設立、40年再編）や世界リトアニア人コミュニティ（ＰＬＢ、英語ではＬＷＣ、１９４９年設立）、その一部である在米リトアニア人コミュニティ（英語でＬＡＣ、１９５１年設立）、リトアニア解放最高委員会（ＶＬＩＫ、１９４３年リトアニアにて設立、44年から55年までドイツで活動し、55年にニューヨーク市に移転、リトアニアの独立回復後に活動終了）などがあげられる。いずれの団体も、リトアニアが強制的かつ不法に占領されソ連に編入されたこと、リトアニアの人々が自由と独立を望んでいることを世界に発信しようとしていた。１９７４年10月26日から27日にかけて、諸団体を集めて共通の目標を定めるために、リトアニア解放作業会議がニューヨーク州ホワイトプレインズで開催された。「リトアニア民族の変わらぬ意志に基づき独立リトアニアの回復を目指すこと」が共通の目標とされた。会議参加者は、占領下リトアニアの人々を経済、文化、政治面から援助しようとした。さらに、西側にソヴィエト支配下のリトアニアに関する情報（主に宗教弾圧や人権侵害を知らせる地下出版からの情報）を知らせ、自由を追求するリトアニアの事例を伝え、西側諸国（特にアメリカ合衆国）の政府や議会に影響力をもつ団体や討論会と協力しようとした。

アメリカ合衆国とカナダ、そしてソ連を含む欧州33カ国が１９７５年８月にヘルシンキで欧州安全保障協力会議（ＣＳＣＥ）最終議定書に署名したことは、リトアニアの自由に関する問題にとって大きな出来事だった。署名国は、各国において人権を尊重することを確約したのである。各国の領土保全を定めた第４条により期待は高まった。そこには、「参加国は、他の参加国の領土を軍事占領もしくはその他国際法に違反する直接、または間接の武力措置の対象とし、またはこのような措置もしくは措置の威嚇によって取得する対象とすることを慎む。このような領土の占領または取得は合法的とは認められない」と書かれていた。他の署名国の前でこの最終議定書に署名したソ連は、すべての民族の自決という原則を再確認したのであった。

在外リトアニア人団体は、ソ連がリトアニアを不法に占領していることをつねに主張していた。彼らは、ヘルシンキ最終議定書が署名されると、ソヴィエト・リトアニアにおける人権侵害や異論派の迫害をさらに世間に訴えた。ソ連の思惑に反して、西側諸国、特にアメリカ合衆国は、（ソ連への編入に関する〕非承認政策によって在外リトアニア人の努力を支持した。しかし、在外リトアニア人団体はつねに統一して活動していたわけではなかった。VLIKは主要な抵抗組織であると自任し、在外コミュニティにおける政治的独占を目指していた。外交官、特にスタシース・ロゾライティスはこれを不満に思っており、両者の軋轢は長年続いた。時が経つにつれ、外交団とVLIKは互いの活動に協力するようになっていった。これは、リトアニアの独立問題を世界に発信する上では好都合であった。

冷戦期において外交団と在外リトアニア人たちは、西側でリトアニアの独立問題が忘れられないよう尽力した。最も重要なのは、彼らがリトアニアのソ連への不法な編入やリトアニアおよび他のソ連各地における人権侵害について西側に情報を伝えたということである。外交団や在外リトアニア人団体の活動は、世界各国がバルト諸国の状況をよりよく理解するのに役立った。また、リトアニアの独立を回復するという主要目標が、それを目指すリトアニアの外交官と在外リトアニア人団体を一つにしたのである。

妥協しない社会

リトアニアはソ連に併合された国のなかで唯一、カトリックの国であった。ソヴィエト当局は宗教に対して不寛容であり、信仰する者を迫害していたが、西欧化を連想させるカトリックの場合、ヴァティカンにはソ連当局の支配が及ばなかったこともあって特に問題視された。そのためソヴィエトは、カトリックを特に残忍に迫害した。司祭は全員尾行され、教会を訪れた者の名前は記録され、説教は録音された。ソヴィエト当局はカトリック聖職者の権威を傷つけ、神学校で学ぼうとする若者を邪魔しようとした。１９４６年、ヴィルニュス、テルシェイ、ヴィルカヴィシュキスの神学校は閉鎖された。唯一カウナスの神学校のみが認められたが、神学生の数は減らされた。教会に聖職者が足りていなかったにも関わらず、１９６２年の時点で神学生はわずか55人しかいなかった。スターリン時代において占領当局は聖職者を身体的に破壊するか追放しようとし、教会を倉庫に転用した。ニキータ・フルシチョフによる「雪解け」および脱スターリン化の時代には、追放されていた聖職者１３０人が帰還を認められたが、教会は抑圧され、その名誉は傷つけられたままであった。１９５８年、「雪解け」期が終わりに近づくなか、教育機関を含むあらゆる社会領域で宗教に対する闘いが復活した。職場に無神論の研究会が作られ、教会は鐘を鳴らすことが禁じられた。洗礼や教理問答は制限されたり妨害されたりした。宗教の影響から子どもたちを「守る」ため、18歳以下の子どもは礼拝に出たり侍者や聖歌隊員としてミサや行列に参加したりすることが禁止された。これに違反した親や司祭は厳罰に処される可能性があった。ジェマイチュー・カルヴァリヤやシルヴァなどで行われる伝統的で宗教的な祭りに参加することは、推奨されなかったり禁止されたりした。ラセイネイ近郊の小さな町であるシルヴァで宗教的な祭りが行われるときには、当局が「ブタ熱の流行」を理由にこの町への立入禁止を宣言した。信徒は嘲笑や侮辱にさらされ、十字架（特に道端に立てられる伝統的な木製の十字架）を立てることは禁じられた。クライペダでは、新しい教会の建設を止めるために強硬手段も用いられた。

占領期において、十字架のしるしはリトアニアの人々にとって力と希望の源であった。リトアニア北部の都市シャウレイから北に12キロのところにある十字架の丘には、キリスト教徒によって十字架が数千本立てられていた。そして、十字架の丘は、信仰の自由を求める闘いの象徴としてリトアニア国内外で知られていた。十一月蜂起（1831年）の後に十字架が立てられたのが十字架の丘の始まりとされる。リトアニアが占領されたのちもなお、人々はここを訪れ、十字架を立てた。自らのアイデンティティや文化遺産、そして信仰心を示すために、十字架を立てたのである。政府は十字架の丘に十字架を立てることを禁止し、十字架をしばしば破壊した（1961年だけでも十字架の丘にある十字架2179本が破壊された）が、その日の夜には新しく十字架が立てられていた。こうして十字架の丘は象徴的な意味をもつようになり、「リトアニアのゴルゴダ」と呼ばれるようになった。信仰心を示すことは政府によって禁じられていたが、それでも数万人の巡礼者が集まった。彼らはただ祈りを捧げ、互いに親交を深めただけでなく、ロザリオなどの禁じられていた宗教的シンボルや、非合法に印刷された祈禱書、教理問答集、聖書の写しなどを入手しさえした。1993年に教皇ヨハネ・パウロ2世が十字架の丘を訪れ、ここが希望と平和と愛と犠牲の場所であると述べた。2006年の時点で十字架の丘には40万本の十字架が立てられており、今や世界に知られる巡礼地となっている。

1970年代、数人の司祭が政府の厳しい反宗教政策に抗議し、信徒や教会に憲法上の権利を認めるよう求めるようになった。1972年3月19日、聖職者らが地下出版（サミズダート）の雑誌『リトアニア・カトリック教会クロニクル』を創刊した。アリートゥスから西に23キロのところにあるシムナスで働くシギタス・タムケヴィチュス神父が初代編集者であった。この雑誌では、宗教に対するソヴィエトの行いやプロパガンダが取り上げられた。『クロニクル』は、西側のラジオ局にとって重要な情報源となった。その一つであるラジオ・フリー・ヨーロッパ／ラジオ・リバティーは、鉄のカーテンの向こう側にある国々にニュースや情報、分析結果などを伝えるラジオ局であった。『クロニクル』の創刊号には、信徒の迫害に抗議するリトアニア人カトリック教徒の覚書が掲載されていた。この覚書に署名した人の数は、1万7000人以上にのぼる。同様の記事は続く号でも掲載された。『クロニクル』（年に5号から8号発行された）の別本はモスクワの異論派によって西側に送られた。不定期とはいえ17年間（全81号）も絶えず発行され続けた地下出版の雑誌は、ソ連ではほぼ唯一のものであった。『クロニクル』は、主に敬虔なカトリック教徒に向けて発行されており、また信仰に関する問題しか取り上げていなかった。とはいえ、『クロニクル』はソヴィエトの圧政に対するカトリック教会の抵抗の象徴であり、不屈の精神を示すものであった。

「信徒の権利を守るカトリック委員会」のメンバー。左から、ヴィンツェンタス・ヴェラヴィチュス神父、アルフォンサス・スヴァリンスカス神父、シギタス・タムケヴィチュス神父、ユオザス・ズデプスキス神父、ヨナス・カウネツカス神父。

1978年11月22日、3人の司祭（アルフォンサス・スヴァリンスカス、シギタス・タムケヴィチュス、ユオザス・ズデプスキス）がモスクワでの記者会見で、「信徒の権利を守るカトリック委員会」を設立したと海外のジャーナリストに発表した。この委員会は11月13日に設立され、この3人のほかにヨナス・カウネツカスやヴィンツェンタス・ヴェラヴィチュスもこれに加わっていた。リトアニアにおける宗教差別を問題視していた同委員会は、信徒は無神論者と同じ権利を有しておらず、信仰の自由は事実上制限されていると主張した。カトリック教徒にも無神論者と同じ権利を認めるよう求めていた同委員会は、信徒に対する差別の現状を訴え、彼らの権利を守るよう要求した。同委員会は政治的目標を追求せずに5年間活動した。そのなかで、53の文書が作成され、その一部は流布された。

1950年代末頃から異論派のリトアニア人知識人がソヴィエト体制に抗議し始めた。彼らは改革者であり理想主義者であった。当時のソ連は、1948年に国連総会で採択された世界人権宣言を明らかに軽視していたが、リトアニア人知識人たちはこれを遵守させようとした。人権擁護が彼らの目標であった。1960年はリトアニアの異論派運動の始まりの年と考えられる。この年、リトアニア人異論派の先駆者であるアレクサンドラス・シュトロマスやトマス・ヴェンツロヴァ、プラナス・モルクスがモスクワの異論派との関係を築き、サミズダートの雑誌『シンタクシス』を刊行してリトアニアから情報を発信した。1975年にソ連を含む国々が人権と基本的自由の尊重に合意し、ヘルシンキ最終議定書に署名すると、この運動はさらに盛り上がった。1976年5月12日、ユリー・オルロフ率いる最初のヘルシンキ・グループがモスクワで作られ、その年の秋にはヴィルニュスでも同様のグループが作られた。カロリス・ガルッカス司祭や物理学者のエイタン・フィンケルシュテイン、拘禁刑に処されたことのある詩人のオナ・ルカウスカイテ＝ポシュキエネ、詩人のトマス・ヴェンツロヴァ、政治犯として収監されたことのあるヴィクトラス・ペトクスらがリトアニア・ヘルシンキ・グループに加わった。リトアニア・ヘルシンキ・グループは、モスクワのヘルシンキ・グループやソ連各地の似たような組織、そして国際人権団体などと連携した。独立運動が高まり始める1988年までのあいだ、リトアニア・ヘルシンキ・グループは執筆活動を続け、地下出版を発行し、リトアニアにおけるソヴィエト体制の政策を暴く文書を50通以上西側諸国に送った。これにより西側の民主主義諸国はソ連の現状と人権侵害の実情を知ることができた。ソヴィエト体制は、トマス・ヴェンツロヴァなどの著名な異論派を国外に追い出したり、バリース・ガヤウスカスやヴィクトラス・ペトクスらを逮捕して有罪判決を下したりすることで対抗した。彼ら異論派は、カトリック教会とは異なり、リトアニアの自由という問題も取り上げた。

１９７８年に結成されたリトアニア自由連盟（ＬＬＬ）は、行動的な政治運動として知られる。リトアニアの独立を回復し、リトアニア人の宗教意識、民族意識、政治意識を育て、リトアニアの自由に関する問題を国際的な場で提起することを目指した。ＬＬＬの創設者でリーダーのアンタナス・テルレッカスは、レジスタンスを自任していた。彼は、ＬＬＬの目標はソ連を改革することではなく、平和的手段によりリトアニアの独立を回復することであるとした。ＬＬＬのメンバーのなかには、反体制運動を行う者もいた。アンタナス・テルレッカスやロマルダス・ユオザス・ラガイシス、ニヨレ・サドゥーナイテ、ペトラス・ツィジカスは、反ソヴィエト活動により何度も拘禁刑に処された経験があった。ＬＬＬは１９７６年以降、地下新聞『ライスヴェス・シャウクリース（自由報道）』を発行し、１９７８年からは雑誌『ヴィーティス』を発行した。その他にも地下出版を行った。

ＬＬＬは、ドイツとソ連が１９３９年8月23日に結んだモロトフ＝リッベントロップ協定と、エストニア、ラトヴィア、リトアニア、フィンランド、ポーランド、ルーマニアの領土をドイツとソヴィエトの勢力圏に分けてバルト諸国をソ連に編入するという内容の付属秘密議定書を特に強調した。ＬＬＬは国連総会に訴えかけ、バルト諸国の脱植民地化を求めた。さらに大きな反響を呼んだのが、「バルト諸国の市民45人の覚書」と呼ばれる公開書簡（バルト・アピール）である。これは、クルト・ヴァルトハイム国連事務総長や大西洋憲章に署名した国々、ソ連および東西ドイツ各政府に宛てて書かれ、モロトフ＝リッベントロップ協定40周年にあたる１９７９年８月23日に送られた。これに署名したのは、エストニア人４人、ラトヴィア人６人、リトアニア人35人であった。この覚書は、ＬＬＬによる文書のなかで最も重要なものであった。そして、モスクワ・ヘルシンキ・グループのアンドレイ・サハロフらがこれを支持した。モロトフ＝リッベントロップ協定に関する情報をすべて開示し、これを署名した日に遡って取り消し、協定の帰結をなくすこと、すなわちバルト諸国から外国軍を撤退させ、独立を回復することをソ連に求めたのに対し、海外からは反響が寄せられた。バルト・アピールは海外の新聞に掲載され、１９８３年１月13日に欧州議会がこの要求を支持する決定を下した際の根拠にもなった。

ＬＬＬは迫害され続けていたものの、地下組織として唯一、独立運動が本格化するまで活動を継続することができた。その頃ようやく中心メンバーが釈放され、合法の組織として認められるようになった。ＬＬＬが最初に大胆な動きを見せたのが、モロトフ＝リッベントロップ協定48周年にあたる１９８７年８月23日に、ヴィルニュス市内の聖アンナ教会の近くにあるアダム・ミツキェヴィチ像の前で抗議集会を主催したことであった。このように公《おおやけ》の場で断固とした抗議の声をあげたことは、リトアニア人に、信仰の自由と人権のために闘い、ソヴィエト体制に屈服せず、時が来れば国の独立のために闘う気にさせた。

１９６０年代には、西側世界のポップ音楽や若者の文化により、新たなライフスタイルがヨーロッパ全体に、そしてリトアニアにも広がっていった。リトアニアの若者はソヴィエトの制度によって作

モロトフ＝リッベントロップ協定 **48** 周年の **1987** 年 **8** 月 **23** 日にヴィルニュスで開かれた、リトアニア自由連盟（LLL）が主催した集会。ソヴィエト時代で最初の非公認の集会であった。ロムアルダス・ランカス撮影。

られた文化水準には満足しなくなっていった。そして二つの異なる表現方法が現れた。一つは民族文化《エスノカルチャー》運動であり、もう一つは西側の音楽や流行（ヒッピー、パンク、ロックなど）に影響を受けたものである。

１９６８年のプラハの春の後、リトアニアでは「組織なき組織」が作られるようになった。これは、同じ理想や利害、目標をもつ人々をつなげるものだった。民族文化《エスノカルチャー》に関係する協会（例えばハイキング・クラブなど）は、民間伝承や習俗に関する資料を集めただけでなく、リトアニア史の研究を促進し、リトアニア人の国民《ナショナルな》意識を育んだ。半ば合法的な知識人クラブも徐々に人気になっていった。ハイキングや民間伝承の祭りなどのイベントに参加した人の数は、１９６５年までは約２万人だったが、約２年後には20万人になっていた。体制側が最も影響力のあるクラブをいくつか閉鎖すると、一部の若者は反体制運動に参加するようになった。

１９６８年、プラハの春に刺激され、ヒッピーなどカウンターカルチャーのグループが初めて登場した。西側と同じくソ連においても、ヒッピーやパンク運動は消費社会だけでなく体制そのものに反対した。ソヴィエト体制はこれを認めなかった。精神世界への関心、絶対的自由に対する信念、徴兵回避、挑発的な服装や長髪といったヒッピーのスタイルは、「ホモ・ソヴィエティクス」の理想とはまったく相容れなかった。ヒッピーは迫害を受け、髪は短く刈られ、彼らの犯罪に関する調書は記録された。彼らの多くは大学などの学校から放校された。

　１９７０年代初めにヴィルニュスとカウナスである出来事が起きると、リトアニアのヒッピー運動は頂点に達した。まず、１９７１年にヴィルニュスのレストランが「バルト・ヒッピー集会」と称する非合法のロック音楽祭を開催し、ソ連各地から集まったヒッピー約３００人がこれに参加した。次に、１９７２年５月14日に、ヒッピーのような出で立ちで詩を書きギターを弾く博学の19歳青年ロマス・カランタが、カウナスの音楽劇場近くにある庭園でガソリンを身体にかけ、「リトアニアに自由を！」と叫んで焼身自殺を図った。そして、14時間後に病院で死去した。

カウナスのライスヴェス（自由）通りを行進する抗議デモ（**1972**年**5**月**18**日）の写真。KGB はデモの主催者たちに番号をつけ、彼らをマークしていた。

これは、占領体制に抗議する自殺としてはリトアニアで初めての事例である。なお、１９６９年にはチェコスロヴァキアで、チェコ人学生ヤン・パラフが、ソ連軍がプラハに侵攻したこと、占領によりチェコスロヴァキアの民衆が士気を喪失したこと、そしてプラハの春が終わったことに抗議して、焼身自殺している。

カランタの自殺により、リトアニア共産党と保安当局は混乱した。ソヴィエトの保安当局は、カランタの葬儀が知らされるよりも前に急いで遺体を埋葬した。葬儀に集まった人たちは怒り、デモ行進に発展した。政治的スローガンも叫ばれた。デモ、暴力事件、そして逮捕劇が数日間続いた。このデモは、戦後リトアニアで最大であった。騒乱は、５月19日に鎮圧された。活発な参加者３０００人のうち４００人以上が逮捕、勾留された。うち50人に有罪判決が下され、８人に1～3年の拘禁刑が言い渡された。影響力を抑えようとしたソヴィエト当局は、カランタの自殺は精神病によるものだったと公表した。しかし、この情報は誤りであった。彼は意識がはっきりしており、自らの行動を理解していたのである。

カランタの自己犠牲は、特にチェコ人学生ヤン・パラフの自殺との関連で世界から注目され、リトアニアの強制的で違法な占領が焦点となった。カウナスの住民は毎年5月14日に追悼を行った。在外リトアニア人も追悼式を行い、本を出版した。さらにシカゴにある聖カシミール〔聖カジミエラス〕墓地にモニュメントが建てられるなど、カランタを記憶する動きもあった。カランタは抵抗の象徴となり、彼の自殺により非公式な青年グループの運動は活発化した。１９６０年代から占領末期までのあいだに、約70の青年グループが活動した。彼らは反ソヴィエト宣言を出し、〔独立期リトアニアの〕国旗を掲げ、祝日を祝い、公《おおやけ》の場でリトアニア民族のシンボルを描くなどした。ソヴィエト当局はもはやリトアニア社会を管理しきれなくなっていた。

このような非公式なグループの内部では、既存の体制や抑圧に対する不満が高まっていた。裁判や逮捕、拘禁を恐れない勇敢な者はソヴィエト体制と全面対決する危険を冒したが、このような者は当時まだ少数であった。LLLはリトアニアの自由のために長く闘っていたが、リトアニア独立回復の原動力となったのは、LLLではなくリトアニア改革運動（サーユーディス）の方であった。両運動は戦略だけでなく活動形態も異なっていた。LLLは、景気停滞に陥っていたブレジネフ時代にも活動していた唯一の抵抗組織として、反体制運動に活気を与えた。ソヴィエト体制が崩壊する直前において非合法あるいは半ば合法的に活動していたLLLは、独立運動が高まり始めるまで活動を続けた。そしてLLLは、最初の国民解放組織となった。他方でサーユーディスは、リトアニアの様々な社会階層の人たちを広く結びつける国民戦線であった。サーユーディスの先頭に立った文化人や知識人は、自由、民主主義、独立という普遍的な理想を掲げ、リトアニア国民を鼓舞した。抑圧され占領されていた国民にとってこれらは、非常に重要であったのである。

第6章　歌う革命

サーユーディスとともに——リトアニアのために！

ミハイル・ゴルバチョフが1980年代半ばに改革政策（ペレストロイカ）を始めたとき、モスクワやウクライナ、グルジア（ジョージア）とは対照的に、リトアニアでの反応は静かであった。リトアニア共産党第一書記のペトラス・グリシュケヴィチュスやその後継者のリムガウダス・ソンガイラは消極的なままで、権力を第二書記のニコライ・ミチキンに渡していた。モスクワから送られてきたミチキンはリトアニア語が話せず、リトアニアを「インターナショナル」にしようとしていた。リトアニア共産党の市委員会や地区委員会の書記は中央委員会の指示に従い続けていた。地方では何も変わらなかったのである。社会の不満は募り、民衆の側から新たな動きが出てきた。

リトアニア改革運動サーユーディス（1988～90年）

環境、文化、政治などの問題を協議するためにグループがいくつも作られ、知識人がその先頭に立った。これらの活動はペレストロイカの名のもとで行われていたため、当局もこれを容認していた。グループは情報公開（グラスノスチ）と変革を求めるようになっていった。作家のグループはリトアニア語をリトアニアの公用語とするよう求めた。公式な場ではロシア語が使用され、リトアニア語は追いやられていたからである。彼らはまた、学校の歴史の授業ではリトアニア史を主要なテーマとするよう要求した。そしてリトアニアの過去に関して語られない部分を明らかにするよう求めた。すぐに芸術家や経済学者、哲学者らも声をあげ始めた。当局に反対するリトアニアの知識人全体が、他のソヴィエト共和国で進行するペレストロイカやグラスノスチを注意深く見守っていた。1988年4月13日にエストニアで非公式改革運動として人民戦線が発足しても、ソヴィエト当局が最も活発な運動家に対してさえ抑圧的な手段をとることはなかった。1988年6月3日、リトアニア人知識人のグループがリトアニア科学アカデミーのホールで「リトアニア改革運動イニシアティヴ・グループ」を発足させた。改革運動はすぐに（リトアニア語で運動を意味する）「サーユーディス」として知られるようになった。イニシアティヴ・グループはリトアニアの著名な知識人35人からなり、そのうち17人は共産党員であった。異論派や政府の代表、労働者、学生はいなかった。サーユーディスは当初、1968年のプラハの春のような支配政党による運動でもなければ、ポーランドの「連帯」運動のような労働者による運動でもなかったのである。

より自由な報道が可能になり、グループ内の議論はリトアニアの歴史、特に1939～40年の出来事に集中するようになっていった。そして環境保護や遺産の保存も話題となった。ロシア語による報道が影響力を持っていた。サーユーディスは基本的にゴルバチョフのペレストロイカによって生じたものであった。ソ連共産党の守旧派と対峙していたゴルバチョフはペレストロイカ支持者を頼りにせざるを得なかった。そして、サーユーディスはモスクワが始めたペレストロイカを支持し、それをリトアニアで実行しようとしたのである。そのスローガンは「開放、民主主義、主権」であった。サーユーディスは文化や環境、経済の問題に重きを置いていた。リトアニアで著名な経済学者であるカジミエラス・アンタナヴィチュスやカジミラ・プルンスキエネ、アンタナス・ブラチャス、エドゥアルダス・ヴィルカスらがリトアニアの経済的自立に関する問題を公《おおやけ》に議論するようになり、企業の民営化や自由市場経済の支持を表明した。彼らはまた、企業が機械的に集まったのが共和国であり共和国が集まったのがソ連邦であるという考えはやめるべきだと注意した。「主権」という概念が少しずつ変わってきていた。最初は政治機構の変革に関する議論はなされず、民族問題については非常に慎重に語られていた。そのうち、公式見解とは異なる意見を表明すれば逮捕されるか追放されるか、あるいは精神病院に送られるかもしれない、という恐怖心は徐々になくなっていった。

ゲディミナス家の紋章が入ったサーユーディスの記章。芸術家のギエドリュス・レイメリスとアルギマンタス・ナスヴィーティスによるデザイン。

サーユーディス・イニシアティヴ・グループは、あえてリーダーは選ばないこととし、各メンバーが持ち回りで会合の議長を務めた。リトアニアでよく知られた知識人がイニシアティヴ・グループのメンバーであったことに加え、作家のヴィータウタス・ペトケヴィチュスや詩人のユスティナス・マルツィンケヴィチュスなどの著名人もグループを支持したことから、イニシアティヴ・グループに関する談話はすぐにリトアニア中に広まった。同様のグループが1988年6月10日にカウナスで、7月6日にクライペダで作られた。初期の集会は大成功に終わり、参加者数も数千人にのぼった。最初の集会は6月24日にヴィルニュスのゲディミナス広場（現・大聖堂広場）で開かれ、約3万人が集まった。7月9日にヴィンギス公園で行われた集会には約10万人が訪れ、サーユーディス指導部はそこで国民の象徴である独立期の国旗と国歌を合法化するよう求めた。「ロック・マーチ」と呼ばれるイベントは特に人気を集めた。この若者向けのコンサート・ツアーは、1987年から89年まで毎年リトアニア各地を周った。サーユーディスの考えを広め、人々からソヴィエト体制に対する恐怖心を取り除くことがその目的だった。ロック・マーチを先導したアルギルダス・カウシュペダスはサーユーディス・イニシアティヴ・グループのメンバーであり、また人気ロック・バンド「アンティス」のリード・ヴォーカルでもあった。このコンサートでは、サーユーディスのメンバーであるアルヴィーダス・ユオザイティスやヴィータウタス・ラジヴィラスなどが愛国的な演説を行った。この頃、リトアニアでは環境運動も盛り上がっていた。

8月11日から12日にかけてソ連中央委員会書記のアレクサンドル・ヤコヴレフがリトアニアを訪問した。そしてサーユーディスはこの機会を利用した。ヤコヴレフはリトアニア共産党の指導部に対して「知識人とは人民の自意識の表れである」と述べたのである。共産党は、サーユーディスを支持するグループに党員が参加することをもはや禁止しなかった。共産党は独立期の国旗と国歌を公

「ロック・マーチ」コンサートの全国ツアー。写真はシャウレイで行われたコンサートの様子（1988年7月）。V. ウシナヴィチュス撮影。

式に認め、さらにヴィンギス公園でのサーユーディス集会においてモロトフ＝リッベントロップ協定に言及することも許可した。そしてサーユーディスが新聞を発行し、テレビでレギュラー番組を持つことも認めると約束した。サーユーディスは既に会報『サーユージョ・ジニョス（サーユーディス・ニュース）』を発行していたが、9月16日からは哲学者のロムアルダス・オゾラスが編集を務める機関紙『アトギミマス（再生）』を発行するようになり、サーユーディスの人気はますます高まっていった。

社会におけるサーユーディスの影響力は強まっていた。1988年7月から9月にかけてイニシアティヴ・グループがリトアニア全土で作られるようになり、数千人が集まる集会が開かれた。初期メンバーもこれに参加した。ヴィルニュスのイニシアティヴ・グループはヴィルニュスの人にしか選ばれていなかったが、それでもこのグループが運動全体の指導部として認知されていた。１９８８年10月末の時点で、リトアニア全土で１２００のグループがサーユーディス・グループとして登録された。サーユーディスのメンバーになるのに制限はなかったので、その数は30万人にまで達した。サーユーディスは国内にいるすべての人に開かれており、誰もが運動に参加することができたのである。運動に参加した者は皆、自分たちがリトアニアの未来を握っていると感じていた。

サーユーディスは数カ月のあいだに目標をいくつか達成した。10月6日にはリトアニア・ソヴィエト社会主義共和国（リトアニアSSR）最高会議幹部会がリトアニア語を公用語とし、（黄・緑・赤の）三色旗を国旗とした。さらに、リトアニア大公国時代の紋章ヴィーティスやゲディミナス家の紋章をリトアニアのシンボルとすることとした。公《おおやけ》の場での集会やパレード、デモなどを禁じる指令も撤回された。10月21日、アルギルダス・ブラザウスカスがリトアニア共産党中央委員会第一書記に就任した。彼は、サーユーディス設立集会に合わせて、それまで美術館として利用されていたヴィルニュス大聖堂の建物をカトリック教会に返還し、民衆からの支持を集めた。

１９８８年10月22日から23日、ヴィルニュスでサーユーディス設立集会が開かれ、１０２１人の代表者がこれに参加した。このうち９８０人はリトアニア人であり、他にポーランド人は9人、ユダヤ人は6人で、その他の民族の者は18人だった。参加者の大半は学者や作家、芸術家であった。外国人ジャーナリスト１００人以上を含む４００人以上の特派員が集会の様子を見ていた。世界がリトアニアに注目していたのである。設立集会では綱領や規約に加えて政治、文化、経済、社会生活、民主主義などに関する30の決議が採択された。綱領では、サーユーディスの主な目的は民主主義や人間主

ヴィルニュス体育館で行われたリトアニア改革運動サーユーディスの設立集会（1988年10月22～23日）。ヴラディミラス・グレヴィチュス撮影。

義に基づく社会主義社会の改革を支援することとされ、主要目標も掲げられた。それは、開放、民主主義、法の支配、そしてリトアニア共和国の政治・経済・文化的主権であった。この綱領は、ソ連指導部が始めた改革に対するサーユーディスの支持を表明するためにつくられたものであった。

設立集会では２２０人からなるサーユーディス議会《セイマス》も設置された。11月25日、音楽学者のヴィータウタス・ランズベルギスがサーユーディス議会評議会の議長に選ばれた。草の根運動のサーユーディスは、このときから共産党に挑戦するようになっていった。サーユーディスは社会の望みや期待を満たし、指導部と市民を媒介できる社会勢力になっていた。そして政党もつくられ始めた。11月にはソ連憲法の改正案に反対するよう求める会議や集会がリトアニア全土で行われ、１８０万人の署名が集められた。この憲法改正案は各共和国の主権を拡大するのではなく、むしろ中央集権化を進めるものであった。1988年秋からは、リトアニアSSR最高会議で審議されていた法案のうち重要なものはすべてサーユーディス議会とその評議会が検討し、批判的意見や提案が最高会議に提出された。サーユーディスからの要求により、1989年5月18日、リトアニアの法律はソ連の法律に優先するとする〔リトアニアSSRの〕憲法改正案とリトアニアの主権はソ連の主権に優先するという宣言がリトアニアSSR最高会議で採択された。

当時、ドイツとソ連が1939年8月23日に結んだモロトフ＝リッベントロップ協定に注目が集まっていた。この協定にはリトアニア、ラトヴィア、エストニア、ポーランド、ルーマニア、フィンランドをドイツとソヴィエトの「勢力圏」とする秘密議定書が含まれていた。バルト諸国のソ連への編入は、ソ連が宣言した民族自決の原則に反して行われたのであった。リトアニアSSR最高会議によって設置された国家委員会はモロトフ＝リッベントロップ協定とその秘密議定書の帰結に関する調査を行い、1940年夏のソヴィエトによるリトアニアの占領は違法な併合であったとして公式にこれを非難した。

バルト諸国の住民は、モロトフ＝リッベントロップ協定締結50周年にあたる1989年8月23日の午後7時に「バルトの道」と呼ばれる抗議運動を行った。この運動では200万人のリトアニア人、ラトヴィア人、エストニア人が手をつなぎ、ヴィルニュスのゲディミナス塔からタリンのヘルマン塔まで670キロを結んだ。参加者は、占領体制の犠牲となった人々に対する哀悼の意を示すために黒いリボンを振り、ろうそくに火を灯した。バルト諸国からの圧力を受けて、第2回ソ連人民代議員

ヴィルニュスからリーガを経てタリンまで続いたバルト諸国を縦断する人間の鎖「バルトの道」（1989年8月23日）。A. ペトロヴァス撮影。

大会は１９８９年12月、ついにモロトフ＝リッベントロップ協定秘密議定書を非難した。しかし、バルトの占領と直接結びつけることはしなかった。

リトアニア国民解放運動は１９８９年に政治化した。３月に行われたソ連最高会議代議員選挙ではサーユーディスの候補が圧倒的な勝利をおさめた。12月７日に改正されたリトアニアSSR憲法により、リトアニア共産党はもはや国家権力を独占できなくなり、様々な政党がつくられる環境が整った。これによりサーユーディスが合法的に政治権力を獲得する道が開けたのである。サーユーディスが突然人気を集め、その支持者の数が増えたことは、リトアニアの人々の政治意識が高く、独立願望が強かったことを示している。リトアニアのどの場所にもサーユーディスの支部やイニシアティヴ・グループがあった。

サーユーディスはリトアニアSSR最高会議にリトアニアの住民の意向に沿った決定をさせることに成功した。これによりリトアニアの人々はモスクワからさらなる譲歩を引き出そうと決意を新たにした。サーユーディスが果たした仕事のおかげで、リトアニアはたった1年半のあいだに独立回復に向けた大きな一歩を踏み出したのである。

リトアニアの独立回復

サーユーディスが政治運動に変わった1989年末、ソ連共産党の一部を構成していたリトアニア共産党の党員のうち、モスクワからの指示に従い続けることを拒んだ多くの者がサーユーディスを支持していた。リトアニア共産党の進む道は、1989年12月に開かれた第20回党大会を機に大きく変わった。リトアニア共産党の党員数は約20万人で、その7割はリトアニア人であった。党大会では、1033人の代議員のうち855人が「リトアニア共産党の独立および独自の綱領および規約の作成」に賛成した。その結果、リトアニア共産党はソ連共産党から分離し、改正された綱領と新たな規約をもつユーロコミュニズム型の政党となった。のちにリトアニア民主労働党（LDDP）と名前を変えるリトアニア共産党は社会民主主義を志向していた。共産主義者のなかの少数派や親ソヴィエト団体「エジンストヴォ」はモスクワと通じており、モスクワからの指示に従いながらリトアニアの独立回復に反対していたが、彼らの影響力はほとんどなかった。リトアニアをソ連につなぎとめておくものはもはや何もなかった。

1990年1月から2月のリトアニアSSR最高会議代議員選挙に向けた選挙運動では、二つの政治勢力が対峙した。一方はリトアニア改革運動サーユーディスであり、こちらはリトアニアの独立回復を断固として推し進める国民運動であった。もう一方はソ連共産党から分離したリトアニア共産党であったが、その選挙運動のスローガン「主権なきリトアニアは未来なきリトアニア」は具体性に欠けていた。両者は一見対立していないようにも見えた。サーユーディスは議会の手続きを経てリトアニアの独立を回復しようとしていたし、リトアニア共産党はその計画には反対していなかった。しかし共産党が選んだ戦略は、その場しのぎで徐々に改革を進めていくというものであった。共産党は、国家の連続性を確認する法的あるいは政治的文書の案をまったく策定しておらず、国家主権の回復に関する綱領も存在しなかった。

サーユーディスが向かう方向が明らかとなると、ソ連政府はあらゆる手段を用いてリトアニアの独立回復を阻止しようとした。ソ連は、リトアニアのクライペダ地方をロシア・ソヴィエト連邦社会主義共和国のカリーニングラード州に併合する、ポーランド語話者やロシア語話者が集中するヴィルニュス地方を自治州とする、あるいはリトアニアがソ連憲法に従わない場合はヴィルニュス地方をミニ・リトアニアＳＳＲとする、などという脅しをかけてきた。しかし、このような脅しでリトアニアを黙らせるには、時すでに遅かった。サーユーディスのメンバーは独立回復の宣言を決めていたのである。１９９０年1月11日から13日にかけてミハイル・ゴルバチョフがリトアニアを訪問し計画を破棄するよう説得したが、失敗に終わった。ゴルバチョフがソ連構成共和国のなかで唯一リトアニアだけが社会主義のいいところを搾り取っているのだと説明したところで、リトアニアの最終目標が独立であることは変わらなかった。

サーユーディスは自分たちの力を感じていた。１９９０年2月から3月に行われたリトアニアＳＳＲ最高会議代議員選挙では、サーユーディスの候補が１３３議席中96議席を獲得した。リトアニアが

ヴィルニュスを訪れたミハイル・ゴルバチョフ（**1990** 年 **1** 月 **11** ～ **13** 日）。彼はソ連邦に留まるようリトアニア国民に説得したが成功しなかった。ヴラディミラス・グレヴィチュスおよびケーストゥティス・ヤンカウスカス撮影。

ヴィルニュスの最高会議議事堂前（**1990** 年 **3** 月 **11** 日）。少女が手にするポスターの「LTSR」（「リトアニア・ソヴィエト社会主義共和国」の略）の「TS」（「ソヴィエト社会主義」）には線が引かれ、「リトアニア共和国」を意味する「LR」のみ残されている。アルギルダス・サバリャウスカス撮影。

1990 年 **3** 月 **11** 日リトアニアの独立宣言の直後。最高会議＝再建議会《セイマス》の指導者であるヴィータウタス・ランズベルギス最高会議議長（中央）、カジミエラス・モティエカ副議長およびブロニスロヴァス・クズミツカス副議長（左）、チェスロヴァス・スタンケヴィチュス副議長およびアロイーザス・サカラス幹部会委員（右）。パウリュス・リレイキス撮影。

新たな道を進んでいることは明らかとなった。そして共産党の覇権は失われた。住民の大半はリトアニアの独立を支持していたのである。１９９０年3月11日、リトアニアＳＳＲ最高会議において勇気ある行動が示された。サーユーディスの代議員らが独立宣言を即座に行うことを決め、そのために必要な文書を作成した。この日彼らは、選挙公約で掲げたとおり、サーユーディス議会《セイマス》の指導者ヴィータウタス・ランズベルギスをリトアニアＳＳＲ最高会議議長に選んだ。リトアニアＳＳＲ最高会議を「リトアニア共和国最高会議」に改め、国の名称も独立期の「リトアニア共和国」に戻した。また、ヴィーティスを国章とすることも定められた。そして午後10時44分、リトアニア独立国家回復法（以下、独立回復法）が賛成多数で可決された（１２４人が賛成、６人

リトアニア・ソヴィエト社会主義共和国の国章はヴィーティスに置き換えられた。ロマス・ユルガイティス撮影。

が棄権、反対者はいなかった）。独立回復法では「１９４０年に外国勢力によって失われたリトアニア国家の主権の保持は回復され、これよりリトアニアは独立国である」と定められた。

３月11日の独立回復法の精神は、１９１８年２月16日にリトアニア評議会《タリーバ》が宣言した独立宣言のそれに近かった。しかし、この法律は普遍的に認められた民族自決権に基づくものではなかった。というのも、それは政治的に危険であったからである。ソ連政府は、ソ連邦からの脱退に関わる様々な手続き（「民族自決」に基づく全人民による投票の実施など）をリトアニアにとらせ、さらにソ連が抱える負債や対外的義務の一部をリトアニアに負わせるかもしれなかった。独立回復法によれば、回復されたリトアニア国家は領域、国民、主権を有するとされており、占領地は統治しないこととなっていた。リトアニア共和国最高会議（後に「最高会議＝再建議会《セイマス》」と呼ばれるようになる）は、他国の憲法はリトアニア領内において無効であるとする条項の履行に乗り出した。そのためには、国家の連続性および同一性という論拠に基づき、独立期リトアニア（１９１８～40年）の憲法を回復しなければならなかった。そのため最高会議は、「１９３８年５月12日リトアニア憲法の有効性の復元に関する法」を採択した。

しかし１９３８年憲法が実際に効力をもつことはなかった。憲法の効力は1時間半保留され、そのあいだに「暫定基本法」と呼ばれる一時的な憲法が採択されたのである。この基本法は、一方では、リトアニアに既に存在する社会関係や長い年月をかけて作り上げられてきた国家統治機構に合わせたものであったが、他方で、ソヴィエトの憲法や法令によりリトアニアやその市民に不当に課されていた義務はすべて無効とする内容であった。サーユーディスが選挙運動のなかで訴えていたリトアニアの独立回復とリトアニア国民に対するソヴィエトの管轄権の排除は、このようにしてうまく達成されたのである。

リトアニア国民全体に支持されていたサーユーディスこそが力強さの源であった。サーユーディスは良好な政治環境を利用し、非武装抵抗の手法をとった。サーユーディスは、その旗のもとにすべての社会階層を一つにまとめ、リトアニアを自由へと導き、さらにはソヴィエト連邦およびその共産主義機構の解体に大きく貢献した。普段はおとなしいロシア人ですら、共産主義が未来の楽園をつくるなどという嘘を長年聞かされ続け、そしていかなる約束も果たされていない現状に晒され続けて、もはや我慢の限界に達していた。彼らは、核大国や宇宙大国といった地位ではもはや満足できなくなっていた。彼らは配給制度や粗末な歯科治療、商品の置かれていない店、環境が劣悪な狭いアパートに不満を募らせており、何を手に入れるにしても列に並ばなければならない超大国の現実にうんざりしていた。その結果、他の共和国がソ連邦から離れていくなかで、ロシアも「主権国家の連なり」に加わったのである。したがって、３月11日の独立回復は、リトアニアが20世紀ヨーロッパの歴史に最も貢献した瞬間であった。

国際承認を待つリトアニア

ミハイル・ゴルバチョフらソ連指導部はリトアニアの独立に関することは何も聞こうとはせず、3月11日の宣言は無効であると主張し続けた。ヴィータウタス・ランズベルギスは「盗まれたものは返されるべき」という政治倫理の原則を断固として貫き続けた。リトアニアはリトアニア独自の法律のみ施行し続け、これに対してソ連は1990年4月18日から6月29日までリトアニアに対する経済封鎖を行った。これは燃料不足やマジェイケイ製油所の稼働停止、原料不足による工場閉鎖、失業者の増大を招き、リトアニア経済に大きな打撃となった。しかしそれでもリトアニアは経済封鎖に耐え、一時的に譲歩することで経済封鎖の解除を勝ちとることもできた。しかし1991年1月10日、ゴルバチョフはリトアニア最高会議に最後通牒を突きつけ、ソ連憲法の即時回復を要求した。武装軍用車が1月10日から11日にかけての夜にヴィルニュスの道路を通行した。1月11日、ソヴィエト軍がヴィルニュス、シャウレイ、アリートゥスにある報道機関や国防局の建物を制圧した。さらにヴィルニュス駅も制圧した。親モスクワ派の部隊が最高会議の建物を襲い、最高会議を解散させようとした。ソヴィエト軍や精鋭部隊「アルファ」が、市民の不安を和らげるという名目で（その不安はカジミラ・プルンスキエネ首相が食料品の値上げを決定したことによるものとされた）、合法的なリトアニア政府を転覆させるために送られた。市民の不安は、実際には未だ残っていた親モスクワ派の共産党員によって高められていたのであり、食料品価格に対する不満はただの口実でしかなかった。しかしソヴィエトの政権奪取の試みは失敗に終わった。

1月12日の夕方、最高会議の指導者たちの呼びかけに応える形で、議事堂やリトアニア国営放送（L

議事堂内に侵入しようとするソ連の支持者に向けて演説するヴィータウタス・ランズベルギス（1991 年 1 月 8 日）。

議事堂周辺のバリケード（1991 年 1 月 14 日）。エウゲニユス・マセヴィチュス撮影。

RT）の建物、そしてヴィルニュスのテレビ塔を守るために、数千人の市民がヴィルニュス内外から集まった。議事堂の周りにはコンクリートの壁や有刺鉄線でバリケードが作られた。深夜0時頃、ソ連軍の戦車および武装軍用車がテレビ塔と国営放送の建物を包囲した。数千人のリトアニアの市民は武装せずに身一つでこれを守ろうとした。1991年1月13日、ソ連軍がテレビ塔を襲撃し、リトアニアの自由を守る市民14人が犠牲となった。犠牲者には若い女性も含まれた。ロレタ・アサナヴィチューテ（1967年生まれ）は戦車に轢かれ、病院に運ばれたが死亡した。600人以上が負傷した。

1月13日、リトアニア最高会議はソ連の市民に向けて声明を出し、リトアニアでの悲劇はソ連市民にとっての悲劇でもあるとして、ソヴィエト軍の侵攻を止めるためにできることを行うよう呼びかけた。リトアニアの独立が危機にあると国民には知らされなかった1940年のときとは異なり、1991年にはその危機が知らされ、さらに国家を守るよう呼びかけられた。1月13日、国家元首であるヴィータウタス・ランズベルギスは議事堂の周辺に集まった民衆に向けて演説を行い、怒りを抑え、挑発には乗らずに、歌を歌うよう呼びかけた。「歌は私たちを助けてくれた。数百年にわたり助けてくれた。だから今こそ歌おうではないか、聖なる賛美歌を。互いに挑発したり、罵りあったり、争いあったりしないでおこう。［…］あるべき姿でいよう、そうすれば私たちのリトアニアは明るく幸福であるだろう！　あの銃撃は忘れて、歌おうではないか！」

テレビ塔の事件はリトアニアだけでなく世界を震撼させた。ソヴィエトの戦車が無辜《むこ》の市民を押しつぶすニュース映像が世界を駆けめぐった。一月十三日事件の犠牲者は埋葬され、連帯を示す鐘がラトヴィアやエストニア、フィンランド、スウェーデン、ノルウェー、その他ヨーロッパ諸国で鳴らされた。パリのノートル＝ダム大聖堂など世界各地の教会でリトアニアのためにミサが執り行われた。１９９１年１月の事件後、ロシアの物理学者アンドレイ・サハロフの妻で人権活動家のエレナ・ボンネルがヴィルニュスを訪れ、ロシアやその他共和国の民主主義者はリトアニア人の例にならっていると民衆に訴えかけた。１９９１年３月にモスクワで行われたデモでは、20万人のモスクワ市民が「リトアニアから手をひけ！」「ゴルバチョフは退陣しろ！」というスローガンを叫んだ。

ヴィルニュスのテレビ塔襲撃——ソ連の戦車が平和的にデモに参加していた者を轢いた。V. ウシナヴィチュス撮影。

リトアニアの市民は、悲劇が起きていたあいだずっと、日夜一睡もせずに国民の心臓である議事堂を守っていた。彼らはソヴィエト軍に屈することなく、平和的手段によりソヴィエトの侵攻を防いだのであった。この非武装抵抗の経験は、すぐに他のバルト諸国やロシアの首都モスクワでも活かされた。モスクワでは、１９９１年８月19日から21日にクーデタが起きようとしていたとき、これに抗議する者が合法の政権と民主主義を守ろうとしたのである。今から振り返ってみると、リトアニアで起きた一月十三日事件はポーランドの「連帯」運動やベルリンの壁の崩壊に匹敵す

1月の侵攻での犠牲者の葬儀――ソ連の政策に対する国民的抗議。

る歴史的な出来事であったと言えよう。「連帯」運動によりソヴィエトが支配する東側諸国（いわゆる社会主義陣営）は解体され始め、ドイツ再統一によりそれは完全に解体された。1月13日はソヴィエト帝国崩壊の始まりの日として位置づけられるだろう。これにより、ロシアでさえもソ連が倒れる運命にあることに気づいたからである。

ソヴィエトはリトアニアでの出来事に関する情報が世界に広まらないよう試みたが、失敗した。1月13日、ヴィルニュスでラジオが停波させられると、カウナス近郊のシトクーナイにラジオ局が設置された。リトアニアの当局は自国の出来事や自由のための闘いについて国連に情報を送り続けた。西側諸国はリトアニアの出来事に対して支持を表明し、ソ連に軍事行動をやめるよう要求した。兵士が非武装の市民を攻撃するテレビ映像は、ゴルバチョフの改革派としてのイメージを傷つけた。そのため、さらなる軍事行動は控えられた。しかし、ソヴィエト軍はリトアニア国営放送の建物など国内の重要拠点を支配下に置き続けた。

一月十三日事件の犠牲者の葬儀は、国民と当局が一体となってリトアニアの独立を追い求めた動きが最高潮に達した瞬間であった。一月十三日事件後５日間は、リトアニアでいかなる犯罪も起こらなかったと記録されている。リトアニアの独立の是非を問う国民投票が２月に行われ、有権者の84パーセントが投票に参加し、うち90パーセントが賛成票を投じた。これを受けて最高会議は、リトアニアが独立した民主主義共和国であると宣言する憲法的法律〔通常より上位にある法律〕を採択した。

しかし、リトアニアが国際承認を得るまでには数カ月を要した。西側は、バルト諸国の独立を承認すればゴルバチョフの改革を傷つけてしまい、ソヴィエト政府の「タカ派」によってゴルバチョフ政権は倒されてしまうかもしれない、と恐れていた。事態を救ったのはアイスランドであった。1991年2月11日、世界で初めてアイスランド国会《アルシング》がリトアニアの独立を承認した。８月、モスクワでクーデタが失敗すると、国際承認の道が開けた。主要国は数日のうちにリトアニアを承認した。フランス（８月25日）、イギリス（８月27日）、アメリカ合衆国（９月３日）、そしてついにソ連（９月６日）もリトアニアを国家承認したのである

ヴィルニュスのレーニン像が倒される（**1991**年 **8** 月 **23** 日）。ヨナス・ユクネヴィチュス撮影。

〔日本も9月6日に国家承認〕。１９４０年夏に無理やり消されてしまったリトアニアの名が、再び世界地図に載るようになった。リトアニアが国際承認を得たことは、リトアニア国民が20世紀に達成した偉大な功績の一つであった。

リトアニアは急いで軍や外交部を創設し、大使館のない国では大使館の開設に急いだ。各分野の若い専門家が仕事を求めて外務省に入省した。多くの国が、外交を学ばせるために彼らを招いた。国益を守る人材として外務省に選ばれた若者は野心的で、発想力も豊かで、そしてエネルギーにあふれていた。若く、熱意があり、自由な発想をもつ彼らを見た西側のベテラン外交官が、「バルト幼稚園」というあだ名をつけたほどであった。

西ヨーロッパを追いかけるリトアニア

ソ連占領期、とりわけスターリン時代の生活環境は厳しかったが、人はそれでも生活を続けていた。このような環境にも適応して、生計を立て、食料品を買い、住まいを見つけ、家族を育て、余暇活動にも参加しなければならなかった。彼らに国外移住という選択肢はなかった。リトアニア人は、社会主義体制を自分たちに好都合なようにうまく操ることに非常に長けていた。ゴルバチョフが、リトアニア人はソ連に住む諸民族のなかで最も社会主義のうまみを味わうことができているのだから満足してソ連に残るべきだ、と説いたのも不思議ではなかった。ゴルバチョフは、リトアニアが独立国となれば経済的苦境にあえぐだろうと述べていた。リトアニア人はロシア語をよく学ばなければならない環境に置かれていたため、ソ連当局を説得し、おだてて、うまく操り、主要な社会基盤計画を手に入れることができた。道路や高速道路、鉄道、工場、発電所がリトアニアに建設された。両大戦間期におけるエストニアやラトヴィアの経済指数はリトアニアよりもかなり高かったが、ソヴィエトの統合政策によりエストニアやラトヴィアの生活水準は著しく低下した。しかしリトアニアは比較的うまくやっていた。ソヴィエト期におけるリトアニアの生産量は、ラトヴィアやエストニアのそれを合わせたのと同じぐらいであった。かつてドイツと争われたクライペダ地方は、今や相当にロシア化されてしまっていた。両大戦間期のほとんどの時期にポーランドに占領されていたヴィルニュス地方は、ソヴィエト期に完全にリトアニアに統合された。独立を回復したバルト諸国は、経済を新たに立て直し、エネルギー依存の脱却に取り組み、新たな市場を獲得し、ヨーロッパや世界での地位獲得に努めなければならなくなった。

「夜明けの門」の前に立つ、リトアニア最高会議議長ヴィータウタス・ランズベルギスとリトアニアを初訪問中のフランス大統領フランソワ・ミッテラン（ヴィルニュス、**1992**年）。

リトアニアはヨーロッパの一員として、西側の民主主義モデルに基づく政府を作りあげた。１９９２年10月25日、国民投票によってリトアニア共和国憲法が承認された。憲法前文では、リトアニア国民は「数世紀も前にリトアニア国家を創建」し、「何百年にもわたり自らの自由と独立を粘り強く守」った、と書かれている。さらにリトアニア大公国時代の『リトアニア法典』や両大戦間期のリトアニア憲法も言及され、これにより法と国家の継続性が示されている。また、「自らの父祖の地において自由に生き創造する」生まれながらの権利があるとされた。そして憲法採択の目的として、「国民の団結をリトアニアの地で育み」、「開かれた公正な調和のとれた市民社会と法治国家を目指」すことがあげられている。憲法の本文では、リトアニアは「独立した民主主義共和国」であるとされ、「国民によって形成され」、「主権は国民に存する」と定められている。さらに「国民は、直接的に、または民主的に選出された自らの代表者を通じて、最高主権を行使する」とされた。憲法では司法権、行政権、立法権の分立も定められ、立法権は国会《セイマス》が、行政権は大統領および政府（内閣）が行使するとされた。国家権力はそれぞれの機関によって行使されるとされ、行政権は大統領と政府に分けられるとされた。憲法では、少数民族の者を含む国民が生まれながらにして持つ人権や自由も保障された。民族共同体は自らの言語、文化および慣習を育む権利を有し、国家はそれを支援するとされた。

リトアニアは国民が大統領を直接選ぶ制度を選んだため、大統領制と議院内閣制を組み合わせた制度を採ることとなった。リトアニア社会は多元的で、40もの政党が登録された。しかし、政界では二つのキープレイヤーが優位に立っていた。一つは、リトアニア共産党独立派から改組されたリトアニア民主労働党（LDDP）である。社会民主主義を標榜していた民主労働党は、のちに別の社会民主主義政党と合併してリトアニア社会民主党（LSDP）となった。そしてもう一つは、リトアニア改革運動サーユーディスの後継である祖国連合＝リトアニア保守党（TS—LK）である〔のちにリトアニア・キリスト教民主党と合併し祖国連合＝リトアニア・キリスト教民主党（TS—LKD）となった〕。1992年の国会議員選挙では、旧リトアニア共産党の指導者アルギルダス・ブラザウスカスが率いる民主労働党が過半数の議席を獲得した。１９９３年の大統領選挙ではブラザウスカスが勝利し、大統領に就任した（任期5年）。１９９６年の国会議員選挙ではランズベルギスが党首を務める祖国連合が勝利し、第一党となった。社会はブラザウスカス支持者とランズベルギス支持者に分裂しているようであった。状況が変化したのが１９９８年であった。このときブラザウスカスに代わって大統領に就任したのが、アメリカ合衆国からリトアニアに帰国したヴァルダス・アダムクスである。２０００年以降はさらに状況が変化し、国会議員選挙でどの政党も過半数を獲得できなくなったため、連立政権の時代が始まった。

政権は次々に変わったが、それでも必要な改革は行われ続けた。モスクワからの指示による計画経済のもとで生活しなければいけなかったとき、リトアニアの人々は、自らが生産手段を握れば自らの需要に合わせて生産を行うことができ、そして国は栄えるだろう、と考えていた。リトアニアは、ソヴィエトの経済基盤のもとで西ヨーロッパ並みの生活水準を達成しようとしたが、現実としてそれは不可能なことであった。ソヴィエトの制度が崩壊し西側の資本主義世界に国境が開かれると、リトアニアの本当の経済状態が明らかとなった。製造業の多くはソ連から原材料を輸入しソ連に製品を輸出していたが、ソヴィエトの市場はもはや飽和状態にあった。例えば、工具の製造などのリトアニアの主要産業ではほとんど注文がなくなってしまった。自由市場経済を採っていたフィンランドでさえ、生産物の22パーセントをソ連に輸出していたために、国内総生産（ＧＤＰ）が10パーセント以上も下落してしまったのである。それまでの経済的つながりが途切れてしまうと、リトアニアの主な企業が生産する製品を輸出することはできなくなった。多くの場合、西側の市場に輸出するのに十分な品質の製品は生産されていなかった。

原材料やエネルギー資源の価格が突如値上げされると、状況は急激に悪化した。〔ソ連という〕かつての市場を失ったリトアニア経済は１９９２年から94年まで不況に陥ってしまった。１９９３年のリトアニアのＧＤＰは、88年の40パーセント程度でしかなかった。ＧＤＰが上昇に転じるのは１９９５年になってからのことである。独立後数年間は激しいインフレに見舞われたが、その後１９９３年半ばに国の通貨リタスが導入され、リトアニア銀行が厳格な金融政策を実行に移したため、インフレ率も収束し始めた。１９９４年３月１日にカレンシー・ボード制が導入され、為替レートは４リタス＝1米ドルに固定されたことも、安定化につながる主な要因となった。経済学者によれば、リタスを米ドルに固定したことは、独立回復後のリトアニアが行った経済政策のなかで最も賢明なものの一つであったという。

１９９８年から99年にかけてロシア財政危機が起きると、リトアニア経済は新たな課題に直面した。財政危機以前は独立国家共同体（ＣＩＳ）加盟国がリトアニアの主要貿易相手国だったため、財政危機によりリトアニアは財政困難に陥ったのである。１９９８年、リトアニアの輸出品の36パーセントはロシアをはじめとするＣＩＳ諸国に輸出されていた。ＣＩＳ向けの輸出は翌年には59パーセント下落し、リトアニアの輸出品の全体に占める割合も18パーセントにまで下がった。リトアニアの輸入の全体に占めるロシアからの輸入の割合は20パーセントであった。財政危機により、リトアニアの輸出産業は東側の不安定な市場から需要が多い西側の市場に切り替えなければならなかった。そして、ドイツやポーランドがリトアニアの主要貿易相手国となった。リトアニアは１９９９年に財政問題に見舞われ、ＧＤＰも１・５パーセント下落したが、すぐに西側への輸出を始めたために大きな下落は避けられた。長期的に見ても、この切り替えは良い働きをしたと言える。

経済的苦境は、「ソヴィエト秩序」に慣れていた社会に重くのしかかった。半世紀に及ぶ占領期に、事務職員も労働者も集団農場の農民も皆、ソヴィエト当局によって、上からの指示に従う従順な被雇用者に変えられてしまった。ほとんどの人は自立した人生を歩む心構えができていなかった。計画経済という船は資本主義という海に流されてしまい、農業や工業の分野では主に西側の市場に目を向ける民間企業が徐々に作られた。民間企業は事業を始めるための資金を必要としたため、私有化小切手（バウチャー）により購入した私有資産を売却し、銀行からの融資や海外からの投資を受けて資金を確保した。国営企業の大半は、いわゆる民営化期に民営化された。欧米の経済水準に沿って事業を行う実業家階級も新たに登場した。

国は民営化計画の一環として１９９１年に国民全員にバウチャーを交付した。したがって名目上は、バウチャーで非国有化された資産を手に入れる機会は国民全員に平等にあるとされていた。しかし全員がその機会をうまく利用したわけではなかった。バウチャーで旧国有企業を買収した多くの人たちは、その事業を引き継ぐのではなく、それを再び売却して利益を得ようとした。多くの者がバウチャーを売り払ってしまい、自宅ですら私有化しようとはしなかった。世間知らずの人たちにバウチャーを売るよう圧力をかけ、だまし取ろうとする者もいた。その結果、原則として民営化は不公平であるとの認識が世間に広まり、これが経済の民営化に最も効果的な方法であったのかどうかという点で疑問が残ってしまった。しかし、独立回復後10年間の経済発展はこの方法により達成されたのである。

リトアニア政府は農業の民営化に苦労した。地政学的状況が急激に変化したため包括的経済改革計画は進まず、計画経済から自由市場経済にうまく移行した模範がなかったため改革の範囲や特定の政策の結果を想定するのは難しかった。農業改革戦略はトップダウン型で進められ、実際に農業に従事する者の声は無視された。初期の法律により、土地や資産はかつての所有者やその相続人に返還されることとなり、集団農場〔コルホーズ〕や国営農場〔ソフホーズ〕の資産は非国有化されることとなった。公的には返還された農用地は農業目的でのみ使用されることとされ、休閑地とすることは認められなかったが、実際にはこの要件は無視されることも多かった。土地返還を受けた所有者のなかには、自らの土地を生産手段ではなく資産と見なして地価が上がるのを待つ者もいた。農場が複数の権利者に分割されたために一つの農場が小さくなってしまう例もあった。このような農地改革の結果、リトアニアの農場の多くは一家が生活するのに必要な最低限の収入を保証するにはあまりに小さくなってしまった。新たに民営化された農場の面積は平均6ヘクタール以下であった。近隣諸国では、典型的な農場の大きさは5ヘクタールかそれ以下であった。このような小規模な農場の割合は、ポーランドでは全農場の72パーセントで、ラトヴィアでは41パーセント、エストニアでは64パーセントであった。

農業改革により、集団農場や国営農場といったソヴィエト型農場システムは解体された。農場労働者が農場の株主となると、彼らの大半はただ共有資産を分配してそれぞれ独自に農場を経営するようになった。それまで集団農場で働いていた者に独立して農場を経営するための手段も知識もないことが明らかになると、農業企業を設立する者も出てきた。しかし、多くは新しい市場経済で競争するのに必要なスキルを身につけておらず、数年で破産に追い込まれた。主な農業改革はリトアニア改革運動サーユーディスが政権についているあいだに実行されたため、リトアニア国民の大半は農業改革の失敗をランズベルギス最高会議議長のせいにした。しかし、困難は古い経済のせいで引き起こされたのであった。

リトアニアの民営化法には数多くの抜け穴があったため、公《おおやけ》の入札手続きを経ずに民営化が行われてしまったり、国有資産がわずかな額で民間に売却されたりした。非国有化された資産を購入するために農業株式会社や農業投資会社が設立されたが、このような企業の所有者に計画の実行可能性を確保する義務を負わせる法律はなかったため、これら企業にバウチャーを預けた人に対する保証は何もなかった。集団農場の議長や国営農場の所長だった者はこの状況を利用し、短期間のうちに富を蓄えた。

地方では複雑な社会構造が構築された。農民農場法により集団農場や国営農場から支援を受けて自らの農場を設立した農民がいれば、農業経営を拡大するために返還を受けた土地に加えて他からも土地を購入したり借用したりした者もいた。かつて農業会社の労働者や非雇用者だった者のなかには、新たに別の農村に移り住んだものの、そこでの土地所有の権利は認められないこともあった。彼らは農業用に２～３ヘクタールの土地を所有し、失業後はその土地で生計を立てたが、彼らには他に土地を購入したり他の場所に移ったりする機会はなかった。農業部門の状況はゆっくりと改善していった。

民営化期最初の10年間で多くの大企業が倒産し、数千人が失業した。多くの人が失業したことで海外に移住する人の数は増えた。１９９０年以降約50万人がリトアニアを離れ、アメリカ合衆国やアイルランド、イギリス（特にロンドン）、スペイン、ノルウェーに移り住んだ。移民の多くは生産年齢の若者であり、彼らはより良い暮らしと安全な社会環境を求めてリトアニアを去っていった。海外に留学する者も多く、彼らはそのままリトアニアには戻ってこなかった。専門家がより良い給与と労働環境を求めるなどして移住する、いわゆる「頭脳流出」も問題となった。リトアニアの警察が組織犯罪対策に成功し始めると、犯罪者の一部もまた海外へと移住した。彼らははじめ現地のリトアニア人移民を脅かし、その後地元住民にも恐怖を与えるようになった。海外のリトアニア人犯罪者は麻薬取引や人身売買、自動車の盗難などに手を染めた。

リトアニアにとって衝撃的だったのは、いくつかの主要銀行が失敗したことであった。その極みは、1995年末に二つの商業銀行の活動停止が宣言されたことであった。銀行の倒産は直接的には経済主体の約30パーセントに影響を及ぼし、他にも間接的に影響を及ぼしたため、国家予算も悪影響を被った。倒産はリトアニア経済や財政に悪い効果をもたらし、銀行に対する信頼は国内外で失われた。しかし、リトアニアやその他の中・東欧諸国における銀行の危機はいくつか良い結果ももたらすこととなった。金融部門は強靭になり、生き残った銀行はより慎重に経営を進めるようになり、不良債権は減少し、銀行の監督は強化されたのである。

すべては変化した。その変化は恐ろしかったが、喜ばしくもあった。リトアニアが独立を回復すると、リトアニアのスポーツ選手はほぼ全員、ソ連代表選手となったりソ連国内の選手権に参加したりすることを拒んだ。1988年初め、リトアニアのトップアスリートたち（バスケットボール、サッカー、ハンドボール選手）の多くは海外のクラブでプレーするようになった。しかし、1991年夏にリトアニアで第4回世界リトアニア人体育大会が開催されたときには、2000人以上のリトアニア人が世界中から集まり、これに参加した。1991年夏、国際オリンピック委員会はリトアニア国内オリンピック委員会を再び承認し、リトアニア人選手がリトアニア代表として様々な競技の国際大会に参加するようになった。１９９２年バルセロナ・オリンピックで円盤投げのロマス・ウバルタス選手が金メダルを獲得したのが、リトアニアにとってオリンピックで最初のメダルとなった。男子バスケットボールのリトアニア代表は１９９２年、96年、２０００年と３大会連続で銅メダルを獲得する快挙を成し遂げた。バスケットボール欧州選手権での成績はさらに良く、１９９５年には銀メダルを獲得し、２００３年は３度目となる金メダルを獲得した（前の２回は両大戦間期の１９３７年および39年だった）。女子バスケットボールでは、１９９７年の欧州選手権でリトアニアが優勝した。

教育制度は数年かけて基礎から再構築され、教育行政や普通教育、職業訓練、中等教育、高等教育が改革された。１９９１年には私立学校が、92年には私立のギムナジウムが初めて開校した。国公立の初等学校、中等学校、職業学校での教育は無償と法律で定められた。高等教育機関の教育、運営、経済、財政に関する自治は、自治および学問の自由の原則に基づき、国によって保障された。高等教育は一部有償となった。リトアニアの教育制度をヨーロッパに統合させるため、リトアニアは１９９９年、ヨーロッパ共通の高等教育圏をつくることを目的とするボローニャ宣言に調印した。［２００６年にはボローニャ・プロセスを履行している。リトアニアの高等教育機関は、ＥＵが資金提供する学術・教育プログラムに参加するようになった。］

独立回復以降、教育機関における教育の内容や質は根本的に変わった。若者はリトアニアだけでなく海外でも学歴を追い求める機会を得られるようになった。本や定期刊行物の出版は急速に発展し、図書館ネットワークも充実していった。これにより、新しい考えを受け入れ欧米の社会と対等に競争できる、教養と流動性を備えたリトアニア社会ができていった。それは、独立初期において多くのリトアニア人が達成できない理想と考えていたようなものであった。

1940年から90年まで続いたソヴィエト、ナチ、再びソヴィエトによる悲惨な占領の後、リトアニア社会は難しくも本質的な教訓を得たように感じ、自らの歴史経験を分析するようになった。それは、占領者がやってきたときに急いで彼らを助けたり彼らに仕えたり、協力したりしないという教訓である。そんなことをしてしまえば卑劣な仕事や恥ずべき仕事のために利用され、それにより、独立を回復したときに自分自身と自分の民族に恥を与えてしまうのであった。ナチやソヴィエトに積極的に協力した者やホロコーストにおけるリトアニア人の役割、シベリアへの追放やソヴィエトによる抑圧に関して熱い議論が交わされた。脱ソヴィエト化や協力者の公職追放に関する問題への取り組みはゆっくりと進められたが、不完全なままとなった。

独立回復後の10年間でリトアニアは、新たな事柄に多く触れ、さらにそれをどのように適用するのかを学ぶことで、欧米に追いつかなければならなかった。他の旧共産主義諸国も似たような問題を抱えていた。改革はときに苦痛も伴ったが、リトアニアは大きな障害を克服して、短期間で西側の民主的統治モデルに沿った国になったのであった。

近隣諸国との関係と大西洋両岸の統合

両大戦間期と1990年以降のリトアニアの外交政策を比較すると、基本的な違いが一つあることに気づくだろう。両大戦間期においてリトアニアはクライペダ地方をめぐってドイツと争い、ヴィルニュス地方をめぐってポーランドと対立していた。20世紀末の状況は大きく変わっていた。ドイツは第二次世界大戦後に東プロイセンから追い出され（現在この地はロシアのカリーニングラード州となっている）リトアニアと国境を接しなくなり、１９９０年の時点で人口の大半がリトアニア人となっていたクライペダ地方の領有権は主張しなくなった。半世紀を経てヴィルニュス市の人口構成は大きく変わったため、リトアニアとポーランドの関係も良くなった。第二次世界大戦後、多くのポーランド人はポーランドに強制送還され、ポーランド人は今やヴィルニュスにおける人口の20パーセントを占めるのみとなった。リトアニアが独立してすぐ、ソヴィエト化された末端のポーランド人共産主義者は、ソ連当局に促されてポーランド人が多く住むヴィルニュス地区およびシャルチニンカイ地区を自治区にしようと煽動した。しかし、リトアニアの当局がこの地域を一時的に直接統治するようになってもなお、リトアニアとポーランドの関係は悪化しなかった。ポーランド政府は誰が裏でこの動乱を操っているのか知っていたのである。長い交渉の末、１９９４年4月26日にリトアニア＝ポーランド友好協力条約が署名された。条約の前文ではかつてリトアニアとポーランドが抱えていた領土紛争に言及され、両国民が過去に暴力を用いたことが非難され、そして「ヴィルニュスとワルシャワを首都とする現在の領土の一体性を今後将来にわたって互いに承認する」とされた。両国は、相互の信頼と敬意に基づく対等で良好な隣国関係を築き、西側諸国の一員として統合されることを互いに支援しあうことを約束した。この条約が批准され発効したことで、ポーランドは公式にヴィルニュス地方の領有権の主張を放棄したこととなった。リトアニアも同じく、セイニ（セイナイ）およびプンスク（プンスカス）に対する領有権の主張を放棄した。しかし、歴史問題や少数民族問題がときに激しい論争を巻き起こすこともあった。

リトアニアは独立回復後、西にロシアのカリーニングラード州との国境を抱えることになった（ポツダム会談でソ連はケーニヒスベルク地方を50年間管理下におく権利が認められていたが、1946年にはロシアによってカリーニングラードと改称され、ロシア・ソヴィエト連邦社会主義共和国に編入された）。民主的なロシアはリトアニアと同様にソ連邦からの離脱を求め、リトアニア人の独立闘争を公然と支持した。1991年1月13日の虐殺事件の翌日、当時ロシア最高会議議長だったボリス・エリツィンはリトアニア、ラトヴィア、エストニアの領内で任務を行うソヴィエト兵に向けて声明を出した。彼は、反動勢力に屈することなくバルト諸国にある民間の建物を急襲する前にロシアやバルト諸国の未来を考えるように促したのである。リトアニア最高会議＝再建議会《セイマス》のヴィータウタス・ランズベルギス議長と1991年6月にロシア・ソヴィエト連邦社会主義共和国の大統領に選ばれたエリツィンの関係は良好で、両者は1991年7月29日、リトアニアとロシアの国家間関係樹立に関する条約に署名した。同条約は1年後に発効した。この条約によりロシアはリトアニアの独立を承認し、1940年のソ連による併合によりもたらされた結果を除去するのを支援する一方、リトアニアもロシアを独立国家として承認することとなった。10月初め、両国の国交が樹立された。

1997年10月、リトアニア共和国とロシア連邦は、国境に関する条約とバルト海における排他的経済水域および大陸棚の境界画定に関する条約に署名した。ロシアはリトアニアにとって重要な経済パートナーであり続けたが、両国の関係は進展しなかった。主な障害となったのは、両国の外交政策における地政学的志向の違いや近現代史および民主主義に関する見解の相違であった。ウラジーミル・

ロシアとの条約締結――ヴィータウタス・ランズベルギスとボリス・エリツィン（中央）。

プーチン大統領の「管理された民主主義」体制の目的は、いわゆる旧共産圏、とりわけ旧ソ連領における影響力を取り戻すことであった。１９９２年６月８日、〔独立国家共同体（ＣＩＳ）のような〕旧ソヴィエト東方連合へのリトアニア共和国の不参加に関する憲法的法律が採択された（ラトヴィアやエストニアも同様の決定を下している）。リトアニアは、旧ソ連の継承国としてソ連の権利と義務を引き受けたロシアはリトアニアが約半世紀にわたるソヴィエト占領期に被った損害に対して補償をしなければならない、という原則に固執している。ロシア当局は、ソ連のバルト諸国への侵攻を非難していたにもかかわらず、ソ連の解体は地政学上の惨事であったとする。彼らは、リトアニア、エストニア、ラトヴィアは自発的にソ連に加わったと主張し、ソ連の当時の行動は国際情勢の結果によるものであり、これを責めることはできないとしている。

リトアニアは独立回復後、新国家ベラルーシと良好な関係を築こうとした。１９９１年10月、リトアニア

リトアニアを訪問した教皇ヨハネ・パウロ２世と、同伴するアルギルダス・ブラザウスカス大統領およびヴィルニュス首都大司教アウドリース・ユオザス・バチキス枢機卿（ヴィルニュス、**1993** 年 **9** 月 **4** 日）。

とベラルーシは善隣関係の原則に関する宣言に署名し、４年後、善隣協力条約および国境条約が両国間で結ばれた。両国の経済関係は発展したが、政治面ではアレクサンドル・ルカシェンコ大統領の独裁支配により両国関係は複雑化した。

１９９０年5月12日、リトアニア、ラトヴィア、エストニアは、１９３４年に結ばれたバルト諸国友好協力条約を更新し、３カ国の協力関係を推進するためにバルト諸国評議会を発足させた。これは１９９４年6月13日にバルト諸国閣僚評議会となった。バルト諸国が緊密に協力したことで、大西洋の両岸で結ばれる諸機構への統合は促進された。

独立を回復したリトアニアは、近隣諸国と同様に、国際社会における地位を確立するために西側世界で最も重要である民主的な国際機関に加盟することを望んだ。リトアニアは１９９１

国際会議「変化するヨーロッパの安全保障環境における NATO の役割」開催中のヴィルニュスで面会する、ヴァルダス・アダムクス大統領とジョージ・ロバートソン NATO 事務局長（2000 年 5 月 19 日）。

年９月17日に国際連合に加盟し、同年末にはユネスコ（国連教育科学文化機関）や国際労働機関（ＩＬＯ）など、国連の専門機関に加盟した。１９９３年には欧州評議会にも加盟した。さらに重要だったのは、２００４年に北大西洋条約機構（ＮＡＴＯ）と欧州連合（ＥＵ）に加盟したことであった。リトアニアが西側の安全保障に関する諸機関に加盟するための必須条件であったのがロシア軍のリトアニアからの撤退であり、１９９３年８月31日にその撤退は完了していた。

１９９１年12月、リトアニアは北大西洋協力理事会（ＮＡＣＣ）に加盟したことでＮＡＴＯへの道を歩み始めた。１９９４年１月には、アルギルダス・ブラザウスカス大統領がマンフレート・ヴェルナーＮＡＴＯ事務総長に手紙を送り、リトアニアがＮＡＴＯ加盟国となることを望んでいることを伝えた。同月、リトアニアはＮＡＴＯの「平和のためのパートナーシップ」に加

EU加盟条約に署名するアルギルダス・ブラザウスカス大統領とアンタナス・ヴァリョニス外相（アテネ、**2003**年）。

盟した。１９９９年５月、ワシントンで開かれていたNATO首脳会議でリトアニアの努力と進展が認められ、NATO加盟アクション・プランが採択された。２００２年11月には加盟候補国７カ国（エストニア、スロヴァキア、スロヴェニア、ブルガリア、ラトヴィア、リトアニア、ルーマニア）の加盟交渉が開始された。ジョージ・W・ブッシュ米大統領が２００２年11月23日にヴィルニュスで述べた言葉がNATO加盟への決意をさらに強くさせた。それは、「私たちの同盟は加盟国を守ると決めている。リトアニアを敵にすることは、アメリカ合衆国を敵に回すことでもある」というものであった。ブッシュ大統領はまた、合衆国がリトアニアのソ連への編入を承認したことは一度もなく、ヨーロッパ大陸は「永遠に分裂したままにはならない」と信じ続けていたと語った。リトアニアは２００３年３月、北大西洋条約（ワシントン条約）加盟議定書に署名し、その後リトアニア国会《セイマス》が同条約を批准。２００４年３月29日にリトアニアはNATOの正加盟国となった。

NATOに加盟することの強みは、同条約第５条に表れている。第５条では、加盟国に対して武力攻撃がなされた場合にはNATO全体で防衛することが定められている。つまり、どの加盟国も、自国の武力と資源に頼るのみならず、他の加盟国による単独の支援と加盟国全体による支援に頼ることができるのである。

リトアニア、ラトヴィア、エストニアには自国の領空を守るための装備や資源がないため、バルト諸国がNATOに加盟してからは、NATOに長く加盟している国がバルト諸国の領空を警備している。NATOに加盟するということはただ自国の安全保障が確保されるだけでなく、ヨーロッパやその広域地域の安定および平和維持のために自ら関与していくということでもある。リトアニア軍の兵士はこれまで、イラクやアフガニスタン、コソヴォ、ボスニア・ヘルツェゴヴィナ、グルジア（ジョージア）における国際任務に参加してきた。2004年末には、アフガニスタン、ゴール州の復興のための国際チームをリトアニア軍が率いることとなった。この任務の目的はゴール州の安定と安全を確保するための条件をつくることであり、ゴール州におけるアフガニスタン中央政府の任務を拡大することを支援することであった。2005年から2013年まで、リトアニア国防省はゴール州復興チームの活動のために3億リタス（8650万ユーロ）以上の予算をあて、リトアニア外務省も開発プロジェクトに1700万リタス以上を費やした。ゴール州における文民プロジェクトを資金援助したのは、主に日本とアメリカ合衆国だった。

リトアニアは、西側諸国の一員にふさわしい国となるために民主主義的価値観を高めなければならなかった。リトアニアが取り組んだ政策としては、少数民族が自らの言語を用い文化を育む機会の確保、国有化されていた教会やシナゴーグ、その他資産の宗教団体への返還、ホロコーストで行われたことの評価、散財していたユダヤ文化財の所在の確認と返還（300のトーラーやユダヤ調査研究所（YI

VO）の資料が保存された）、反ユダヤ主義や人種差別、宗教的不寛容との闘い、言論の自由や報道の自由、民主的選挙の保障、があげられる。

リトアニアの戦略的外交政策目標として最も重要だったのはNATO加盟であったが、次に重要であったのは、欧州連合（EU）への統合であった。EUは、1992年に署名され93年に発効したマーストリヒト条約により設立された。1990年12月14日、バルト諸国の首脳は初めて欧州経済共同体（EEC、EUの前身）に訴えを行い、ソ連を通じてではなく直接、バルト諸国に対する政治、経済、文化的支援を行うよう求めた。リトアニアで1991年1月13日の事件が起きると、EECはバルト諸国における武力行使を激しく非難した。1992年、リトアニアとEUは貿易通商経済協力条約に署名し、EUとリトアニアの政治的対話に関する宣言を出した。外交関係が樹立されてまもなく、EUはPHAREプログラムを通じてリトアニアへの支援を行った。3年後、EU加盟というバルト諸国の目標を認識したEUは、リトアニア、ラトヴィア、エストニアと連合協定を結んだ。2004年5月1日、リトアニアはEUへの加盟を果たし、他の民主主義国家とともに自国とヨーロッパ大陸の未来を創り上げていく権利を手に入れた。

EU加盟後、リトアニアの貿易量や輸出製品の生産量は増大した。輸出の増大によりリトアニア経済における海外からの資本投資は刺激され、また国内の競争も激化し、労働と資本の割当はより合理的になった。リトアニア政府は、EU加盟により自国経済の働きに直接的または間接的に介入する権限が制限され、その結果、リトアニアの企業や消費者により多くの自由や機会がもたらされた。他方で、EU規制に従わなければならないことで、ときに国家主権の規制に関する議論も起こった。しかし、リトアニアがＥＵ加盟国となると新たな市場が開拓され、非独占化も始まり、経済効率や製品およびサービスの供給は改善された。教育や文化を発展させ、社会問題に取り組む機会も新たに生じた。ＥＵ加盟で最も利益を得たのは消費者だったのである。

ＥＵ加盟国となったリトアニアは、在留および市民権に関するＥＵの規則や規制に拘束された。ＥＵ諸国の国民は自動的にＥＵ市民となる。ＥＵの機能に関する条約によれば、ＥＵ市民はＥＵ域内を自由に移動し、どの場所でも居住する権利を有している。そして、地方議会選挙や欧州議会選挙では居住国において投票する権利を持つ。さらに、世界のどこにいてもＥＵ加盟国の外交または領事権限を有する者により保護されたり、欧州議会に請願し欧州オンブズマンに訴えたりする権利も有する。ＥＵ加盟は、民主主義や法の支配、人権、マイノリティ保護の尊重を保障する機関の安定にもつながるのである。

リトアニアはＥＵ加盟国としてブリュッセルのＥＵの主要機関における発言権を有しており、様々な問題に関して自国の立場を表明し、さらにＥＵの決定に影響力を与えることもできる。リトアニアから出される委員が欧州委員会に加わり、欧州議会においては11議席がリトアニアから選出される。一国がＥＵの決定に与える影響は大きくないが、中・東欧各国が似たような立場をとるであろう特定の問題に関して言えば、中・東欧諸国が団結したときの力は潜在的に大きいだろう。リトアニアは、ＥＵ加盟の対価を払わなければならなかった。西欧諸国が安全ではないと見なしたイグナリナ原子力発電所を解体するという不文律は、その最たる例の一つであった。ＥＵはリトアニアに加盟の条件として原発の稼働停止を要求し、ＥＵ加盟という戦略的目標が最重要であったリトアニアは、しぶしぶ稼働停止を認めた。しかし、リトアニアはその結果、エネルギー生産能力に苦しむこととなった。

［2015年1月1日、リトアニアは通貨リタスに代わってユーロを導入し、ユーロ圏の一員となった。これにより、ヨーロッパの諸機構へのリトアニアの統合は完了した。］

リトアニアが首尾よくNATOやEUの様々な活動に参加することで、リトアニアの安全保障や国際社会における地位は著しく高まり、リトアニア経済も堅調になった。今やリトアニアは、一人前のヨーロッパの民主主義国である。そしてヨーロッパの未来は、EU全加盟国の決定にかかっている。

訳者あとがき

「まえがき」にもあるように、この『リトアニアの歴史』は２０１３年後半にリトアニアが欧州連合（EU）理事会議長国となるのに合わせて出版された。まず12年にリトアニア語版の初版が出版され、13年には英語版、スペイン語版、ドイツ語版、フランス語版、ポーランド語版、ロシア語版が出版された。また同年にはリトアニア語版の第2版も出版されている。その後14年にはベラルーシ語版とラトヴィア語版が、16年にはベンガル語版と英語版の改訂第2版が出版された。今回日本語版を出版するにあたっては、「凡例」にも記したように、この英語版改訂第2版を底本としつつ、必要に応じてリトアニア語版第2版やポーランド語版も参照した。

日本語版翻訳のきっかけは、２０１４年にアンドレス・カセカンプ著『バルト三国の歴史——エストニア・ラトヴィア・リトアニア　石器時代から現代まで』の日本語訳が明石書店から出版された際、エギディユス・メイルーナス駐日リトアニア大使（当時）が「リトアニアの歴史はエストニアやラトヴィアの歴史とは大きく異なる。日本語でもリトアニアの歴史が読まれるべきである」との意向を示され、この『リトアニアの歴史』の日本語版の出版を提案されたことである。そこで『バルト三国の歴史』の訳者の一人でもある重松が明石書店の故小林洋幸さんをメイルーナス大使に紹介し、その後、原著者からも日本語版出版の了解を得た。諸般の事情により当初の予定よりも出版が遅れ、結果として日本語版の出版はリトアニア共和国独立１００周年の年になった。

原著出版の経緯からもわかるように、本書はリトアニア外務省によって主としてEU圏あるいは他の西洋諸国の人々に向けて書かれた半ば公式の歴史であり、古代から現代までのリトアニアの通史をリトアニアの視点から捉えたものである。バルト諸国というかたちではなくリトアニア単独の歴史としては日本語の書籍が従来なかったことから、本書の出版にかかわることができたことは、リトアニアの歴史研究に携わる訳者としても大きな喜びである。

とはいえ「リトアニア」とは何かと考えたとき、それは必ずしも自明のものではない。古代のバルト諸部族の一部。中世の異教時代のリトアニア大公国。そののち正教圏を版図に加え、カトリック信仰を受容したリトアニア大公国。近世のポーランドとの連合時代のリトアニア大公国。連合国家分割後のロシア帝政時代に生まれた近代的リトアニア・ネイション。そして、第一次世界大戦後まで政治的には全く別の国家に属しながらも、折に触れて重要な役割を果たしてきた小リトアニア。このように、本書の想定する「リトアニア」も時代に応じて、そして各章の書き手に応じて変化していることに読者は気づかれたかもしれない。

「リトアニア」をうまく描き分けながら本書でつづられるのは、古代から独自の言語を保ってきたリトアニア人が、リトアニア大公国という多言語・多文化・多宗教の「帝国」を築き、宗教的寛容を示しながらも、近代にリトアニア語話者の共同体としてネイションに結晶し、第一次世界大戦後に独立国家を「回復」、第二次世界大戦中のソヴィエトとナチ、および戦後のソヴィエトという二つの「占領」にもかかわらず20世紀末に再び独立を「回復」、２００４年にはＥＵに加盟することでついにヨーロッパへ「回帰」したという、リトアニアのナショナル・ヒストリーである。本書の性格上、リトアニアがいかにヨーロッパ的――西方的、カトリック的――な国であったのか、ヨーロッパに対してどのような貢献をなしてきたのかに叙述の力点が置かれている（中・近世の宗教的寛容と民族的《エスニックな》多様性や、ポーランドとの連合国家時代もリトアニア大公国が独自の国家として存続しヨーロッパ初の成文憲法の作成にもかかわったこと、リトアニアにおけるユダヤ文化の発展、そして初めてのナチ裁判などについての叙述も、リトアニアのヨーロッパ化の文脈で登場したナショナル・ヒストリーの新しい要素であろう）。またそれゆえに本書は、他者としてのモスクワ大公国・ロシア帝国・ソヴィエト連邦に対する否定的な評価と、カトリック化とヨーロッパ化をもたらしつつも中世後期から近代前半のポーランド化ならびにヴィルニュス問題をも招いたポーランドへのアンビバレントな叙述を伴っている。もちろん、こうした描き方には批判もあろう。あくまで本書はリトアニアのナショナル・ヒストリーの――代表的かもしれないが――一例でしかない。

最後に、先述のとおり、この日本語版の出版はリトアニア大使館、とりわけメイルーナス前大使の強いイニシアティヴによってなされたものである。メイルーナス前大使をはじめ大使館の皆さまに感謝申し上げたい。また、明石書店の故小林洋幸さん、兼子千亜紀さん、李晋煥さんにも大変お世話になった。この場を借りてお礼を述べたい。特に小林さんには『バルト三国の歴史』の出版やその他の企画から引き続きお世話になっていた。それだけに、小林さんが一昨年急逝されたことが悔やまれる。故人のご冥福を謹んでお祈り申し上げます。

２０１８年２月

訳者一同

恒文社、1986 年。

小森宏美、橋本伸也『バルト諸国の歴史と現在』東洋書店、2002 年。

志摩園子『物語バルト三国の歴史』中公新書、2004 年。

志摩園子、菅原淳子『バルトとバルカンの地域認識の変容』北海道大学スラブ研究センター、2006 年。

清水陽子『ユダヤ人虐殺の森――リトアニアの少女マーシャの証言』群像社、2016 年。

白木太一『一七九一年五月三日憲法』群像社、2016 年。

鈴木徹『バルト三国史』東海大学出版会、2000 年。

橋本伸也編著『ロシア帝国の民族知識人――大学・学知・ネットワーク』昭和堂、2014 年。

橋本伸也編著『せめぎあう中東欧・ロシアの歴史認識問題――ナチズムと社会主義の過去をめぐる葛藤』ミネルヴァ書房、2017 年。

畑中幸子『リトアニア――小国はいかに生き抜いたか』日本放送出版協会、1996 年。

畑中幸子、ヴィルギリウス・チェパイティス『リトアニア――民族の苦悩と栄光』中央公論新社、2006 年。

早坂眞理『リトアニア――歴史的伝統と国民形成の狭間』彩流社、2017 年。

原翔『バルト三国歴史紀行 3　リトアニア』彩流社、2007 年。

平野久美子『坂の上のヤポーニア』産経新聞出版、2010 年。

古谷大輔、近藤和彦編著『礫岩のようなヨーロッパ』山川出版社、2016 年。

三浦清美『ロシアの源流――中心なき森と草原から第三のローマへ』講談社、2003 年。

百瀬宏、大島美穂、志摩園子『環バルト海――地域協力のゆくえ』岩波新書、1995 年。

山内進『北の十字軍――「ヨーロッパ」の北方拡大』講談社、2011 年。

吉野悦雄『複数民族社会の微視的制度分析――リトアニアにおけるミクロストーリア研究』北海道大学出版会、2000 年。

ランズベルギス，ヴィータウタス『チュルリョーニスの時代』佐藤泰一訳、ヤングトゥリープレス、2009 年。

ルコフスキ，イエジ、ザヴァツキ，フベルト『ポーランドの歴史』河野肇訳、創土社、2007 年。

ロリニカイテ，マーシャ『マーシャの日記――ホロコーストを生きのびた少女』清水陽子訳、新日本出版社、2017 年。

ロロ，パスカル『バルト三国』礒見辰典訳、白水社、1991 年。

和田春樹他『NHK スペシャル　社会主義の 20 世紀 2　バルトの悲劇　ソ連・一党独裁の崩壊　ソ連』日本放送出版協会、1990 年。

Martin's Press, 1991.
Davoliūtė, Violeta. *The Making and Breaking of Soviet Lithuania: Memory and Modernity in the Wake of War.* London and New York: Routledge, 2013.
Landsbergis, Vytautas. *Guilt and Atonement: The Story of 13 January.* Vilnius: Briedis, 2015.
Lane, Thomas. *Lithuania: Stepping Westward.* London and New York: Routledge, 2002.
Lieven, Anatol. *The Baltic Revolution: Estonia, Latvia, Lithuania and the Path to Independence.* Fourth edition. New Haven, CT: Yale University Press, 1994.
Matlock, Jack F., JR. *Autopsy on an Empire: The American Ambassador's Account of the Collapse of the Soviet Union.* New York, NY: Random House, 1995.
Plokhy, Serhii. *The Last Empire: The Final Days of the Soviet Union.* New York, NY: Basic Books, 2014.
Purs, Aldis. *Baltic Facades: Estonia, Latvia and Lithuania since 1945.* London, UK: Reaktion Books, 2012.
Senn, Alfred Erich. *Lithuania Awakening.* Berkeley, CA: University of California Press, 1990.
Senn, Alfred Erich. *Gorbachev's Failure in Lithuania.* London and New York: Palgrave Macmillan, 1995.
Smith, David J., Artis Pabriks, Aldis Purs, and Thomas Lane. *The Baltic States: Estonia, Latvia and Lithuania.* London and New York: Routledge, 2002.
Vardys, Stanley V. and Judith B. Sedaitis. *Lithuania: The Rebel Nation.* Boulder, CO: Westview Press, 1997.

日本語文献

アダムクス，ヴァルダス『リトアニア わが運命——時代・事件・人物』村田郁夫訳、未知谷、2002 年。

伊東孝之、井内敏夫、中井和夫編『ポーランド・ウクライナ・バルト史』山川出版社、1998 年。

ヴェルナツキー，G.『東西ロシアの黎明——モスクワ公国とリトアニア公国』松木栄三訳、風行社、1999 年。

ウルブシス，ユオザス『回想録リトアニア——厳しい試練の年月』村田陽一訳、新日本出版社、1991 年。

大津留厚編著『中央ヨーロッパの可能性——揺れ動くその歴史と社会』昭和堂、2006 年。

カセカンプ，アンドレス『バルト三国の歴史——エストニア・ラトヴィア・リトアニア　石器時代から現代まで』小森宏美、重松尚訳、明石書店、2014 年。

キェニェーヴィチ，ステファン編著『ポーランド史』加藤一夫、水島孝生訳、

Grinkevičiūtė, Dalia. *A Stolen Youth, a Stolen Homeland* [Siberian memoir]. Translated by Izolda Geniušienė. Vilnius: Lithuanian Writers' Union, 2002.
Jakubčionis, Algirdas, Stasys Knezys and Arūnas Streikus. *Occupation and Annexation: The First Soviet Occupation (1940–1941).* Vilnius: Margi Raštai, 2006.
Kaslas, Bronis J. (ed.). *The USSR-German Aggression against Lithuania.* New York, NY: Robert Speller & Sons, 1973.
Lukša, Juozas. *Forest Brothers: The Account of an Anti-Soviet Lithuanian Freedom Fighter, 1944–1948.* Translated, with an Introduction and Afterword by Laima Vincė, and an Afterword by Jonas Ohman. Budapest, Hungary: Central European University Press, 2009.
Maslauskienė, Nijolė and Inga Petravičiūtė. *Occupants and Collaborators: The First Soviet Occupation (1940–1941).* Vilnius: Margi Raštai, 2007.
Misiunas, Romuald J. and Rein Taagepera. *The Baltic States: Years of Dependence, 1940–1980.* Berkeley, CA: University of California Press, 1983.
Nahaylo, Bohdan and Victor Swoboda. *Soviet Disunion: A History of the Nationalities Problem in the USSR.* London, UK: Hamish Hamilton, 1990.
Read, Anthony and David Fisher. *The Deadly Embrace: Hitler, Stalin and the Nazi-Soviet Pact, 1939–1941.* New York, NY: W. W. Norton & Company, 1988.
Remeikis, Thomas. *Lithuania under German Occupation, 1941–1945.* Vilnius: Vilnius University Press, 2005.
Senn, Alfred Erich. *Lithuania 1940: Revolution from Above.* Amsterdam and New York: Rodopi, 2007.
Schreiner, Stefan and Leonidas Donskis. *The Vanished World of Lithuanian Jews.* Amsterdam and New York: Rodopi, 2004.
Snyder, Timothy. *Bloodlands: Europe between Hitler and Stalin.* New York, NY: Basic Books, 2010.
Van Voren, Robert. *On Dissidents and Madness: From the Soviet Union of Leonid Brezhnev to the Soviet Union of Vladimir Putin.* Amsterdam and New York: Rodopi, 2009.
Van Voren, Robert. *Undigested Past: The Holocaust in Lithuania.* Amsterdam and New York: Rodopi, 2011.
Vardys, Stanley V. *The Catholic Church, Dissent and Nationality in Soviet Lithuania.* New York, NY: Columbia University Press, 1978.
Vardys, Stanley V. *Lithuania Under the Soviets: Portraits of a Nation, 1940–65.* New York, NY: Frederick A. Praeger, 1965.

第6章　歌う革命

Clemens, Walter C. *Baltic Independence and Russian Empire.* New York, NY: St.

commentary by Alfred Erich Senn. Amsterdam and New York: Rodopi, 2009.
Hetherington, Peter. *Unvanquished: Joseph Pilsudski, Resurrected Poland, and the Struggle for Eastern Europe.* Second edition. Houston, TX: Pingore Press, 2012.
Liekis, Šarūnas. *1939: The Year that Changed Everything in Lithuania's History.* Amsterdam and New York: Rodopi, 2009.
Liulevičius, Vėjas Gabriel. *War Land on the Eastern Front: Culture, National Identity, and German Occupation in World War I.* Cambridge, UK: Cambridge University Press, 2000.
Senn, Alfred Erich. *The Emergence of Modern Lithuania.* New York, NY: Columbia University Press, 1959.
Senn, Alfred Erich. *The Great Powers: Lithuania and the Vilna Question, 1920–1928.* Leiden, Netherlands: E. J. Brill, 1966.
Von Rauch, Georg. *The Baltic States: The Years of Independence: Estonia, Latvia, Lithuania, 1917–1940.* London: Hurst & Co., 1974; Palgrave Macmillan, 1995.

第5章　ソヴィエトおよびナチ占領下のリトアニア

Anušauskas, Arvydas (ed). *The Anti-Soviet Resistance in the Baltic States.* Fourth edition. Vilnius: Akreta, 2002.
Anušauskas, Arvydas. *Terror and Crimes Against Humanity: The First Soviet Occupation (1940–1941).* Vilnius: Margi Raštai, 2006.
Bourdeaux, Michael. *Land of Crosses: Struggle for Religious Freedom in Lithuania, 1939–1978.* Devon, UK, 1979.
Bower, Tom. *The Red Web: MI6 and the KGB Coup.* London, UK: Aurum Press, LTD., 1989.
Buttar, Prit. *Between Giants: The Battle for the Baltics in World War II.* Oxford, UK: Osprey Publishing, 2013.
Davoliūtė, Violeta and Tomas Balkelis (eds). *Maps of Memory: Trauma, Identity and Exile in Deportation Memoirs from the Baltic States.* Vilnius: Lithuanian Literature and Folklore Institute, 2012.
Dieckmann, Christoph, Vytautas Toleikis and Rimantas Zizas. *Murders of Prisoners of War and of Civilian Population in Lithuania, 1941–1944.* Vilnius: Margi Raštai, 2005.
Dieckmann, Christoph and Saulius Sužiedelis. *The Persecution and Mass Murder of Lithuanian Jews during Summer and Fall of 1941.* Vilnius: Margi Raštai, 2006.
Diuk, Nadia and Karatnycky, Adrian. *The Hidden Nations: The People Challenge the Soviet Union.* New York, NY: William Morrow and Company, Inc., 1990.
Eidintas, Alfonsas. *Jews, Lithuanians and the Holocaust.* Translated by Vijole Arbas and Edvardas Tuskenis. Vilnius: Versus Aureus Publishers, 2003 (First edition), 2012 (Second edition).

Frick, David. Kith, *Kin, and Neighbors: Communities and Confessions in Seventeenth-Century Wilno.* Ithaca, NY: Cornell University Press, 2013.
Frost, Robert I. *The Northern Wars: War, State and Society in Northeastern Europe, 1558–1721.* London and New York: Routledge, 2000.
Frost, Robert I. *After the Deluge: Poland-Lithuania and the Second Northern War, 1655–1660.* Cambridge, UK: Cambridge University Press, 2004.
Grzeskowiak-Krwawicz, Anna. *Queen Liberty: The Concept of Freedom in the Polish-Lithuanian Commonwealth.* Translated by Daniel J. Sax. Leiden, The Netherlands: Brill Academic Publishing, 2012.
Liekis, Šarūnas, Antony Polonsky and Chaeran Freeze (eds). *Polin: Studies in Polish Jewry, Volume 25: Jews in the Former Grand Duchy of Lithuania since 1772.* Oxford, UK: Littman Library of Jewish Civilization, 2013.
Snyder, Timothy. *The Reconstruction of Nations: Poland, Ukraine, Lithuania, Belarus, 1569–1999.* New Haven and London: Yale University Press, 2003.
Stern, Eliyahu. *The Genius: Elijah of Vilna and the Making of Modern Judaism.* New Haven, CT: Yale University Press, 2013.

第3章　ロシア帝国下のリトアニア（1795〜1915年）

Balkelis, Tomas. *The Making of Modern Lithuania.* London and New York: Routledge, 2009.
Eidintas, Alfonsas. *Lithuanian Emigration to the United States, 1868–1950.* Translated by Thomas A. Michalski. Vilnius: Mokslo ir enciklopedijų leidybos institutas, 2005.
Fainhauz, David. *Lithuanians in the USA: Aspects of Ethnic Identity.* Chicago, IL: Lithuanian Library Press, Inc., 1991.
Kirby, David. *The Baltic World 1772–1993: Europe's Northern Periphery in an Age of Change.* London and New York: Routledge, 2014.
Wandycz, Piotr S. *The Lands of Partitioned Poland, 1795–1918.* Seattle, WA: University of Washington Press, 1974.

第4章　リトアニア国家の回復

Crowe, David M. *The Baltic States and the Great Powers: Foreign Relations 1938–1940.* Boulder, CO: Westview Press, 1993.
Eidintas, Alfonsas, Alfred Erich Senn and Vytautas Žalys. *Lithuania in European Politics: The Years of the First Republic, 1918–1940.* Edited by Edvardas Tuskenis. New York, NY: St. Martin's Press, 1997.
Heingarten, Robert W. *Lithuania in the 1920s: A Diplomat's Diary.* Introduction and

文献目録

総　論

Bagdonavičius, Vaclovas, (editor-in-chief). *Concise Encyclopaedia of Lithuania Minor*. Vilnius: Science & Encyclopaedia Publishing Centre, 2014.

Kasekamp, Andres. *A History of the Baltic States*. New York, NY: Palgrave Macmillan, 2010.

Kiaupa, Zigmantas. *The History of Lithuania*. Second supplemented edition. Appendix includes short histories of "Lithuania Minor" and "émigrés". Vilnius: Baltos Lankos, 2004.

Palmer, Alan. *The Baltic: A New History of the Region and its People*. New York, NY: The Overlook Press, 2006.

Plakans, Andrejs. *A Concise History of the Baltic States*. Cambridge, UK: Cambridge University Press, 2011.

第1章　リトアニア大公国

Christiansen, Eric. *The Northern Crusades*. Second edition. London, UK: Penguin Books, 1998.

Davies, Norman. *Vanished Kingdoms: The History of Half-Forgotten Europe* [Ch. 5 – "Litva: A Grand Duchy with Kings (1253–1795)]. London, UK: Penguin Books, 2012.

Frost, Robert I. *The Making of the Polish-Lithuanian Union, 1385–1569*. (Volume I of the Oxford History of Poland-Lithuania). Oxford, UK: Oxford University Press, 2015.

Kirby, Avid. *Northern Europe in the Early Modern Period: The Baltic World, 1492–1772*. London and New York: Routledge, 1990.

Rowell, S. C. *Lithuania Ascending: A Pagan Empire within East-Central Europe, 1295–1345*. Cambridge, UK: Cambridge University Press, 1994.

Stone, Daniel. *The Polish-Lithuanian State, 1386–1795*. Seattle, WA: University of Washington Press, 2001.

Turnbull, Stephen. *Tannenberg 1410: Disaster for the Teutonic Knights*. Oxford, UK: Osprey Publishing, 2003.

第2章　ポーランド国家とリトアニア国家の合同

Butterwick, Richard (ed.). *The Polish-Lithuanian Monarchy in European Context, c 1500–1795*. London and New York: Palgrave Macmillan, 2001.

medžiaga. Vilnius: Spaudos departamentas, 1991; Alfonsas Eidintas. *Antanas Smetona ir jo aplinka*. Vilnius: Mokslo ir enciklopedijų leidybos centras, 2012; アルフォンサス・エイディンタスおよびアルフレダス・ブンブラウスカスの個人所蔵。

図版の出典

A. Bumblauskas. *Lietuvos Didžioji Kunigaikštija ir jos tradicija.* Vilnius, 2010; A. Bumblauskas. *Senosios Lietuvos istorija: 1009–1795*. Vilnius, 2005; *Alma Mater Vilnensis: Vilniaus universiteto istorijos bruožai: Kolektyvinė monografija*. Vilnius, 2009; *Čiurlionis Vilniuje*. Sud. S. Urbonas. Vilnius, 2010; J. Galkus. *Lietuvos Vytis = The Vytis of Lithuania*. Vilnius, 2009; *Grunwald: 550 lat chwały*. Oprac. J. S. Kopczewski, M. Siuchniński. Warszawa, 1960; M. Jučas. *Vytautas Didysis*. Chicago, 2010; *Lietuva 1009–2009*. Sud. A. Butrimas ir kiti. Vilnius, 2009; *Lietuva žemėlapiuose*. Sud. A. Bieliūnienė ir kiti. Antrasis papildytas leidimas. Vilnius, 2011; *Lietuva žemėlapiuose = Lithuania on the map: Paroda, Vilnius, 1999 09 26–1999 12 11: Katalogas*. Parengė Aldona Bieliūnienė ir kiti. Vilnius, 1999; *Lietuvos bažnyčių menas = The Art of Lithuanian Churches*. Vilnius, 1993; *Lietuvos Didžiosios Kunigaikštystės knyga: Bendrų Europos tradicijų link: Bendras baltarusių, lietuvių ir lenkų mokslininkų ir rašytojų darbas*. Sejny, 2008; *Lietuvos fotografija: Vakar ir šiandien '09: Lietuvos Tūkstantmečio veidas*. Sud. A. Aleksandravičius. Vilnius, 2009; *Lietuvos istorija*. Red. A. Šapoka. Kaunas, 1936 (fotografuotinis leidimas: Vilnius, 1989); *Lietuvos sienos: Tūkstantmečio istorija*. Vilnius, 2009; *Lietuvos tapyba*. Sud. P. Gudynas. Vilnius, 1976; *Millennium of Lithuania*: *Millennium Lithuaniae*. Ed. M. Šapoka, Vilnius, 2009; H. Olszewski. *O skutecznym rad sposobie*. Kraków, 1989; *Pirmasis Lietuvos Statutas: Dzialinskio, Lauryno ir Ališavos nuorašų faksimilės*. Parengė S. Lazutka, E. Gudavičius. T. 1, d. 2. Vilnius, 1985; E. Rimša. *Heraldika: Iš praeities į dabartį. Vilnius, 2004; Senoji Lietuvos grafika XVI–XIX a*. Sud. V. Gasiūnas. Vilnius, 1995; *Ukraina: Lietuvos epocha, 1320–1569*. Vilnius, 2010; *Vilniaus fotografija*, 1858–1915. Sud. M. Matulytė. Vilnius, 2001; *Vilniaus klasicizmas: Parodos katalogas: Varšuvos nacionalinis muziejus 1999 gruodis – 2000 m. sausis, Lietuvos dailės muziejus 2000 m. kovas – rugsėjis*. Vilnius, 2000; *Vilnius Jono Kazimiero Vilčinskio leidiniuose: Paroda 1999 01 01–1999 04 19*. Vilnius, 2000; *Žemaičių muziejus Alka*. Sud. E. Spudytė. Vilnius, 2007.

写真の出典

Lietuvos vyriausiojo archyvaro tarnyba; Lietuvos gyventojų genocido ir rezistencijos tyrimo centras; Genocido aukų muziejus; Vilniaus gaono valstybinio žydų muziejus; Mokslo ir enciklopedijų leidybos centras（1918～40年のリトアニアの地図）; Lietuvos mokslų akademijos Vrublevskių biblioteka; Eugenijus Peikštenis ir Vytautas Jasiūnas, *Lietuvos diplomatija nuo 1990 m. kovo 11*. Vilnius: Lietuvos užsienio reikalų ministerija, 2001; *Lietuva, 1991 sausio 13: Dokumentinė*

〈る〉

〈ま〉

〈み〉

〈は〉

〈ひ〉

〈ふ〉

〈す〉

〈け〉

〈こ〉

【事　項】

索　引

索　引

各項目の別称は（　）内に、訳者による補足は〔　〕内に示した。また【事項】において複数の項目を一つの索引項目にまとめた場合は読点で区切った。

【人　名】

略語一覧

AK　国内軍〔ポーランド〕
ALT　アメリカ・リトアニア人評議会
CIS　独立国家共同体
CSCE　欧州安全保障協力会議
EEC　欧州経済共同体
EU　欧州連合
GDP　国内総生産
ILO　国際労働機関
KGB　国家保安委員会〔ソヴィエト〕
KVC　カトリック活動センター
LAC　アメリカ・リトアニア人評議会
LAC　在米リトアニア人コミュニティ
LAF　リトアニア人行動主義戦線
LDDP　リトアニア民主労働党
LDF　リトアニア労働連盟
LDLS　リトアニア労働人民同盟
LDT　リトアニア外交団
LF　リトアニア人戦線
LKDP　リトアニア・キリスト教民主党
LKP　リトアニア共産党
LLA　リトアニア自由軍
LLKS　リトアニア自由戦闘運動
LLL　リトアニア自由連盟
LNP　リトアニア人国民主義党
LRT　リトアニア国営放送
LSDP　リトアニア社会民主党
LŪS　リトアニア農場主連合
LVLS　リトアニア農民人民連合
LWC　世界リトアニア人コミュニティ
MGB　国家保安省〔ソヴィエト〕
NACC　北大西洋協力理事会
NATO　北大西洋条約機構
NKGB　国家保安人民委員部〔ソヴィエト〕
NKVD　内務人民委員部〔ソヴィエト〕
PLB　世界リトアニア人コミュニティ
SD　親衛隊保安部〔ナチ〕
SS　親衛隊〔ナチ〕
SSR　ソヴィエト社会主義共和国
TDA　民族労働防衛（大隊）
TS-LK　祖国連合＝リトアニア保守党
TS-LKD　祖国連合＝リトアニア・キリスト教民主党
VLIK　リトアニア解放最高委員会
YIVO　ユダヤ調査研究所

〈訳者紹介〉

梶 さやか（かじ さやか）
【第 1～ 3章を翻訳】
2011年、京都大学大学院文学研究科博士後期課程修了。博士（文学）。現在、岩手大学人文社会科学部准教授。主な著書として、『ポーランド国歌と近代史——ドンブロフスキのマズレク』（群像社、2016年）、『ロシア帝国の民族知識人——大学・学知・ネットワーク』（共著、昭和堂、2014年）、*Kintančios Lietuvos visuomenė: Struktūros, veikėjai, idėjos* (Vilnius: Lietuvos istorijos institutas, 2015)（共著）、『せめぎあう中東欧・ロシアの歴史認識問題——ナチズムと社会主義の過去をめぐる葛藤』（共著、ミネルヴァ書房、2017年）がある。

重松 尚（しげまつ ひさし）
【まえがき、序章および第 4～ 6章を翻訳】
2012年、東京大学大学院総合文化研究科修士課程修了。現在、東京大学大学院総合文化研究科博士後期課程在籍。著書として『せめぎあう中東欧・ロシアの歴史認識問題——ナチズムと社会主義の過去をめぐる葛藤』（共著、ミネルヴァ書房、2017年）、訳書として『バルト三国の歴史——エストニア・ラトヴィア・リトアニア　石器時代から現代まで』（共訳、アンドレス・カセカンプ著、明石書店、2014年）がある。

〈著者紹介〉

アルフォンサス・エイディンタス（Alfonsas Eidintas）
【監修、まえがきおよび第4章を執筆】
1952年生まれ。73年ヴィルニュス教育大学（現・リトアニア教育大学）卒。87年から92年までリトアニア歴史研究所副所長を務め、その後は駐米大使（93～97年）、駐カナダ大使（95～2000年）、駐イスラエル大使（02～06年）、駐ノルウェー大使（06～09年）、駐ギリシア大使（12～17年）などを歴任。主な業績として、*Antanas Smetona ir jo aplinka* (Vilnius: Mokslo ir enciklopedijų leidybos centras, 2012)。

アルフレダス・ブンブラウスカス（Alfredas Bumblauskas）
【序章および第1～2章を執筆】
1956年生まれ。79年ヴィルニュス大学卒。90年からヴィルニュス大学歴史学部准教授を務め、2002年からは同大学教授を務める。リトアニア大公国や宗教改革の歴史、そして史学史などを専門とし、ヴィルニュス大学の歴史についても多く執筆している。主な業績として、*Lietuvos Didžioji Kunigaikštija ir jos tradicija* (Vilnius: Vilniaus universiteto leidykla, 2010)。

アンタナス・クラカウスカス（Antanas Kulakauskas）
【第3章を執筆】
1952年生まれ。75年ヴィルニュス大学卒。95年からヴィータウタス・マグヌス大学で教鞭をとり、97年から2000年まで歴史学科長、00年から05年まで政治科学外交研究院長を歴任。05年から12年までミーコラス・ロメリス大学で教鞭をとり、現在はヴィータウタス・マグヌス大学教授を務める。19～20世紀におけるリトアニアの社会やリトアニア人のネイション形成などに関する研究を行っている。主な業績として、*Kova už valstiečių sielas: Caro valdžia, Lietuvos visuomenė ir pradinis švietimas XIX a. viduryje* (Kaunas: Vytauto Didžiojo universiteto leidykla, 2000)。

ミンダウガス・タモシャイティス（Mindaugas Tamošaitis）
【第5～6章を執筆】
1976年生まれ。2001年ヴィルニュス教育大学（現・リトアニア教育大学）卒。中等学校やギムナジウムなどで教師を務めたのち、03年からヴィルニュス教育大学で教鞭をとる。08年からヴィルニュスのギムナジウムで教師を務め、16年よりリトアニア教育大学准教授。リトアニアの政党政治や議会制度の歴史、リトアニア人作家の歴史、20～21世紀のリトアニア政治史などを専門とする。主な業績として、*Kazys Grinius ir jo bendražygiai Lietuvos politiniame gyvenime, 1926–1940: Valstiečiai liaudininkai autoritarizmo laikotarpiu* (Vilnius: Mokslo ir enciklopedijų leidybos centras, 2014)。

世界歴史叢書
リトアニアの歴史

2018年5月10日　初版第1刷発行

著　者　アルフォンサス・エイディンタス
アルフレダス・ブンブラウスカス
アンタナス・クラカウスカス
ミンダウガス・タモシャイティス
訳　者　梶　さやか
重松　尚
発行者　大江道雅
発行所　株式会社　明石書店
〒101-0021　東京都千代田区外神田6-9-5
電話　03（5818）1171
FAX　03（5818）1174
振替　00100-7-24505
http://www.akashi.co.jp
組版／装幀　明石書店デザイン室
印刷／製本　モリモト印刷株式会社

（定価はカバーに表示してあります。）　ISBN978-4-7503-4643-4

●世界歴史叢書●

中東経済ハブ盛衰史
19世紀のエジプトから現在のドバイ、トルコまで
山口直彦 著
◎4200円

ドイツに生きたユダヤ人の歴史
フリードリヒ大王の時代からナチズム勃興まで
アモス・エロン 著　滝川義人 訳
◎6800円

カナダ移民史
多民族社会の形成
ヴァレリー・ノールズ 著　細川道久 訳
◎4800円

バルト三国の歴史
エストニア・ラトヴィア・リトアニア
石器時代から現代まで
アンドレス・カセカンプ 著　小森宏美、重松尚 訳
◎3800円

朝鮮戦争論
忘れられたジェノサイド
ブルース・カミングス 著　栗原泉、山岡由美 訳
◎3800円

国連開発計画（UNDP）の歴史
国連は世界の不平等にどう立ち向かってきたか
クレイグ・N・マーフィー 著　峯陽一、小山田英治 監訳
内山智絵、石髙真吾、福田州平、坂田有弥、
岡野英之、山田佳代 訳
◎8800円

大河が伝えたベンガルの歴史
「物語」から読む南アジア交易圏
鈴木喜久子 著
◎3800円

パキスタン政治史
民主国家への苦難の道
中野勝一 著
◎4800円

バングラデシュ建国の父
シェーク・ムジブル・ロホマン回想録
シェーク・ムジブル・ロホマン 著　渡辺一弘 訳
◎7200円

ガンディー
現代インド社会との対話
同時代人に見るその思想・運動の衝撃
内藤雅雄 著
◎4300円

黒海の歴史
ユーラシア地政学の要諦における文明世界
チャールズ・キング 著　前田弘毅 監訳
居阪僚子、仲田公輔、浜田華練、岩永尚子、
保苅俊行、三上陽一 訳
◎4800円

米墨戦争前夜の
アラモ砦事件とテキサス分離独立
アメリカ膨張主義の序幕とメキシコ
牛島万 著
◎3800円

テュルクの歴史
古代から近現代まで
カーター・V・フィンドリー 著
小松久男 監訳　佐々木紳 訳
◎5500円

バスク地方の歴史
先史時代から現代まで
マヌエル・モンテロ 著　萩尾生 訳
◎4200円

リトアニアの歴史
アルフォンサス・エイディンタス、アルフレダス・ブンブラウスカス、
アンタナス・クラカウスカス、ミンダウガス・タモシャイティス 著
梶さやか、重松尚 訳
◎4800円

――◆以下続刊

〈価格は本体価格です〉

ウィーン・オーストリアを知るための57章【第2版】
エリア・スタディーズ 19 広瀬佳一、今井顕編著 ◎2000円

アイルランドを知るための70章【第2版】
エリア・スタディーズ 44 海老島均、山下理恵子編著 ◎2000円

ポルトガルを知るための55章【第2版】
エリア・スタディーズ 12 村上義和、池俊介編著 ◎2000円

イタリアを旅する24章
エリア・スタディーズ 96 内田俊秀編著 ◎2000円

現代ロシアを知るための60章【第2版】
エリア・スタディーズ 21 下斗米伸夫、島田博編著 ◎2000円

アンダルシアを知るための53章
エリア・スタディーズ 110 立石博高、塩見千加子編著 ◎2000円

エストニアを知るための59章
エリア・スタディーズ 111 小森宏美編著 ◎2000円

現代スペインを知るための60章
エリア・スタディーズ 116 坂東省次編著 ◎2000円

現代ドイツを知るための62章【第2版】
エリア・スタディーズ 18 浜本隆志、髙橋憲編著 ◎2000円

クロアチアを知るための60章
エリア・スタディーズ 121 柴宜弘、石田信一編著 ◎2000円

EU(欧州連合)を知るための63章
エリア・スタディーズ 124 羽場久美子編著 ◎2000円

イタリアを知るための62章【第2版】
エリア・スタディーズ 2 村上義和編著 ◎2000円

カタルーニャを知るための50章
エリア・スタディーズ 126 立石博高、奥野良知編著 ◎2000円

スイスを知るための60章
エリア・スタディーズ 128 スイス文学研究会編 ◎2000円

マドリードとカスティーリャを知るための60章
エリア・スタディーズ 131 川成洋、下山静香編著 ◎2000円

ノルウェーを知るための60章
エリア・スタディーズ 132 大島美穂、岡本健志編著 ◎2000円

〈価格は本体価格です〉